afrika studien nr. 122

D1677915

Die Schriftenreihe „afrika studien" wird herausgegeben vom ifo Institut für Wirtschaftsforschung e.V. München

Gesamtredaktion:

Dr. habil. Siegfried Schönherr
Dr. Anton Gälli
Axel J. Halbach

ifo institut für wirtschaftsforschung münchen
afrika studien
122

ANGOLA

Naturraum, Wirtschaft, Bevölkerung, Kultur, Zeitgeschichte und Entwicklungsperspektiven

von

Manfred Kuder und
Wilhelm J. G. Möhlig (Hrsg.)

Weltforum Verlag · München · Köln · London

Die Deutsche Bibliothek - CIP-Einheitsaufnahme

Angola: Naturraum, Wirtschaft, Bevölkerung, Kultur,
Zeitgeschichte und Entwicklungsperspektiven / ifo
Institut für Wirtschaftsforschung München, Abteilung
Entwicklungsländer.
Manfred Kuder und J.G. Möhlig (Hrsg.). – München; Köln;
London: Weltforum-Verl., 1994
Afrika-Studien; 122
ISBN 3-8039-0429-3
NE: Kuder, Manfred (Hrsg.); ifo Institut für Wirtschafts-
forschung – München – / Abteilung Entwicklungsländer;
GT

© by Weltforum-Verlag GmbH, Köln; 1994,
Marienburger Str. 22, 50968 Köln,

Weltforum-Verlag London c/o Hurst & Co.
(Publishers) Ltd., 1-2 Henrietta St.,
London WC2E8PS

Library of Congress Catalogue Card Number
ISBN 3-8039-0429-3

Kartographie: Carla Butz, Köln
Druck: Weihert-Druck GmbH, Darmstadt
Printed in Germany

Inhaltsverzeichnis

Einführung

Die dreizehn Jahre Befreiungskrieg gegen die Kolonialmacht Portugal seit 1961 und die folgenden neunzehn Jahre Bürgerkrieg stürzten Angola in ein schier unüberwindliches wirtschaftliches und humanes Chaos. In beiden Phasen wurden die Auseinandersetzungen zu einem Stellvertreterkrieg zwischen den beiden politischen Machtblöcken der Weltmächte. Aber auch nach dem Ende dieser Weltkontraste ging der Bürgerkrieg weiter, nunmehr allein als Gegensatz der beiden Kontrahenten, der ursprünglich marxistisch-leninistischen Kaderpartei MPLA, die seit der Unabhängigkeit die Regierung in den Händen hat, und ihrem Widersacher Jonas Savimbi, dem charismatischen Führer der UNITA. Zu einem in afrikanischer Tradition gefundenen Konsens zur Überwindung der Gegensätzlichkeiten ist es lange nicht gekommen, obwohl von ausländischer Seite viele Vermittlungsversuche unternommen wurden. Zweimal schienen sie zu einem Waffenstillstand zu führen, 1988 in Gbadolite in Zaire durch die Vermittlungsversuche des Staatschefs von Zaire und anderer afrikanischer Staatsmänner und mit dem Friedensvertrag vom 31. Mai 1992 in Bicesse in Portugal durch Vermittlung der Friedensgarantiemächte, der Troika USA, Rußland und Portugal. Schnell zerbrach der Waffenstillstand wieder, als sich herausstellte, daß die UNITA der Verlierer war, vor allem bei den ersten freien Wahlen in Angola am 29./30.9.1992. Danach brach der Bürgerkrieg in verschärftem Maße wieder aus und führte zu einer bisher nicht abzuschätzenden Eskalation an wirtschaftlichen Schäden, vor allem aber auch an humanen Verlusten.

Aber nicht nur der Staat Angola und seine Menschen erlitten durch die kriegerischen Auseinandersetzungen schwere Verluste, sondern auch die Nachbarstaaten im südlichen Afrika, für die Angola ein wichtiger Partner für die internationalen Verkehrswege ist. Darum sind auch diese Staaten an der schnellen, erfolgreichen Wiederherstellung normaler friedlicher und stabiler Zustände in der Region interessiert.

Wegen der zukünftigen Bedeutung des südlichen Afrika als wichtiger wirtschaftlicher und politischer Partner des Welthandels, ist nach der Integration der Republik Südafrika das ausländische Interesse groß, an der Entwicklung dieser Region teilzunehmen, sie zu unterstützen, zu fördern und gute Beziehungen aufzubauen. Das gilt beson-

ders für Angola. Es ist neben der Republik Südafrika der wichtigste
Staat in der Region in bezug auf seine wirtschaftlichen Ressourcen und
Aufbauchancen, durch die landwirtschaftliche Produktion und deren
Ausfuhr in die Nachbarländer und durch die industrielle Herstellung
von Konsum- und Investitionsgütern und schließlich als wichtiger
Erdöllieferant für die Region des südlichen Afrika. Die letzten Jahre
der portugiesischen Zeit haben die gewaltiqen Möglichkeiten und
Erfolge gezeigt, bis der Bürgerkrieg das Land in tiefstes Chaos stürzte.

Bei den mannigfachen Zerstörungen gilt der in den letzten portugiesischen Jahren erreichte Entwicklungsstand der Städte und ihre
Ausstattung mit öffentlichen und zivilen Einrichtungen, der Infrastruktur, des Verkehrswesens und der agrarischen und industriellen
Produktion Anfang der siebziger Jahre als der „normale" Standard,
der erst bei genügender Ordnung, Sicherheit und ausreichender Ver-
waltungseffizienz nach Wiederaufbau in zehn bis fünfzehn Jahren
erreicht werden kann. Das gilt für die wirtschaftliche Produktion wie
für soziale Einrichtungen des Schulwesens, auf dem Gesundheitssek-
tor, bei kulturellen Diensten. Ohne entsprechende Unterstützung aus
dem Ausland durch Investitionen, fachliche Hilfe, durch Übermittlung
des nötigen Know how, aber auch durch Stärkung der Lebenssicher-
heit, durch Minenräumen und Aufbau der Infrastruktur auf allen
Gebieten ist dies nicht möglich.

Die wirtschaftliche Situation Angolas wird noch jahrelang, wenn
auch regional unterschiedlich, unter dem Niveau vor der Unabhängigkeit bleiben. Die verheerenden Zerstörungen aller wirtschaftlichen
Grundlagen und die Verelendung und Entwurzelung der Bevölkerung
in der nunmehr neunzehn Jahre währenden Bürgerkriegssituation
werden auch bei ausreichender politischer Stabilisierung und Ordnung
im Lande für lange Zeit. nur regionale Teilerfolge bei weitgehender
ausländischer Unterstützung auf allen Gebieten zulassen. Dem Reichtum des Landes an Ressourcen und Entwicklungsmöglichkeiten werden aber Investitionen bald Rechnung tragen. Zahlreiche
Bodenschätze, vor allem die Erdölvorkommen, gute Voraussetzungen
für den Anbau verschiedenster landwirtschaftlicher Kulturen und für
die Fischerei, ausreichende Energiereserven und in den wichtigsten
Gebieten eine gut auszubauende Infrastruktur bilden die Basis für den
Neubeginn wirtschaftlicher Entwicklung in Angola, für einen ergiebi-

gen Export und für ausreichende Versorgung der Bevölkerung mit Nahrungsmitteln und Konsumgütern.

Die angolanischen Exporte betreffen derzeit nur Rohprodukte. Gelänge es, eine verarbeitende Industrie, wie sie zu portugiesischen Zeiten schon vorhanden oder im Aufbau war, wieder herzurichten, so hätte Angola nicht nur eine große Chance, seine Importe drosseln zu können, sondern darüber hinaus auch später Möglichkeiten des Exports verarbeiteter Produkte in andere afrikanische Länder. Ausländische Investoren sollten dies im Auge behalten, aber natürlich ganz besonders den enormen Inlandsbedarf, wenn erst einmal der Frieden eingekehrt ist.

Erschreckend ist die Bürgerkriegsbilanz mit auf 25 Milliarden Dollar geschätzten materiellen Schäden und Hunderttausenden von Toten, Verletzten, Waisenkindern und Flüchtlingen, aber es kann auch gesagt werden, daß ein im Frieden lebendes Angola hervorragende Aussichten für die Entwicklung eines wirtschaftlichen Wohlstandes hat, bessere als die meisten schwarzafrikanischen Länder.

Dem Wiederaufbau werden die von der Natur gegebenen oder vom Menschen entwickelten Landesstrukturen zugrunde liegen, die gegen Ende der portugiesischen Zeit von Bedeutung waren. Ihre Kenntnis ist daher für die zu treffenden Maßnahmen wichtig.

Bisher haben wir uns außer mit der aktuellen Situation nur gering mit Angola beschäftigt, und die bisher wenigen Interessenten begnügen sich meist mit speziellen Informationen. Es ist daher notwendig, eine Monographie über Angola zu erstellen, die nach Möglichkeit alle Aspekte des Landes einfängt. Aufgabe soll es sein, die Grundlagen der Wirtschaft und Bevölkerung, Strukturen und Ressourcen darzustellen, auf denen der Neubeginn in Angola ansetzen kann. Auf der beachtlichen Entwicklung in den beiden letzten Jahrzehnten der portugiesischen Welt basiert der Wiederaufbau. Wert wird darum auf die langfristigen Entwicklungslinien gelegt.

Das vorliegende Buch über Angola behandelt in sechs großen Kapiteln die natürlichen Grundstrukturen des Landes, die Aufgliederung und Zusammensetzung der Bevölkerung, die geschichtliche Entwicklung in portugiesischer Zeit und die Einflußnahme der Portugiesen auf die afrikanische Bevölkerung bei europäischen Siedlungs-

vorhaben. Diese Kapitel und das Wirtschaftskapitel sind zu großen
Teilen eine zweite ergänzte, erweiterte und völlig neu gestaltete
Version der „Geographischen, sozialen und wirtschaftlichen Landes-
kunde von Angola", die Manfred Kuder im Jahr 1971 in der Wissen-
schaftlichen Buchgesellschaft Darmstadt vorgelegt hat. Die weiteren
Kapitel des Buches beinhalten die Entwicklung Angolas nach der
Unabhängigkeit, die gegenwärtige Wirtschaftssituation und die Be-
deutung literarischen Schaffens in der Republik Angola.

Das Buch geht interdisziplinär von dem Gedanken der allgemeinen
Information über Angola aus: Was hat für die zukünftige Entwicklung
Bedeutung? Was müssen wir wissen, um die Entwicklung zu verstehen
und Hintergründe zu ermessen? Dieses Buch enthält somit nicht mehr
und nicht weniger als das, was bisher für einen breiteren Leserkreis
gefehlt hat: einen zusammenfassenden Überblick von Angola als
wirtschaftlich und politisch wichtigem Staat in der Großregion Südliches Afrika.

Die Herausgeber

Kapitel I
Geographische Raumstrukturen

Die großräumliche Landschaftsgliederung
Manfred Kuder, Bonn/Köln

Wer die Situation und die Möglichkeiten für eine zukünftige Entwicklung erfassen will, muß die Strukturen Angolas berücksichtigen, sowohl die von der Natur gegebenen als auch die vom Menschen besonders in den letzten 50 Jahren geschaffenen. Denn auf diesen Strukturen baute die beachtliche Entwicklung in den letzten beiden Jahrzehnten der portugiesischen Herrschaft auf. Sie bilden das Fundament, auf dem eine zukünftige Entwicklung beginnen kann. Am Beispiel Angolas läßt sich gut erörtern,wie Naturräume die Grundlage für Entwicklungen von Wirtschafts- und Siedlungszonen sind.

Dabei erhält Angola seinen besonderen Wert durch den Reichtum an Bodenschätzen und deren Erschließung und Transport zu den Atlantikhäfen, neben Agrarprodukten für den Export. Diese und der Aufbau einer ausreichenden Verarbeitungsindustrie machen Angola zu einem potentiell reichen Land.

1. Bestimmende Faktoren der natürlichen Ausstattung

Für eine großräumliche Landschaftsgliederung Angolas stehen der geomorphologische Aufbau des Landes und das Klima im Vordergrund. Beide Faktoren wirken sich bei der Landschaftsbildung und der Differenzierung der einzelnen Lebensräume unterschiedlich dominierend aus. In einigen Fällen ist für kleinere Landschaftsregionen auch die kulturgeographische Komponente ausschlaggebend, sei es durch die Besiedlungsdichte und ethnische Zugehörigkeit der Bevölkerung oder durch Wirtschafts-, Verkehrs-, und Besiedelungsmaßnahmen. Hierdurch werden innerhalb der Großräume Einzellandschaften ausgegliedert.[1]

---

1   Die Kartenskizzen auf den Seiten 13, 15, 19 und 29 sind entnommen aus Castanheira Diniz: Angola. ICE Lisboa 1991, diejenigen auf den Seiten 17, 21, 23, 35, 43, 47 und 66/67 aus Kuder, Manfred: Angola. a.a.O., Darmstadt 1971. Zum besseren

1.1 Der Aufbau des Landes

Angola (4°22'S bis 18°02'S) ist mit 1.446.700 km^2 viermal so groß wie die Bundesrepublik Deutschland und grenzt im Norden und Nordosten an Zaire, im Osten an Sambia und im Süden an Namibia. Die Exklave Cabinda (7270 km^2) nördlich der Kongomündung wird von Zaire und der Republik Kongo umgeben.

Angola liegt in der in ihrem westlichen Teil stark ausgeprägten Übergangszone zwischen dem äquatorialen und dem südlichen Afrika, den tropischen Regenwäldern und den trockenen Wüstenlandschaften. Wenig südlich des mittleren Breitengrades Angolas (12°s.Br.) zieht sich in der Höhe von Benguela/Lobito quer durch das Land nach Osten die Lunda-Schwelle, die so bestimmende Wasserscheide zwischen dem Kongobecken im Norden und dem Kalaharibecken, dem Sambesi-Stromsystem und dem Cunene im Süden und Südosten.die sehr flache Lundaschwelle bildet das Rückgrat der weiten Hochflächen, die das Innere Angolas einnehmen, der Planaltos, die sich nach Norden und Süden in Richtung auf die großen afrikanischen Becken hin senken. Auf der Lundaschwelle verläuft die internationale Benguelabahn nach Zaire und Sambia.

Nach Westen erfährt diese Hochfläche eine gewaltige Aufwölbung im Randgebirge, einer breiten Schollenregion, die als Fortsetzung des südwestafrikanischen Hochlandrandes gelten kann und die im Bereich der Lundaschwelle die höchsten Erhebungen Angolas bis zu 2620 m trägt.Westlich der Randschwelle senkt sich das Land zur Küste in mehreren großen Stufen und endet in einem verschieden ausgeprägten, von 15 bis 200 km breiten trockenen und halbtrockenen niedrigen Küstenstreifen mit den drei wichtigen Hafenbuchten Luanda, Lobito und Namibe (Moçamedes). Der geomorphologische Aufbau Angolas wird also von der Randstufenzone am Atlantik und der zentralen, ins Innere verlaufenden Lundaschwelle beherscht.

1.1.1.Die Flußsysteme

Das bestimmt auch die Flußsysteme: Abdachungsflüsse entwässern

Vergleich mit der älteren Literatur werden bei den Städtenamen die früheren portugiesischen Bezeichnungen in Klammern hinzugefügt.

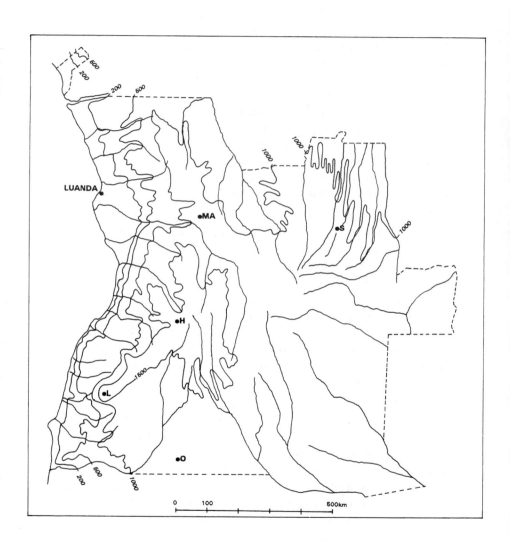

Höhenlinien (in m)

von der Randschwelle zur Küste hin mit zahlreichen Stromschnellen und Wasserfällen; vom Hochland nördlich der Lundaschwelle fließen die Ströme zum Kongobecken (die wichtigsten sind Cuango und Cassai); nach Süden entwässern die Systeme des Sambesi, des Cuando, des Cubango und des Cunene. Allein der Cuanza als wasserreichster und mit etwa 1000 km längster Fluß des Landes hat sein Einzugsgebiet auf dem Hochland auf die Südabdachung der Lundaschwelle ausgedehnt und durchfließt im weiten nördlichen Bogen alle drei für den Aufbau Angolas charakteristischen Zonen, bevor er den Atlantik erreicht. Die Flüsse Angolas münden zum größten Teil in den Atlantischen Ozean, direkt oder durch das Kongosystem, der Sambesi in den Indischen Ozean, und die Flüsse im Südosten versiegen im Kalaharibecken, die kleineren schon in Angola selbst.

Die Wasserführung der Flüsse weicht entsprechend dem unterschiedlichen Klima im Norden und Süden weit voneinander ab. Schiffahrt ist nur auf wenigen möglich. Der Cuanza ist nach seinem von Wasserfällen und Stromschnellen gekennzeichneten Gebirgsdurchbruch in seinem Unterlauf etwa 200 km, in der Regenzeit bis zu 250 km schiffbar. Cunene und Cubango sind auf einigen Strecken in und nach der Regenzeit schiffbar. Sie sind Dauerflüsse, wie auch der Cuito und Cuando im Südosten, da sie ausreichend Wasser aus ihrem Quellgebiet auf der Lundaschwelle erhalten und als Fremdlingsflüsse Südangola durchziehen. Die kleineren Flüsse des Südens führen nur periodisch Wasser.

40 % der Fläche Angolas werden von den Flußsystemen eingenommen, die zum Atlantik entwässern und aufgrund ihres Wasserreichtums und ihrer Gefällstrecken wirtschaftlich zur Erzeugung von hydroelektrischem Strom oder zu Bewässerungszwecken genutzt werden können. Zudem bilden die zahlreichen Stromschnellen und Wasserfälle im Randgebirge wie im Innern landschaftlich reizvolle Anziehungspunkte für den Tourismus. Die wichtigsten Flußsysteme sind Cuanza, Queve, Catumbela und Cunene. Dazu kommt das Flußbecken des Cubango im Südosten.

1.1.2 Das Flußsystem des Cunene

Charakteristisch für den Aufbau Angolas ist das Flußsystem des Cunene, das in seinen Teilstücken sehr verschiedenartig ausgeprägt ist

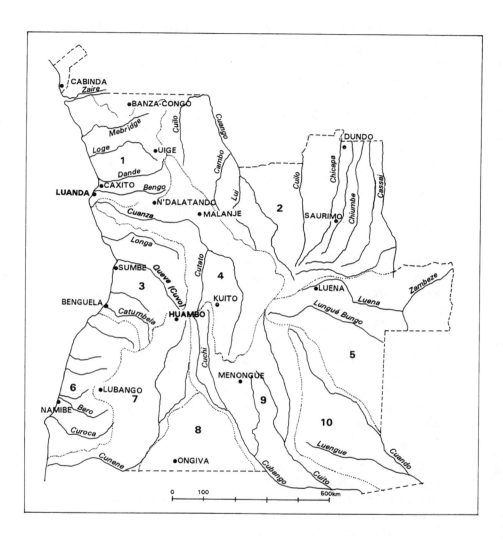

Flußsysteme und Flußbecken

1 Nordwestangola
2 Kongo-(Zaire-)Becken
3 Mittelwestangola
4 Cuanzabecken
5 Sambesibecken

6 Südwestangola
7 Cunenebecken
8 Cuanhama-Gebiet
9 Cubangobecken
10 Cuandobecken

und drei ganz unterschiedlich geartete Landschaften beherrscht.

Im Ober- und Mittellauf hat der Cunene vorherrschend Nord-Süd-Richtung und biegt nahe der Landesgrenze oberhalb der Runcanafälle nach Westen in den Bereich der Randschwelle und damit in seinem Unterlauf zum Meer hinab. Das obere Cunenesystem, dessen Grenze man bei Matala setzt, liegt auf dem südlichen Hochland, das Quellgebiet auf der Lundaschwelle nahe bei Huambo (Nova Lisboa). Seine westliche Begrenzung findet es im Randgebirge bis zum Hochland von Humpata/Lubango und liegt damit im Gebiet der hohen Niederschläge (bis 1400 mm jährlich). Trockenzeit und Verdunstung nehmen nach Süden zu und die Niederschlagsmengen ab, so daß der ständige Oberflächenabfluß nur oberhalb Matalas ausreichend ist. Weiter südlich liegen die jährlichen Niederschläge unter 900 mm und sinken bis 500 mm am Ende des mittleren Cunene und auf fast 0 mm im Mündungsgebiet. Man schätzt, daß durch Versickerung und Verdunstung und das Fehlen an Zuflüssen zwischen Folgares und Xangongo während der Trockenmonate 40 % verlorengehen. Dementsprechend gibt es oberhalb Matalas die besten Voraussetzungen für eine Speicherung des Wassers und die Gewinnung hydroelektrischer Energie. Unterhalb Matalas steht die Nutzung des Wassers für die Landwirtschaft und die Viehzucht im Vordergrund. Neben der Talsperre Matala, die der Bewässerung des Kolonats Cunene und dem seit 1959 arbeitenden Elektrizitätswerk dient, sind im oberen Cunenesystem sechs weitere Stauseen vorgesehen. Die Projekte sollen das Ovamboland mit Wasser und das Minenzentrum Tsumeb in Namibia mit Energie versorgen.

Die Flußysteme des Cubango mit Cuito und Cuando, die sich auf angolanischem Gebiet allerdings nicht vereinigen, beherrschen den Südosten des Landes. Sie entspringen auf der Lundaschwelle und werden in der Trockensavanne des äußersten Südens zu Fremdlingsflüssen. Der Cubango hat sein Quellgebiet auf dem Hochland von Bié in etwa 1800 m Höhe, fließt südlich bis zur Landesgrenze und bildet sie auf seinem weiteren südöstlichen Lauf. Beim Verlassen Angolas durchquert er den Caprivizipfel und verliert sich in einem Binnendelta des weiten Kalaharibeckens und der Okavangosümpfe.

1.1.3 Geologischer Überblick

Die wichtigsten geologischen Formationen Angolas verteilen sich auf wenige Zonen großer Ausdehnung. Den größten Teil des Landes nimmt der südafrikanische kontinentale Sockel aus präkambrischen Formationen kristalliner Gesteine ein (Complexo de base), wenn er auch nur regional unmittelbar ansteht, großflächig nur im Westen des Hochlands. Vom unteren Cuanza bis zum Cunene bedecken vorkambrische eruptive Massen zumeist intrusiver Granit- und Dioritgesteine große Teile des Randgebirges, des Küstenlandes und des mittleren und südlichen Hochlands. Die kontinentale Karruserie der Triaszeit aus Schiefern, Sandsteinen und Tonen reicht aus dem Kongobecken nach Nordangola hinein und bedeckt große Flächen von der Nordgrenze bis in die Cassanje-Senke, soweit sich nicht pleistozäne Sande darübergelegt haben. In geringerem Maße steht die Karruserie auch im Lundagebiet an. Fast die ganze Osthälfte Angolas und den Süden bis an die Ostabdachung des Randgebirges bedecken weite Schichten der pleistozänen oberen Kalaharisande, die im Südosten größere Mächtigkeit haben. Stellenweise stehen zwischen ihnen Gesteine der Karruformation an, im Lundagebiet und südlicher Lundaschwelle auch Schichten der unteren und mittleren Kalahariserie.

Der schmale, durch Buchten und kleine Vorsprünge gegliederte Küstenstreifen wird von tertiären und quartären Meeres-, Küsten- und Lagunenablagerungen gebildet. Geologisch fällt dieser Küstenstreifen nicht mit der morphologisch viel breiteren Küstenebene zusammen, deren innerer östlicher Teil weitgehend dem kontinentalen Grundmassiv angehört, das zwischen dem Kap Santa Maria und Kap Santa Marta auch selbst bis an die Küste herantritt. Kreideformationen als Lagunenablagerungen oder von terrestrischer Bildung verursachen an großen Abschnitten der nördlichen und mittleren Küste Steilhänge und vorspringende Kaps. Südlich Tambua (Porto Alexandre) nehmen Dünen ausgedehnte Flächen ein.

1.2 Klima und Vegetation

Die geographische Breite, der Aufbau des Landes, der kühle Benguelastrom und die vorherrschenden SO-Passatwinde bestimmen das Klima in den einzelnen Regionen Angolas. Es ist im Küstenland, in Südangola, auf den Höhen der Zentralregion und der Abdachung zum

Kongobecken recht verschiedenartig ausgeprägt.

1.2.1 Windsysteme

Bei der Ausdehnung zwischen 4°22' und 18°03' südlicher Breite liegt Angola im Übergangsgebiet zwischen der äquatorialen Tiefdruckzone und der subtropischen Antizyklone. Ist im Norden der Himmel häufiger bedeckt und der Niederschlag reicher, so sind für den Süden klarer Himmel und spärliche Niederschläge typisch. Während des südlichen Sommers liegt Angola fast ganz unter der Herrschaft der Tiefdruckzone, was den Zufluß tropischer atlantischer Meeresluft und als Folge davon ein Ansteigen der Feuchtigkeit in den unteren Luftschichten und starke Regenfälle hervorruft. Im Südwinter dagegen liegt Angola mit Ausnahme eines schmalen Küstenstreifens im Bereich des SO-Passats. Der Wind ist im allgemeinen schwach, die mittlere Jahresgeschwindigkeit übersteigt kaum 10 km/h und ist im Süden etwas höher.

1.2.2 Temperaturen

Der kalte Benguelastrom hat eine entscheidende Bedeutung an der Südküste bis zur Höhe von Benguela. Er verursacht das mesothermische Klima und die Wüste von Moçamedes (Namib). Jahreszeitlich ist der Einfluß der Meeresströmung auch nördlich Benguelas spürbar, wodurch die Hochnebel und die kleinen Bodennebel besonders in Luanda zur Zeit des „Cacimbo" (Juni bis August) erklärt werden können. Dieser Hochnebel in der Trockenzeit, der den westlichen Berghängen der Randschwelle und nördlich des Cuanza den Bergketten bis weit ins Innere aufliegt, unterbindet die Verdunstung und Verkrustung der Böden durch Verhinderung einer austrocknenden intensiven Besonnung und bringt eine geringe Feuchtigkeit.

Im größten Teil Angolas, das sich 1300 km von Nord nach Süd erstreckt und eine mittlere Höhe von 1000-1500 m hat, herrscht allgemein gemäßigtes mesothermisches Klima über 20° C, wobei es mit zunehmender Höhe über 1600-2000 m sehr frisch wird und die Temperatur in der Trockenzeit auf 0° C und darunter absinken kann. Die mittleren Jahrestemperaturen liegen zwischen 14,6° C für Humpata (2300 m hoch) und 27,4° C am Kongo.

Die jährlichen Wärmeschwankungen sind gering, durchschnittlich

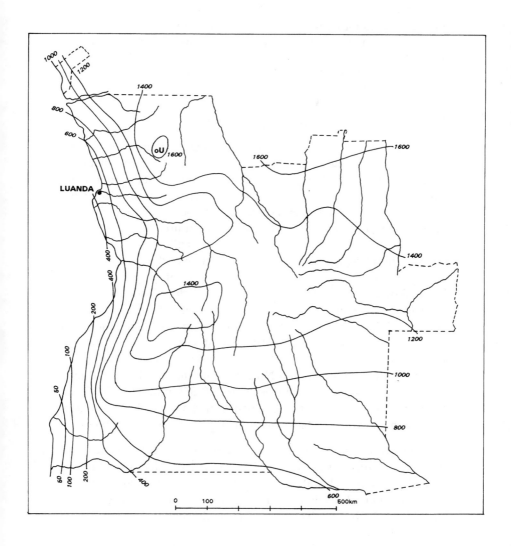

Mittlere Jahresniederschläge (in mm)

zwischen 4º C und 6º C, auch die tägliche Temperaturschwankung an der Küste mit 6º C bis 9º C. Im Innern beträgt diese durch die Höhe und zunehmende Entfernung vom Meer 11º C bis 17º C mit größeren Schwankungen in den Trockenmonaten Juni bis August und geringeren in der Regenzeit von November bis Februar. Der kälteste Monat ist auf dem Hochland fast immer der Juni und an der Küste und in den angrenzenden Provinzen Juli und August.

1.2.3 Niederschläge und Luftfeuchtigkeit

Als Übergangsgebiet erweist sich Angola auch in Bezug auf Niederschläge und Luftfeuchtigkeit. Ist im Norden der Himmel häufiger bedeckt und der Niederschlag reicher, so sind für den Süden klare Himmel und spärliche Niederschläge typisch. Auch die Dauer der Regenzeit unterscheidet den Norden mit sieben Monaten (September/Oktober bis April/Mai) vom Süden mit nur drei bis vier Monaten (Dezember bis März), während die Trockenzeit allgemein drei bis vier Monate (Juni bis August/September) dauert, in Südangola länger. Im Küstengebiet von Namibe (Moçamedes) herrscht sie ganzjährig als Wüstenklima. Auch der mittlere und nördliche Küstenstreifen ist regenarm, wird aber von feuchten Nebeln bestimmmt. Somit sind die mittleren Niederschlagswerte in Angola sehr unterschiedlich und reichen von etwa 10 mm am Rand der Namibwüste bis 1000-1500 mm auf dem Hochland und bis 1600 mm im Norden. Im Küstenland fallen im Süden weniger als 60 mm Niederschlag, im nördlichen Cabinda 600 mm, im mittleren Küstenabschnitt 200-350 mm. Die jährlichen Niederschlagsschwankungen sind beträchtlich und reichen besonders im Küstenland von der Hälfte bis zum Doppel des mittleren Wertes.

Tau ist fast während des ganzen Jahres an der Küste und auf dem Hochland häufig. Darauf ist die Existenz einer verhältnismäßig reichen Vegetation auch während der langen Trockenheit zurückzuführen. Während im Küstenland bei durchschnittlicher Jahrestemperatur von 24,3º C für Luanda die starke Hochnebelbildung zu großer Schwüle führt und die relative Luftfeuchtigkeit um 9 Uhr früh im Jahresmittel über 80 % liegt, mißt man im Hochland im allgemeinen nur eine Luftfeuchtigkeit von 50-60 %, in der sommerlichen Regenzeit 70-80 % und in der Trockenzeit absinkend auf 30-40 % bei sehr geringer Himmelsbedeckung und entsprechend starker Austrocknung

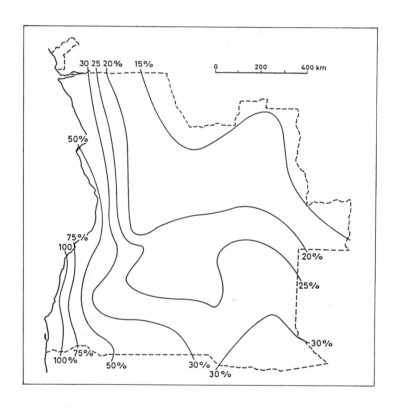

**Skizze der Niederschlagsschwankungen. Linien gleicher
Schwankungskoeffizienten**

des Bodens. Das Klima des Hochlandes, besonders in der Zentralregion, ist für Europäer sehr günstig.

Dauer der Regenzeit auf den Hochflächen des Innern

a) 1. Dekade September bis 1. Dekade Mai 8 1/2 Monate NO-Angola

b) 2. Dekade September bis 3. Dekade April 7 1/2 Monate nördl.10°s.Br.

c) 2. Dekade Oktober bis 2. Dekade April 6 1/2 Monate nördl. 12°s.Br.

d) 3. Dekade Oktober bis 1. Dekade April 5 1/2 Monate nördl. 14°s.Br.

e) 1. Dekade November bis 3. Dekade März 5 Monate nördl. 16°s.Br.

d) 1. Dekade Dezember bis 2. Dekade März 3 1/2 Monate im äußersten Süden Angolas

In größeren Höhen der Zentralregion ist die Regenzeit länger als an anderen Orten entsprechender geographischer Breite: Huambo und Bié (Gruppe d) 1. Dekade Oktober bis 3.Dekade April; Hochland von Huila (Gruppe e) 2. Dekade Oktober bis 2. Dekade April.[2]

Für Angola ist das Verhältnis von Humidität und Aridität im Jahresablauf von größter Bedeutung, ebenso der regionale Wasserhaushalt in seiner Abhängigkeit von Niederschlägen, der Temperatur und damit der Verdunstung in den einzelnen Monaten.

1.2.4 Die Vegetationsverteilung

Diese Unterschiede spiegeln sich auch in der Vegetationsverteilung. Für Angola ist der offene, regengrüne Trockensavannenwald flächenmäßig die vorherrschende Vegetationsform (Pandawald). Er bedeckt fast das gesamte Hochland, vorzugsweise im Bereich der Kalaharisande. Weitgehend hat sich der Wald in eine Buschsavanne mit lockerem

---

2   Queiros, D.: Contribuição para o conhecimento do regime das chuvas em Angola. In: Fomento 8, 1970, S.98

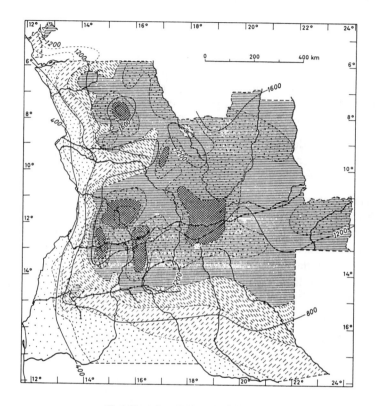

Verteilung der Klimatypen in Angola,
mit den Werten des Wasserindex nach der Klassifikation von Thornthwaite
erarbeitet von M. De Matos Silveira
(Entwurf: Verfasser)

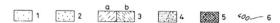

1 arid (E) Wasserindex < -40

2 semiarid (D) -40/-20

3 subhumid:

  a) trockensubhumid (C_1) -20/0

  b) feuchtsubhumid (C_2) 0/+20

4 humid (B_1 +20/+40; B2 +40/+60)

5 humid (B_3 +60/+80; B4 +80/+100)

6 Isohyeten

Baumbestand als Degradationsfolge aufgelöst, wo der Brandrodungs-
hackbau die an sich schon geringe Regenerationsfähigkeit der Baum-
bestände behinderte.

Große Flächen nehmen fast baumlose monotone Hochgrassavannen ein. Die Grasflächen sind zum Teil durch Abbrennen und Degra-
dation im Wanderfeldbau entstanden und können sich ohne Eingreifen
des Menschen bald wieder zu einem, wenn auch ärmeren, Sekundär-
wald entwickeln. Feuchter, tropischer Wald bedeckt unter dem Einfluß
des Cacimbo-Nebels die Hänge des Randgebirges.

Nur im Norden gibt es in zwei Gebieten tropischen Regenwald, im
Bergland von Cabinda (Maiombe) und im Dembos-Gebiet, dem Rand-
schwellenbereich nördlich des Cuanza.

Das Küstenland und den Süden Angolas mit einer langen Trockenzeit von sieben bis neun oder mehr Monaten und einer sehr unsicheren
Regenmenge von unter 800 mm im Jahr nehmen niedrige Dornsavannen und Dornstrauchsteppen ein, mit den charakteristischen Affen-
brot- und Kandelaberbäumen, Schirm- und anderen Akazienarten. Die
nicht immer vollständige Grasdecke der semiariden Gebiete bildet die
süße, nicht strohig werdende Weide dieses wichtigsten Viehzuchtge-
biets des Landes.

Von der Cunenemündung nordwärts bis zum 13. Breitengrad liegen
im Küstenland fast parallel hintereinander die beiden trockensten
Vegetationszonen Angolas. Den inneren Streifen bildet die Subwü-
stensteppe aus lockeren, verstreuten Gräsern, Zwergsträuchern, teilweise Dorn- und Sukkulentensavanne. Zur Küste hin geht sie über in
eine Wüste, deren äußerst geringe Vegetation dicht am Boden häufig
von Sandstürmen verweht wird, mit einigen schönen Exemplaren der
nur in der Namib zu findenden ,,Welwitschia mirabilis". Südlich des
Flusses Curoca ist reine Sandwüste, eine Fortsetzung der Küstenwüste
Namibias.

1.3 Fauna und Wildreservate

Die wichtigsten Gebiete der in Angola heimischen Fauna sowohl nach
Artenreichtum wie Anzahl sind das Cunenebecken, die Tallandschaf-
ten am Cubango und einzelne Landstriche Mittel-, Nord- und Ostangolas. Mit der fortschreitenden Erschließung des Innern weichen viele

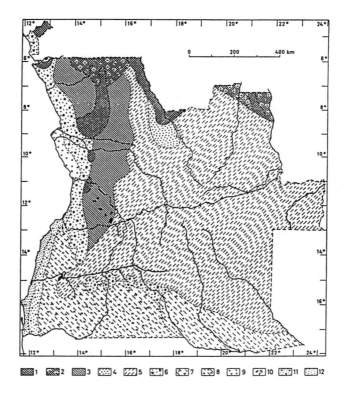

Verteilung der natürlichen Vegetation in Angola

1 Tropischer Feuchtwald
2 Feuchtwald- und Feuchtsavannenmosaik
3 Offener halbimmergrüner oder regengrüner Wald und Hochgrassavannen, auch Bergwald
4 Sukkulentensavanne der Baixa de Cassanje
5 Regengrüner Trockensavannenwald, Pandawald (*Berlinea-Brachystegia-Combretum*) vorwiegend auf Kalaharisanden
6 Sukkulentensavannen mit Affenbrotbäumen (*Adansonia digitata*)
7 Trockenwald mit vorherrschenden Dornsträuchern und Akazien
8 Mopane (Mutiati)- Buschwaldsavannen (*Colophospermum mopane*)
9 Trockensteppen mit Dornsträuchern
10 Gebirgsflora über 2300 m
11 Halbwüstensteppen
12 Wüstenvegetation

Tiere weiter zurück, so daß die früher reichen Großwildbestände stark abgenommen haben. Entsprechend der Landaustattung gibt es Savannen-, Wald-, Berg-, Wüsten- und Steppentiere und andere an den zahlreichen Flußläufen, Seen und Sümpfen.

Die die Malaria übertragende Anopheles ist in ganz Angola an Flußläufen und feuchten Stellen zu finden, hingegen kommen die Glossina palpalis als Überträgerin der Schlafkrankheit und die Tse-Tse-Fliege (Glossinamorsitans) als Überträgerin der Nagana auf alle Huftiere, vornehmlich Rinder, im Hochland kaum vor. Durch veterinärmedizinische Maßnahmen in portugiesischer Zeit konnte die Rinderzucht auch auf ursprünglich von der Tse-Tse-Fliege gefährdete Gebiete Angolas ausgedehnt werden.

Angola besitzt vor der mittleren, noch stärker der südlichen Küste als Auswirkung des Benguelastroms einen großen Fischreichtum, auf dem die Fischindustrie des Landes aufbaut.

Wildreservate und Nationalparks gibt es in großer Zahl und von beträchtlichem Ausmaß in Südangola. Dazu gehören Mupa am Unterlauf des Cunene, das vom Bikuar durchflossene, unbesiedelte Waldgebiet im mittleren Cunene-Becken, Iona im südlichen Küstengebiet und das Reservat in der Küste von Namibe (Moçamedes) sowie die Wildparks Longa-Mavinga, Luina und Mucusso im südöstlichen Zipfel Angolas. Im Osten liegt zwischen der Benguelabahn und dem oberen Zambeze im Gebiet der ausgedehnten regenzeitlich überschwemmten Anharas mit Savannen, Baumgruppen und Uferwald der große Nationalpark Cameia, im Küstenland südlich Luanda der Park von Quiçama. Im nördlichen Küstenstreifen bei Abriz, im Gebiet von Milano, in der Senke von Castanje und im Flußgebiet des Luando im südlichen Teil der Provinz Malange sind weitere Reservate.

2. Landes- und wirtschaftsräumliche Differenzierungen

Angola hat vier voneinander sehr abweichende geographische Einheiten, die in Erschließung, Besiedlung und wirtschaftlicher Entwicklung große Gegensätze zeigen: das trockene und halbtrockene Küstenland, das Randschwellengebiet, das zentrale Hochland und schließlich das fast die ganze Osthälfte Angolas ausfüllende Innere. Die imaginäre

Linie des 18. Längengrades kann als Trennung des westlichen vom
östlichen Angola mit all seinen Unterschieden gelten. Auch die Richtung der Flußsysteme ist hier einzuordnen.

Die Wirtschaftsstrukturen im Lande spiegeln die unterschiedliche
natürliche Ausstattung und Nutzbarmachung in der westlichen und
östlichen Hälfte Angolas wieder. Während beinahe alle Ressourcen an
Bodenschätzen (außer Diamanten), fruchtbaren Böden, Infrastrukturen und sogar menschlicher Siedlungen und Bevölkerungsdichte im
Westteil liegen, der dem Ozean zugewandt ist, nehmen die ganze
Osthälfte des Landes jenseits des 18. Längengrades mit Ausnahme des
Diamantengebietes und der Region um Luena (Luso) Verharrungsräume ein – wirtschaftlich passiv wegen der äußerst geringen Bevölkerung, traditionellen Subsistenzwirtschaft mit Wanderfeldbau auf der
Basis von Maniok, Hirse, Bohnen und Mais, auch geringer Rinderhaltung im Nordosten und Südosten, Unerschlossenheit und Verkehrsferne von den Zentren des Landes und nicht genutzter oder ungenügend
bekannter Bodenschätze. Die Osthälfte Angolas wird für absehbare
Zeit ein wirtschaftlich wenig bedeutender, nicht entwicklungsfähiger
Raum bleiben, der nur regional durch den eventuellen Abbau bedeutender Bodenschätze einen Entwicklungsanstoß erhalten könnte.

Unter Berücksichtigung der natürlichen Ausstattung, der Wirtschaftsweise der Bewohner, der Bevölkerungsdichte, der Verkehrserschließung und der wichtigsten Erzeugnisse ruht die wirtschaftliche
und zivilisatorische Bedeutung Angolas allein auf der Westhälfte des
Landes. Somit lassen sich große aktive und inaktive Wirtschaftsräume
in Angola unterscheiden, zu denen ein paar zusätzliche kleinere Zonen
kommen. Aber auch in der Westhälfte gibt es von Natur aus passive
Räume oder solche von bisher äußerst extensiver Wirtschaftsführung.
Dazu gehören große Teile Südangolas, die Wüsten- und Halbwüsten-
gebiete im Südwesten, Regionen an der Nordgrenze und das Cuanza-
Becken zwischen den Hochländern von Bié und Malange.

Damit ist weit weniger als die Hälfte Angolas bisher entwicklungs-
fähig und mehr oder minder in den Wirtschaftsprozeß einbezogen.
Dabei müssen zur Exportorientierung fähige Wirtschaftsräume von
denen unterschieden werden, die allein durch die Binnenwirtschaft
Entwicklungsanreize und Bedeutung erhalten. Kaum 8 % der Gesamtfläche Angolas sind Räume, die bisher für den Export produzieren

können: die nördliche und mittlere Randstufe, einzelne Teile des Küstenlandes und isolierte Gebiete wie das erdölreiche Cabinda, der Diamantenbezirk Nordost-Lundas und die Eisenerzfelder Cassingas. Ansätze zu potentiell wichtigen Industriegebieten finden sich außerdem im Ballungsraum Luanda und seinem Hinterland bis Malange und Dondo und im zentralen Hochland von Huambo bis zum Randschwellengebirge mit Alto Catumbela.

Auch das Verkehrsnetz, vor allem die für den Massentransport billigeren Eisenbahnen und die der Querverbindung dienenden Fernstraßen, ist ausschlaggebend für die Ausdehnung der überregionalen und exportorientierten Produktionsräume. Die drei wichtigsten Eisenbahnen stoßen ohne Verbindung zueinander von den Überseehäfen Luanda, Lobito und Namibe (Moçamedes) ins Innere des Landes vor, wobei nur die von Lobito ausgehende Benguelabahn bis zur Ostgrenze und weiter nach Sambia führt, während die beiden anderen nicht über die Westhälfte des Landes hinausdringen.

Damit sind die Produktionsräume der zehn zur portugiesischen Zeit im Vordergrund stehenden Ausfuhrgüter Angolas (Kaffee, Diamanten, Eisenerze, Erdöl, Fischmehl, Mais, Baumwolle, Zucker, Tabak, Sisal) zugleich die wirtschaftlichen Kernräume des Landes. Zu ihnen muß auch das zentrale Hochland als für die Zukunft wichtigste Binnenmarktregion hinzugerechnet werden. Neben den nachgewiesenen und in geringerem Maße früher abgebauten Bodenschätzen (Kupfer, Mangan, Zinn, Zinkerze, Phosphate) läßt die geologische Vielfalt des Landes andere Vorkommen erwarten. Dazu kommen große Energiereserven durch das Erdöl und zahlreiche Wasserkraftwerke. Damit gehört Angola zu den potentiell reichsten Ländern Afrikas, denn neben seinen zahlreichen Bodenschätzen besitzt es auch gute Voraussetzungen für den Anbau verschiedenster landwirtschaftlicher Erzeugnisse, die sowohl für die Eigenversorgung als auch dem Export dienen könnten. Auch die Küstenfischerei wird von der Natur begünstigt, denn der kalte Benguelastrom birgt vor allem im Süden Angolas einen großen Fischreichtum. Jedoch wurden die Fischereitechniken erst in den letzten Jahren vor der Unabhängigkeit stärker entwickelt. Heute liegt die ergiebigere Küstenfischerei vor allem in ausländischen Händen, lange der Russen, Spanier u.a.

3. Die einzelnen Landschafts- und Wirtschaftsräume Angolas

Aus den natürlichen, sozialen und wirtschaftlichen Gegebenheiten folgen vier große Landschaftsräume, die unter verschiedenen Aspekten in der portugiesischen wissenschaftlichen Literatur in 16 Naturräume oder 36 Landwirtschaftszonen unterteilt werden.[3]

3.1. Das Küstenland

Das trockene und halbtrockene Küstenland von 1650 km mit wechselnder Breite zwischen 15-200 km, in Höhen von 0-400 m, ist in die vier großen Abschnitte Südliches Küstenland, Mittelangolanischer Küstenstreifen, das Küstenland zwischen Cuanza und Kongo und die Enklave von Cabinda aufzuteilen.

3.1.1. Das südliche Küstenland

Das südliche Küstenland ist ein arider Küstenstreifen mit kleinen Bewässerungsoasen, Hafenbuchten und Fischerorten. Hier liegt am Rande der Namibwüste der drittgrößte Überseehafen des Landes an einer geräumigen, geschützten Bucht: Namibe (Moçamedes). Auch die südlicher hinter einer langen Nehrung gelegene Bucht Tómbua (Porto Alexandre) mit dem in den sechziger Jahren wichtigsten Fischereihafen Angolas mit Fischindustrien ist von Sanddünen eingeschlossen. Zu der spärlichen Wüstenvegetation gehört die ,,Welwitschia mirabilis", die nur in der Namib vorkommt, mit einem größtenteils im Boden steckenden Stamm und lederartigen bis zu 2 m langenriemenförmigen, zerschlitzten Blättern auf dem Boden.

Die Küstenebene wird von Trockentälern und episodisch wasser-

---

3   Durch die Missão de Inquéritos Agricolas de Angola, zitiert bei:
    Carvalho, E. C.: Esboço da zonagem agricola de Angola. In:
    Fomento 1, 1963, S. 67-72
    Abel, H.: Die Landschaften Angolas. In: Geogr. Rundsch. 12,
    1960. S. 108-118.
    Borchert, G.: Südostangola, Landschaft, Landschaftshaushalt
    und Entwicklungsmöglichkeiten im Vergleich zum zentralen
    Hochland von Mittelangola. Hamb. 1963, 131 S.
    Pössinger, H.: Landwirtschaftliche Entwicklung in Angola und
    Moçambique. München 1968, 277 S., S.51-81.

führenden Flüssen durchquert. Allein die größeren Flüsse Curoca,
Bero und Giraul führen ihr Wasser in Zeiten größerer Regenfälle an
ihrem Oberlauf gelegentlich in tiefen Cañontälern (Dambas), die sie
in die tertiären Sandsteinflächen gegraben haben, bis ins Meer. Wasser
aus dem Untergrund der sandigen Flußufer wird durch Brunnen für
Plantagen und Gartenbau in den Bewässerungsoasen bei Tómbua
(Porto Alexandre), S. Nicolau und Namibe (Moçamedes) genutzt, wo
die Gärten „Hortas de Moçamedes" auf diese Weise zu einem intensiven Kulturland für tropische und mediterrane Früchte geworden sind
und Feigen, Ölbaumpflanzen und Wein gute Erträge bringen. Aufgrund ähnlicher geologischer Verhältnisse wie im Küstenstreifen des
Cuanza vermutet man gleichfalls Erdölvorkommen und wie an der
nördlichen Küste und in Cabinda Phosphatlager.

3.1.2 Die inneren Einebnungsflächen

Hinter dem Küstenstreifen erstreckt sich, deutlich durch eine Stufe
abgesetzt, bis zum Randgebirge die 250-800 m hoch gelegene Eineb-
nungsfläche mit einem stark verästelten Netz flacher, breiter, sandiger
Eintiefungen, den „Mulolas", die aus der ebenen Fläche Inselberge
herausschneiden, besonders zahlreich vor dem Steilabfall der Chela.

Wenn die Cacimbo-Nebel bis 80 km landeinwärts die einzige
spärliche Feuchtigkeit bringen, so gibt es weiter ins Innere hinein
zunehmend 100 bis 800 mm jährliche Niederschläge, die innerhalb
von 4-5 Monaten fallen. Die Vegetation geht in Trockensavanne mit
Mopaneassoziationen und Buschsteppe mit Akaziensträuchern und
guten Futtergräsern über. Hier wurden etwa 300 000 ha aufgeteilt und
für die Karakulzucht eingerichtet, für die zur Ergänzung der Weide 35
km vom „Posto Experimental de Caracul" in Richtung auf das
Randgebirge ein 15 ha großes Luzernefeld angelegt wurde, auf dem
300 t jährlich geerntet wurden. Um das nur episodisch fallende Wasser
aufzufangen, wurden die kahlen, glatten Steilhänge der Inselberge mit
niedrigen Betonwällen versehen, die das Wasser in Bassins am Fuß der
Berge leiten. Durch Brunnenbohrungen wird weiteres Wasser er-
schlosssen. Bewässerungskulturen an den in der Regenzeit vom Ge-
birge her reichlich wasserführenden Flüssen, wie bei Vila Arriaga am
Fuß der Chela, erlauben den Anbau von Getreide, Bananen, Apfelsinen
und Arabicakaffee. Nördlich des Rio S.Nicolau nehmen die Nieder-

schläge im gesamten Küstenstreifen bis auf 300 mm zu, so daß sich hier auch an der Küste Trockensteppen ausbreiten. Jedoch führen bis Benguela alle Flüsse nur periodisch Wasser. Am unteren Cunene geht das Küstenland durch stark zertaltes Gelände in das hier niedrige Randgebirge über.

Der Südwesten ist mit Ausnahme einiger Küstenplätze fast menschenleer. Weit verstreut gibt es einige Splittergruppen von abgedrängten Prä-Bantustämmen, Cuissi, Hottentotten und Buschmannhorden, die fast ausschließlich noch Jäger und Sammler sind. Eine kleine, sehr extensive Rinderhaltung findet sich nur bei den Cuissi am unteren Cunene und bei den Curoca an einigen Wasserstellen längs des gleichnamigen Flusses. Wichtiger sind die Mucubai der Hererogruppe, die in dem Halbwüstengebiet Viehzucht im Nomadenstil treiben und bei ausreichenden Wasserverhältnissen für einige Monate sporadisch Hirse, Mais und Bohnen für den Eigenbedarf anbauen. Diese Hirtenbauern in der Provinz Namibe (Moçamedes) werden zusammen auf 33 000 Menschen mit 110 000 Stück Vieh geschätzt.[4] Etwa 150 km südöstlich von Moçamedes liegt bei Capolôpopo eine Grotte im heiligen Berg der Cuissi, dem „Tchitundo-Hulo" (Himmelsberg) mit prähistorischen Zeichnungen auf den Steinwänden, vor allem sehr schematisierte Linien, weniger figürliche Darstellungen, nicht von Haustieren, aber von einigen Pflanzen, Insekten und Reptilien. Die Zeichnungen und die bearbeiteten Steine werden in die späte mittlere Steinzeit eingeordnet.

3.1.3. Die beiden Buchten Baia dos Tigres und Tómbua (Porto Alexandre)

Die Küste wird gekennzeichnet durch die beiden Buchten hinter den südlich verlaufenden Landzungen von Tómbua (Porto Alexandre) und der Baia dos Tigres („Tigerbucht") und durch die große Hafenbucht von Namibe. Die Baia dos Tigres am Rande der Sandwüste ist völlig isoliert ohne Trinkwasser und Verbindungsstraße. Darum war sie früher auch unbesiedelt. In der Mitte des vorigen Jahrhunderts suchten sie amerikanische Walfischfänger zum Schutz auf und liefen auch

---

4   Brito, R. S.: Nôtula acerca dos povos pastores e agro-pastores do distrito de Moçâmedes. In: Finisterra 5, 1970, S. 71.

Die Landschaftsräume Angolas (zu nebenstehender Karte)

1) Das Küstenland. Im südlichen Teil Wüstenstreifen der Namib, im Hinterland semiaride Vegetation mit kleinen Bewässerungsoasen. Hafenbuchten und Fischerorte mit Fischindustrie. Fischerei und Erzverladehafen Namibe (Moçamedes) und Tómbua (Porto Alexandre).

Der mittelangolanische Küstenstreifen ist mit 10-15 km das schmalste Stück des ganzen Küstenlandes vor der Randschwelle mit semiaridem Klima und Trockensavannen, ausgedehnten Oasenkulturen mit Zuckerrohr- und Ölbaumplantagen, Hafenplätzen und Fischereiorten, Stadt Benguela und Hafen Lobito, Endpunkt der transkontinentalen Benguela-Eisenbahn.

Das nördliche Küstenland wird beherrscht von der Hauptstadt Luanda und ihrem Hinterland. Enclave Cabinda mit der größten Erdölförderung.

2) Die Randstufenlandschaften, mit zunehmender Feuchtigkeit von Süden nach Norden mit wichtigen vielseitigen Anbaugebieten, z.B. südliche Kaffeezone mit Großplantagen. Das Gebiet nördlich des Cuanza hat feuchttropische Vegetation mit der nördlichen Kaffeezone und Palmkulturen.

3) Randgebietswall und Hochland von Humpata mit gemäßigtem Höhenklima und dichter Besiedlung.

4) Das Hochland des westlichen Lundaschwelle und von Bié mit der Benguela-Eisenbahn. Wichtigstes kulturgeographisch geprägtes Gebiet im Innern Angolas, dicht besiedelt und landwirtschaftlich genutzt mit der zweitgrößten Stadt Huambo (Nova Lisboa) im zentralen Hochland.

5) Das Cunene-Becken mit Trockenheit und Wasserdefizit abseits der Bewässerungsflächen der Flußlandschaften, vorherrschend Viehzucht. An der Grenze mit Namibia Stauwerke zur Lieferung von Wasser und Strom ins Ovamboland.

6) Ebenen und Abdachungsflächen des zentralen Hochlandes, Region des oberen Cuanza.

7) Hochland von Malanje mit vielseitiger Landwirtschaft bei dichterer Besiedlung, zentrale Landschaft zwischen dem nördlichen West- und Ostangola.

8) Die angolanische Kongoregion mit abnehmenden Höhen von 1200 m auf 500 m in Richtung Kongobecken, vorwiegend sandige Böden mit geringer Besiedlung. In Nordostangola Diamantenabbau.

9) Die Cassanje-Senke, große Depressionszone. Baumwollanbau.

10) Die Ebenen und Abdachungsflächen Ostangolas südlich der Lundaschwelle, Trockensavannen auf vorherrschenden Kalaharisanden, geringe Bevölkerungsdichte. Entwicklungszone um Luena an der Benguelabahn. Die Flußkalahari des Südostens ist ein großer Trockenraum auf weiten Sandfeldern mit sehr geringer Bevölkerung.

11) Gebirgsmassiv am oberen Sambesi zwischen 1150 bis 1612 m.

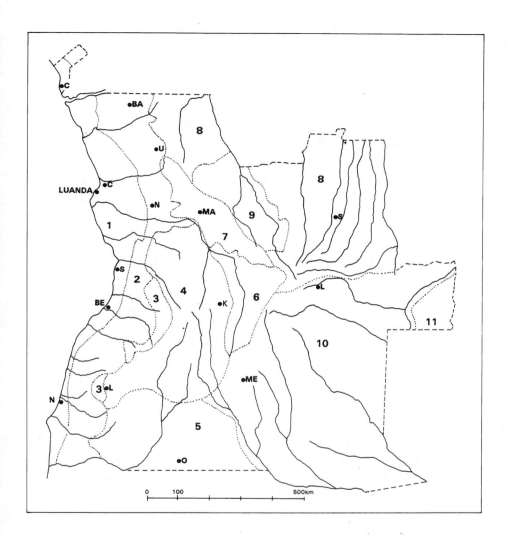

Landschaftsräume

1 Küstenland
2 Randstufenlandschaften
3 Randgebirgswall
4 Westliches Hochland
5 Gebiet des unteren Cunene
6 Oberes Cuanzabecken

7 Malange-Hochland
8 Angolanische Kongoregion
9 Cassanje-Senke
10 Südostangola
11 Gebirgsmassiv am oberen
   Sambesi

regelmäßig die Bucht von Namibe (Moçamedes) an, um sich zu verproviantieren. Seit 1882 gaben sie den Fang wegen zu geringer Ergebnisse auf, da die Wale vor der Küste Angolas fast vernichtet waren. Der Versuch von portugiesischen Fischern, sich 1865 an der günstigen Baia dos Tigres festzusetzen, scheiterte wegen Wassermangels. Später entstand eine kleine Fischerkolonie mit einfachen Verarbeitungsbetrieben an der Innenseite der Nehrung. Wasser und Nahrungsmittel wurden zu Schiff herangeschafft. 1963 wurde die Landzunge durch schwere Brandung von ihrem Ansatzpunkt getrennt.

In der etwas kleineren Bucht von Tómbua, die ihren früheren Namen Porto Alexandre nach dem englischen Forscher J. E. Alexandre trug, der 1834 in portugiesischem Auftrag die Gebiete von Benguela und Moçamedes bereiste, wurden schon von Diogo Cão 1485 zwei große Fischerdörfer gefunden, weswegen der Platz zunächst „Angra das Aldeias" („Bucht der Dörfer") genannt wurde. 1860/61 siedelten sich Kolonisten aus dem Algarve an und widmeten sich dem Fischfang, lange ohne Unterstützung durch die Regierung. Gegen Ende der portugiesischen Zeit war Tómbua wichtiger Fischereihafen mit Fischindustrie. Er ist mit Namibe (Moçamedes) durch eine Straße verbunden. Der Ort dehnt sich die Bucht entlang auf einem schmalen Wüstenstreifen aus und hat zwei Teile: Eine 40 bis 60 m breite Zone wird von den Fischereieinrichtungen eingenommen, Stegen zum Anlanden der Fische, Trockenplätzen und Fischmehl-, Fischöl- und Konservenfabriken. Hiervon wird durch eine asphaltierte Straße das Wohnviertel mit Kaufläden und öffentlichen Einrichtungen getrennt. Es besteht aus einem älteren Teil mit ebenerdigen Häusern und einem planmäßig angelegten, modernen Viertel, dessen Straßen sich in der Wüste verlieren. Hinter den Wohnhäusern liegen einfachere, mit Zinkblech und Gras gedeckte Hütten.

Nach einem Urbanisationsplan von 1961 ist ein modernes Afrikanerviertel entstanden. Die kleine Kirche steht in der Mitte der Siedlung. Außer einem Kinderspielplatz, einigen Bäumen an den Straßen und einem „Dünen" (as dunas) benannten Platz, wo einige Sträucher und Bäume sorgfältig gepflegt werden, gibt es kein Grün im Ort. Zwischen Meer und Wüstensand, den der Wind zu Wolken erhebt, lebt dieser Ort ausschließlich von der Fischerei.

3.1.4. Die Namibebucht

Die Bucht von Moçamedes, zunächst Baia da Angra do Negro genannt, jetzt Namibe, wurde zum erstenmal 1785 im Zuge einer Aufklärungsexpedition von Portugiesen angelaufen. Wegen des lukrativen Sklavenhandels und der unbesetzten, nicht kontrollierten Bucht versuchten Ausländer, sich dort festzusetzen, u.a. 1833 ein Franzose, der das Interesse seiner Regierung dafür zu gewinnen hoffte.[5] Daraufhin ließen sich 1839 die ersten Portugiesen, Freigelassene und Verbannte, an der Mündung des Bero nieder, zehn Jahre später zwei Gruppen portugiesischer Kolonisten aus dem brasilianischen Pernambuco mit 293 Personen, die dort Fischerei und Ackerbau betrieben. Sie brachten drei Zuckermühlen und die Kenntnis des Zuckerrohr-, Kaffee-, Baumwoll- und Tabakanbaues mit. Zu dem kleinen Fischereihafen kam eine geringe Ausfuhr von Zucker und Baumwolle aus der fruchtbaren Flußoase des Bero. 1856 gab es in Moçamedes und seiner Umgebung 272 freie Bürger, 632 Sklaven und 54 Freigelassene und ein Jahr später bereits 1211 Menschen. Erst der 1905 begonnene Bahnbau, der 1923 Lubango (Sá da Bandeira) auf dem Hochland erreichte, öffnete dem Hafen sein weiteres Hinterland, das bis dahin durch das steile Randgebirge verschlossen war, über das sich nur die Ochsenwagen der Buren quälten. In den letzten Jahren der portugiesischen Herrschaft wurde zur Überwindung des Gebirges eine moderne Serpentinenstraße über Humpata gebaut.

Die Bucht von Namibe ist tektonischen Ursprungs, worauf ihre Größe und Tiefenverhältnisse hinweisen. Ihren Südrand beherrschen mehrere hintereinander gestaffelte Kaps. In ihrem Schutz liegt der Hafen der Stadt. Auch der Nordrand der Bucht wird durch ein vorspringendes, steiles Kap vom Meer getrennt. An der Buchtseite dieses Kaps Saco liegt der große Erzverschiffungshafen. Die östliche Landseite der Bucht ist zum größten Teil flach. Hier mündet das Tal des episodisch Wasser führenden Bero, auf dessen breitem Talboden die gut bewässerten „Gärten" inmitten der Wüstenlandschaft entstanden sind. Wo die Halbwüste in flachen Strandflächen an die Bucht herantritt, liegen ausgedehnte Becken zur Salzgewinnung für die Fischerei. Die tekto-

5   Amaral, I.: Aspectos do povoamento branco de Angola. In: Est. Ens. Doc. 74, 1960, 83 S., S. 16.

nisch bedingte submarine Fortsetzung des Berotals durch die Bucht zum offenen Meer ergibt die für die Schiffahrt günstige Tiefe bis zu 300 m und Tiefen über 20 m in den beiden Häfen am Nord- und Südrand. Die Eisenbahnlinie trifft, aus dem Inneren kommend, nördlich des Giraultales auf den nur 9 m über dem Meer gelegenen Küstenstreifen und stößt in der Niederung landseits vor dem die Küste bildenden schmalen, steil abfallenden eozänen Sacoplateau von Norden her auf die Bucht, bedient den Erzhafen und führt am Ostrand der Bucht entlang unter Umgehung der „Gärten" am Berofluß zur Stadt am Südost-Ende.

Die Stadt liegt über einem niedrigen Kliffhang, dessen höchster Punkt die Festung einnimmt. Das rechtwinklige Straßennetz mit einigen Promenaden und schönen Plätzen verliert sich in die umgebende Halbwüste. Das Straßenbild ist sehr gepflegt, die modernen Bauten, Villen am Stadtrand, aber auch öffentliche Gebäude wie die Markthalle oder die rings von Wüstensand umgebene technische Fachschule sind mit Marmor verkleidet, der aus etwa 80 km entfernten Vorkommen im Innern stammt und in der Stadt verarbeitet oder exportiert wird. Die über 20 000 Einwohner[6] zählende, 1849 gegründete Provinzhauptstadt mit dem drittgrößten Hafen des Landes, einem Flugplatz, einer Rundfunkstation und einem Fischereimuseum hat ihre wichtigste wirtschaftliche Grundlage im Fischfang und in der Fischverarbeitung, deren Industrie sich an mehreren Punkten der Bucht befindet, darunter eine moderne Fischmehlfabrik für 30 t/h. Mit gutem, trockenem Klima, reizvoller Lage zwischen Meer und Wüste mit prächtigen Exemplaren der Welwitschia und Wildbeständen, vor allem Zebras, am Rand der Namib, schönen Sandstränden am Ozean und den „Festas do Mar" (Seefesten) ist Namibe von eigenem Reiz und war früher als Touristenziel bekannt.

3.2 Der mittelangolanische Küstenstreifen

Im mittelangolanischen Küstenstreifen werden die Trockensavannen von den fruchtbaren Alluvionsebenen der vom inneren Hochland

6   Die Einwohnerzahlen im Text beziehen sich auf den „normalen"
     Stand. Durch Krieg und Flüchtlingsströme sind die Zahlen für
     einige Städte gegenwärtig um das Vielfache gestiegen. S. Kapitel
     V. 13 (Statistisches Material)

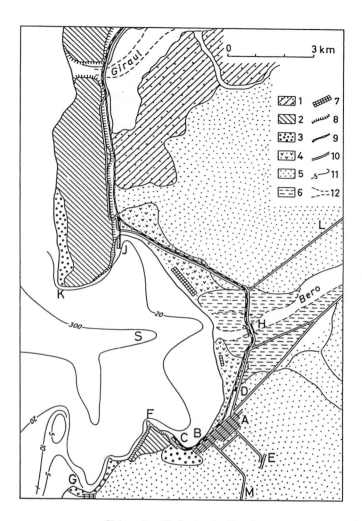

Skizze der Hafenbucht Namibe
(Entwurf vom Verfasser)

1 Eozäne Sandsteine und Mergel
2 Sacoformation (Miozän)
3 Konchiferenablagerungen
4 Sandflächen der letzten quartären
  Meerestransgression (Flandriano)
5 Dünen und Halbwüste
6 Bewässerte 'Gärten von Mocamedes'

7 Salinen
8 Steilhang

9 Eisenbahn
10 Straßen
11 Isobathen
12 Flußbett

A Stadt Namibe B Fortaleza C Hafen D Kühlhaus E Flugplatz
F Ponta do Noronha G Fischerdorf Praia Amélia H Eisenbahn- und
  Straßenbrücke über den Berofluß J Erzverschiffungshafen Saco
K Ponta do Giraul L Straße nach Lubango M Straße nach Tombua
S Submarines Berotal

kommenden Flüsse Catumbela und Queve unterbrochen, die von
Zuckerrohrplantagen und Olivenpflanzungen eingenommen werden.

Der Küstenstreifen hat nur durch diese Oasenkulturen der Allu-
vionsböden wirtschaftliche Bedeutung. Das trifft vor allem auf das
Gebiet des Catumbela zwischen Benguela und Lobito zu, wo die
großen Zuckerrohrpflanzungen der „Sociedade Agricola do Casse-
que" liegen, weiter auf die Zuckerrohrplantagen und Olivenpflanzungen der CADA im Gebiet des Rio Coporolo bei Dombe Grande sowie
früher auf europäische Bananenpflanzungen und Kartoffel- und Ge-
müsebau bei künstlicher Bewässerung.

Das Küstenland wird im Gebiet von Lobito und weiter südlich von
einem Steilabfall von über 100 m Höhe beherrscht, zu dessen Füßen
sich das ausgedehnte Schwemmland des Catumbela erstreckt. Der
Fluß fließt bis zu dem Steilhang in einem tiefen, engen Cañon und tritt
weniger als 10 km vor der Mündung in das Alluvialdelta ein, das von
den Flußsedimenten gebildet wird. Der im Delta mäandrierende Fluß
verlegt nicht selten seinen Lauf und verursacht Schäden für den
Ackerbau. Die Anschwemmungsböden werden durch kurze Ableitung
des Flusses unterhalb der letzten Stromschnellen ohne Schwierigkeiten bewässert und gehören zu den besten Anbaugebieten Angolas.
Auch an anderen Flußläufen der Küstenzone findet man gute Böden.
Durch die Stauung des Wassers der Stromschnellen der Cachoeira da
Binga am Queve oder Cuvo, der 15 km südlich von Porto Amboim ins
Meer mündet, und durch den Bau einer Talsperre wird die Bewässe-
rung von 25 000 ha bisher trockenen Parzellenlandes und durch die
Regulierung des Flußbettes von 9 000 ha am Flußufer selbst möglich.[7]

3.2.1 Die Städte Benguela und Lobito

Mittelpunkte dieses Küstenstreifens sind die beiden voneinander nur
34 km entfernten Städte Lobito und Benguela, die einen einzigen
Wirtschaftsraum darstellen, wobei sich die erst 1905 gegründete Stadt
Lobito an der großen, geschützten Bucht mit dem zweitgrößten Überseehafen des Landes und Endpunkt der nach Sambia führenden Benguela-Eisenbahn neben der Verkehrsfunktion auf eine vornehmlich

7   Soares, A. C.: Esquema geral de aproveitamento hidraulico do
     Queve. In: Fomento 4, 1966, S. 211-260.

hafen- und verkehrsorientierte Industrie stützt. Die für die Erschließung Mittelangolas historisch so wichtige, 360 Jahre alte, traditionsreiche Provinzhauptstadt Benguela hat dafür die Funktion der Verwaltungs-, Handels-, Gewerbe-, Kultur- und Wohnstadt behalten, wozu einige größere Fischreibetriebe am Stadtrand kommen.

Benguela ist reich an Gärten, Baumbeständen, Parks und schön gestalteten Plätzen. In Benguela befand sich die einzige deutsche Schule in Angola in portugiesischer Zeit. Die 1617 gegründete Hauptstadt des alten Königreichs Benguela ist nach M'Banza Kongo (São Salvador) und Luanda die drittälteste portugiesische Ansiedlung in Angola.

Die südnördliche Meeresströmung transportiert einen Teil der Sinkstoffe des Catumbela nach Norden und bildet die Landzunge von Lobito, die ihre heutige Gestalt erst im 17. Jahrhundert erhalten hat. Zwischen ihr und dem Steilhang des Festlandes ergibt das Haff mit Tiefen zwischen 15 und 36 m einen ausgezeichneten natürlichen Hafen. Der Steilhang besteht aus fünf Niveaus übereinander, die zwischen 8 m und 175 m hoch liegen.

Diese Abschnürung der Bucht vom Hinterland, die durch die an ihrem Südende liegenden, ungesunden und früher schwer zugänglichen Salzsümpfe noch verstärkt wurde, brachte es mit sich, daß sie bis zum Bau der Benguelabahn fast nicht genutzt wurde. Bis 1903 zählte der kleine Stützpunkt, der 1884 angelegt wurde, nicht mehr als sieben europäische und etwa doppelt soviel afrikanische Einwohner. Im Laufe des Eisenbahn- und Hafenbaus wurde die Stadt 1905 gegründet. Sie entwickelte sich zuerst auf der 4,8 km langen und 150-350 m breiten Landzunge (Restinga genannt), die das mittlere Hochwasser nur um höchstens 3 m überragt und deshalb gegen die Meereserosion geschützt werden muß. Sie wird durch eine Längsstraße erschlossen, an der wichtige Verwaltungsgebäude der älteren Zeit liegen, wie das der Hafenbehörde, der Personenbahnhof und die Kais für die Küstenschiffahrt. Dieses Stadtviertel wurde fast nur von Europäern bewohnt.

Erst später dehnte sich die Stadt südlich der Bucht in starker Streulage zwischen den Sümpfen und Brackwasserseen, die ziemlich gleichmäßig nur 2,8 m über dem Meeresspiegel liegen, bis an die 70 m hohen Vorberge des steil abfallenden Küstenplateaus aus. Wie die

Restinga besteht die Sumpfregion aus Sandmaterial, während die Hügel steile, stark zerfurchte Kalkhänge bilden. Die Entwicklung der neuen Stadtviertel ist aufgrund der natürlichen Ungunst zunächst sehr regellos vor sich gegangen, so daß viele kleine, unzusammenhängende Wohnviertel entstanden sind. Die Sumpfflächen bilden aber ein wichtiges Landreservoir für Hafenanlagen und die Stadtausweitung. Der Hauptteil der Stadt liegt eingeengt zwischen dem Hafen und den Eisenbahnanlagen des großen Verschiebebahnhofs. Hier sind die Geschäftsstraßen mit Hochhäusern und mehrstöckigen Wohnbauten, in deren Nähe sich Scharen von Flamingos auf den Seen tummeln. Zwischen Meer und Sümpfen ist an einem der schönsten Stränden Angolas gleichfalls ein neues Villenviertel entstanden. Das Gelände für neue Industrieansiedlungen liegt am südöstlichen Buchtrand; es schließen sich die Wohnviertel der afrikanischen Hafen- und Bahnarbeiter an. Die meisten Afrikaner wohnen am Fuß der Steilhänge und an weit verstreuten kleinen Siedlungspunkten.

Am Stadtrand dehnen sich Becken, die der Salzgewinnung dienen und von der wichtigen Straße nach Benguela durchzogen sind, an der auch der Flugplatz angelegt ist. Die Rundfunkstation steht auf den Höhen über der Stadt. Am Rande der Bucht liegen in Verbindung mit dem Hafen einige wichtige Industrien für Schiffbau, Metallverarbeitung, Zement, Kraftfahrzeugmontage, Holzverarbeitung und Herstellung von Kunststoffwaren. In der weiteren Umgebung befinden sich Salinenbetriebe und Fischverarbeitungsfabriken sowie eine Zuckerfabrik an der Straße nach Benguela. Lobito hatte etwa 60-70 000 Einwohner vor dem Bürgerkrieg.

Bisher erhielt Lobito das Wasser aus einem über 50 Jahre alten Versorgungsnetz, das ursprünglich nur für den Hafen vorgesehen war und sich schon früher als unzureichend für Hafen und Stadt erwies. Während ursprünglich das Wasser aus dem Fluß Catumbela genommen wurde, wird heute auch unterirdisches Wasser aus den Alluvionen des Catumbela herangezogen.

3.2.2 Die kleineren Häfen Sumbe und Porto Amboim

Für den Küstenstreifen nördlich Lobitos ist der größere Fischereihafen Sumbe (Novo Redondo) mit zwei Fischmehl- und Fischölfabriken der Mittelpunkt. Der Ort wurde 1769 als Stützpunkt für den Schiffsverkehr, die damals einzige Verbindung zwischen Luanda und Benguela, gegründet. Die etwa 20 000 Einwohner zählende Hauptstadt der Provinz Cuanza-Sul ist Zentrum des Baumwollanbaus und der Öl-palmkulturen. Im nahen Hinterland liegen die Kaffeepflanzungen von Seles. Sumbe ist Ladeplatz mit einem offenen, aber gut ausgerüsteten Reedehafen, mit Fisch- und Kaffeeverarbeitungsbetrieben und einer Saline und zugleich Verwaltungssitz mit einer Rundfunkstation und einem Flugplatz. Mit Luanda und Lobito/Benguela verbindet es eine direkte Küstenstraße.

Der weiter nördlich gelegene, geschütztere Reedehafen Porto Am-boim erhielt seine Bedeutung durch die vielseitige Produktion seines Hinterlandes, zu dem auch die südliche Kaffeezone gehört.

Während die Kaffeeverschiffungen schon früher zurückgegangen sind und mehr über Luanda erfolgten, haben die von Fischmehl und Fischöl, Palmöl und Palmnüssen, Baumwolle und Baumwollsaat im letzten Jahrzehnt der portugiesischen Zeit zugenommen. Da die Zone vor allem Ausfuhrgüter für Portugal und den Weltmarkt erzeugte, waren die Verschiffungen im Hafen achtmal größer als die Einfuhren, die fast ausschließlich aus Konsumgütern aus Portugal, z.B. Weinen und Textilien, bestanden.

3.3 Das Küstenland zwischen Cuanza und Kongo

Auch im nördlichen Küstenabschnitt bedecken Sukkulentensavannen die trockenen Flächen zwischen den breiten Tälern der vom Randge-birge reichlich Wasser heranführenden Flüsse mit Alluvialböden und tropischen Galeriewäldern. Vorkommen von Erdöl um Luanda und südlich der Kongomündung und von Phosphat- und Asphaltlagern sind für diesen Küstenstrich von Bedeutung. Dazu kommen Baumwollan-bau, Ölpalmen, Cashewnüsse, Zuckerrohr und Fischerei und weiter im Innern Mais, Sisal und Tabak entlang der Eisenbahn nach Malange.

3.3.1 Das Einflußgebiet der Hauptstadt Luanda

Der wichtigste Teil dieses Küstenabschnitts steht wie das Hinterland weitgehend unter dem Einfluß der Hauptstadt Luanda als dem Wirt-schaftszentrum des ganzen Landes. Das Küstenland erreicht hier mit 150 km seine größte Ausdehnung ins Innere und zieht sich im Cuanza-

und Lucalatal entlang weit aufwärts. Damit schiebt es sich zwischen
den südlichen und nördlichen Teil der Kaffeezone an den Westhängen
des Randgebirges. Es ist einer der ältesten portugiesischen Einflußbe-
reiche in Angola und öffnete den Handelsweg ins Innere, dem heute
die Fernstraße und die Eisenbahn nach Malange dienen. Die Städte
Catete und Dondo zeigen noch heute den alten kolonialen Stil von vor
200 Jahren. Massangano ist mit seinem Fort auf dem Hochufer über
dem Cuanza ein historisches Monument der Verteidigungskämpfe
gegen die Holländer 1641-1648. Die Zone entwickelte sich mit dem
Elektrizitätswerk Cambambe und anderen am inneren Rand des Küstenlandes mit großen Industrieplanungen in den 60er Jahren und einer
vielseitig marktorientierten Landwirtschaft zu einem Gebiet bedeutender wirtschaftlicher Konzentration, das ganz auf Luanda ausgerichtet ist.

3.3.2 Stadt und Bucht Luanda

Luanda ist trotz seiner vielfältigen Funktion als Hauptstadt in erster
Linie eine Handelsstadt, in der Nordangola und Teile Mittelangolas als
Hinterland mit dem wichtigsten Seehafen des Staates in Verbindung
treten. Zugleich hat sich Luanda in den 60er Jahren in seinen Vororten
zu einer industriellen Stadt mit Ölraffinerie und Zementwerk und
damit zu einem Ballungsraum von heute über zwei Millionen Einwohnern in einem Halbkreis von mehr als 20 km um das Stadtzentrum
entwickelt, wuchert weiter ins Innere hin aus, ist als Stadtregion kaum
zu umgrenzen und hat wichtige Satellitenstädte wie Viana, Dondo,
Catete und Caxito. Sie sind oft Kern besonderer Anbaugebiete.

   In der zwischen Buchtrand und ansteigendem Küstenplateau ein-
geengten Unterstadt sind in diesem Handels- und Verwaltungsbezirk
der Stadt vielstöckige Hochhäuser entstanden.

   Die jetzigen, 1945 eröffneten Anlagen des Tiefwasserhafens bilden
ein 400 m langes Rechteck auf einer in die Bucht hineinragenden, aus
Alluvionen aufgebauten Landzunge, die von der Gesamtbucht den
historischen inneren Teil abgrenzt. Dieser zeigt heute immer stärker
hervortretende Niedrigwasserstellen und Sandbänke, so daß die Oze-
andampfer von der prächtigen Uferstraße nur in weiter Ferne zu sehen
sind und nur der alte Fischereihafen noch kleinere Schiffe bis an den
Südrand der Bucht lockt. Die Landzunge mit den Kai- und Hafenan-

lagen am Ende der inneren Bucht ist Ausgangspunkt für die längerfristigen Ausbaupläne, die den ganzen Buchtrand von 5 km bis zu der am Buchtausgang liegenden Verschiffungsstelle für Produkte der Erdölraffinerie umfassen.

Hinter dem schmalen alluvialen Streifen des Buchtrandes erhebt sich der 40-60 m hohe Steilhang der Küstenhochfläche. Auf weite Strecken hin verhindert er eine direkte Verbindung zwischen der Unterstadt und der Oberstadt, der Cidade Alta. Nur am Südrand der Bucht, dem ältesten Teil der Stadt, bildet das Plateau sanfte Hänge und hat von alters her durch Stiegen und Wege die Verbindung vom Ufer zu den Höhen ermöglicht. Dort erstreckt sich das Maiangatal mit den früher einzigen Brunnen der Stadt, von wo das Wasser geholt wurde. Noch heute sind diese etwa 500 m breiten Hänge zwischen den sich östlich und westlich anschließenden Steilrändern die einzigen leichten Zugänge zur Unter- und Oberstadt, und die fünf eng bebauten, etwa parallel verlaufenden, leicht ansteigenden Straßen können den dichten Verkehr zwischen den beiden Stadtteilen kaum meistern. Westlich hiervon führte früher die einzige Straße auf dem Hochland von der Festung bis zum heutigen Zentralhospital und damit in die Gegend der Brunnen.

Der Küstenstreifen südlich der Bucht von Luanda und der Festung ,,Fortaleza de S. Miguel." hat zahlreiche kleine Buchten und die bekannteren Strandbäder Belas und Samba 13 km südlich Luandas. Vor der Küste liegt die langgezogene Düneninsel Mussolo mit reichem Palmenbestand und gutem Badestrand.

Die Bucht von Luanda wird seewärts von der etwa 7 km langen und 100-500 m breiten ,,Ilha" abgeschlossen, die, ursprünglich eine Insel, heute durch einen Straßendamm unterhalb der Festung mit dem Festland und der Uferstraße der inneren Bucht verbunden ist. Die flache, weitgehend aus Dünen gebildete Ilha ist mit ihren modernen Restaurants und dem Panoramablick über die Bucht auf die beiden Stockwerke der Stadt mit der palmenbestandenen Uferpromenade ein beliebter Aufenthalt. Hier wie an der Küste südlich Luandas bilden die Fischer eine von der übrigen Bevölkerung abgesonderte Gruppe, die in Lebensweise, in Wohnung und Nahrung noch sehr traditionsverbunden ist. Das Leben auf der Insel isolierte sie früher von den Stadtbewohnern. Auf sie geht der Stadtname zurück. Er wird vom Dialekt der

Quimbundo abgeleitet, die die Bewohner der Insel „axiluanda" (Netz-werfer, Fischer) nannten.[8]

Die Regenzeit von Ende September bis Mai hat mittlere Tempera-turen zwischen 24º C und 27º C, wobei März und April die wärmsten und regenreichsten Monate sind. Die durchschnittlichen Jahresnieder-schläge betragen 360 mm. In den vier Trockenmonaten, in denen der Hochnebel Cacimbo herrscht, liegen die Temperaturen bei 20-22º C, der kühlste Monat ist Juli mit durchschnittlich 20,2º C. In die Regenzeit fallen zwischen Mitte Dezember bis Ende Januar drei kühlere, regen-schwächere Wochen, die als „kleiner Cacimbo" bezeichnet werden. Luanda hat für Europäer ein weniger angenehmes Klima mit einer relativen Luftfeuchtigkeit von 82 % im Jahresdurchschnitt den ganzen Tag über, wobei die Werte nur selten während des Nachmittags unter 60 % liegen. Die vorherrschenden Winde sind leichte Brisen aus Südwesten und Westen mit einer mittleren Geschwindigkeit von 10 km/h, die gelegentlich am Nachmittag stärker werden und Erfri-schung bringen. Während der Nacht weht die Luft schwach aus Südosten. In der Regenzeit gibt es zuweilen starke Windstöße von über 100 km/h, die Regenschauer und Gewitter begleiten. Die unange-nehmsten Monate in Luanda sind März und April; Juli und August und – mit Abstufungen – Juni und September sind die günstigsten.[9]

Bis ins 20. Jahrhundert war die Stadt fast ganz auf die heutige Unterstadt („Cidade Baixa") beschränkt. Luanda wurde 1576 durch Paulo Dias de Novais unterhalb des Hügels gegründet, auf dem heute die Festung „Fortaleza de S. Miguel" liegt. Durch den Bau einiger größerer Kirchen und vieler Privathäuser erhielt es in der ersten Hälfte des 17. Jahrhunderts den Charakter einer Stadt und wurde nach der teilweisen Zerstörung und dem Abzug der Holländer wieder aufge-baut. Die Fortaleza de S. Miguel wurde 1659 angelegt. Erst im 20. Jahrhundert dehnte sich die Stadt zögernd auf dem Plateau aus, nachdem die ungeplanten afrikanischen Hüttenansammlungen, die Musseques, im Bereich der alten Unterstadt- und dann in den nächsten,

8   Bettencourt, J.S.: Subsídio para o estudo sociológico da população de Luanda. In: Bol. Inst. Inv. Cient. 1965, S. 90
9   Faria, A. V. S.: Temperaturas equivalentes de Luanda, Lobito e Dundo com vista ao estudo das Habitações. In: Fomento 2, 1964, S.29 ff.

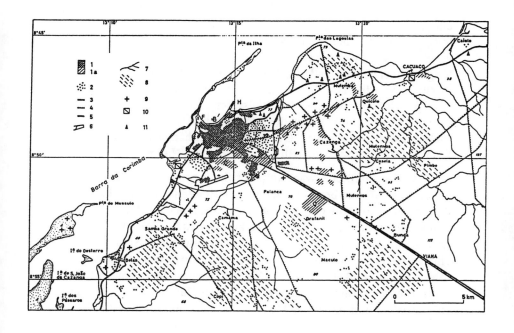

Skizze der Stadtregion Luanda

1 und 1a Dichte und weniger dichte Stadtbebauung
2 Muceques und Hüttensiedlungen
3 Hauptstraßen
4 Nebenstraßen
5 Eisenbahn
6 Flugplatz
7 Periodisch trockene Bachtäler
8 Felder mit Mandiok, Mais, Bohnen usw.
9 Gärten und Fruchthaine
10 Salinen
11 Industrieanlagen außerhalb der Stadt

B Unterstadt   F Fortaleza   H Hafen   Q Kasernengelände

höher liegenden Bezirken von Wohnvierteln europäischen Stils verdrängt worden waren. Aber erst nach dem Zweiten Weltkrieg wuchs
die Stadt aufgrund der stärkeren europäischen und afrikanischen
Zuwanderung weit auf die Hochfläche hinaus, wobei zunächst noch
einige Musseques eingeschlossen waren, die später festen Wohnsied-
lungen Platz machen mußten und das Land am Stadtrand teils in
geschlossenen Bezirken von Wohnhütten, teils in lockeren Streusied-
lungen besetzten, so daß umfassende Stadtplanungen immer wieder
erschwert werden. Das Zentrum der Stadt liegt heute dort, wo die leicht
geneigten Hänge zwischen den Steilstufen eine bequeme Verbindung
zwischen Unter- und Oberstadt ermöglichen. Als Mittelpunkt gilt der
Platz „Largo da Mutamba". Oberhalb der Steilhänge liegen vornehme
Wohnstraßen mit schönem Blick auf Bucht und Hafen.

Das wirtschaftliche Wachstum der Stadt besitzt eine starke Aus-
strahlungskraft und bezieht einen weiten Bereich des Hinterlandes in
die Entwicklung mit ein. Luanda ist die Hauptstadt Angolas. Hier
wohnt die Hälfte der urbanen Bevölkerung des Landes. Als Sitz des
Erzbischofs und älteste kontinuierlich fortentwickelte Stadt mit Kirchen aus dem 17. Jahrhundert und anderen historischen Monumenten,
mit einer Rundfunkstation, der 1962 gegründeten Universität und allen
Schularten einschließlich der Handels- und Handwerksschulen, mit
Bibliotheken und mehreren Museen und Forschungsinstituten ist es
auch das wichtigste kulturelle und wissenschaftliche Zentrum.

3.3.3. Der nördliche Küstenstreifen

Der Küstenstreifen von Luanda zum Kongo birgt wie das Cuanzatal
eine Reihe historischer Reminiszenzen an die frühe portugiesische
Zeit. Hierzu gehört der Hafenplatz Ambriz, der schon zu Anfang des
16. Jahrhunderts zur Sicherung des Seeweges entlang der Küste und
als Stützpunkt für die Verbindung ins Königreich Kongo als befestigter
Platz an der Logemündung gegründet wurde.

Teil des Küstenstreifens ist auch die Enklave von Cabinda nördlich
der Kongomündung, die durch die Ölförderung vor der Küste und den
1968 begonnenen Export von größter wirtschaftlicher Bedeutung für
Angola ist. Außer der trockenen Küste umfaßt Cabinda auch feucht-
warmes Bergland der Randschwelle mit tropischem Regenwald als
Holzlieferant für den Export und den Binnenmarkt.

4. Die Randschwellenregion

Die zweite geographische Einheit Angolas bildet das feuchte Randschwellengebiet des Hochlandes mit dem nach Westen unterschiedlich
in Stufen und Flächen ausgeprägten Abfall zum Küstenland in Höhen
von 400-1000 m, bis wohin die von See kommenden Cacimbo-
Hochnebel Feuchtigkeit bringen und die Verdunstung herabsetzen. Im
mittleren Teil dieser Randstufe liegen fruchtbare, von reichen Niederschlägen begünstigte Böden mit den großen Plantagen der südlichen
Kaffeezone und vielseitiger Landwirtschaft, unter anderem früher mit
Sisal, Rizinus und Tabak. Nördlich des Cuanza befindet sich die noch
ergiebigere nördliche Kaffeezone des Dembosgebietes und der Provinz Uige mit weiterer wichtiger landwirtschaftlicher Produktion.

4.1 Die Landschaften der mittleren Randstufe

Hinter dem zwischen Lobito und Sumbe (Novo Redondo) nur schmalen, nach Norden und Süden breiter werdenden Küstenstreifen erhebt
sich das Land in einzelnen Stufen. Ein Höhenunterschied bis zu 750 m
trennt die Küstenebene von der Fußterasse des Randgebirges. Die
zunehmende Feuchtigkeit von Süden nach Norden läßt den Ba-
lombofluß halbwegs zwischen Lobito und Sumbe zu einer Trennungs-
linie zweier Landschaften der Randstufe werden, der Kaffeezone von
Amboim-Seles nördlich und dem Sisal- und Rizinusgebiet südlich des
Balombotales.

4.1.1. Das Sisal-, Rizinus- und Tabakgebiet

Hier wird das Stufenland von felsigeren Böden gebildet, und die
geringere Feuchtigkeit führt zu einer Begrenzung des Feldbaues und
spärlicherer Bevölkerung, die sich zudem an günstigeren Stellen in der
Nähe von Wasserläufen konzentriert. Dazwischen verbleiben fast
menschenleere Landstriche. Darum wurde die bei den Afrikanern
früher überwiegend extensive Viehzucht erst allmählich durch stärkeren Feldbau zurückgedrängt, neben dem Anbau für die Selbstversorgung vor allem von Rizinus und Tabak als Marktpflanzen im Gebiet
Bocoio (Sousa Lara). Südlich hiervon war die Zone auf dem 850- bis
1100-m-Niveau mit subhumidem Klima, aber jährlich stark schwankenden Niederschlägen zwischen 750-1000 mm das Sisalhauptanbau-
gebiet mit dem Mittelpunkt und Hauptverladebahnhof Cubal an der

Benguelabahn. Die Pflanzungen waren wie die Aufbereitungsanlagen in europäischer Hand und verursachten die verhältnismäßig dichte Besiedlung mit Weißen. Außerdem betrug die Zahl der Wanderarbeiter 1965 allein aus der Provinz Bié 1288.[10] Aufgrund der Sisalkrise wurde der Mais- und Baumwollanbau ständig verstärkt. Auf höheren Flächen steht Eukalyptuswald für die Zellulosefabrik in Alto Catumbela. Mittelpunkte des Gebietes sind Cubal und Alto Catumbela mit dem Elektrizitätswerk Lomaúm.

4.1.2 Die südliche Kaffeezone

Nördlich des Balombo dehnt sich zunächst sehr schmal, nach Norden breiter werdend bis Quilenda die „südliche Kaffeezone" aus. Das feuchte Klima der Stufenlandschaft mit fruchtbaren Böden, reichen Niederschlägen und der Intensität der Cacimbo-Nebel waren Voraussetzungen für den „Kaffeewald", von dem nur einige hohe Bäume als Schattenspender für die Kaffeesträucher übriggeblieben sind. Die vielseitige Landschaft führte zu großer Bevölkerungsdichte von etwa 15 E./km^2. Neben dem Anbau der traditionellen Lebensmittel Maniok, Mais, Bohnen, Erdnüsse und Bananen, die auch für den Markt erzeugt werden, steht die Kaffeeproduktion im Vordergrund, weniger in afrikanischem Kleinbesitz als in einigen großen, europäischen Kaffeeplantagen, wobei die CADA hier ihren größten Betrieb hatte. Sie erzeugten außerdem Palmöl und Palmkerne. Die wichtigeren Stämme der Libolo, Amboim, Quibala und Hacó der Gruppe Quimbundu und der Seles der Gruppe Umbundu waren in den großen Betrieben gegen Lohn beschäftigt oder betreiben eigenen seßhaften Feldbau. Der aufstrebende Bezirksort Gabela liegt im Mittelpunkt dieses Gebietes, weiter südlich Vila Nova do Seles. Das Kaffeegebiet ist erschlossen durch die Eisenbahn Gabela-Porto Amboim und die Straße Gabela-Quibala zur Fernstraße Luanda-Huambo (Nova Lisboa) und nach Sumbe (Novo Redondo).

4.2 Das Randgebirgsland nördlich des Cuanza

Das nördliche Randgebirgsland zwischen dem Dande und dem Kongo

---

10   Valente, H.: Mão-de-obra do distrito do Bié. In: Trabalho 14,
      1966, S. 120

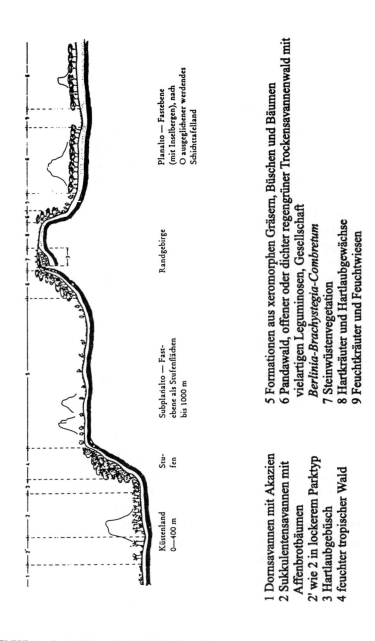

**Profil Küstenland-Planalto in Mittelangola,
Beziehungen zwischen Relief und Vegetation**

Küstenland
0—400 m

Stu-
fen

Subplanalto — Fast-
ebene als Stufenflächen
bis 1000 m

Randgebirge

Planalto — Fastebene
(mit Inselbergen), nach
O ausgeglichener werdendes
Schichttafelland

1 Dornsavannen mit Akazien
2 Sukkulentensavannen mit
  Affenbrotbäumen
2' wie 2 in lockerem Parktyp
3 Hartlaubgebüsch
4 feuchter tropischer Wald

5 Formationen aus xeromorphen Gräsern, Büschen und Bäumen
6 Pandawald, offener oder dichter regengrüner Trockensavannenwald mit
  vielartigen Leguminosen, Gesellschaft
  Berlinia-Brachystegia-Combretum
7 Steinwüstenvegetation
8 Hartkräuter und Hartlaubgewächse
9 Feuchtkräuter und Feuchtwiesen

ist von Natur äußerst unwegsam. Wohl deswegen auch haben sich die Portugiesen im 17. Jahrhundert aus dem Kongogebiet zurückgezogen und es erst nach der Berliner Konferenz wieder in Besitz genommen.

4.2.1 Das Dembosgebiet

Das Herzstück dieser Region ist das Dembosgebiet mit feuchttropischer, dem Maiombewald in Cabinda eng verwandter Waldformation. Es erstreckt sich vom Lucala westlich Ndalatando (Salazar) etwa 300 km nach Norden und umfaßt Golungo Alto, Cazengo und das eigentliche Gebiet der Dembos mit Quibaxe und Uige mit der gleichnamigen Stadt (früher Carmona) als Mittelpunkt. Das Gebiet liegt über 700-1000 m hoch, wobei sich einige Punkte bis fast 1300 m erheben. Die Temperaturen betragen 23º-24º C in den Monaten Januar bis Mai und weisen als Minimum 19º C im Juli und August auf. Die Niederschläge ergeben im Süden etwas über 1100 mm, erreichen in der Hauptkaffeezone um Uige (Carmona) etwa 1600 mm und nehmen nach Norden wieder ab. Die Regenzeit dauert von Oktober bis Mai, Juni bis August sind Trockenmonate. Die mittlere relative Luftfeuchtigkeit beträgt meist mehr als 83 %, zum Teil auch 87 %. Unter dem Einfluß des Cacimbo-Nebels ist der Himmel fast immer bedeckt.

In der ursprünglich dichten Regen- und Nebelwaldformation der Dembos sind von Primärwald bedeckte Gebiete heute nur noch sehr gering. Der Wald ist durch die Kaffee- und Palmenkulturen und die Holzausbeute weithin völlig zerstört.

Ausgehend von den Bezirken Cazengo, Golungo Alto, Ambaca und Bembe, wo zuerst Kaffeesträucher abgeerntet und der Kaffeeanbau entwickelt wurden, hat sich das Schwergewicht in den fünfziger Jahren in die Gegend von Uige (Carmona) (859 m hoch) verlagert und dort eine wirtschaftsintensive, wenn auch rnonokulturbeherrschte Region geschaffen. Europäische Kaffeepflanzungen, auf denen 60-70 000 Kontraktarbeiter aus dem zentralen Angola arbeiten, und viele kleine afrikanische Bauern, die sich dem Kaffeeanbau oder der Ausbeute der Ölpalme widmen, bestimmen mit ihren zahlreichen, geschlossenen Dörfern bei einer verhältnismäßig hohen Bevölkerungsdichte von 15 E./km2 das Landschaftsbild. Uige (Carmona), die Hauptstadt der Provinz Uige, hat sich schnell aus dem erst 1917 gegründeten Militärposten und einem kleinen Ort, der noch um 1950 aus nur einer Straße und etwa 50 Lehm- und Holzhäusern mit Zinkblech- oder Strohdächern bestand, zu einem wichtigen Handels- und Verwaltungszentrum mit früher vielen europäischen Einwohnern entwickelt. Auch die Bezirkshauptorte, die im Randstufenbergland der Kaffeezone liegen, wie Samba Cajú, Quiculungu, Quitexe, Negage und Songo, lebten ausschließlich vom Kaffeehandel der afrikanischen und kleinen europäischen Pflanzer, die ihre Produkte nicht direkt in Luanda verkaufen können. Die Orte haben meist gemischte Häuser, Wohnungen, Läden und Lagerräume unter einem Dach. Die Afrikaner gehören in der Mehrzahl dem Chicongostamm der Quicongogruppe an, während weiter südlich die Hungo- und Dembastämme der Gruppe Quimbundo wohnen.

Der interessanteste Ort ist M'Banza Kongo (S. Salvador), die Hauptstadt der Provinz Zaire, 650 m hoch gelegen und Handelszentrum für die landwirtschaftlichen Produkte der Region. Hier fanden 1487 die ersten Kontakte der Portugiesen mit dem König des Kongoreiches statt, dessen Hauptstadt dieser Ort seit dem 14. Jahrhundert unter dem Namen Banza Congo war. Von der Bedeutung des portugiesischen Einflusses im 16. Jahrhundert zeugen die Ruinen der Kathedrale und einer weiteren Kirche in M'Banza Kongo (S. Salvador), das dortige steinerne Grabmal europäischer Art, von dem es heißt, der Kongokönig Alfons I., der 1543 starb, habe hier seine Mutter begraben lassen. Weitere Zeugen sind die Ruinen der Kirche S. José und eines Forts in Encoge am Südrand des damaligen Kongoreiches sowie die Ruinen des Forts zum „Fetischstein" in Pedra dos Feitiço am Kongofluß unterhalb von Nóqui. Der berühmte Stein von Yélala an den Stromschnellen des Kongo etwas oberhalb von Matadi, bis wohin Diogo Cão trotz des schwierigen Flußstücks gelangte und an dem er eine Inschrift über seine Fahrt hinterließ, liegt nicht mehr im heutigen Angola. Als die Portugiesen den Handel Nordangolas allmählich ganz auf Luanda konzentrierten und sich wegen der politischen und militärischen Schwierigkeiten aus dem Kongogebiet zurückzogen, verfiel S. Salvador. 1881 hatte der Ort nur nach 600 Einwohner mit ärmlichen Häusern, aber stattlicheren Ruinen.

5. Das Hochland von Malange und die Cassanje-Senke

5.1 Der westliche Teil des Hochlands von Malange

Der an das Randschwellengebiet anschließende westliche Teil des Hochlands der Provinz Malange in Höhen zwischen 1100 und 1260 m, mit Baumsavannen des Pandawaldes, gehört zu den dichter besiedelten Gebieten Angolas (10 Einwohner/km^2) mit früher einer großen Zahl von Europäern, die außer in der Stadt und im Handel selbst in den Pflanzungsbetrieben für Sisal und Tabak tätig waren. Auch die afrikanische Landwirtschaft mit bevorzugtem Anbau von Tabak, Maniok, Mais und Bohnen war auf den Markt ausgerichtet und hat zu ihrer Entwicklung viel behördliche Unterstützung erfahren. Das Hochland von Malange gehört zu den fruchtbarsten Regionen Angolas. So werden für Mais die fünffachen Erträge pro ha gegenüber Huila und Huamba angegeben und für Maniok gegenüber den Provinzen Luanda und Bengo. Bei Versuchen in Cangandala wurden sehr gute Maniok-Ernten erzielt. Die an sich günstigen Voraussetzungen für die Viehzucht mit zusätzlichem Futteranbau müssen stärker genutzt werden. Die Manganerzförderung bei Quitota hat zahlreiche Arbeiter in diesem Gebiet konzentriert.

Zentrum ist der 1852 gegründete Ort Malange, jetzt Provinzhauptstadt in verkehrsgünstiger Lage, Endpunkt der Eisenbahn und Umschlagplatz zum Baumwollgebiet der Cassanje-Senke und zum Diamantengebiet Lunda und Erschließungszentrum für den weniger entwickelten Süden der Provinz, wo die großen Wildreservate bei Cangandala und zwischen dem Cuanza und Luando liegen. In der Umgebung von Malange haben sich verschiedene Verarbeitungsbetriebe für landwirtschaftliche Produkte angesiedelt: Reisschälmühlen, Maismühlen, Holzsägereien, Faserverarbeitung, eine Presse für Baumwollsaatöl, kleinere Konsumgüterfabriken und handwerkliche Betriebe. 15 km östlich der Stadt liegt die kleine, aber ertragreichste Zuckerrohrplantage Quissol (230 ha) mit einer Zuckerfabrik. Malange, das 1940 erst 5300 Einwohner hatte, zählt 1970 40 000 Einwohner. Es ist Bischofssitz der an Fläche größten Diözese Angolas, besitzt eine Rundfunkstation, größere Schulen, ein Krankenhaus, einen Flugplatz und land- und forstwirtschaftliche Versuchsstationen. Die Stadt hat eine zunehmend wichtiger werdende Verteilerrolle zwischen dem nördlichen Westen und Osten Angolas.

Der westliche Teil des Hochlands von Malange ist das Gebiet des früheren Königreiches N'Gola und der Jingas, das sich bis zur Küste, östlich bis an die Grenze des Lundareiches erstreckte, nördlich an das Königreich Kongo und südlich an das von Benguela grenzte. Es zeichnet sich durch eine Reihe van Naturschönheiten aus, die durch Eisenbahn, Straße und Flugzeug von Luanda gut zu erreichen sind. Unter zahlreichen Stromschnellen und Wasserfällen sind die des Lucala in Kalandula (Duque de Bragança) mit 105 m Höhe und 200 m Breite inmitten tropischer Waldszenerie hervorzuheben. Sie sind durch eine gute Straße und einen größeren Ort für den Tourismus erschlossen. Südlich der Eisenbahn liegen die ,,Schwarzen Steine" (Pedras Negras), genannt Pungo Andongo, die als natürliche Festung für die Krieger der legendären Königin Ginga angesehen werden. Die zum Teil 100 m hohen Felsen erscheinen schwarz, trotz ihrer Zusammensetzung aus Gneisen, Rotschiefern und rötlichen Kalkkonglomeraten des Karrusystems. Ähnlich sind auch die nur einige Kilometer entfernten Pedras Gingas, auf deren hohen Felsspitzen zahlreiche Raubvögel nisten. Das Hochland hatte bereits früher durch die Sammel- und Jagdausbeute an Elfenbein, Wachs und Gummi wirtschaftliche Bedeutung.

5.2 Die Cassanje-Senke

Während das Hochland von Malange vorwiegend zum Cuanza hin entwässert wird, gehören die Flüsse im Nordosten der Provinz zum Cuangobecken des Kangosystems. Dies ist die Cassanje-Senke, die sich geomorphologisch wie klimatisch vom Hochland unterscheidet. Es handelt sich um eine große Depressionszone, die sich in teils scharf eingeschnittenen, teils leichter abfallenden Schicht- und Denudationsstufen mit bewaldeten Schluchten im Norden und Süden der Stadt Malange in etwa 90 km Entfernung vom Hochland absetzt. Der Höhenunterschied beträgt rund 450 m, die mittlere Höhe der Senke liegt bei 650 m. Die 40000 km^2 umfassende, etwa 280 km lange und bis zu 140 km breite Ausraumzone von unregelmäßigem Umriß senkt sich nach Norden zum Cuango hin.

Salzlager sind weit verbreitet. Die wichtigsten Salinen, die von den Afrikanern seit drei Jahrhunderten ausgebeutet werden und in der regionalen Geschichte eine Rolle spielen, liegen im Gebiet von Bombo. Schwefelhaltige warme Quellen bei Cassala und Lutoa und eine Reihe von Erzen dicht unter der Oberfläche, auch die Vermutungen auf Kohle und petroleumhaltige Schichten zeugen von der Reichhaltigkeit des Bodens, der allerdings noch kaum erforscht ist. Die große Fruchtbarkeit des Gebietes ist für den Baumwollanbau besonders gut geeignet und vornehmlich im mittleren und südlichen Teil der Senke verbreitet.

Aufgrund der unterschiedlichen Böden kann ein vielseitiger Anbau von Maniok, Erdnuß, Mais, Hirse, Sesam, Reis, Bohnen, Fruchtbäumen usw. erfolgen. Allerdings war die Cassanje-Senke fast ganz auf Baumwollanbau eingestellt, der neben den notwendigen Pflanzen für die Eigenversorgung und geringem Kaffee- und Tabakanbau als Monokultur betrieben wurde. Die seit langem dort arbeitende Gesellschaft Cotonang hat die größten Baumwollpflanzungen. Staatliche Bemühungen haben den Anbau durch die Afrikaner vor Jahrzehnten erzwungen. Baumwollpressen und Entkernungsanlagen, kleinere Sägereien, keramisches und Holzhandwerk sowie Salzausbeute für den Eigenverbrauch und Verkauf erweitern das Tätigkeitsfeld der afrikanischen Bewohner. Das Gebiet ist mit weniger als vier Menschen pro km2 nur mäßig besiedelt. Zu den früheren Einwohnern des Gingastammes sind Angehörige der Gruppen Quicongo und Quimbundo gekommen und durch den Baumwollanbau weitere Zuwanderungen erfolgt, die eine ethnisch gemischte Bevölkerung ergeben. Der Name der Depression wird von einem früheren Eingeborenenherrscher abgeleitet.[11]

Die Transportverhältnisse in der Senke sind schwierig. Wegen der sandig-tonigen Böden können die Straßen für die siebenmonatige Regenzeit nur schwer befestigt werden.

6. Die Zentralregion Angolas

Die Zentralregion Angolas mit den Übergangslandschaften des Hochlands nach Norden, Osten und Süden reicht vom Hochland von Malange im Norden bis zur Moçamedesbahn im Süden und ist im Kern ein Hochland von 1200 – 1800 m Höhe mit gemäßigtem mesothermi-

11 Frade, A. J. N.: A Baixa de Cassange. In: Bol. Circ. Cult. de Malange 3, 1964, S. 7-25

schem Klima. Es liegt in der Mitte der westlichen Hälfte Angolas und damit der entwicklungsfähigen Räume. Die Lundaschwelle bildet die Ost-West-Achse dieser Region, die bei mittlerer und geringerer Bodenfruchtbarkeit und ausreichender Bewässerungsmöglichkeit durch die vielseitig betriebene Landwirtschaft vor der Unabhängigkeit zum wichtigsten Erzeugungsgebiet von Nahrungsmitteln für den Binnenmarkt wurde, vor allem von Mais, Maniok, Hirse, Hülsenfrüchten, Weizen, Erdnüssen, Gemüse, Kartoffeln, Reis, Arabicakaffee, Fleisch und Milch, außerdem von Tabak. Durch die für Angola dichte Besiedlung entstand ein enges Handelsnetz mit gewerblichen und industriellen Verarbeitungsbetrieben für die Landwirtschaft und Viehzucht mit einer vielseitigen Konsumgüterindustrie und mit dem großen Zellulosewerk in Alto Catumbela und einem Wasserkraftwerk am Westrand dieses Wirtschaftsraumes. Der natürliche Mittelpunkt ist die erst 1912 gegründete, zweitgrößte Stadt Huambo (Nova Lisboa). Sie gilt mit ihren früher zahlreichen zentralen Einrichtungen für Verwaltung, Wirtschaft, Kultur und wissenschaftlichen Entwicklungsinstituten sowie den beiden Fakultäten für Landwirtschaft und Veterinärmedizin der Universität von Angola als Kern einer sich entwickelnden Wirtschaftslandschaft mit der zentralen Verkehrslinie der internationalen Benguelabahn, an der die wichtigeren Ortschaften der Zentralregion liegen, wie Cuito (Silva Porto), die Hauptstadt der Provinz Bié. Die großen Eukalyptuswälder entlang der Eisenbahn dienten der Holzfeuerung der Lokomotiven. Im südwestlichen Teil der Zentralregion und des höheren Gebirgslandes liegt das Hochland von Humpata mit gemäßigtem Höhenklima, dichter Besiedlung und der Hauptstadt Lubango (Sá de Bandeira) der Provinz Huila. Bei der für Angola verhältnismäßig dichten Bevölkerung hat die Zentralregion lange Zeit die immer benötigten Arbeitskräfte für die exportwirtschaftlich führenden Gebiete als Wanderarbeiter oder als Abwanderer in die Städte gestellt.

Die Besiedlung ist nicht überall gleichmäßig. Da die Bevölkerung ausschließlich aus Feldbauern besteht, ist sie stark von den Böden und der geomorphologischen Gestaltung der einzelnen Zonen abhängig. Neben landwirtschaftlich ausgiebig genutzter gibt es auch spärlich besiedelte Gebiete. Hier muß ein nur kurzer Kulturzyklus zwischen ausgedehnten Brachzeiten von vielen Jahren durchgeführt werden, wobei neue Urlandflächen herangezogen werden. Die nur geringe Erzeugung in der Subsistenzwirtschaft, mit Mais und Bohnen von

gewissem wirtschaftlichem Wert, läßt keine höheren Anforderungen
der ländlichen Gemeinwesen zu. Eine Verbreiterung der kultivierten
Flächen und damit der wirtschaftlichen Basis ist kaum möglich, da sich
die Böden über die sogenannten „armen Nahrungspflanzen" hinaus
für anspruchsvollere Kulturen nicht eignen und auch bei intensiverer
technischer Bearbeitung über eine mittelmäßige Erzeugung nicht
hinauskämen. Als bessere Nutzung solcher Gebiete der degradierten
Savannenlandschaften erscheint die Aufforstung mit Eukalyptus und
Pinien und lokaler Holzverarbeitung möglich, wie das Beispiel des
Zellulosewerks bei Alto Catumbela zeigt.

In hügeligem Gelände mit jüngerer Bodenbildung am Rande der
Flußbecken und bei größerer Bodenfruchtbarkeit der Hanglagen
herrscht Seßhaftigkeit der Bevölkerung vor. Der Bauer bestellt diesel-
ben Felder in einem intensiveren Zyklus nach kürzerer Unterbrechung
durch eine Brachezeit. Aufgrund unterschiedlicherer Bodenqualitäten
sind die Kulturen vielfältiger; zu den traditionellen des Hochlands
kommen Erdnuß, Maniok, Tabak, Bananen, Ananas, Soja und Sesam,
Zitrusfrüchte, Papaya und Arabicakaffee. Oftmals können während
des ganzen Jahres im Wechsel die höhergelegenen Felder während der
Regenzeit und die Felder im Tal während der Trockenzeit bestellt
werden. Dem entspricht die verhältnismäßig große Besiedlungsdichte
an den Berghängen, was zu den alten Verebnungsflächen sichtbar
kontrastiert. Die Böden am Fuß und im unteren Drittel der Abhänge
bilden das Rückgrat der gegenwärtigen Landwirtschaft auf dem Hochland. So ist unter der Vielzahl der Kulturen auch der erfogreiche Anbau
von Arabicakaffee auf kleinen Parzellen möglich, auf größeren Flächen im Gebiet von Chicuma an den Hängen des Randgebirges und
von Andulo-Nhareia an den Talhängen des Cunhinga. Auch Weizen
und Kartoffeln haben in solchen Zonen Verbreitung gefunden und zu
einer größeren wirtschaftlichen Entwicklung dieser Landstriche geführt. Allerdings bietet besonders das Weizenfeld wenig Schutz gegen
verstärkte Erosion der Hänge, so daß eine schnelle Denudation der
Berge erfolgt und bei Kultivierung neuer Flächen ein beträchtliches
Ausmaß annimmt. Der landwirtschaftlichen Nutzung auf dem Hochland stellen sich somit zwei grundlegende Probleme: die Entwässe-
rung überschwemmter Zonen und die Bewässerung der fruchtbaren
Böden in Hanglage.

6.1 Westliche Lundaschwelle und Hochland von Bié

Auf der 1700-1000 m hoch gelegenenen, flachen Lundaschwelle liegen östlich Huambo entlang der Benguelabahn nur wenig fruchtbare und früher unbesiedelte alte Einebnungsflächen mit sumpfigen und nassen Anharas. Erst unter dem Einfluß der Bahn entstanden hier einige Ortschaften, von denen Verkehrswege ausgehen, so die Orte Vila Nova, Bela Vista, Chinguar, Cutato und Vouga. Sie haben sich zu kleineren oder größeren Handelszentren entwickelt, deren Aktivität vom Güteraufkommen der beeinflußten Zone abhängt. Der Grenzbereich zwischen den Provinzen Huambo und Bié, den die Benguelabahn bei Chinguar quert, ist das Ende der letzten, nur noch spärlichen Ausläufer des Randgebirges. Hier beginnen die sanft gewellten, eintönigen, weiten Flächen des inneren Hochlands. Auf der nördlichen Abdachung der Lundaschwelle kann bei der geringen Ausdehnung der einzelnen Bodenarten immer nur ein kleines Areal gleichmäßig angebaut werden. Deshalb nimmt sich auch die Kultur des Arabicakaffees so inselhaft aus.

6.1.1 Land der Ovimbundu

Im oberen Teil des Quevebeckens und seiner zahlreichen Nebenflüsse liegt der Bezirk Bailundo, der volkreichste der rein ländlichen Bezirke Angolas. Die Bailundo sind der stärkste Stamm der größten ethnischen Gruppe des Landes, der Ovimbundu, zu der auch die anderen wichtigen Stämme der Bieno, Huambo und Caconda auf dem Hochland gehören.

Zwei Drittel der Ovimbundu wohnen auf dem Zentralplateau, der Rest in den Übergangsgebieten zu anderen Landschaften und in den Küstenstädten. Einzelne gibt es in allen Teilen des Landes. Immer mehr werden auch in der Ferne seßhaft und kehren nicht wieder zurück. Bei einem Feldbausystem ohne Düngung und mit entsprechenden langjährigen Brachzeiten ist die Siedlungsdichte in den zentralen Bezirken hoch, und die Feldbauerträge können auf herkömmliche Weise nicht gesteigert werden. Auch daraus ergibt sich wie in einem Notstandsgebiet die vermehrte Abwanderung in die Nachbarregionen. Die Ovimbundu sind bevorzugte Wanderarbeiter. Andererseits übernahmen sie schnell den Anbau von marktfähigen Pflanzen über den Eigenbedarf hinaus, auch Gemüse und Obst wie im Gebiet von

Chinguar. Den modernisierten Feldbau hat zumeist der Mann übernommen, während sich die Frau mehr auf die Hausarbeit beschränkt,
im Gegensatz zu anderen Stämmen, wo hauptsächlich die Frau für den
Anbau der Nahrungsmittel sorgen muß.

Die Ovimbundu sind fast vollständig christianisiert, leben in Mo-
nogamie und haben portugiesische Lebensgewohnheiten angenommen. Als Händler und in den früheren Trägerkolonnen gingen sie bis
in entfernte Gegenden im Bereich der Lundaschwelle und zur Küste
und wurden so schnell mit der portugiesischen Kultur vertraut. Am
Viehhandel in Huila und am Wachsaufkauf im Süden von Bié oder dem
Aufkauf des Trockenfisches „tukeia" in den Anharas von Moxico sind
Ovimbunduhändler stark beteiligt. Auch ist nachweisbar, daß von der
Zenztralregion ausgewanderte Ovimbundu die Bewohner in den anderen Teilen des Landes mit neueren und dort unbekannten Produktions-
methoden vertraut machten, wie der Herstellung von Holzkohle in
Meilern im Bezirk Dande oder dem Obst- und Gemüseanbau bei Luau
an der Grenze zu Shaba. Hier waren Ovimbundu als Arbeiter beim Bau
der Benguelabahn seßhaft geworden und begannen dort später, Obst
und Gemüse zum Verkauf am Ort selbst oder im Industriegebiet Shaba
anzubauen, was die einheimische Bevölkerung übernahm. Im Bezirk
Ganguelas haben sie den Weizen- und Maisanbau mit Hilfe von
Pflügen und Zugochsen intensiviert. Angesichts großer, sehr schwach
besiedelter Gebiete Angolas ist die ethnische Gruppe der Ovimbundu
wegen ihrer Eigenschaften für die innere Kolonisation von Bedeutung.

Die europäische Bevölkerung der Zentralregion wurde zunächst
von dem günstigen Klima angezogen, zum anderen von den guten
Handelsbedingungen in dem verhältnismäßig dicht bevölkerten Gebiet mit einem weiten Hinterland. Dabei baute der Händler nur in
kleinem Maß bei seinem Haus die notwendigen Nahrungsmittel selbst
an. Somit trug der ansässige Europäer zunächst nur wenig zur Änderung des ländlichen Lebens und Feldbaues bei. Landwirtschaftliche
Betriebe haben Europäer vor allem im oberen Quevebecken an den
fruchtbaren unteren Hängen des Randgebierges eröffnet.

6.1.2 Die Provinzhauptstädte Huambo und Cuito

Das zentrale Hochland bildet auch verkehrspolitisch den Mittelpunkt
Angolas mit der West-Ost-Verbindung der Benguelabahn und der

Straße zur Küste und den nord-südgerichteten asphaltierten Straßen nach Luanda und Lubango (Sá da Bandeira) mit Anschluß an die Südgrenze des Landes. Ein verhältnismäßig dichtes Straßennetz schließt die besiedelten Gebiete des Hochlands auf. Das 1713 m hoch gelegene, 1912 gegründete Nova Lisboa (Huambo) war als künftige Hauptstadt Angolas vorgesehen. Es war mit etwa 90 000 Einwohnern, darunter 35 000 Weißen, der Mittelpunkt für Wirtschaft und Verkehr, Umschlagplatz, hat einen großen, für modene Langstreckenflugzeuge ausgebauten Flugplatz und ist nach Luanda das zweitwichtigste Kulturzentrum des Landes mit allen Schulen und Ausbildungsmöglichkeiten und einer Teiluniversität, einer Rundfunkstation und einem Bischofssitz. Zu den zahlreichen industriellen Ansätzen gehörte das zentrale, modern ausgerüstete Ausbesserungswerk der Benguelabahn mit über 1100 Arbeitern, das personalreichste Industriewerk in Angola. In der Umgebung lagen mehrere europäische Milchviehbetriebe mit Wurst- und Fleischkonservenfabriken. Verarbeitungsbetriebe sind auch in der Stadt ansässig. Das zentrale wissenschaftliche Forschungs- und Entwicklungsistitut für Landwirschaft und Viehzucht mit seinen Filialinstituten in den wichtigsten Landschaften Angolas betont Huambo (Nova Lisboa) als Mittelpunkt der künftigen Entwicklung des Landes. Die Forstwirtschaft und Forstbetriebe haben vielerorts lokale Ansatzpunkte geschaffen. Das große Zellulosewerk bei Alta Catumbela ist der westlichste Punkt der sich entwickelnden Wirtschaftslandschaft, die über eine Hochspannungsleitung den Strom vom Kraftwerk Lomaúm bezieht. Die wichtigeren Ortschaften der Zentralregion liegen an der Eisenbahnlinie westlich und östlich von Huambo, wie auch Cuito (Silva Porto), die Hauptstadt der Provinz Bié.

Das kleine Dorf Belmonte beim Fort Silva Porto wurde 1891 Verwaltungssitz, in dem damals nur ein Kaufladen bestand. 1910 wohnten dort 50 Europäer in mit Zinkblech und Stroh gedeckten Lehmhäusern. Es gab acht Handelsläden und zwei sehr einfache Hotels. Damit war der Ort Mittelpunkt von ganz Bié. Als ihn die Eisenbahn 1924 erreichte, hatte er 500 Einwohner. 1935 wurde die Ansiedlung unter dem Namen Silva Porto zur Stadt erhoben. Sie ist großzügig angelegt, mit breiten, rechtwinkligen Straßen und vielen Bäumen in Gärten und auf Plätzen, mit gesundem Klima in 1687 m Höhe. Sie ist Bischofssitz, hat ein Museum, eine höhere Schule, eine Rundfunkstation und einen Flugplatz und ist Handelszentrum eines

reichenAnbaugebiets von Mais, Weizen, Tabak, Bohnen, Reis und
Rizinus mit Verarbeitungsbetrieben und Ölmühlen. Hinzu kommen
ein Sägewerk und keramische Industrie. Die Stadt liegt 7 km südlich
der Eisenbahn und umfaßt zusammen mit der Bahnstation und der
dortigen Siedlung mit großen Mühlenanlagen ein einheitliches Gebiet
von etwa 20 000 Einwohnern. Die Entwicklungszone entlang der
Benguelabahn ist als „Lobito-Korridor" eines der großen Planungs-
projekte.

6.1.3 Die Ebenen vom Queve bis zum Cuanza

Um das zentrale Hochland legt sich ein breiter Saum von Übergangslandschaften. Der nordwestliche Teil, der sich ans Randgebirge an-
lehnt, entspricht den einförmigen Ebenen des Queve, Nhia, Longa und
dem inneren Cuanzabogen.

Weite Landstriche an den träge dahinfließenden Wasserläufen sind
versumpft, vor allem die ausgedehnten, überschwemmten Niederun-
gen an der Einmündung der Nebenflüsse in den Queve, wobei das
Flußbett fast verschwindet. Sie sind kaum besiedelt, und wegen der
früheren Gefahren durch die Tse-Tse-Fliege ist die Viehzucht gering.
Entsprechend der räumlichen Ausstattung ist die Besiedlung und
Wirtschaftsweise sehr unterschiedlich. Es gibt reine Subsistenzwirtschaft neben halbkommerzialisierter afrikanischer Landwirtschaft.
Auf den Böden in Hanglage ist trotz der allgemeinen guten Voraussetzungen für unbewässerten Anbau die künstliche Bewässerung be-
grenzter Flächen für eine dichtere landwirtschaftliche Besiedlung
notwendig. Es rechtfertigen sich hier vor allem der Bau kleiner
Stauteiche mit Erdwällen an den Nebenflüssen. Die überschüssigen
Produkte, Mais, Bohnen, Maniok und Süßkartoffel, werden verkauft.
Arabicakaffee und Wachs, das wichtigste Sammelprodukt, kommen
fast ausschließlich auf den Markt.

Schwerpunkte der Entwicklung gibt es entlang der für die Infrastruktur des Gebiets wichtigsten Fernstraße Luanda-Huambo an der
das frühere Kolonat Cela liegt, wodurch der Anteil der weißen Bevölkerung in diesem Gebiet verhältnismäßig hoch war. In den Kolonaten
spielte neben dem Anbau marktfähiger Produkte die Viehhaltung eine
wichtige Rolle (s. Kapitel „Portug. Siedlungspolitik").

6.2 Der Süden des zentralen Hochlandes

Das Übergangsgebiet vom zentralen Hochland nach Süden entlang der Moçamedesbahn, also der nördliche Teil der Provinz Huila, besitzt drei wichtige wirtschaftliche Schwerpunkte, das Elektrizitätswerk von Matala, das landwirtschaftliche Siedlungsgebiet am Cunene und die Eisenbergwerke von Cassinga. Mit dem Übergang der natürlichen Vegetation des Pandawaldes in den sich mit zunehmender Trockenheit anschließenden Mutiati-Mopanewald ist auch der Wechsel vom im Norden vorherrschenden Ackerbau zur stärkeren Viehhaltung im Süden verbunden. Die Hirtenbauern der Lunhaneca haben bei ausreichenden Niederschlägen und vorteilhaften Bodenverhältnissen den Ackerbau intensiviert, neben Hirse und Maniok vor allem von Mais. Dieser Anbau wurde im Einflußbereich der Moçamedesbahn stark ausgeweitet. Mais ist jetzt das hauptsächliche Marktprodukt.

Für die zahlreichen Flußläufe bestehen oberhalb Matalas aufgrund der großen Niederschläge umfangreiche Pläne zur Regulierung der Wasserführung und zur Energiegewinnung. In diesem Gebiet sind sechs Stauseen vorgesehen, drei am Cunene und je einer am Calai, Cuando und Catapi. Die Regulierungswerke sollen gleichzeitig dem Elektrizitätswerk in Matala und der Bewässerung am mittleren Cunene dienen.

An der äußersten Grenze der 150 km breiten Übergangszone vom Hochland zum trockenen Süden liegt 70 km südlich der Moçamedesbahn das Eisenerzgebiet van Cassinga, eine in wenigen Jahren entstandene, industriell geprägte Siedlungsinsel mit zwei etwa 50 km voneinander entfernten Ortschaften. In Nord-Cassinga hat der Ort Jamba etwa 3000 Einwohner und alle modernen Einrichtungen. Eine Talsperre des Flusses Cului sorgt für die Wasserversorgung der industriellen Anlagen. In Süd-Cassinga liegt der Ort Tschamutete. Die Talsperre am Fluß Calonga hat einen Erddamm von 16 m Höhe und 480 m Länge für 1.1 Mill. m^3 Wasserspeicherung. Der See bedeckt 1246 ha. Über den Staudamm führen die Eisenbahn und die Zufahrtsstraße zum Bergbaugebiet.[12]

12   Miniero, A. J. C.: Obras de engenharia civil do projecto miniero de Cassinga. In: Fomento 7, 1969, S. 3-51

6.3 Das Hochland von Humpata

Den südwestlichen Eckpfeiler der Zentralregion mit Höhen von über 2000 m bildet das Hochland von Huíla, auch Hochland von Humpata genannt, mit der Provinzhauptstadt Lubango (Sá da Bandeira) als Mittelpunkt. In dem hoch gelegenen Gebiet mit großer Bevölkerungsdichte (15 E./km^2) und früher starker weißer Besiedlung mit zahlreichen kleinen Bauern hat sich eine vielseitige Landwirtschaft entwickelt. Neben Mais und Maniok werden vor allem Kartoffeln, Getreide, Zitrusfrüchte, europäisches Obst und in geringem Maße Arabicakaffee angebaut, dazu wird Milch und Schlachtvieh gehalten. Die landwirtschaftlichen und Viehzuchtstationen dieses Gebietes mit dem Zentrum in Humpata haben für die Entwicklung Bedeutung.

Die 1770 m hoch liegende Stadt Lubango (Sá da Bandeira) mit früher etwa 35. 000 Einwohnern die einzige Stadt mit mehr weißer als schwarzer Bevölkerung, nimmt in ihrer lockeren Bauweise mit modernen, sechsstöckigen Häusern, anderen im Villenstil und reizvollen Parkanlagen bei gutem Gebirgsklima immer mehr den Charakter eines Höhenluftkurortes an und ist fast ganz von Bergen umschlossen, durch die in einem engen Paß die Straße von der Stadt zum Hochland von Humpata führt. Sie ist aber zugleich auch technischer Zentralort der Moçamedesbahn und Handelszentrum mit landwirtschaftlichen Verarbeitungsbetrieben. Sie ist Bischofssitz und hat ein ethnologisches Museum, eine Rundfunkstation und einen Flugplatz, dazu Teile der Universität von Angola.

7. Die Osthälfte Angolas

Das an das Zentralplateau anschließende und durch flache Täler aufgelöste Schichttafelland, das in 1000-1500 m Höhe liegt und mittleren Niederschlägen ausgesetzt ist, nimmt fast die ganze östliche Hälfte Angolas ein. Das Landschaftsbild zeigt wenige kultivierte Flächen in der Umgebung der Ortschaften und viele durch Holzausbeute und Brennen im Rahmen der Wanderbrandrodungswirtschaft degradierte Waldflächen. Große Teile des ganzen Raumes sind von Trockensavannenwäldern bedeckt, die zum Teil gute Hölzer liefern, die allerdings nur im Bereich der Benguelabahn um Luena (Luso) für den Binnenmarkt genutzt werden können. In der Übergangszone von der Lundaschwelle zur Kalahari nimmt die Waldvegetation nach

Süden auf den stärker werdenden Sandböden trotz geringerer Niederschläge zu. Andererseits regenerieren die Trockensavannenwälder
sehr schwer, und das natürliche Gleichgewicht kann durch Brandro-
dungshackbau und Abholzen leicht gestört werden. Trotz der allgemein sehr geringen Bevölkerungsdichte unter 2 E./km^2 gibt es in den
einzelnen Regionen beträchtliche Unterschiede.

7.1 Das Lundagebiet

Nördlich der Lundaschwelle wechseln Pandawälder mit Savannen. An
den nach Norden gerichteten Flußläufen tritt zunehmend tropischer
Regenwald auf. Die Bewohner gehören fast ganz den Quioco- und
Lundastämmen an, die hier ihr zentrales Siedlungsgebiet haben und
sich weiter nach Süden ausbreiten. Die Landwirtschaft dient fast
ausschließlich der Selbstversorgung und stützt sich auf Maniok, wozu
Jagd und Fischfang kommen.

7.1.1 Der Diamantenbezirk

Den äußersten Nordosten und damit die Provinz Lunda-Norte bildet
der Diamantenbezirk, in dem durch zivilisatorische Maßnahmen der
Förderungsgesellschaft ein besonderes Entwicklungsgebiet innerhalb
der Naturlandschaft entstanden ist, das eine Heraushebung erfordert.
Es ist im wesentlichen der Bezirk Chitato (Portugalia) mit 45.483 km^2,
eine leichtgewellte Ebene, die sich von Süden nach Norden von 1000
auf 700 m senkt und von zahlreichen, im Sinne der Abdachung fast
parallel laufenden Flüssen, die zum Cassaisystem gehören, entwässert
wird. An den nicht tiefen Tälern stehen vom Kongobecken nach Süden
reichende äquatoriale Galeriewälder. Auf den Landrücken zwischen
ihnen dehnen sich Savannen mit schwachen Baumbeständen. Auf
ihnen führen die Straßen entlang. Bei nur geringer jährlicher Schwan-
kung von etwa 2,2º C beträgt die mittlere Jahrestemperatur 23,5º C. Es
fallen 1500 mm jährliche Niederschläge bei einer viermonatigen
Trockenzeit von Mai bis August und einer kleineren Trockenperiode
im Januar/Februar, so daß sich zwei Monatsgruppen starken Regen-
falls ergeben. Diese Naturlandschaft erhält ihre Umprägung nicht so
sehr durch die Diamantenminen und ihre Aufbereitungsanlagen als
durch die landwirtschaftlichen, kulturellen, zivilisatorischen und Siedlungsvorhaben der Diamantengesellschaft für die Arbeiterschaft und

ihre Familien.

Im dem Bezirk wohnen etwa 100 000 Menschen, wovon 17000 von
außerhalb stammen. Nur ein Drittel der Bevölkerung steht nicht in
Diensten der Gesellschaft. Die anderen sind Arbeiter und Angestellte
mit ihren Familien. Die mit meist einjährigem Arbeitsvertrag von
außerhalb kommen, wohnen in großen Dörfern, die von der Gesellschaft unterhalten werden. Für die ärztliche Versorgung der Bevölkerung waren insgesamt 98 Sanitätsposten eingerichtet, darunter zwei
Hauptkrankenhäuser in Dundo und Andrada, vier kleinere Hospitäler,
7 Krankenpflegestationen, 4 Entbindungsheime, 6 Sanitätsposten und
74 Posten für erste Hilfe. Es fand eine ständige Gesundheitsüberwa-
chung der Bevölkerung statt, für die regelmäßige Inspektionsfahrten
durch den ganzen Bezirk auch zur ambulanten Behandlung vorgenommen wurden.

Neben der klinischen und chirurgischen Behandlung in den modern
und gut ausgestatteten Hospitälern sind die Arbeiten und Untersuchun-
gen zur Bekämpfung von Schlafkrankheit, Lepra und Tuberkulose
wichtig. Die wissenschaftlichen Ergebnisse sind von internationalem
Interesse. Über das ganze Gebiet waren 39 Schulen verteilt, dazu kam
Berufsausbildung im Tischler- und Schlosserhandwerk, für Auto- und
Maschinenreparaturen, in der Landwirtschaft und im Sanitätsdienst.
Es gab eine eigene Rundfunkstation, eine Bibliothek und kulturelle
Fortbildungskurse, Filmvorführungen und Sportfeste. Besondere Be-
deutung gewinnen die archäologischen und ethnologischen Untersu-
chungen der Stämme des Lundagebietes und Arbeiten zurn Problem
der Anpassung der traditionellen Lebensweise an die Entwicklung.
Das Museum in Dundo, dem Verwaltungssitz der Diamantengesellschaft, 5 km südlich von Chitato (Portugalia) widmet sich mit seinen
drei Abteilungen und wissenschaftlichen Veröffentlichungen diesen
Aufgaben, zu denen auch Geologie und die Erforschung afrikanischer
Flora und Fauna gehören. Die Untersuchungen über Musik, Folklore
und Volkskunst der Region werden ergänzt durch die regelmäßige
Schulung junger afrikanischer Künstler, Schnitzer, Maler und Weber,
für die ein Künstlerdorf beim Museum geschaffen wurde.

Zur Versorgung der Bevölkerung, die früher fast ganz auf der
Monokultur des Maniok basierte, ist eine umfangreiche Landwirtschaft geschaffen worden, die als Grundnahrungsmittel Maniok,

Süßkartoffeln, Reis, Erdnuß, Mais, Bohnen und Obst erzeugt. Dazu kommen Pflanzungen von Ölpalmen, Zitrusfrüchten und Gemüse, außerdem Futteranbau neben Naturweiden für die beachtliche Viehzucht mit eingeführten, gekreuzten Rindern. 100 km südlich von Dundo wurden 80 000 ha Weide angelegt, ein Schlachthof mit Kühlhaus wurde gebaut. Die tierärztliche Planung und Betreuung hat in diesem zunächst wenig günstigen und früher von der Tse-Tse-Fliege beherrschten Gebiet die Zucht von über 20 000 Rindern, auch für die Milcherzeugung, ermöglicht.

Durch die wissenschaftlich-experimentelle Landwirtschaft auf den Versuchsgütern der Gesellschaft hat sich ein hoher Stand der Vieh- und Pflanzenzüchtung ergeben, der gute Entwicklungsmöglichkeiten für eine Veredelungswirtschaft geschaffen hat. Damit ist das Diamantengebiet in der Versorgung weitgehend autark. Es ist durch zahlreiche befestigte Straßen erschlossen, die gegen die Erosion durch Ableitung des Regenwassers und Abräumen der oberen lockeren Sande geschützt sind. Nach dem Ausbau der Straße Malange-Saurimo (Henrique de Carvalho) steht eine günstige Verbindung direkt nach Luanda zur Verfügung, nachdem früher die Transporte über die Bahnstation Luena (Luso) an der Benguelabahn geleitet werden mußten.

Das Lundagebiet umfaßt 167 786 km^2, hat aber nur eine Bevölkerungsdichte von 1,47 E. /km^2. Außer im Diamantengebiet gab es fast keine weiße Besiedlung. Die Hauptstadt der Provinz Lunda-Sul, Saurimo (Henrique de Carvalho), ein alter zentraler Ort, ist heute ein wichtiger Verkehrsknotenpunkt mit Flugplatz an der Straße von Malange und der von Luena, die ins Diamantengebiet führt. Es ist zugleich Handelszentrum des Gebietes für Mais, Erdnuß und Kautschukgewinnung. Dazu regt die Diamantenförderung aus den nahe gelegenen Kimberliten bei Catoca zu weiterer Aktivität in der Stadt an.

7.2 Die Ebenen und Abdachungsflächen Ostangolas

Das mittel- und südöstliche Angola, das zum größten Teil von der Provinz Moxico und den nördlichen Gebieten von Cuando-Cubango eingenommen wird, ist gekennzeichnet durch weite, wenig modellierte Ebenen des inneren Hochlandes mit flachen, weit gestreckten Rücken zwischen breiten, seichten Abdachungsflüssen. Von der im östlichen Teil 1100-1500 m hohen Lundaschwelle im Norden dacht

sich das Gebiet allmählich nach Süden und Südosten ab. Das Land-
schaftsbild zeigt wenige kultivierte Flächen in der Umgebung der
Ortschaften, durch Holzausbeute und Abbrennen im Rahmen der
Wanderbrandrodungswirtschaft degradierte Waldflächen, in der Re-
genzeit mit Wasser bedeckte sandige Grasfluren (Chanas) an den
Flüssen, ausgedehnte Anharas mit Gras- und Buschwuchs unter 1 m,
die gelegentlich mehrere 10 km^2 umfassen, und halb zugewachsene
Seen im Osten der Provinz, vor allem im Bezirk Dilolo.

7.2.1 Die Landschaften Moxicos

Große Teile des ganzen Raumes sind von den Trockensavannenwäldern, den Pandawäldern, bedeckt, einer wechselnden, an Arten bald
reicheren, bald ärmeren, lichten und kümmerlichen, zumeist aber
geschlossenen Waldformation Berlinea-Brachystegia-Combretum.

Die Bevölkerung dieser Gebiete gehört den beiden großen Gruppen
der Quioco (im Norden und Westen und verstreut in anderen Landstrichen) und Ganguela an, von denen die Luena im Nordosten zusammen
mit den Lunda am stärksten vertreten sind. Trotz der allgemein
geringen Bevölkerungsdichte gibt es in den einzelnen Regionen beträchtliche Unterschiede. Die Provinz Moxico ist mit 199.786 km^2 die
flächenmäßig größte in Angola, hat aber nur 5,5 % der Gesamtbevölkerung und eine Bevölkerungsdichte von 1,33 E./km^2. Im Zentrum der
Provinz gibt es keine wichtigen Ortschaften, es herrscht fast reine
Subsistenzwirtschaft auf der Basis von Maniok, Hirse und Bohnen. Im
südlichen Teil des Distrikts, wo Luena-, Bunda-, Lunda- und Quioco-
gruppen mit kleineren, wie den Camaxi am Cuando, zusammen
wohnen und im engen traditionellen Sozial- und Wirtschaftsleben
verblieben, stützt sich die Subsistenzwirtschaft auf Hirse (Massango
und Massambala), während der im Norden vorherrschende Maniok
zurücktritt. Es gibt keine Rinderhaltung.

Das wichtigste Sammel- und Marktprodukt der Provinz Moxico
war Wachs und Honig der wilden Bienen, die unter den Arten des
Pandawaldes eine gute Nahrung finden. Fast die Hälfte der Wachsaus-
fuhr Angolas kam aus diesen Gebieten. Luena und Cazomba waren die
Handelszentren für Wachs, wohin das Sammelprodukt zum Abtransport gebracht wurde.

7.2.2 Die Kulturlandschaft um Luena (Luso)

Der Schwerpunkt der Provinz Moxico liegt an ihrem Nordrand um die Hauptstadt Luena (Luso). Hier hat sich unter dem Einfluß der Benguelabahn eine weitere Kulturlandschaft herausgebildet mit größerer Bevölkerungsdichte von etwa 4 E./km^2 und einer früher größeren weißen Besiedlung unter Quioco- und Luenastämmen. Neben der traditionellen Landwirtschaft mit Maniok/ Mais und Bohnen/ die auch für den Markt produziert werden, und einer größeren Viehhaltung hat vor allem die Holzwirtschaft mit Sägewerken zur Entwicklung dieses Gebietsstreifens beigetragen. 20 000-25 000 m^3 Nutzholz wurden im Jahr geschlagen und auf dem Binnenmarkt, vor allem für die Herstellung vcn Eisenbahnschwellen, verkauft.

Luena ist Bischofssitz der drittgrößten Diözese des Landes und als Verwaltungs-. Verkehrs- und Wirtschaftszentrum mit Flugplatz im östlichen Angola zugleich Umschlagplatz für den Gütertransport ins nördliche Lundagebiet auf der Straße über Saurimo (Henrique de Carvalho) und ebenso nach Süden in die Provinz Cuanda-Cubango hinein bis zum Einflußbereich des Endpunktes der Moçamedesbahn, der Stadt Menongue (Serpa Pinto).

7.3 Die Flußkalahari des Südostens

Der eigentliche Südosten Angolas ist Teil der Nordkalahari. Alle Flüsse und das in den Sanden versickerte Wasser folgen der Abdachung zum Kalaharibecken und zu den Sumpfgebieten des Okavango, angolanisch Cubango, in die dieser Fluß in einem Binnendelta südlich der Grenze Angolas mündet. Weite Sandfelder erstrecken sich zwischen breiten Talungen. Auf den flachen, 20-40 km weit gestreckten Rücken steht lichter Buschwald mit Dornsträuchern und Akazien. An den Flüssen, in langgestreckten Mulden und in breiten Trockentälern liegen in der Regenzeit waserdurchtränkte offene Grasfluren, die Chanas, Überschwemmungssavannen auf den flachen Wasserscheiden mit begrenztem Feldbau. Unter ihnen nimmt die wildreiche, in der Regenzeit mit Wasser vollgesogene Savanne von Chitengo 70 km westlich von Mavinga als mit Sand gefülltes ehemaliges großes Flußbett einen besonderen Rang ein. Hier ist ergiebige Rinderzucht möglich. Ein Flußnetz kann sich in diesem Trockenraum nicht mehr ausbilden, Oberflächenentwässerung findet nicht mehr statt. Es ist ein fossiles, versandetes Gewässernetz, in dem sehr kleine Bäche jahreszeitlich Wasser führen. Nur die drei größten Flüsse, der Cubango mit linksseitigen langen parallelen Zuflüssen mit flachen Kerbtälern, der stark versumpfte Cuito mit rechtsseitigen parallelen, mäandrierenden Nebenflüssen und der Cuando mit breiter Überschwemmungstalaue, können diesen Raum aufgrund ihres Wasserreichtums aus den Quellgebieten auf dem Hochland als Fremdlingsflüsse durchziehen, wobei große Wassermengen in den mächtigen, durchlässigen Decksanden versickern. Die unterschiedliche Dichte des Flußnetzes, aber auch die Gleichartigkeit der Waldbedeckung gehen auf die wasserspeichernde Wirkung der Kalaharisande zurück. Sie sind die bestimmenden Faktoren für die Landformung, den Wasserhaushalt, die Vegetationsverteilung und damit für die landwirtschaftliche Gliederung dieses Gebietes (vgl. **Borchert**, 1963).

Südlich der Linie Mavinga-Caiundo beginnt die Zone der Dornsträucher mit vorherrschenden Akazien im Trockenwald aufgrund des semiariden Klimas. Die Sandböden des Südostens sind weitgehend steril, so daß es nur wenige Entwicklungsmöglichkeiten auf kleineren Arealen gibt. Die Vegetation bietet süße Naturweide für eine geringe Viehzucht der Ambo-, Ganguela- und Xindongastämme, neben eng begrenztem Feldbau am Cubango und seinen Nebenflüssen. Buschmänner und Hottentotten durchstreifen als Sammler und Jäger die weiten, fast menschenleeren Gebiete, deren Bevölkerungsdichte insgesamt 0,55 E. /km^2 beträgt und bei Dirico an der Südgrenze auf 0,29 E./km^2 und in N'Riquinha am Cuando auf 0,25 E./km^2 absinkt. Die schwierigen Transportverhältnisse senken den Verkaufswert der Produkte auf $^1/$10 des Wertes der Güter in Mittelangola. Zwei Drittel des Verkaufswertes stellt Bienenwachs, dazu kommen Trockenfisch und Häute. Der geringe Anbau von Hirse, Mais, Maniok und Bohnen dient nur der Selbstversorgung. Südostangola wird nur von Nordwesten, von Menongue (Serpa Pinto), der Hauptstadt der Provinz Cuando-Cubango und Endstation der Moçamedesbahn, aber auch vom Caprivizipfel Namibias aus erschlossen.

Der Ort Menongue wurde 1962 zur Stadt erhoben. Er wird als Endstation der Bahn, die 1961 bis hierher verlängert wurde, aber nur zweimal wöchentlich verkehrte, als Verwaltungs- und Marktmittelpunkt und als Umschlagplatz an Bedeutung zunehmen. Allerdings wohnen in seinem riesigen Hinterland von 192 000 km^2 nur 113 000 Menschen. Die Stadt liegt in der Norwestecke der Provinz, die allein von hier aus erschlossen werden kann und nur durch sie Verbindung zum übrigen Angola hat. Die nur wenigen Marktprodukte über den Eigenverbrauch hinaus und die Produkte der Sammelwirtschaft sind für die Auslastung der Eisenbahn in Menongue (Serpa Pinto) zu gering. Kupfervorkommen westlich der Stadt werden nicht ausgebeutet.

Die wirtschaftliche Bedeutung dieses Raumes für Angola hatte allerdings ihren Höhepunkt gegen Ende des vorigen Jahrhunderts bis 1912 durch das Sammelprodukt Gummi, einen wichtigen Ausfuhrartikel in jenen Jahren. Die Bevölkerung gewann den Gummi aus der Wurzel des wildwachsenden Carpodinus chylorrhiza. Mit vielen Burenwagen brachten die Wanderhändler den Gummi zum Hafen.

In der Region Menongue wird in Klima und Vegetation das westliche vom östlichen und südöstlichen Angola abgelöst. Die Stadt Menongue liegt im weitläufigen Übergangsgebiet vom Hochland Bié des zentralen Planalto zu den Sandformationen der Kalahari, neigt sich von der 1700-1900 m hohen Lundaschwelle bis zur Landesgrenze in Richtung auf das Okavangobecken auf 1000 m ab. Es wird bestimmt durch die nach Süden zunehmende Trockenheit und geringer werdende Bevölkerungsdichte. Hauptbewohner sind die Ganguela und in einzelnen Teilen die Quioco. Die Straße von Menongue nach Caiundo zum schiffbaren Cubango und der halbjährliche Schiffsverkehr bis Cuangar erschließen den westlichen und wichtigeren Teil der Provinz bis zur Südgrenze.

8. Die südlichste Provinz Cunene

Der semiaride Landschaftsraum südlich der Moçamedesbahn und des Bereichs des großen, unbewohnten Waldgebietes am Bikuar, das ein staatlicher Wildpark ist, wird zum größten Teil von der Provinz Cunene eingenommen (87 342 km^2, ca. 200 000 Einwohner, 2,3 E./km^2). Es ist das mittlere Becken des Cunene und seines großen Nebenflusses Caculuvar. Östlich liegt der nördlichste Teil der Kalahari und der Ovambodepression.

In dem flachwelligen, von feinen bis zu 200 m tiefen Kalaharisanden gebildeten Land herrscht viele Monate des Jahres während der ausgesprochenen Trockenperiode eine kritische Wasserversorgung. Die Temperaturen dieses semiariden Klimas zeigen besonders in den Trockenmonaten einen starken täglichen Wechsel, wobei sie in der Nacht bis zum Gefrierpunkt sinken und zur Mittagszeit bis 30º C ansteigen können. In der Trockenzeit beträgt die mittlere Luftfeuchtigkeit nur 30 %, in den Regenmonaten 60 %. Allein der Cunene am westlichen Rand dieser Trockenregion führt als Fremdlingsfluß das ganze Jahr über Wasser. Er ist der beherrschende Strom Südangolas mit größeren Entwicklungszonen für Landwirtschaft und Viehzucht. Die Vegetation gehört zum Typ der süßen Weiden, von denen die Viehhaltung des Gebietes abhängt. Während die östlichen und nördlichen Teile am Unterlauf des Cunene fast menschenleer sind, nur einige kleine Buschmänner- und Hottentottengruppen durch die endlosen Gebiete streifen, ist der Westen dieses Landes siedlungsgünstiger. Er wird von den Cuanhama, Cuamato, Evale, Cafima und weiteren kleinen Stämmen bewohnt, die zur Gruppe der Ambo oder Ovambo gehören, die beiderseits der Landesgrenze mit Namibia leben. Sie sind vornehmlich Viehhirten und bestellen im Hackbau kleinere Felder mit Massangohirse und Knollenfrüchten. Der Anbau geht selten über die Subsistenzwirtschaft hinaus, erfolgt aber meist in ehemaligen Viehkralen, so daß die Felder genügend gedüngt sind. Der Rinderbestand des Gebietes umfaßt mehr als ein Viertel von ganz Angola. Bis in die zweite Hälfte des 19. Jahrhunderts war eine europäische Besetzung unbekannt, nur einzelne Händler drangen in diese Gebiete vor. Erst nach 1915 war die portugiesische Herrschaft gefestigt. Bis dahin hatten die Cuanhama die Oberhand. Hauptort war früher das in den letzten Jahren zerstörte N'Ghiva (Pereira d'Eça), ehemaliger Sitz des Häuptlings der Cuanhama. Heute ist es Ondjiva an der Fernstraße von Lubango nach Namibia. Der Ort Xangongo mit der langen Straßenbrücke über den Cunene ist aus dem 1906 am Cuneneübergang angelegten Fort hervorgegangen und wird durch die wasserwirtschaftlichen Projekte am Cunene weiter gewinnen. Die Wasserfälle bei Ruacaná an der namibischen Grenze sind zur Energieerzeugung für beide Länder ausgebaut worden.

Die Täler des Cunene und Caculuvar sind Teil der Entwicklungsregion der Trockengebiete in Südwestangola und Nordnamibia.

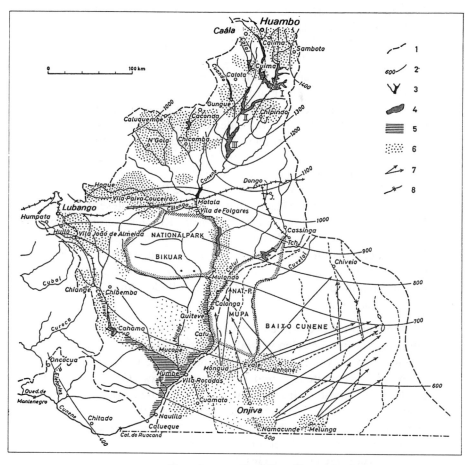

Das obere und mittlere Cunenebecken

1 Grenzen der Flußbecken
2 Isohyeten
3 Stausee Matala
4 Stauseeprojekte: I Gove, II Jamba-ia-oma, III Jamba-ia-mina
5 Bewässerungsland für Ackerbau und Viehzucht
6 Rinderzuchtgebiete
7 Viehtriebrichtungen in Dürrezeiten
8 Wasserfälle

9. Die zentralen Orte und Städte

Zentrale Orte als Mittelpunkte für Verwaltung, Handel und Gewerbe
sind im Innern Angolas erst seit dem Beginn dieses Jahrhunderts in
größerem Maße entstanden. Schuld daran waren die meist einheitliche
Wirtschaftsstruktur, die oft nicht zusammenhängende Flächennut-
zung, die Instabilität der Siedlungen wegen des Wanderfeldbaues und
der nomadisierenden Hirtenwirtschaft, das Vorkommen von Rohstoffen in unmittelbarer Umgebung der wenigen gewerblichen Verarbei-
tungsstätten, der fehlende Fernhandel, der nur sporadisch auftretende
ambulante Händler auf wenigen Wegen innerhalb des weiten Innern
und die nur vereinzelten Militärposten. Erst die planmäßige militärische Besetzung, die ihr folgende zivile Verwaltung und der Bau der
Eisenbahn schufen die Voraussetzung für die Bildung zentraler Orte.
Da neben den wenigen Missionen und der Diamantengesellschaft im
Lundagebiet der Staat fast allein Träger der Kolonisation in Angola
war, stand die staatliche Verwaltungsaufgabe beim Ausbau zentraler
Orte immer im Vordergrund. Dabei übernahmen auch einige Missionsstationen oder kleine Kaufmannssiedlungen fernab von einem Verwal-
tungsposten im dünn besiedelten Osten und Süden Angolas einzelne
zentrale Funktionen.[13]

Dementsprechend fanden bei dem vom Staat gelenkten Aufbau
oder Ausbau von zentralen Verwaltungsorten nur wenig abgewandelte
Grundrißtypen Anwendung, wobei eine räumliche Trennung zwischen dem Verwaltungs- und dem Handel- bzw. Gewerbebereich
erfolgte. Die meisten Grundrißtypen haben einen zentralen Platz, an
dem die öffentlichen Gebäude liegen. Die private Wirtschaft befindet
sich an den zum Platz führenden Straßen. Da die Beamten meist in
Dienstwohnungen der öffentlichen Gebäude und die Kaufleute und
Gewerbetreibenden in ihren Geschäftshäusern wohnen, gibt es in den
kleineren Orten kein besonderes Wohnviertel der mittelständischen
Bevölkerung. Die Dienstleute, Arbeiter und Polizisten wohnen am
Rande des Ortes, wo die Wohnungen billiger sind. Die Mittelpunkt-
funktion eines solchen Ortes wird weiter gekennzeichnet durch Kir-

---

13   Matznetter, J.: Das Entstehen und der Ausbau zentraler Orte und
     ihrer Netze an Beispielen aus Portugiesisch Guinea und
     Südwest-Angola. Nürnb. Wirtsch. Sozialgeogr. Arb. 5, Nürnberg
     1966, S.93 f. und 99 ff.

che, Schule, Sanitätsposten oder Hospital, Post- und Telegrafenamt, staatlichen Versuchsgarten (granja), kleinen Flugplatz, Elektrizitätswerk, Gasthäuser, Gewerbebetriebe, Autoreparaturwerkstätte und Tankstelle.

Die moderne portugiesische Architektur wurde auf Angola übertragen. Auch in kleineren Städten gibt es moderne Häuser mit viel Gartenschmuck, wozu in Moçamedes die Verkleidung einzelner Hausteile mit Marmor kommt, der im Hinterland gebrochen wird. Neue Wohnviertel sind nach modernen Siedlungsplänen mit Grünflächen angelegt. Während es in Luanda und Lobito zahlreiche Hochhäuser gibt, haben die Gebäude in den anderen Städten auch bei moderner Gestaltung nur wenige Stockwerke.

Der Ausbau der Städte und größeren Kleinstädte erstreckt sich auf Wohnhäuser, Handels- und Industriebauten, gemischte Wohn- und gewerbliche Häuser, öffentliche Gebäude und großzügig angelegte Straßen.

Bei der Gründung sind als Voraussetzungen des Standorts wichtig: Relief, Lokalklima, Trinkwasserversorgung, Schutz vor Hochwasser-, Seuchenfreiheit, leichte Zugänglichkeit aus allen Richtungen des Verwaltungsgebiets auch während der Regenzeit und gute Versorgungsmöglichkeiten. Für die weitere Entwicklung eines zentralen Ortes sind der Umfang der Verwaltungsdienste, die Verkehrslage und die Aufgeschlossenheit und Einbeziehung der Bewohner des Gebietes ausschlaggebend. Bei geringerer Bevölkerungsdichte liegen die Verwaltungssitze wegen des großen Umfangs der Bezirke, z. B. Cuanhama mit fast 56 000 km^2, weit auseinander. Bei späterer Entwicklung wurden oft zu große Bezirke geteilt.

Die wichtigsten Ausgangspunkte für die Bildung zentraler Orte waren: befestigte Plätze, Forts, aus der Zeit der Besitznahme oder der Befreiungskämpfe (z.B. Carmona mit Namen Uige 1917 als Militärposten, Nova Lisboa mit Namen Huambo 1909 als Militärkommando, Caconda 1768 als Fort), Zentren europäischer Kolonisation (Sá da Bandeira, Santa Comba) und kleine Handelsniederlassungen. Hinzu kamen Missionsstationen und der Sitz eines Häuptlings. **Matznetter** gibt dafür Beispiele aus Südangola. Die Namensgebung geschah im wesentlichen unter Verwendung von afrikanischen Landschafts- und

Stammesbezeichnungen, von Namen aus der portugiesischen Geschichte oder portugiesischer Staatsmänner (Luso, Salazar, Carmana) oder von Kolonialpionieren (Serpa Pinto, Silva Porto, Henrique de Carvalho) und unter Übernahme van Ortsnarnen in Portugal, meist mit dem Zusatz „Neu" (Nova Lisboa, Nova Sintra, Nova Chaves). Die in den letzten Jahren zu Städten erhobenen Provinzhauptorte wurden im allgemeinen nach portugiesischen Staatsmännern oder Kolonialpionieren umbenannt. Nach der Unabhängigkeit Angolas wurden die portugiesischen Städtenamen geändert. Die Orte erhielten meist ihre früheren afrikanischen Namen zurück.

Bis zu diesem Jahrhundert gab es nur drei Städte: Luanda und Benguela (seit 1576 und 1617) hatten um 1846 5605 bzw. 2348 Einwohner, davon 1609 bzw. 39 Weiße. Dazu kam Moçamedes, das 1855 zunächst zur Kleinstadt erhoben wurde. Für Luanda und Benguela als den einzigen Hafen- und Handelsstädten war drei Jahrhunderte lang der Sklavenhandel der wichtigste Wlirtschaftszweig. Nach dem Zweiten Weltkrieg ist die Entwicklung weiterer städtischer Zentren eng mit einigen Ausfuhrprodukten der Landwirtschaft oder des Fischfangs verbunden gewesen. Wie sehr diese Städte von den schwankenden Preisen dieser wichtigen Ausfuhrgüter abhingen, zeigt ein Vergleich der Anzahl der Neubauten in Luanda mit den Kaffeepreisen in den Jahren seit 1948.

Das Anwachsen der Städte spiegelt deutlich die wirtschaftliche Entwicklung Angolas. Erst nach dem Zweiten Weltkrieg begann ihr zum Teil sehr schneller Ausbau, wozu nicht nur die weiße Zuwanderung aus Europa, sondern vor allem der Zustrom der Afrikaner aus dem Innern Angolas beitrug. Bis 1950 ergab sich eine Verdopplung der Zahl sowohl der weißen wie der schwarzen Stadtbewohner. Nur in Sá da Bandeíra (Lubango) waren mehr weiße Einwohner als schwarze, in Namibe (Moçamedes) hielten sie sich fast die Waage, in den anderen Städten überwogen bei weitem die Afrikaner. Bei den Städten Angolas stehen zwei Funktionen im Vordergrund: Verwaltung und Handel. Dazu kam bei einigen die starke industrielle Entwicklung. Die vorherrschende Stellung der Stadt wird verstärkt durch den starken Zuzug aus dem Innern. 1960 waren in Luanda 20 % der Einwohner nicht in Angola geboren und 57 % der afrikanischen Einwohner nicht in Luanda. Dazu kommen die auf etwa zwei Millionen geschätzten

Flüchtlingsströme durch den Bürgerkrieg vor allem in den achtziger Jahren, die sich in die Küstenregion, besonders in die großen Städte wie Luanda ergossen.

Die Städte veränderten durch den starken Zuzug aus der weiteren Umgebung oder dem Innern des Landes ihre Physiognomie, ihren Stadtplan und die Zusammensetzung ihrer Bevölkerung. Die schon früher fast ganz von Schwarzen bewohnten Viertel am Rande der großen Städte werden „Musseques" genannt (ursprüngliche Bedeutung „roter Sand"). Ihr Ursprung geht teilweise auf entlassene oder geflüchtete Sklaven im vorigen Jahrhundert zurück. In ihnen wohnen vornehmlich „Destribalizados", die sich vom ländlichen Stammesleben gelöst haben und in soziologischer Sicht in dem Konflikt zwischen Individuum und traditioneller Gebundenheit stehen.

Bei schnellem Zuzug in die Städte, vor allem nach Luanda und Lobito, besetzen die Neuankömmlinge freie Flächen am Stadtrand und errichten provisorische Hütten ohne Planung. Dadurch beeinflussen sie die Wachstumsrichtung der Stadt, und es ergeben sich Schwierigkeiten für eine echte Stadtplanung sowie für die Versorgung, Hygiene und soziale Betreuung. Da diese Menschen keine Zuwanderer am Rande der Gesellschaft sind, sondern sich in den Arbeitsprozeß eingliedern und akkulturieren, ist die Lösung des Wohnungsproblems wichtig.

Die ungelösten Besitzverhältnisse am Boden, das Wasserproblem und die unstabile Siedlungsform sind kennzeichnend für diese Wohnweise. Eine Untersuchung der Probleme der Musseques 1991 durch Sebastian Kasack[14] verweist auf die großen sanitären und infrastrukturellen Defizite der Millionenstadt Luanda, in der heute über 1,5 Millionen in Musseques leben. Ihr Infrastrukturnetz war bis zum Ende der portugiesischen Zeit lediglich für 200 000 Personen ausgelegt. Die Stadt zählte aber 1975 bereits 700 000 Einwohner. Jedoch bietet die Hauptstadt gegenüber den ländlichen Herkunftsgebieten der Zuge-

---

14   Kasack, Sebastian: Perspektiven für partizipatives
     Squatter-upgrading in Luanda/Angola. Diplom-Hauptprüfung im
     Fach Geographie an der Universität Bonn, 353 S., Bonn 1992 –
     und: Kasack, Sebastian: „Wollt ihr uns etwa aus dem Viertel
     vertreiben?!" Stadtentwicklung in den Armutsvierteln von
     Luanda/Angola. Berlin: FDCL 1992, 244 S.

wanderten manche Vorteile, z. B. im Bildungswesen und im Arbeits-
angebot, so daß vorauszusehen ist, daß nur eine geringe Zahl in ihre
Heimatregionen zurückkehren und daß die Anzahl der Wegziehenden
vermutlich durch Hinzuziehende übertroffen wird. Es zeigt sich unter
den Bewohnern gerade auch der Musseques nach den Beobachtungen
von Kasack eine große Bereitschaft, durch Eigeninitiative und Nach-
barschaftshilfe zur Verbesserung der Wohnverhältnisse beizutragen,
wobei Hausbau und Haussanierung, Wasserversorgung, Schulbildung
und sanitäre Versorgung im Vordergrund stehen.

Kapitel II

Die ethnographische und
linguistische Situation in Angola

Axel Fleisch, Institut für Afrikanistik, Universität zu Köln

1. Einleitung

Bevölkerungsgeographische Fakten und kultur- bzw. bildungspolitische Entscheidungszwänge ziehen in Angola unterschiedliche Probleme nach sich. Viele davon sind – im Großen und Ganzen – recht typisch für die Situation der afrikanischen Staaten. Besonderes Augenmerk soll angesichts der Tatsache, daß über die afrikanischen Staaten portugiesischer Sprache im deutschsprachigen Raum immer noch ein großes Informationsdefizit besteht, auf die ganz spezifischen Probleme Angolas als ehemaliger portugiesischer Kolonie gelegt werden, die aus der besonders lang andauernden Situation des kolonialen Kontaktes zu Portugal resultieren. Bei linguistischen und ethnologischen Fragestellungen, deren Perspektive zumeist eher europäisch und deren Gegenstand typischerweise möglichst „authentisch" -afrikanisch war, wird besonders die Hinterlassenschaft einer fast fünfhundertjährigen Kolonialzeit zu berücksichtigen sein, denn der Einfluß Portugals hat sich in der aktuellen angolanischen Bevölkerungszusammensetzung niedergeschlagen – womöglich weniger, als es zu Zeiten des portugiesischen Kolonialregimes angestrebt wurde, dennoch bis zu einem beträchtlichen Grade. Auch die sprachliche Einflußnahme ist von nachhaltiger Wirkung gewesen. Heute ist die portugiesische Sprache in Angola ein nicht mehr wegzudenkender Bestandteil des Kulturschaffens und Bildungssystems ebenso wie des Alltagslebens. Da alle heutigen demographischen Fakten sozusagen eine Momentaufnahme, also ein vorläufiges Ergebnis der geschichtlichen Entwicklung sind, sollen die historischen Ursachen in kurzer Form dargestellt werden. Dasselbe gilt ebenfalls sowohl für die sprachliche Situation als auch für die Situation der Sprachen im heutigen Angola. Daß die ethnische und die damit einhergehende sprachliche Vielfalt nicht nur das Ergebnis komplexer historischer Vorgänge ist, sondern auch eine aktuelle Dynamik besteht, soll in einem letzten Teil des folgenden Kapitels aufgezeigt werden.

2. Die ethnische Gliederung der Einwohner Angolas

Die angolanische Bevölkerung setzt sich, wie es für einen schwarzafrikanischen Staat charakteristisch ist, aus Gruppen unterschiedlichster Herkunft zusammen. Nachfolgend sollen diese Gruppen im einzelnen vorgestellt werden. Dabei werden unter Berücksichtigung der genetischen Klassifikation zunächst die ,,Minderheitengruppen" beschrieben und im daran anschließenden Abschnitt auf die bevölkerungsstärkeren Gruppen, die Bantu, eingegangen.

2.1 Nicht-Bantubevölkerung

Die Nicht-Bantubevölkerung umfaßt Gruppen von verschiedener ethnischer Herkunft, die einen jeweils eigenen kulturellen, wirtschaftlichen und sozialen Hintergrund aufweisen. Neben einer eindeutig afrikanischen Bevölkerung, den khoisansprachigen Wildbeutern (z.T. auch Viehhaltern), gibt es Einwohner europäischer Herkunft, aber auch solche, die zwar massiv von den europäischen Einflüssen betroffen waren, dennoch aber durchaus als afrikanische Bevölkerungsgruppe zu bezeichnen sind, zum Beispiel Mischlinge oder die assimilados, die trotz ihrer rein afrikanischen Abstammung einen weitgehend europäischen (portugiesischen) Lebensstil angenommen haben.

2.1.1 Khoisansprachige Ethnien

Der Begriff ,Khoisan' bezeichnet eine Reihe ethnischer Gruppen im südwestlichen Afrika, deren Sprachen im Vergleich zu den sie umgebenden Bantusprachen untereinander eine größere typologische Ähnlichkeit aufweisen. Aufgrund der heute nur noch geringen Sprecherzahlen – lediglich das in Namibia gesprochene Khoekhoe (Nama, Hottentottisch) mit über 100.000 Sprechern ist auf längere Sicht nicht vom Aussterben bedroht – ist die Varianz innerhalb der Gruppe der Khoisansprachen oft übersehen worden. Greenberg nimmt in seiner Klassifikation der afrikanischen Sprachen eine gemeinsame Abstammung der Khoisan an (1963). Eine solche genetische Verwandtschaft ist heute jedoch nicht unumstritten (vgl. Snyman 1974).

Auf angolanischem Territorium leben Khoisangruppen als Wildbeuter in den südlichen Landesteilen (zu anderen Wirtschaftsweisen und Ethnogenese vgl. 4.2.1). Sofern sie sich kulturell noch nicht an die ebenfalls in diesen Gebieten lebenden Bantu angepaßt haben, wirtschaften sie in kleinen Gruppen, die im Gegensatz zu den ackerbauenden Bantu die agrarischen Ungunstregionen dieser ariden bis semi-ariden Gebiete nutzen. Die Khoisan Angolas lassen sich in zwei Gruppen untergliedern:

A. Nord-Khoisan (!Khung)	B. Zentral-Khoisan (Khoe-Sprachen)
West-!Khung	Kxoé
!,O-!'Khung	Kwadi
	Kwepe (!Kwa/tse)
	Kwisi
	(nach Redinha 1961; vgl. auch Abschnitt 5.1.2; Köhler 1981)

Die Zusammengehörigkeit des Kxoé auf der einen und den hier übrigen zum Zetralkhoisan gegliederten Sprachen auf der anderen Seite ist jedoch umstritten (Köhler 1975; 1981; vgl. Abschnitt 5.1.2).

Der Prozeß wirtschaftlicher Assimilation an die jeweiligen Bantunachbarn führte in der Vergangenheit vielfach zum Verschwinden der kulturellen Eigenständigkeit der Khoisangruppen. Viele Ethnien gaben die wildbeuterische Lebensweise sowie die ursprüngliche Sprache zugunsten verschiedener Bantusprachen auf (vgl. Abschnitt 4.2.1). Redinha (1961) gibt ausgehend von einem 1960 in Angola durchgeführten Zensus für die khoisansprachige Bevölkerung Zahlen von nicht mehr als 13.000 Individuen an. Bei einer Gesamtbevölkerung von 4.562.606 Individuen zum gleichen Zeitpunkt entspricht dies einem Anteil von weniger als 0,3%.

2.1.2 Bevölkerung nicht-angolanischer Herkunft

Eine zahlenmäßig zwar kleine, für die heutige Situation jedoch wichtige Gruppe von Einwohnern Angolas ist europäischer Herkunft, bzw. in der jüngsten Vergangenheit aufgrund der politischen Situation aus Kuba in das Land gekommen. Bei den Einwanderern europäischer Herkunft handelt es sich zumeist um portugiesische Immigranten. Trotz der langjährigen Bürgerkriegssituation sind die Kontakte Angolas zur ehemaligen Kolonialmacht Portugal sehr intensiv. Portugal ist jedoch nicht nur als Wirtschaftspartner von Bedeutung. Auch im Rahmen einer gesamtgesellschaftlichen Betrachtung sollte die Bedeutung der europäischen Bevölkerungsgruppen, die zeitweilig in Angola ansässig waren bzw. immer noch dort leben, nicht vernachlässigt werden. Im Jahre 1900 lebten ungefähr 9000 Weiße im Land, was einem Anteil an der Gesamtbevölkerung von nur 0,3% entspricht. 1950 betrug dieser Anteil bereits fast 2% und auch in den sechziger Jahren stieg die Zahl der europastämmigen Bewohner schneller als die der afrikanischen Bevölkerung, so daß 1960 der Anteil der weißen Bevölkerung 3,6% ausmachte (zu den Gründen für die Entwicklung der europastämmigen Bevölkerung vgl. 4.2.3). In den letzten Jahren vor der Auflösung des portugiesischen Kolonialreiches nahm die Zahl der Einwanderer aus Europa (vornehmlich Portugal) weiterhin zu und erreichte 1970 zwischen 300.000 und 400.000 Personen. Im Zuge der Unabhängigkeit und Entkolonisierung in Angola kehrte jedoch ein großer Teil der Bevölkerung europäischer Herkunft dorthin zurück – neben einer großen Gruppe von Emigranten afrikanischen Ursprungs. Aus diesem Grund geht man davon aus, daß sich in den Jahren seit 1977 ungefähr 40.000 Personen europäischer Herkunft im Lande aufhielten. Diese Angaben finden sich zusammengestellt bei Offermann (1988:20) und liegen für den Zeitraum bis 1986 vor. Für die darauffolgende Zeit ist von einem weiteren Rückgang auszugehen, da die erneute Verschärfung des innenpolitischen Konfliktes neben der verschlechterten Wirtschaftslage zu einer unsicheren Gesamtsituation führten (Empfehlungen der portugiesischen Regierung an die portugiesischen Staatsangehörigen, die sich in Angola aufhielten, das Land zu verlassen, Geiselnahmen von seiten der UNITA, zeitweilige Einstellung des Flugverkehrs der portugiesischen Fluggesellschaft TAP nach Luanda, etc.). Die Bedeutung der dennoch engen Beziehungen zwischen Portugal und Angola ist nicht zu vernachlässigen (vgl. hierzu Abschnitt 4.2.3).

Kubanische Staatsangehörige gelangten zunächst im Zuge der militärischen Auseinandersetzungen nach Angola. Darüberhinaus ist ein großer Teil der Kubaner jedoch auch in der Entwicklungsarbeit tätig, z.B. als Lehrer. In einigen städtischen Gebieten soll es Ansätze zu einer gegenseitigen sprachlichen Beeinflussung zwischen kubanischen und portugiesischsprachigen Bevölkerungsgruppen geben (Kuder, p.c.).

2.1.3 Mischbevölkerung

Eine weitere wichtige Nicht-Bantu-Bevölkerung sind die Mischlinge (*mestiços*). Die Herausbildung einer solchen (typischerweise urbanen) Bevölkerung unterscheidet Angola in Hinblick auf die Bevölkerungszusammensetzung von den meisten übrigen sub-saharischen Staaten. Aufgrund ihres über lange Zeit während der Kolonialepoche bestehenden besonderen Status gegenüber der übrigen afrikanischen Bevölkerung hatten sie eher Zugang zu Schulausbildung und besser bezahlter Arbeit. Trotz der im nachkolonialen Angola entfallenden Bevorzugung der europastämmigen Bevölkerung (i.w.S.) kann davon ausgegangen werden, daß die sozioökonomischen Bedingungen zu einem relativ hohen Anteil an Mischlingen in den sich neu herausbildenden Eliten führen.

In der Geschichte Angolas spielen sie eine wichtige Rolle. Der Status des *assimilado* galt über lange Zeit den portugiesischen Behörden als ein Privileg, durch das sich diejenigen Afrikaner, die sich aus ihrem ursprünglichen ethnischen Kontext gelöst hatten, über eine gewisse Schulbildung verfügten und eine Reihe weiterer vergleichbarer Merkmale aufwiesen, eine offiziell anerkannte gesellschaftliche Stellung erwirken konnten. Auf dieser Vorstellung, daß ein Afrikaner durch eigene Anstrengung und Erfolge grundsätzlich die gleiche Position erreichen konnte wie ein Europäer, begründete sich die weit verbreitete Meinung, daß das portugiesische Verhalten wesentlich weniger rassistisch war, als das der übrigen europäischen Kolonialmächte. Auch die Anzahl der *mestiços* scheint dafür zu sprechen. Eine kurze Erörterung dieses Aspekts wird im Zusammenhang mit der Frage der aktuellen Bedeutung von Ethnizität und politischer Situation in Angola (Abschnitt 6.) erfolgen.

Die Zahl der Mischlinge stieg von 53.400 im Jahre 1960 auf ca. 113.500 (Zensus von 1970), sank bis 1980 jedoch wieder auf ungefähr 100.000 Personen (Stat. Bundesamt 1988:23).

2.2 Die Bantubevölkerung

Der überwiegende Anteil angolanischer Bevölkerung sind Angehörige der zahlreichen Bantugruppen. Der Terminus 'Bantu' leitet sich von einer in diesen Sprachen allgemein vorhandenen Wurzel ,-ntu' ab. Die

Kikongo	Kimbundu	Umbundu	Ganguela
Vili	Ambundu	Bieno	Luimbe
Iombe	Luanda	Bailundo	Luena
Cacongo	Hungo	Sele	Lovale
Oio	Luango	Sumbe/Pinda	Lutchaz
Sorongo	Ntemo	Mbui	Bunda
Muchicongo	Puna	Quissanje	Ganguela
Sosso	Dembo	Lumbe	Ambuela
Congo	Ngola/Jinga	Dombe	Ambuela-Mam-
Zombo	Bondo	Hanha	bumba
Iaca	Bangala	Ganda	Engonjeiro
Suco	Holo	Uambo	Ngonielo
Pombo	Cari	Sambo	Mbande
Guenze	Chinje	Caconda	Cangala
Paca	Minungo	Chicuma	Iahuma
Coje	Songo		Gengista/Luio
	Bambeiro	**Nhaneka-Humbe**	Ncoia
	Quissama	Muila	Camachi
Lunda-Kioko	Libolo	Gambo	Ndungo
Lunda	Quibala	Humbe	Nhengo
Lunda-lua-Chinde	Haco	Donguena	Nhema
Lunda-Ndembo	Sende	Hinga	Avico
Quioco		Cuancua	
Mataba	**Ambo**	Handa-Mupa	**Herero**
Cacongo/Badinga	Vale	Handa-Quipungo	Dimba
Mai	Cafima	Quilene-Muso	Chimba
	Cuanhama	Quilene-Humbe	Chavicua
Xindonga	Cuamato		Cuanhoca
Cusso	Dombondola		Cuvale
	Cuangar		Guendelengo

(Redinha 1961)

Bantusprachen, die keine an die natürlichen Geschlechter angelehnte Genusunterscheidung vornehmen, sondern Substantive in unterschiedliche Klassen (z.B. der paarweise vorkommenden Dinge, der Tiere, der Pflanzen, der Abstrakta, etc.) einteilen, verfügen über Nominalklassenpräfixe, die diese Zuordnung zu einer bestimmten Klasse deutlich machen. Wird die erwähnte Bantu-Wurzel ‚-ntu' mit dem Nominalklassenpräfix für den Plural der Menschenklassen ‚ba-' (bzw. in leicht veränderter Form ‚wa-' oder ‚(o)va-') versehen, ergibt sich der Begriff *bantu* ‚Menschen'.

Eine genaue Anzahl der ethnischen Gruppen, die dem Bantu zuzurechnen sind, ist nicht zu ermitteln. Meist ist das Kriterium, das zur Unterscheidung ethnischer Gruppen in Angola herangezogen wurde, ein linguistisches. So hat zum Beispiel Redinha (1961) eine Einteilung der angolanischen Ethnien vorgenommen, die auf sprachlichen Indizien beruht (zur Problematik linguistischer Klassifikationen im Bantu vgl. 5.1.3). Redinha gelangt zu einer Gliederung in neun ethnolinguistische Gruppen für den bantusprachigen Bereich (siehe vorherige Seite).

Diese umfangreiche Auflistung ethnischer Gruppen des angolanischen Raumes, die dem Bantu zuzuordnen sind, ist das Ergebnis einer jahrelangen Tätigkeit als Ethnologe in Angola. Redinha strebte bei der Erstellung einer ethnographischen Karte nach größtmöglicher Vollständigkeit. Zur Beurteilung ihres Aussagewertes sind mehrere Fehlerquellen zu berücksichtigen. Zunächst einmal ist nicht immer sichergestellt, inwiefern ein Eintrag in Redinhas Kartenwerk tatsächlich einer ethnischen Gruppe entspricht. Bei den oben aufgelisteteten Ethnonymen ist teilweise unbekannt, ob nicht möglicherweise verschiedene Termini dieselbe ethnische Gruppierung bezeichnen. Andererseits ist es durchaus denkbar, daß weitere Ethnien hinzuzufügen sind, die aufgrund der für weite Landesteile unzureichenden Quellenlage Redinha nicht bekannt waren. Hinzu kommt, daß Redinha bei dem Bemühen um Vervollständigung seiner Karte, die bis zum Ende der portugiesischen Kolonialzeit mehrfach überarbeitet und neu aufgelegt wurde, unter Umständen unzuverlässige Informationen heranzog, um auch möglicherweise unzureichend abgesicherte Ethnonyme nicht einfach unberücksichtigt zu lassen, sondern zunächst einmal aufzunehmen und einer späteren Überprüfung zu unterziehen. Deshalb muß Redinhas Karte als in hohem Grad hypothetisch betrachtet werden. Bereits kurz nach dem Erscheinen der Karte kritisierte Mesquitela Lima eben diesen Aspekt und bemerkt, ,,da die Dokumentation für einige Gebiete wesentlich weniger umfangreich ist als in anderen", daß ,,ein Eindruck landesweiter Vollständigkeit vermieden werden sollte" (Mesquitela Lima 1964:38).

Die darüber hinaus bestehende Frage nach der internen Gliederung der Bantu-Ethnien ist an dieser Stelle nicht zu klären. Eine Lösung dieser Frage mit rein ethnologischen Methoden ist nicht unternommen worden. Die bisherigen Gliederungsversuche machen sich sämtlich die Methoden des sprachlichen Vergleichs zunutze. Aus diesem Grund wird die Frage der internen Beziehungen der Bantu-Sprachen Angolas in Abschnitt 5.1.3 zu erörtern sein.

Die von Redinha zusammengestellten Informationen liefern bis heute eine der wichtigsten Übersichten über die nach ethnischer Zugehörigkeit differenzierte räumliche Verteilung der Bevölkerung. Aus wissenschaftlicher Perspektive sind aufgrund der bereits genannten Fehlerquellen die Angaben Redinhas als äußerst ungewiß einzuschätzen und bedürfen einer intensiven Überarbeitung. Der Grund hierfür liegt jedoch nicht allein in mangelnder methodologischer Strenge Redinhas, sondern auch in der Tatsache, daß von weitreichenden Veränderungen in der ethnischen Zusammensetzung und der räumlichen Verteilung der angolanischen Bevölkerung seit dem Zeitraum, in dem Redinhas Datensammlung erfolgte, ausgegangen werden muß. So mußten vor allem im Bereich der linguistischen Gliederung, obwohl neuere Erkenntnisse nur in geringem Umfang vorliegen, bereits einige Aspekte der klassifikatorischen Einteilung modifiziert werden (z.B. Umordnung vieler angeblicher Kimbundu-Gruppen zum Kikongo, vgl. Atkins 1955). Wenn an dieser Stelle zunächst weiterhin mit von Redinha vorgenommenen Einteilungen gearbeitet wird, so soll eine solche vorläufige Klassifikation lediglich als Referenzsystem verstanden werden, die nur zum Ordnen der vergleichsweise umfangreichen Daten Redinhas dient.

Für die von Redinha untergliederten neun Großgruppen gehen aus dem Zensus von 1960 die in der Tabelle angegebenen Daten hervor. Im Vergleich dazu sind die vom Statistischen Bundesamt 1988 herausgeben Zahlen, die auf einer Schätzung von 1978 beruhen, angegeben.

Ethnien	Anzahl der Individuen	Anteil an der Gesamt-bevölkerung in % (1960)	Angabe für 1978 in %
Kikongo	479.818	12,0	12,6
Kimbundu	1.083.321	27,2	22,3
Lunda-Kioko	357.693	9,0	9,1
Umbundu	1.443.742	36,2	35,7
Nhaneka	191.861	4,8	6,7
Ambó	62.141	1,6	2,4

Ethnien	Anzahl der Individuen	Anteil an der Gesamt-bevölkerung in % (1960)	Angabe für 1978 in %
Ganguela	328.277	8,2	
Xindonga	4.505	0,1	} 11,2
Herero	25.184	0,6	

3. Bevölkerungsverteilung und ethnische Differenzierung

3.1 Die Bevölkerungsverteilung in Angola

In der Bevölkerungsverteilung spiegelt sich die Trennung Angolas in eine Ost- und eine Westhälfte wider. Die vier östlichen Verwaltungs-bezirke Lunda Norte, Lunda Sul, Moxico und Cuando-Cubango gehö-ren zu den am dünnsten besiedelten Gebieten Angolas. Hinzu kommen die aufgrund der naturräumlichen Ausstattung ebenfalls dünn besie-delten Bezirke Namibe und Cunene in den südlichen Landesteilen. Demgegenüber gehören zu den dichter besiedelten Regionen das Hochland um Huambo sowie das Hinterland von Luanda. Der Bezirk Luanda selbst weist mit 732 Einwohnern pro Quadratkilometer eine extrem hohe Bevölkerungsdichte auf. Eine im Landesmaßstab hohe Anzahl von Städten findet sich im Küstenstreifen, mit Ausnahme des südlichen Verwaltungsbezirks Namibe und im Hochland von Huambo (die Angaben beziehen sich auf 1986 und sind dem Länderbericht Angola [hrsg. v. Statistischen Bundesamt 1988] entnommen; vgl. a. Karte zur Bevölkerungsdichte in Kapitel 3).

3.2 Ethnische Großgruppen und ihre räumliche Distribution

Die verschiedenen Ethnien, die heute auf angolanischem Staatsgebiet leben, müssen sich an jeweils verschiedene Lebensräume anpassen. Dabei nutzen sie die spezifische naturräumliche Ausstattung dieser unterschiedlichen Umgebungen, die sicher hauptverantwortlich für die beschriebenen Muster der Bevölkerungsverteilung in Angola ist.

Zur Illustration wurde eine kartographische Darstellung gewählt, die in ihrer Gliederung zwar auf Redinhas Ergebnisse zurückgeht, jedoch wesentlich weniger umfangreich ist, da sie am Ende eines Vergleichs möglichst vieler Autoren steht. Berücksichtigt wurden

demzufolge lediglich Einträge, die nach Möglichkeit unabhängig
voneinander gegengeprüft werden konnten. Dennoch müssen die
meisten Angaben als vorläufig betrachtet werden. Über einen solchen,
in wissenschaftlicher Hinsicht bedauerlichen Zustand mag an dieser
Stelle hinweggesehen werden, da angesichts der aktuellen Situation
im Lande andere Interessen als akademische zurecht im Vordergrund
stehen. Einen Eindruck und Überblick über die ethnische Vielfalt soll
die folgende Kartenskizze vermitteln.

In den wirtschaftlichen Ungunstregionen des Südens leben diejenigen khoisaniden Gruppen, die der traditionellen Wirtschaftsweise
nachgehen. Das Jagen und Sammeln erfordert ein verhältnismäßig
großes Areal, über das bei der Suche nach pflanzlicher und tierischer
Nahrung verfügt werden kann. Umgekehrt formuliert bedeutet eine
solche extensive Nutzung, daß die Areale nur eine sehr begrenzte
Tragfähigkeit haben. Aus diesem Grund finden sich die heutigen
Khoisangruppen in marginale Räume zurückgedrängt, die den Betrei-
bern anderer Wirtschaftsweisen nicht die notwendigen Voraussetzungen bieten. Dennoch leben auch die Wildbeuter nicht isoliert von ihren
Nachbarn, zu denen sie Wirtschaftsbeziehungen unterhalten. Daraus
können Konkurrenzen in bezug auf Nutzungsanspüche entstehen, die
zu einem die Khoisan bantuisierenden Assimilationsprozeß führen.
Dieser war in der Vergangenheit für das Verschwinden vieler khoisanider Ethnien verantwortlich und auch im modernen Angola vollziehen sich vergleichbare Vorgänge weiterhin.

Regionen, welche sich durch Niederschlagssituationen auszeich-
nen, die keinen Ackerbau ermöglichen, werden außer von den Khoisan
auch von viehhaltenden Gruppen genutzt. Eine wichtige Rolle spielt
der Pastoralnomadismus zum Beispiel bei den Herero im äußersten
Südwesten Angolas. Viehhaltung ist aber darüberhinaus bei allen
ethnischen Gruppen, die in Räumen mit wenigstens 100 mm Niederschlag pro Jahr leben, von Bedeutung. Die ackerbauliche Nutzung ist
auf die agrarischen Gunstregionen mit mindestens 250 mm Nieder-
schlagsmenge pro Jahr beschränkt. Auch zwischen diesen beiden
Wirtschaftsweisen sind Nutzungskonkurrenzen nicht auszuschließen.
Aufgrund des Bevölkerungswachstums sind in Angola ursprünglich
von der Viehhaltung lebende Ethnien auch zum Ackerbau übergegangen. Dabei wurden auch Räume einbezogen, in denen der Ackerbau

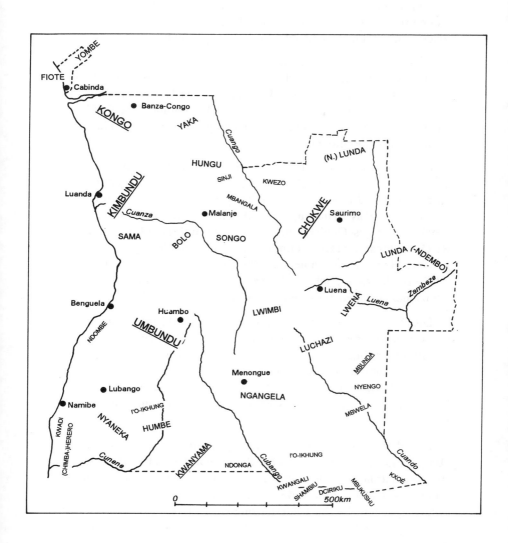

Sprachliche Verteilung in Angola

(Unterstreichungen kennzeichnen anerkannte nationale Sprachen)

aufgrund der Nähe zur agronomischen Trockengrenze riskant ist (abnehmende Jahresniederschlagsmengen, steigende Dürrewahrscheinlichkeit, immer mangelhaftere Bodenqualität).

Die dichtest besiedelten Gebiete Angolas sind der nördliche und zentrale Küstensaum, sowie das Hochland um Huambo. Diese Regionen sind die traditionellen Siedlungsgebiete der Kimbundu (Luanda und das angrenzende Hinterland), und der Ovimbundu (Hochland von Huambo, Expansionstendenzen in Richtung Küste, aber auch in andere angrenzende Regionen).

Die Kimbundu praktizierten in vorportugiesischer Zeit Ackerbau und nutzten entlang der Küste den Fischreichtum. Heute gehören sie zu denjenigen Ethnien, die besonders großen Anteil am europäisch geprägten Lebensstil haben, u.a. weil sich aus ihnen die ursprüngliche Bevölkerung des Gebietes um Luanda zusammenstellte. Trotz der Reichsbildungen im Gebiet um Luanda (Ndongo-Reich) hat sich eine gewisse Heterogenität innerhalb der großen Gruppe der Kimbundu erhalten, die womöglich auf äußere Einflüsse ganz unterschiedlicher ethnischer Gruppen zurückgeht (Kuder 1971; vgl.4.2)

Die Ovimbundu gehen ebenfalls auf eine Vielzahl unterschiedlicher ethnischer Gruppen zurück. Dennoch bezeichnet Offermann sie als die in kultureller Hinsicht homogenste Gruppe der in diesem Zusammenhang vorgestellten neun ethnolinguistischen Bantugruppen (1988:23). Obwohl die von ihnen praktizierten Wirtschaftsweisen sehr vielfältig. Hierzu zählen Regen- und Bewässerungsanbau, Viehzucht und Fischfang.

Die dritte große Gruppe bantusprachiger Ethnien sind die (Ba-)Kongo. Ihr traditionelles Siedlungsgebiet umfaßt vor allem die Enklave Cabinda, die Bezirke Zaire und Uíge sowie Teile von Malanje und Lunda Norte. Große Teile der Kikongo-Sprecher leben außerhalb Angolas, in den Nachbarländern Kongo und Zaire. Anders als im Fall der Mbundu und der Ovimbundu verlaufen heute also nationalstaatliche Grenzen durch das von Bakongo bewohnte Gebiet. Als traditionelle Lebensweise gilt der Regenfeldbau bzw. intensiver Ackerbau zur Selbstversorgung, im Siedlungsgebiet der Bakongo liegen jedoch auch die Hauptanbaugebiete für Kaffee, der zu einer entsprechenden Bedeutung für die Wirtschaft der Bakongo gelangte.

Die Lunda-Cokwe-Gruppe des Nordosten zählt zu den auch in jüngerer Zeit dynamischsten. Gruppen von Cokwe siedeln heute bis an die südliche Landesgrenze und bis nach Sambia hinein. Trotz ihrer angenommenen Abstammung von einer alten Savannenjäger-Kultur gehen sie heute dem Ackerbau nach. Handwerkliche Tätigkeit zählt daneben jedoch gerade im Hinblick auf den interethnischen Handel zu den wichtigsten Aktivitäten.

Auch die Ganguela gehen nach Ansicht Redinhas (1974) auf solche alten Savannenjägerkulturen zurück. Heute jedoch praktizieren sie ebenfalls Ackerbau, in den westlichen Teilen ihres Siedlungsraumes allerdings auch Viehzucht – evtl. durch den Einfluß anderer Viehzüchter, die in dieser Region beheimatet sind. Zu diesen viehzüchtenden Gruppen zählen vor allem die Nyaneka-Humbe (in erster Linie Rinderhaltung). Sie sollen von den heute im Südwesten lebenden Bantugruppen die am längsten hier ansässigen sein. Auch die Owambo leben heute von der Viehzucht, gehen historisch aber nach Ansicht Redinhas auf eine Jägergesellschaft zurück. Demgegenüber gelten die Herero als die klassischen Rinderzüchter im südwestlichen Afrika. Neben dieser Tatsache dürften ihre kulturelle Identität, die sie als in jüngerer Zeit zugewandert ausweist, und ihr äußeres Erscheinungsbild die maßgeblichen Gründe dafür gewesen sein, daß sie in der älteren Literatur als „hamitische" Einwanderer und somit als kulturell höherstehend als die übrigen Völker des südwestlichen Afrika betrachtet wurden.

Die ethnischen Gruppen entlang des Cubango leben im extrem dünn besiedelten Südosten des Landes. Zu den wichtigsten wirtschaftlichen Aktivitäten zählen (Fluß-)Fischfang und ackerbauliche Aktivitäten, ergänzt jedoch durch eine Jagd- und Sammeltätigkeit.

4. Die historische Perspektive

Um die heute bestehende Informationslage in bezug auf ethnologische und linguistische Sachverhalte in Angola richtig einschätzen zu können, soll zunächst ein kurzer Überblick über die Geschichte der Erforschung Angolas gegeben werden. Bis heute liegen der Einschätzung der ethnolinguistischen Situation in Angola Quellen zugrunde, die nicht besonders umfangreich sind. Außerdem stammt ein großer Teil des Materials aus verhältnismäßig weit zurückliegender Zeit und wird somit heutigen Informationsmaßstäben nicht gerecht. Da dennoch gerade im Fall Angolas auf derartiges Material nicht einfach verzichtet werden kann, soll zumindest in kurzer Form eine Auseinandersetzung mit der Herkunft dieser Quellen erfolgen. Besonderes Augenmerk wird dabei auf die sprachliche Erforschung gelegt, da gerade sprachliche Phänomene unmittelbar nach Eintreffen der Portugiesen Interesse weckten. Das Interesse für einheimische Sprachen markierte den Ausgangspunkt für die im weitesten Sinne ethnologische Erforschung Angolas. Erst später setzte die ethnographische Beschreibung bestimmter Bevölkerungsgruppen ein, die zudem an den linguistischen Klassifikationsversuchen orientiert war.

Im Anschluß an diese Darstellung der Quellenproblematik sollen einige Prozesse der geschichtlichen Entwicklung nachvollzogen werden, die zu der heute vorliegenden ethnolinguistischen Gliederung Angolas führten. Hierbei sind unterschiedliche Epochen voneinander zu unterscheiden, anhand derer ein Einblick in die wichtigsten historischen Zusammenhänge gegeben werden soll.

4.1 Hinweise zur Geschichte der sprachlichen Erforschung Angolas

Zwei der auch heute noch wichtigsten einheimischen Sprachen gehören zu den ersten Sprachen Afrikas südlich der Sahara, die auf ein gewisses europäisches Interesse stießen. Die Portugiesen, die bei ihrem Versuch, einen Seeweg nach Indien zu finden, eher zufällig auf die Landstriche stießen, die später zu ihren afrikanischen Kolonien werden sollten, traten bereits im 15. Jahrhundert in Kontakt mit der Bantubevölkerung des südlichen Afrikas. Es wurden militärische Stützpunkte entlang der Küste des heutigen Angola geschaffen, die im Gebiet der wichtigen Küstenkönigreiche Kongo und Ndongo lagen (vgl. 4.2.1). Aus diesem Grund ist es nicht verwunderlich, daß gerade deren bedeutendste Sprachen, d.h. die jeweils dominanten Dialekte dieser beiden Einflußgebiete, auch in den Augen der Europäer zu einer gewissen Bedeutung gelangten. Infolgedessen entstanden zu einer Zeit, als die Erforschung selbst vieler europäischer Sprachen noch ausgesprochen unzureichend und die Herstellung von Büchern noch recht teuer war, die ersten zwei Druckerzeugnisse in afrikanischen Bantusprachen, zwei Katechismen, von denen der erste 1624 in Kikongo (ein Nachdruck liegt vor; vgl. Bontinck 1978), der zweite 1643 in Kimbundu erschien. Mehrere zusammenwirkende Gründe sind die maßgebliche Ursache hierfür. Die 'Auswahl der beiden Sprachen Kikongo und Kimbundu ist sicher nicht zufällig, sondern wegen ihrer Bedeutung als Reichssprachen getroffen worden. Außerdem waren es eben diese beiden Reiche in Küstennähe, auf die die Portugiesen nach der Entdeckung der Mündung des Zaire und der beginnenden Gründung von Stützpunkten an der südlich davon gelegenen Küste trafen. Der zweite Aspekt betrifft das Interesse an der Herstellung religiös motivierter Texte, das von dem Streben nach Missionierung der Afrikaner ausging. Schließlich hatte auch der sich ausbreitende Sklavenhandel einen maßgeblichen Anteil an der Bedeutungszunahme dieser Sprachen. Gerade das Kimbundu wurde hierdurch ins Binnenland getragen, da es die Sprache eines großen Teils der Sklavenhändler war.

Mit einer dritten (der heute vielleicht wichtigsten) afrikanischen Sprache Angolas gerieten die Portugiesen erst später in Kontakt. Das Umbundu ist die Sprache des Hinterlandes der Häfen Lobito und Benguela. Es wird auf dem zentralen *planalto* gesprochen, der bereits zu diesem Zeitpunkt besonders dicht besiedelt war. Auch das Umbundu gewann vor allem durch die Rolle afrikanischer Zwischenhändler im wirtschaftlichen Austausch mit dem entfernteren Landesinnern und dem wachsenden missionarischen Eifer der Europäer an Bedeutung.

Schon die Art der beiden frühesten Texte, die in angolanischen Sprachen gedruckt erschienen sind, zeugen von dem Beitrag, den die christlichen Missionare in Angola zur Beschreibung der einheimischen Sprachen geleistet haben. Auch wenn über lange Zeit die Erschließung des Landesinnern nicht betrieben wurde, gehören neben den *sertanejos* (europäische „Buschhändler"; vgl. Madeira Santos 1988) die Missionare zu den ersten Europäern, die bis in entlegene Landesteile vordrangen. Die dabei entstehenden Missionseinrichtungen lieferten die Basis für die (nicht nur) wissenschaftliche Erschließung des Landes. Die Auswirkungen davon sind noch an der heutigen Informationslage nachzuvollziehen. Eine Bibliographie, die 1966 entstanden ist und den Versuch unternimmt, alle bekannten Titel zusammenzustellen, die sich auf in Angola gesprochene Bantusprachen beziehen, weist einen auffällig hohen Anteil an christlich-missionarischer Literatur auf. Von ca. 350 Einträgen handelt es sich bei ca. 150 um katechetische Literatur, also christliche Geschichten, Übersetzungen des Alten und/oder Neuen Testaments, sowie Gesang- oder Gebetbücher. Dazu ließe sich noch ein gewisser Anteil an ebenfalls missionarisch motivierter Literatur zählen, nämlich solche Werke, die zwar nicht im eigentlichen Sinne katechetische Literatur sind, aber dennoch im Hinblick darauf entstanden, den Missionaren Hilfsmittel zum Erlernen der einheimischen Sprachen zu liefern, sowie Fibeln für den Unterricht an den Missionschulen zu erstellen. In beiden Fällen dürfte es den Missionaren wohl ebenfalls um die Verbreitung ihrer religiösen Überzeugung gegangen sein. Der Anteil der von ihnen hervorgebrachten Literatur am Gesamtaufkommen dessen, was in der Bibliographie von Santos de Almeida (1966) angegeben wurde, erhöht sich somit auf 210 Einträge.

Neben diesem beträchtlichen Anteil der durch missionarischen Eifer entstandenen Werke liefert auch deren räumliche Verteilung einen deutlichen Hinweis auf einen solchen Zusammenhang zwischen sprachlicher Erforschung und religiösem Interesse.

Um die Dokumentationslage angolanischer Sprachen (in diesem Fall sind allerdings ausschließlich die Bantusprachen berücksichtigt worden) in ihrer räumlichen Verteilung darstellbar zu machen, wurden die Bibliographieeinträge von Santos de Almeida (1966) den unterschiedlichen Sprachen zugeordnet. Kreissignaturen geben die Anzahl an Einträgen pro Sprache wider. Ihre Distribution auf der Karte korreliert mit der Verteilung von missionarischen Einrichtungen, die ebenfalls dargestellt ist. Dabei ist zunächst die Konzentration von Missionseinrichtungen entlang der Küste auffällig. Eine große Anzahl von Einrichtungen befindet sich im dicht besiedelten Hochland um Huambo. Von diesem Punkt aus verläuft eine Linie von Signaturen in östlicher Richtung. Sie gibt diejenigen Missionseinrichtungen wieder, die in Anlehnung an die Bahnlinie von Lobito/Benguela zum zairisch-sambischen Copperbelt entstanden sind. Abgesehen von diesen sich deutlich hervorhebenden Konzentrationen sind kirchliche Einrichtungen über die westliche Landeshälfte weitgehend gleichmäßig gestreut, in der östlichen Landeshälfte hingegen ist deren Verteilung sehr viel unregelmäßiger.

Der überwiegende Anteil an Literatur, die in oder über angolanische Bantusprachen veröffentlicht wurde, stammt, wie die Kreissignaturen

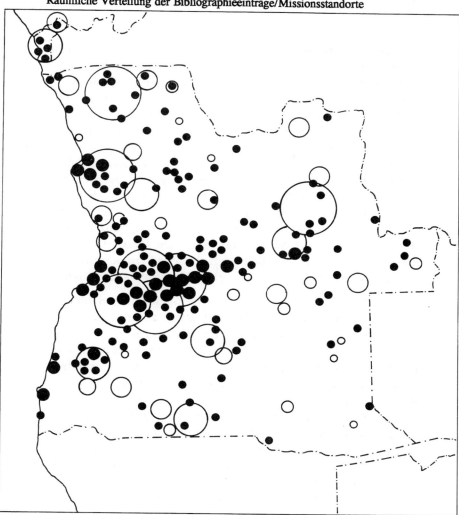

● 1 Missionseinrichtung

● ≙ ●●

30 Einträge
10 Einträge
6 Einträge
2-3 Einträge
1 Eintrag

Räumliche Verteilung der Einträge nach:
Santos de Almeida 1966.

deutlich machen, aus der westlichen Landeshälfte. Eine wichtige
Ausnahme bildet das Cokwe, das als wichtigste Sprache des Nordosten in dem damaligen Luso (heute Lwena) im Rahmen der Mission
Verwendung fand. Neben dem Kimbundu ist es vor allem das Umbundu, für das in besonders großem Umfang Literatur vorliegt. Für andere
heute vergleichsweise gut dokumentierte Sprachen wie das Kikongo
oder aber einige Sprachen entlang der südlichen Grenze war ein
weiteres Phänomen von Bedeutung. Aufgrund der Tatsache, daß diese
Sprache auch in benachbarten Territorien gesprochen werden, gibt es
nicht nur Quellen, die in unmittelbarem Zusammenhang mit der
portugiesischen Kolonisierung und Missionierung stehen. Für das
Kikongo liegen vor allem Quellen belgischen und französichen Ursprungs vor, für die südlicheren Sprachen (Herero, Kwangali,
Kwanyama) waren es vor allem auch deutsche Forschungsbemühun-
gen, die zu einem vergleichsweise guten Kenntnisstand führten.

Im Verlauf des 20. Jahrhunderts verfolgte Portugal unter dem
Salazar-Regime eine Politik, die stark darauf abzielte, sich von den
übrigen europäischen Staaten zu isolieren. Portugal war bestrebt, sich
gegen äußere Einflüsse abzuschotten. Dies galt auch in den Kolonien,
zumal in den sechziger Jahren zunehmend ein Klima der politischen
Neuordnung in Afrika herrschte. Gegenüber den übrigen europäischen
Kolonialmächten, deren ehemalige Kolonien zum großen Teil ihre
politische Autonomie erreicht hatten, sollte die Aufrechterhaltung des
portugiesischen Kolonialimperiums legitimiert werden. Dazu war es
förderlich, möglichst wenig Information über die tatsächliche Situation in den Überseeprovinzen nach außen dringen zu lassen. Auch ein
Informationsfluß in umgekehrter Richtung sollte soweit wie möglich
unterbunden werden, um den Bestrebungen nach einer Aufgabe des
bestehenden Systems die Unterstützung von außen zu erschweren
(Offermann 1988:58).

Daß diese Trends in den sechziger Jahren sowohl in Portugal wie
in dessen Kolonien wirksam waren, ist für die heute nur dürftige
Informationslage in Portugal verantwortlich. Die wirtschaftlich günstige Situation in Angola führte zu einer intensivierten Forschungsak-
tivität, die zunehmend wissenschaftlich motiviert, also immer weniger
von missionarischem Interesse abhängig war. Viele Veröffentlichungen zu ethnographischen und linguistischen Themen erschienen in

Angola selbst. Sie liegen heute oft nur schwer auffindbar in Archiven Portugals vor. Nach dem Umbruch in Portugal wurde die wissenschaftliche Auseinandersetzung mit derartigen Themen aus den nunmehr ehemaligen Überseeprovinzen fast vollkommen eingestellt. Der eigene wirtschaftliche Aufbau und die Umorientierung hin zu einer engeren Zusammenarbeit mit den europäischen Staaten veränderten den portugiesischen Blickwinkel.

In jüngerer Zeit gibt es allerdings auch Bestrebungen, sich wieder vermehrt der alten Bindung zwischen den Staaten portugiesischer Sprache bewußt zu werden. Neben den (nie eingestellten) wirtschaftlichen Beziehungen sollen kulturpolitische Bemühungen dieser engen Bindung Rechnung tragen. Ein zentraler Bestandteil dieser Beziehungen ist dabei die gemeinsame Sprache, die folglich auch im Mittelpunkt der wissenschaftlichen Auseinandersetzung mit den ehemaligen Kolonien steht. Zu den wichtigen afrikarelevanten Themen, die an portugiesischen Hochschulen vertreten sind, gehören vor allem solche aus dem historisch-soziologischen Bereich und die Beschäftigung mit der portugiesischsprachigen Literatur Afrikas. Für die Ethnologie wirkt sich die aktuelle Situation in Angola besonders nachteilig aus. Das im Rahmen dieser Disziplin vorhandene Interesse an Angola wächst. Dabei wird jedoch weitgehend auf die sehr begrenzte Menge von Materialien aus der Zeit bis 1974 zurückgegriffen. Eine wissenschaftliche Beschäftigung mit Fragen, die die angolanischen Sprachen betreffen, erfolgt zur Zeit so gut wie nicht[1].

4.2 Besiedlungsgeschichte

Mildner-Spindler (1987) unterscheidet bei der Frage der Ethnogenese in Angola fünf unterschiedliche Gruppen von Ethnien, die sie aufeinanderfolgenden Phasen zuordnet.

1. „Restgruppen" einer khoisansprachigen Bevölkerung

2. ältere Gruppen im Küstenhinterland, z.T. abgedrängt aus dem zentralen Hochland

---

1   auch neuere Veröffentlichungen gehen meist auf recht alte Daten zurück; vgl. z.B. Martins 1990, Barbosa 1989.

3. eine sogenannte „ältere" Bantubevölkerung

4. die sogenannten „jüngeren Bantu des westlichen Hochlandes"

5. Cokwe und von ihnen assimilierte Gemeinschaften in Nordost-
   und Ost-Angola

Eine zu stark differenzierende Betrachtung der ethnohistorischen
Prozesse würde in diesem Zusammenhang dem Interesse, einen allgemeinen Überblick zu geben, entgegenstehen. Außerdem sollen an
dieser Stelle die zwar nicht-traditionellen, aber für ein Profil der
angolanischen Gesellschaft relevanten Gruppen berücksichtigt werden, die nicht afrikanischer Herkunft, dennoch aber maßgeblich an der
heutigen kulturellen Ausprägung Angolas beteiligt sind, einbezogen
werden. Abweichend von der oben angegebenen Aufteilung werden
deshalb – nicht ohne Willkür – drei Phasen voneinander unterschieden,
eine älteste zu rekonstruierende Bevölkerung, im Anschluß daran die
Phase der Bantueinwanderung sowie die Prozesse, die sich seit Eintreffen der Portugiesen an der angolanischen Küste vollzogen haben.
Eine gewisse Ungleichgewichtung dieser drei Phasen in der folgenden
Darstellung ist nicht zu vermeiden, da die Quellensituation bei größerer zeitlicher Tiefe deutlich schlechter wird. Auf die Art der zur
Verfügung stehenden Informationen wird in dem jeweiligen Abschnitt
einzugehen sein.

4.2.1 Älteste zu erschließende Besiedlung: Prä-Bantu-Phase

Angesichts mangelnder schriftlicher Quellen nimmt in Afrika die
mündliche Überlieferung in der Geschichtsforschung einen besonderen Raum ein. Eine ambivalente Stellung haben dabei kulturelle
Assimilationsprozesse. Einerseits sind sie zwar geschichtlich von
hohem Interesse. Situationen, in denen eine ethnische Gruppe eigene
kulturelle Merkmale zugunsten von anderen, von außen herangetrage-
nen aufgibt, sind bezüglich historischer Prozesse sehr aussagekräftig.
Sie weisen auf die Dominanz einer anderen Ethnie hin, sei es auf
militärischem, technologischem, wirtschaftlichem oder sonstigem
Gebiet.

Was aber geschieht, wenn zu den kulturellen Merkmalen, die eine
ethnische Gruppe im Prozeß kultureller Assimilation durch solche der
anderen Gruppe ersetzt, nun auch die Sprache gehört? Zwar ist mithilfe

bestimmter sprachhistorischer Methoden wissenschaftlich auch ein solcher Prozeß zu erschließen, die ursprüngliche Affiliation einer solchen assimilierten Gruppe also herauszufinden. Es ist außerdem denkbar, daß orale Traditionen sozusagen auch in die neue Sprache hinübertransportiert werden. In der Mehrzahl der Fälle jedoch kann man davon ausgehen, daß eine ethnische Gruppe, die eine neue ethnische Zugehörigkeit anstrebt, der eigenen Vergangenheit eher ablehnend gegenübersteht.

Gerade im Fall der Khoisan-Gruppen vollzieht sich ein solcher Assimilationsprozeß, der mit einer gewissen Geringschätzung der eigenen Kultur einhergeht. Die ursprüngliche Sprache wird dabei durch eine der umgebenden Bantusprachen ausgetauscht. Eine Auswertung des oral tradierten Wissens der Khoisan wird aus diesem Grund immer schwieriger. So ist für die Zeit vor der Bantueinwanderung lediglich ein Zustand rekonstruierbar, in dem eine khoisanide Bevölkerung das südliche Afrika besiedelte. Ein Rekonstruktion konkreter Prozesse ist erst mit dem Einsetzen des Vordringens der Bantu aus nordöstlicher (?) Richtung möglich.

4.2.2 Die Einwanderung der Bantu in vorportugiesischer Zeit

Die Besiedlung des südlichen Afrika gehört zu den wichtigen, aber immer noch strittigen Fragen der Afrika-historischen Forschung. Man geht davon aus, daß vor nicht mehr als ca. 2000 Jahren große Wanderungsbewegungen einsetzten, deren ungefährer Verlauf von einem Gebiet nördlich oder nordwestlich des äquatorialen Regenwaldes zunächst in Richtung der ostafrikanischen Savannen führte. Von dort erfolgte die weitere Ausdehnung ins südliche und zentral-/südwestliche Afrika. Mit den Bantuwanderungen assoziiert, auch wenn häufig nicht erörtert wird, ob eine solche allgemeine Annahme gerechtfertigt ist, werden die Ausbreitung wichtiger Kulturgüter, die den Übergang von einer steinzeitlichen zu einer frühen metallzeitlichen Kultur markieren (Eisenverarbeitung, Keramik, Rinderhaltung; vgl. Mildner-Spindler 1987:39). Nach wie vor handelt es sich dabei um Fragen, die Wissenschaftler aus den verschiedensten Disziplinen beschäftigen[2].

Unabhängig von den unterschiedlichen wissenschaftlichen Hypothesen zur Ausbreitung der Bantu kann festgestellt werden, daß Angola offensichtlich zu den Regionen Afrikas gehört, die erst vergleichsweise spät von diesen wichtigen Migrationen erfaßt wurden. Auf jeden Fall dauern sie bis in die Gegenwart hinein an, so daß ein großer Teil der heutigen ethnischen Verteilung auf historische Prozesse zurückgeht, die sich nach der beginnenden Etablierung Portugals an der angolanischen Küste ereigneten. Da für sie jedoch folglich andere Informationsquellen bereitstehen, werden sie in 4.2.3 vorzustellen sein.

In seiner Einführung in die angolanische Geschichte geht Kuder davon aus, daß „die ersten Bantu zwischen dem 7. und 9. Jahrhundert ins heutige Angola gekommen sind" (Kuder 1990:10). Anschließend fand eine weitere Einwanderung von Bantugruppen statt, wahrscheinlich nicht vollkommen gleichförmig, sondern in mehreren Wellen. Im 15. Jahrhundert, also auch zur Zeit des Eintreffens „waren die Hochflächen zwischen dem Regenwald des Kongobeckens und der Kalahariwüste von (...) bantusprechenden Bauern, Händlern und Viehzüchtern bewohnt" (ebd.).

Die Region des nordöstlichen Angolas sowie der angrenzenden Teile des heutigen Zaires kann als ein Nukleus früher Staatsbildungen gelten, aus dem eine Anzahl wichtiger Reiche hervorging. Das in Angola wohl älteste Reich war das der Bakongo. Die Hauptstadt Mbanza-Kongo befand sich südlich des Kongo. Der vergleichsweise hohe Grad an politischer Zentralisierung im Kongoreich wird dem legendären Nimi a Lukeni zugeschrieben, der außer durch Waffengewalt mithilfe geschickter Heiratsallianzen in der Lage war, ein solches Reich entstehen zu lassen (Costa e Silva 1992:479). Dennoch handelte es sich beim Kongoreich nicht um einen besonders stark zentralisierten Staat; die lokalen Autoritäten der tributpflichtigen Häuptlingsschaften, die sich entweder freiwillig dem Kongoreich angeschlossen hat-

---

2   Eine erste wichtige Hypothese zur Ausbreitung der Bantu stammt von Johnston (1919/22); in den sechziger Jahren entbrannte die Diskussion um die möglichen Ursprungsgebiete und Migrationsrouten der Bantu aufgrund eines Artikels von Roland Oliver (1966) neu; sie beschäftigte vor allem Archäologen und Afrikalinguisten (vgl. hierzu Greenberg 1972; Guthrie 1967/71; Heine 1973; Möhlig 1981).

ten, oder aber dazu gezwungen wurden, verfügten weiterhin über eine gewisse Autonomie (Offermann 1988:30).

1482, nachdem die Portugiesen an der Mündung des Kongo (Zaire) eingetroffen waren, stießen sie auf dieses Reich, das der Ausgangspunkt für die Kolonisierung Angolas werden sollte. Die Beziehungen zwischen den beiden Staaten waren dabei zunächst recht gut. Der erste König des Kongoreiches, der mit den Portugiesen in Kontakt stand, erhielt durch eine christliche Taufe den Namen Dom João I.; auch sein Sohn ließ sich christlich taufen, auf den Namen Afonso I. und, was heute in Europa wahrscheinlich wenig bekannt sein wird, bereits 1518 wurde ein Sohn Afonsos I. in Rom zum Bischof geweiht (Kuder 1971:28).

Ungefähr zur gleichen Zeit entstand weiter südlich ein anderes Königreich. Im Hinterland von Luanda, das an dieser Stelle einen vergleichsweise leichten Aufstieg auf die zentralen planaltos ermöglicht, breitete sich das Ndongo-Reich aus. An seiner Spitze stand ebenfalls ein König, der Ngola, mit dessen Name zunächst lediglich dieses verhältnismäßig kleine Gebiet belegt wurde, später jedoch wurde er von den Portugiesen für deren gesamtes Einflußgebiet an der westlichen Küste des südlichen Afrika verwendet.

Welche migratorischen Bewegungen und Einflüsse als äußere Stimuli für die Herausbildung des Ndongoreiches verantwortlich gemacht werden müssen, ist nicht völlig geklärt. Es scheint aber auch, daß es in Verbindung zu den übrigen im Inneren des heutigen Angolas sich formierenden Reichen stand. Dabei ist zu berücksichtigen, daß die Reichsbildungen nicht etwa am Ende von Migrationen standen. Vielmehr dauerten diese Wanderungsbewegungen an bis in die jüngste Zeit. Einen Überblick darüber gibt die von João Vicente Martins (1990) in einer Einführung zu seiner Cokwe-Grammatik veröffentlichte Karte, die als Vorlage zu der hier wiedergegebenen Kartenskizze dient.

Bei der Betrachtung der angolanischen Geschichte besteht die Gefahr, daß zwei weitgehend getrennte Perspektiven dazu führen, daß die chronologische Aufeinanderfolge der Ereignisse in Angola in den Hintergrund tritt. Im Sinne einer Geschichtsschreibung nach europäischem Muster wird – wohl aufgrund der Beschaffenheit der Zeugnisse aus dieser Zeit – das Augenmerk in besonderem Maß auf die portugie-

sische Perspektive gelenkt. Die afrikanischen Staatenbildungen aus
der frühen Zeit der portugiesischen Herrschaft finden Erwähnung,
soweit schriftliche Quellen darüber vorhanden sind. Demgegenüber
werden Wanderungsbewegungen mithilfe anderer Methoden erschlossen. Gegenüber dem, was aus der (meist portugiesischen) Geschichtsschreibung bekannt ist, sind die Informationen über die Herkunft und
weitere Entwicklung der unterschiedlichen Ethnien Angolas oft un-
klar. Die Auswirkungen der vielfältigen Wanderungsbewegungen sind
jedoch maßgeblich an der Veränderung der politischen Machtverhält-
nisse, wie sie zur Zeit des Eintreffens der Portugiesen bestanden,
beteiligt. Obwohl dieser Zusammenhang bereits seit langen bekannt
ist, werden oft unzureichende Vorstellungen von der Art der Migrationen reproduziert. Die Ethnogenese der verschiedenen Gruppen Angolas ist nicht allein durch die dargestellten Migrationspfeile, die in
einem 1:1 Verhältnis einer bestimmten ethnischen Gruppe zuzuordnen
wäre, zu erklären.

Im Zuge aller dieser Wanderungen ist es zu den unterschiedlichsten
Assimilationsprozessen gekommen. Sie müssen ergänzend zu den
eigentlichen Wanderungen herangezogen werden, um die heutige
ethnische Vielfalt zu erklären.

In bezug auf die beiden bereits erwähnten Reiche Kongo und
Ndongo ist die Kartenskizze nur wenig aussagekräftig. Das ,,staatstra-
gende" Volk des Ndongoreiches sprach einen Dialekt, der der Kim-
bundu-Gruppe zuzurechnen ist. Bei ihnen handelt es sich also um
Mbundu (auch Ambundu). Über ihre Ethnogenese sagt Kuder:

,,Das Ndongo-Königreich (...) wurde von drei Mbundu-Völkern
gebildet: Jägern aus Zentralafrika ohne Eisenbearbeitung, einem anderen Volk mit beträchtlichen eisenverarbeitenden Kenntnissen und
einem dritten Mbunduvolk aus dem östlichen Mittelafrika, das die
Kräfte zur Bildung eines einheitlichen Reiches einbrachte." (Kuder
1990:11). Obwohl die ursprüngliche Herkunft der Mbundu nicht bis
ins Letzte geklärt ist, muß davon ausgegangen werden, daß auch sie –
wie alle Bantu-Gruppen – nicht autochthon sind (vgl. Offermann
1988:34).

Auch die Herkunft der Kongo ist nicht eindeutig geklärt. Die
Gründung Mbanza Kongos im Süden des ursprünglichen Ausbrei-

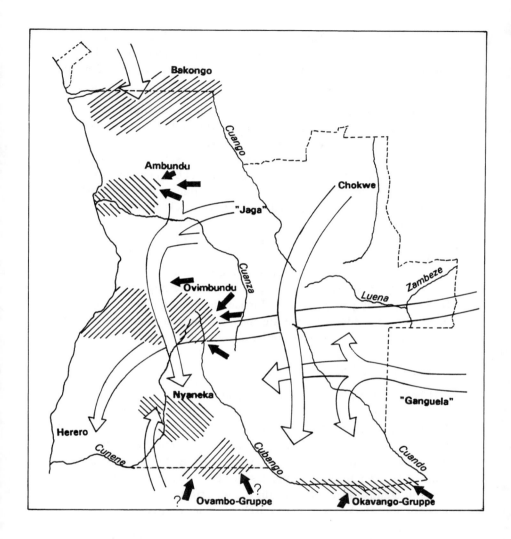

Herkunft und Migrationsrichtungen einiger angolanischer Bantu-Gruppen

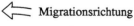 Migrationsrichtung

externe Impulse

//// heutige Siedlungsgebiete (für autochthone Gruppen und Ethnien ungeklärter Herkunft)

tungsgebietes und die Ausweitung des Einflußbereichs der Kongokönige ist in Martins (1990) in das dreizehnte Jahrhundert datiert. Dabei handelt es sich um die ältesten zu erschließenden Prozesse für die Bakongo.

Eine dritte wichtige ethnische Gruppe, die Ovimbundu, erscheint ebenso wie die Mbundu nicht auf der Karte. Dies hat seinen Grund wahrscheinlich in der Komplexität der Prozesse, die zu ihrer Ethnogenese beitrugen. Anders als im Fall einer migratorischen Bewegung, die als eine Völkerwanderung verstanden wird, bei der bestimmte Gruppen von Menschen ihr altes Siedlungsgebiet aufgeben, um geschlossen eine Wanderung anzutreten, in deren Verlauf sie als ethnische Gruppe jedoch ihre ursprüngliche Identität weitgehend bewahren, sind die Bantuwanderungen (voraussichtlich zu einem großen Teil) von völlig anderen Abläufen beeinflußt worden. Für die Ovimbundu ist sicher, daß die Ethnie in ihrer heutigen Form nicht von außen in das zentrale Hochland gelangt ist. Dennoch spielen auch hier migratorische Einflüsse eine maßgebliche Rolle. Zur Herausbildung einer den Ovimbundu eigenen Identität, die sie nach außen von anderen Ethnien abgrenzt, war ein stetiger Assimilationsprozeß erforderlich. In dessen Verlauf paßten sich kleinere Gruppen an die Einwanderer an (Mildner-Spindler 1987:50-55).

Ebenso wie Entstehung der Ovimbundu als einer sich zusammengehörig verstehenden Gruppe vollzogen sich alle weiteren auf der Karte angegebenen Migrationen zu einer Zeit, als die Portugiesen bereits in festem Kontakt zu den Küstenkönigreichen standen. Es wurde bereits darauf hingewiesen, wie schwierig ihre Rekonstruktion auch trotz der nun von portugiesischer Seite aus beginnenden Aufzeichnungen ist. Dennoch soll für die wichtigsten Gruppen versucht werden, ihre Herkunft chronologisch geordnet vorzustellen.

Einen Sonderfall in bezug auf die ,,Nicht-Vermischung" mit anderen ethnischen Gruppen stellen die Herero dar. Sie leben heute außer im Südwesten Angolas vor allem in Namibia. Sprachliche Merkmale sowie Indizien aus den oralen Traditionen der Herero weisen jedoch darauf hin, daß sie aus einem sehr weit entfernten Gebiet, aus der Nachbarschaft der Großen Seen stammen. Als Rinderzüchter waren sie im Verlauf ihrer Wanderschaft an Regionen gebunden, die frei von der Tsetsefliege waren, um nicht ihr Vieh durch die Schlafkrankheit

(*Trypanosomiasis*) zu verlieren. Daher ist der wahrscheinlichste Weg
aus östlicher Richtung, wohin die sprachlichen Gemeinsamkeiten mit
Sprachen der Zwischenseenregion weisen, über die Lundaschwelle
verlaufen, in deren kühleren Höhenlagen keine Tsetsefliegen vorkommen. Die Besonderheit der Herero liegt darin, daß sie keine kulturellen
Einflüsse anderer Gruppen entlang des Wegs angenommen zu haben
scheinen. Einen Hinweis auf einen solchen Prozeß der gegenseitigen
kulturellen Beeinflussung erwähnt jedoch Offermann (1988:24):

> „Die Migration scheint bis in das 17. Jahrhundert gedauert zu
> haben. Ende des 18. Jh. wurde das gesamte Gebiet zwischen Planalto,
> Kunene und Ozean dem Huíla-Reich des Jagakönig Kanina unterwor-
> fen. Von diesem machten sich die Kuvale (eine Herero-Fraktion) im
> ersten Teil des 19. Jh. mit dem Nyaneka-Chef von Jau wieder unab-
> hängig, was ihre Vermischung mit den Nyaneka-Humbe (...) erklärt."

Die bisher berücksichtigten Ethnien zählen in bezug auf ihre
Geschichte zu den besser erforschten ethnischen Gruppen des Landes.
Demgegenüber sind die östlichen Landesteile sowie der – auch für
afrikanische Maßstäbe – recht stark differenzierte Süden des Landes
in historischer Hinsicht weniger gut bekannt. Die Bevölkerungsverteilung in diesen Bereichen ist in ihrer heutigen Form das Resultat
vielschichtiger Überlagerungen. Die schlechte Informationslage, die
wohl in erster Linie auf die erst späte Erforschung und das insgesamt
geringe Interesse an diesen wirtschaftlich wenig bietenden Räumen
zurückgeht, ist in wissenschaftlicher Hinsicht bedauernswert.
Schließlich handelt es sich gerade im Binnenland, z.B. entlang der
südöstlichen Grenzen um ein Areal intensiven Kulturkontaktes verschiedenster Ethnien, denn man muß sich vor Augen halten, daß vor
dem Erscheinen der Portugiesen die Küste ein vergleichsweise unin-
teressanter Raum war. Für die ackerbauliche Nutzung waren die
weiten *planaltos* sehr viel besser geeignet, der klimatisch ungünstige
Küstensaum vor der Randschwellenregion gewann erst im Zuge der
Gründung portugiesischer Stützpunkte entlang der Küste an Bedeutung. Die unter historischem Gesichtspunkt interessanten Binnen-
landregionen sind überdies sehr dünn besiedelt, was einer intensiven
Auseinandersetzung mit ihrer Geschichte nicht zuträglich war.

Die Ngangela[3] stammen nach den Angaben einer Karte, die in
Martins (1990) veröffentlicht wurde, aus dem Osten. Der innere

Zusammenhang dieser Gruppe im Südosten Angolas ist nicht klar:

„Ngangela ist eigentlich eine abfällige Bezeichnung der Ovimbundu für die sehr heterogene Gruppe der weiter im Osten lebenden Völker (Lwena, Luvale, etc.).(...) Bei den Ngangela ist das Gefühl einer einzigen Ethnie anzugehören kaum ausgeprägt." (Offermann 1988:24).

Über den ethnischen Zusammenhang vieler Fraktionen, die ihr zugewiesen werden, könnten sprachhistorische Untersuchungen Auskunft geben. Derartige Forschung war in der jüngeren Zeit gerade im Südosten Angolas jedoch nicht möglich. Solange jedoch die aktuellen Beziehungen der einzelnen Fraktionen untereinander nicht geklärt sind, ist es sehr schwierig eine Aussage bezüglich der Herkunft der Ngangela (im weitesten Sinne) zu treffen. Daß historische Wanderungen dabei eine Rolle gespielt haben dürften, ist anzunehmen; in welchem Umfang sie erfolgten, woher sie rührten und ob andere ethnische Gruppen durch eine mögliche Assimilation zur Herausbildung der Ngangela-Gruppe beitrugen, ist derzeit nicht zu beantworten. Auch sind engere Beziehungen zu anderen, benachbarten Bantusprachen bzw. -gruppen behauptet worden, die in ihrem tatsächlichen Umfang jedoch angezweifelt werden müssen:

„Ihre Sprache ist mit der der Cokwe verwandt, entziehen sich aber deren Einfluß (sic). Einige Gemeinsamkeiten bestehen andererseits mit den Ovimbundu." (Offermann 1988:24)

In ihrer Herkunft weniger auf Migration als vielmehr auf die Mischung verschiedener ethnischer Gruppen begründet scheint die Gruppe der Nyaneka-Humbe. Nach Offermann setzt sie sich aus einem „Konglomerat von diversen Bevölkerungsgruppen", zu denen ein „Viehzüchtervolk mit kleinem Ackerbau, eine Jagagruppe (Krieger und Jäger) und eine khoisansprachige (...) Jägergruppe" zählten (ebd.). Auch die Owambo, die im äußersten Süden entlang der Grenze

---

3   Von portugiesischsprachigen Autoren orthographisch oft als Ganguela wiedergegeben handelt es sich bei diesem Begriff um einen Umbundu-Ausdruck, der übersetzt soviel bedeutet wie ‚die aus dem Osten kommen', ‚die im Osten leben'.

zu Namibia zwischen dem Kunene und dem Kubango leben, sind laut der in Martins (1990) veröffentlichten Karte weitgehend autochthonen Ursprungs. Zu ihren wirtschaftlichen Hauptaktivitäten gehört die Viehhaltung.

4.2.3 Das Eintreffen der Portugiesen und jüngere migratorische Prozesse

Die im folgenden Abschnitt vorgestellten historischen Prozesse sind – wie bereits angedeutet – nicht immer strikt zeitlich auf die bisher dargestellten folgend. Vielmehr zeichnen sie sich dadurch aus, daß aufgrund einer anderen Quellenlage und somit einem grundsätzlich verschiedenen methodischen Herangehen die geschichtlichen Abläufe nachvollziehbar sind.

Das Interesse Portugals an seiner afrikanischen Kolonie Angola war sehr wechselhaft. Ohne einen auch nur annähernd vollständigen Überblick geben zu können, sollen hier dennoch einige Aspekte der historischen Entwicklung genannt werden, die unmittelbare Auswirkungen auf die heutige Bevölkerungszusammensetzung und -verteilung hatten.

Bereits im 16. Jahrhundert wirkten sich auf das innerangolanische Machtgefüge die Konsequenzen der Imbangala-Feldzüge aus. Bei dieser Gruppe handelt es sich um einen „Ableger" des im Nordosten bestehenden Lunda-Reichs, wobei unterschiedliche Ethnien assimiliert wurden. Die Portugiesen nutzten die zerstörerische Wirkung dieser Kriegertrupps für ihre Zwecke aus. Das Kongoreich sowie das Ndongoreich erlitten im 16. Jahrhundert schwere Niederlagen. Die Wanderung der Imbangala (Jaga) setzte sich nach Süden fort, entlang ihres Wegs bildeten sich Staaten, die sich durch die wirtschaftliche Zusammenarbeit mit den Portugiesen beim Sklavenhandel erhalten konnten (Offermann 1988:38).

Nachdem sich herausstellte, daß es in Angola nicht die legendären Silberminen gab, auf die die Portugiesen gehofft hatten, verlagerte sich das wirtschaftliche Interesse Portugals fast ausschließlich auf den Handel mit Sklaven, die auf São Tomé e Príncipe für die Plantagenwirtschaft gebraucht wurden. In noch größerem Umfang allerdings wurden Sklaven nach Südamerika verschifft. Für die portugiesischen

Besitzungen in Brasilien war Angola ein wichtiger Lieferant menschlicher Arbeitskraft. Für Angola, das selbst ja nur dünn besiedelt war, brachte der Sklavenhandel schlimme Konsequenzen mit sich. Zwar konnten sich auch einige als Zwischenhändler fungierende Reiche vorübergehend daran bereichern. Langfristig wog der Verlust an Arbeitskraft jedoch sehr schwer (Kuder 1990:18).

Im 17. und 18. Jahrhundert erreichten schätzungsweise 15.000 Sklaven jährlich die portugiesischen Besitzungen in Südamerika. Vor allem in den dünner besiedelten östlichen Gebieten führte der Sklavenhandel geradezu zu einer Entvölkerung. In Brasilien hingegen wurde der Bedarf an Arbeitskräften auf den Zuckerrohrplantagen mit afrikanischen Sklaven gedeckt und sie wurden zu einem wichtigen Bevölkerungselement in der „Neuen Welt":

„So reichen die Schätzungen von etwa 6-18 Millionen für die drei Jahrhunderte des Sklavenhandels Mitte des 16. Jahrhunderts bis Mitte des 19. Jahrhunderts. Für 1818 wird die Zahl der Afrikaner in Brasilien mit 53% der Gesamtbevölkerung von etwa drei Millionen dieses Landes errechnet." (Kuder 1990:24)

Mit dem Niedergang des Sklavenhandels verlor auch Luanda als Durchgangsstation an Bedeutung. Dies hatte zur Folge, daß sich auch die Bevölkerungszusammensetzung veränderte. Die europäische Bevölkerung nahm in den Jahren zwischen 1845 und 1851 um ca. die Hälfte von über 1600 auf ungefähr 800 Personen ab. Fast 50.000 Sklaven, die nun nicht mehr nach Südamerika gebracht wurden, blieben in Küstennähe und vermischten sich mit der dortigen Bevölkerung (ebd.).

Bis zu diesem Zeitpunkt waren den Portugiesen weite Teile des heutigen Angola noch immer unbekannt. Neben den fest eingerichteten Stützpunkten entlang der Küste war lediglich das Hinterland von Luanda erschlossen und somit de facto in Besitz genommen. Daneben gab es erste Versuche, von Benguela in das Hinterland der Küste vorzustoßen. Sie wurden vor allem notwendig, als im Zuge der Berliner Konferenz 1884/85 der Anspruch einer Kolonialmacht auf ein bestimmtes Territorium an die Bedingung der „effektiven Okkupation" geknüpft wurde. Dennoch gab es bereits 1844 erste Ansiedlungsversuche weißer Kolonisten, einer Gruppe von Azorianern, auf dem *planalto* im Hinterland von Moçâmedes. Die erste Siedlung mit einer Gruppe von Deutschen entstand 1857 in Huíla. Weitere europastämmige Siedler gelangten aus Süd- und Südwestafrika sowie aus Portugal ins Land. Damit änderten sich allmählich die Sozialstrukturen auch im Landesinneren, denn es „führte zu einem fast allein von weißen Händlern betriebenen Handel (...), wodurch sich die alten sozialen Gesellschaften in stärkerem Maße auflösten, während neue Gesellschaften in den Städten und großen Orten im Küstenland wie im Innern entstanden" (Kuder 1990:44).

Für eine bereits (typischerweise in den Städten) bestehende Bevölkerungsgruppe, die Mischlinge, brachte die verstärkte Präsenz europäischer Einwanderer im Zuge einer nun einsetzenden wirklich imperialistischen Kolonialpolitik und -wirtschaft einige Nachteile mit sich. Durch die Einwanderung von Portugiesen aus unterschiedlichen sozialen Schichten (vgl. Offermann 1988:55) wurden Arbeitsmöglichkeiten, die bisher von ihnen wahrgenommen wurden, an die Weißen mit einem entsprechenden Bildungsgrad vergeben. Selbst billige Dienstleistungen, für die vorher so gut wie ausschließlich auf afrikanische Arbeitskräfte zurückgegriffen wurde, erledigten nunmehr oftmals Portugiesen, die aufgrund ihrer Ausbildung solche Arbeiten annahmen. Eine offizielle Bevorzugung erfuhren die Portugiesen von staatlicher Seite. Die portugiesische Staatsangehörigkeit war ihnen nicht abzusprechen, während Afrikaner über vergleichbare Rechte nur verfügten, wenn sie bestimmte Bedingungen erfüllten. Unter der Voraussetzung, daß sie – neben weiteren Konditionen – den alten ethnischen Zugehörigkeiten entsagten, Portugiesisch sprachen und schrieben, sowie ein regelmäßiges Einkommen aufwiesen wurden sie als *civilisados* anerkannt, die wie portugiesische Staatsbürger betrachtet wurden. In der Realität wurde jedoch nur wenig mehr als 1% der afrikanischen Bevölkerung das „Privileg" eines solchen *assimilado*-Status zuteil (Offermann 1988:54).

Aufgrund der politischen und wirtschaftlichen Situation in Portugal stieg der Anteil der europastämmigen Bevölkerung sprunghaft an:

1900	1910	1920	1930	1940	1950	1960	1970	nach 1974
9.000	13.000	23.000	30.000	44.000	79.000	173.000	500.000	ca 40.000

(Daten aus Offermann 1988; Kuder 1990)

Die Zuwandererströme richteten sich dabei vor allem auf die Städte (vor allem im Küstenbereich), die zunächst für ungelehrnte europäische Immigranten Arbeit in Form von gering bezahlter Dienstleistungstätigkeit versprachen, die Region des zentralen *planalto*, die ein günstiges Klima aufweist, und einige nördliche Regionen, in denen sich der Kaffeeanbau ausbreitete. Durch den verstärkten Zustrom von europäischen Einwanderern, von denen nunmehr ein großer Teil seinen Aufenthalt nicht mehr als temporär verstand, sondern als Siedlungskolonisten in Angola zu bleiben beabsichtigte, verschlechterte sich für die afrikanischen Einwohner die Situation; es war schwer, Arbeit zu finden und das gesellschaftliche Ansehen selbst der *assimilados* stellte sie in dem sich neu herausbildenden sozialen Gefüge unter die portugiesischen Zuwanderer, selbst wenn diese nicht unbedingt über ein regelmäßiges Einkommen verfügten oder Analphabeten waren, wesentliche Voraussetzungen eines Afrikaners, der sich als *civilisado* anerkannt wissen wollte, also nicht erfüllten (Offermann 1988 58-60).

In bezug auf die Bevölkerungszusammensetzung sind neben dem Aspekt eines größer werdenden Anteils europäischer Bevölkerung in Angola die indirekten Auswirkungen auf die afrikanische Bevölkerung nicht zu vernachlässigen. Für den Kaffeeanbau wurden Ovimbundu aus dem zentralen *planalto* als Arbeitskräfte in den Norden (Uíge, Malanje) geholt. Das in Angola durch den Zustrom portugiesischer Einwanderer wiederhergestellte Arbeitskräfteangebot führte dazu, daß Afrikaner sich vertraglich verpflichten konnten, in São Tomé e Príncipe auf den Kakaoplantagen zu arbeiten. Viele von ihnen (die heutigen *angolares* in S.Tomé e Pr.) konnten nicht zurückkehren (Kuder 1990:54).

Eine umbruchartige Veränderung der Bevölkerungszusammensetzung erfolgte mit der Nelkenrevolution in Portugal. Nach einem zu diesem Zeitpunkt bereits lang andauernden militärischem Kampf um die Erlangung der Autonomie, wurde am 11.11.1975 die Volksrepublik Angola ausgerufen. Alle diese Vorgänge waren von einer massiven

Rückwanderung der europastämmigen sowie einer Emigration einiger
Teile der afrikanischen Bevölkerung begleitet.

In den folgenden Jahren der anhaltenden inneren Unruhen kam es
zu Flüchtlingsbewegungen großen Ausmaßes. So stieg die Einwohnerzahl von Luanda sprunghaft an. In welchem Umfang diese Flüchtlingsströme zu einer ethnischen Durchmischung geführt haben, ist
schwierig zu sagen. Hinweise auf solche Phänomene liefern aber
soziolinguistische Indizien aus Luanda. Dort wächst offensichtlich die
Zahl derer, die unabhängig von ihrer ethnischen Zugehörigkeit eine
Verkehrssprache als Muttersprache sprechen, was auf eine Situation
verstärkten interethnischen Kontaktes hinweist (vgl. 5.2).

5. Die aktuelle linguistische Situation in Angola

Obwohl versucht wurde, die im engeren Sinne sprachlichen Probleme
aus der bisherigen Schilderung herauszuhalten, konnte dies nicht
immer strikt befolgt werden. Ein maßgeblicher Grund dafür ist die
bereits erwähnte Tatsache, daß alle Versuche, eine ethnologische
Klassifikation vorzunehmen, nicht an ethnologischen Methoden orientiert waren, sondern in erster Linie auf sprachliche Merkmale
zurückgegriffen wurde. Offensichtlich wurde in sprachlicher Hinsicht
ein gewisser Traditionalismus vorausgesetzt. So wurde behauptet, daß
der Prozeß einer kulturellen Assimilation zwar auch die Sprache
erfasse, jedoch andere kulturelle Merkmale eher ausgetauscht würden,
so daß eine Klassifikation anhand technologisch-ergologischer oder
sonstiger ethnologischer Evidenzien nicht immer erfolgreich war,
bzw. gar nicht erst rigoros durchgeführt wurde (Estermann 1957;
Estermann 1983; Redina 1974).

Da jedoch angesichts einer sprachlichen Vielfalt, wie sie gerade
Angola auszeichnet, sprachpolitische Fragestellungen immer wieder
diskutiert werden, soll diesem Aspekt der folgende Abschnitt gewid-
met sein. Dabei muß zunächst in einem Überblick vorgestellt werden,
worin bei dem Versuch, eine reine Bestandsaufnahme vorzunehmen,
die Schwierigkeiten bestehen, welche Sprachen heute auf angolanischem Territorium gesprochen und welche Sprecherzahlen aufgrund
von Zählungen bzw. Schätzungen angenommen werden. Daran
schließt sich eine vergleichende Einschätzung des soziolinguistischen
Status der verschiedenen, zunächst vorzustellenden Sprachen.

5.1 Anzahl/Herkunft der heute auf angolanischem Territorium gesprochenen Sprachen

Wie bereits bei dem Versuch, einen Überblick über die ethnographische Situation im Land zu gewinnen, erschwert die ausgesprochen mangelhafte Quellenlage ebenso eine reine Bestandsaufnahme der in Angola gesprochenen Sprachen. Die militärischen Konflikte, die bis zur Gegenwart andauern, machen eine flächendeckende Erhebung in Form von einem verläßlichen *survey* nahezu unmöglich. Alle bislang erschienen Daten müssen als ausgesprochen unzuverlässig eingestuft werden. Aus diesem Grund ist es notwendig, alle verfügbaren Quellen zu nutzen, indem durch einen Vergleich der Schilderungen unterschiedlicher Autoren Aussagen getroffen werden, denen zumindest eine begründete Wahrscheinlichkeit zugrunde liegt. Etwaige bisher getroffene Fehleinschätzungen sollten dabei als solche erkennbar werden.

Die Behandlung der angolanischen Sprachen erfolgt nach den drei unterschiedlichen genetischen Familien, denen sie traditionell zugeordnet werden. Seit langem bekannt ist die vergleichsweise große Homogenität innerhalb der Gruppe der Bantusprachen, die aufgrund ihrer weiten Verbreitung über nahezu das gesamte südliche Afrika bereits früh in das wissenschaftliche Interesse gerieten. Die Khoisansprachen, die wissenschaftshistorisch ebenfalls eine gewisse Bedeutung erlangt haben, zogen die Aufmerksamkeit wohl in erster Linie aufgrund der typologischen Besonderheit der Schnalzlaute (*clicks*) auf sich. Portugiesisch, seit langer Zeit Schriftsprache, hat eine völlig andere Geschichte. Es enwickelte sich im Zuge portugiesischer Expansionspolitik zu einer Weltsprache. Nachdem das brasilianische Portugiesisch als eigenständige Variante neben dem europäischen Portugiesisch besteht, sollte auch im Fall von Angola die Herausbildung einer eigenen Varietät in Betracht gezogen werden (vgl. Huth 1990:91).

5.1.1 Khoisan

Die wissenschaftshistorische Bedeutung des Khoisan geht auf eine Kombination mehrerer Ursachen zurück. Das auch heute wohl noch bekannteste Merkmal, das diesen Sprachen zu eigen ist, sind die Schnalzlaute. Anders als in einigen europäischen Sprachen werden die clicks in diesen Sprachen nicht als interjektiv gebrauchte Äußerung verwendet, um Mißfallen (addentaler Schnalz im Deutschen) oder Verneinung (dergleiche Schnalz im Spanischen) auszudrücken, oder etwa einem Tier einen Befehl zu geben (lateraler Schnalz im Deutschen im Umgang mit Pferden). Im Khoisan sind Schnalzlaute fester Bestandteil der jeweiligen Phoneminventare, das bedeutet, sie haben den gleichen Status wie andere, uns geläufigere Konsonanten, z.b. ‚t' oder ‚k'. Neben diesem für Europäer oft ungewöhnlichen Merkmal gibt es weitere Gründe, warum ihnen in der wissenschaftlichen Betrachtung mehr Platz eingeräumt wird, als die geringen und aktuell eher weiter abnehmenden Sprecherzahlen auf den ersten Blick nahelegen würden. In ihrer Entstehungszeit konnte sich eine Afrika-Linguistik als eigenständige Wissenschaft vor allem in Deutschland etablieren. Gerade zu diesem Zeitpunkt, Mitte bis Ende des 19. Jahrhunderts, erfolgte die Aufteilung des afrikanischen Kontinents unter den europäischen Kolonialmächten. Nach der Berliner Konferenz 1884/85 wurde Deutschland das Gebiet des heutigen Namibias, in dem eine große Zahl von Angehörigen khoisanider Ethnien lebte, zugesprochen. Die wohl einzige auch längerfristig nicht vom Aussterben bedrohte Khoisansprache ist das Khoekhoe(gowab), oft auch als Hottentottisch oder Nama bezeichnet. Dessen Erforschung erfolgte zunächst vor allem von deutschen Wissenschaftlern, die sich bereits in einer frühen Phase der Afrikanistik eben auch mit der Khoisanistik im besonderen befaßten. Neben der Tatsache, daß eben das erforscht werden sollte, was gerade in dem als eigenes Territorium betrachteten Gebiet vorgefunden wurde, dürfte gerade die Lebensweise der Khoisan ausschlaggebend für die Forscherneugierde gewesen sein. Wissenschaftliche Vorstellungen, die maßgeblich von evolutionistischem Gedankengut geprägt waren, lagen der Suche nach den ethnischen Gruppen zugrunde, die als die archaischsten galten. Daher standen die als Buschmänner bezeichneten San im Vordergrund. Sie wurden im allgemeinen für die urafrikanische Bevölkerung gehalten. Die Sprecher des Khoikhoi kannten – wie auch einige angolanische Khoisan-Gruppen – übrigens auch die Viehzucht (Schafe), so daß es nicht ganz richtig ist, die Khoisan im allgemeinen als Wildbeuter zu bezeichnen. Heute nimmt das Khoisan nur noch eine marginale Stellung im wissenschaftlichen Bereich ein. Zu den maßgeblichen Arbeiten zählen die Oswin Köhlers (1975; 1981), die auch der vorliegenden Darstellung zugrunde liegen.

5.1.2 Bantu

Als Referenzsystem diente zur ethnischen Gliederung bisher die Arbeit Redinhas, die unter 2.2.1 dargestellt wurde. Eine weitere wichtige Klassifikation wurde von Guthrie 1948 vorgenommen. Er verstand sie zunächst als eine rein referenzielle Gliederung, obwohl bereits bei der Gruppierung der Sprachen auch sprachliche Merkmale, die auf eine Verwandtschaft hindeuteten, als Kriterien Eingang in diese Gliederung fanden. In späterer Zeit allerdings wurde sie durchaus als genetisch aussagekräftig betrachtet. Nach Guthrie (1948) gehören die Bantusprachen des angolanischen Raumes zu vier Zonen (H, K, L, R), die sich in verschiedene Gruppen, die mit Zehnerziffern bezeichnet werden, untergliedert sind:

Zone H

Kikongo-Group (H.10)	**H.14** Ndingi; **H.15** Mboka; **H.16a** S.Kongo; **H.16d** W.Kongo (Fiote); **H.16h** S.E.Kongo
Kimbundu-Group (H.20)	**H.21a** Mbundu (Ndongo); **H.21b** Mbamba; **H.22** Sama; **H.23** Bolo (Haka); **H.24** Songo
Kiyaka-Group (H.30)	**H.33** Hungu (Holo); **H.34** Mbangala; **H.35** Sinji (Yungo)

Zone K

Chokwe-Luchazi-Group (K.10)	**K.11** Ciokwe; **K.12a** Luimbi; **K.12b** Ngangela; **K.13** Lucazi; **K.14** Lwena (Luvale); **K.15** Mbunda; **K.16** Nyengo; **K.17** Mbwela; **K.18** Nkangala
Luyana-Group (K.30)	**K.31** Luyana (Luyi) (?); **K.33** Kwangari; **K.34** Mashi (?)

Zone L

Lunda-Group (L.50)	**L.52** Lunda; **L.53** Ruund
Nkoya-Group (L.60)	**L.61** Mbwera (?); **L.62** Nkoya (?)

Zone R

Umbundu-Group (R.10)	**R.11** Mbundu (Nano); **R.12** Ndombe; **R.13** Nyaneka; **R.14** Khumbi
Ndonga-Group (R.20)	**R.21** Kwanyama (Humba); **R.22** Ndonga; **R.23** Kwambi; **R.24** Ngandyera
Herero-Group (R.30)	**R.31** Herero

Gerade im Bereich des vergleichsweise homogenen Bantu-sprachraums sind interne Untergliederungen oft schwierig vorzunehmen. In den meisten Gliederungversuchen ist der Begriff sprachlicher Verwandtschaft stark vereinfacht. Die aktuelle Vielfalt von Bantu-Sprachen wird als das Ergebnis einer historischen dialektalen Aufsplitterung verstanden. Am Ende einer solchen diversifizierenden Sprachentwicklung stehen dann untereinander nicht mehr verstehbare Einzelsprachen, die aus einer gemeinsamen Protosprache hervorgegangen sind. Sie können im Laufe der Zeit wiederum in dialektale Varietäten, die zu einem späteren Zeitpunkt möglicherweise zu verschiedenen Sprachen werden, zerfallen, selbst also zu einer Art zwischengeschalteten Protosprache werden. Die bisherigen, mehr oder weniger ausschließlich von diesem Modell ausgehenden Gliederungen können ein in der Realität weit verbreitetes Phänomen nicht erklären. Beim Vergleich mehrerer Sprachen ist eine eindeutige Zuordnung in vielen Fällen unmöglich. Eine Sprache A kann in bezug auf ihr lautliches System einer anderen Sprache B sehr stark ähneln, im lexikalischen Bereich jedoch mit einer dritten Sprache C übereinstimmen. Teile des Wortschatzes können entlehnt worden sein, u.U. in so großem Umfang, daß die entlehnende Sprache A heute der Sprache C nähersteht als der Sprache B, mit der sie nach dem beschriebenen Modell genetisch jedoch möglicherweise sehr viel enger verwandt ist. Hinzu kommt, daß der insgesamt homogene Bantusprachraum kaum wirkliche Sprach- oder Dialektgrenzen aufweist. Eine Reihe von dialektalen Varianten, die entlang einer willkürlich festgelegten Linie gesprochen werden, stellt ein sogenanntes Dialektkontinuum dar. Dies bedeutet, daß sich die Sprecher eines Dialektes C ohne Schwierigkeiten mit denen eines Dialektes D verständigen können, diese wiederum kommunizieren problemlos mit den Sprechern von E, einem weiteren Dialekt, der gewisse sprachliche Unterschiede aufweist. Diese Reihe ließe sich fortsetzen, E und F sind untereinander verstehbar, F und G, etc. Wichtig dabei ist nun, daß zwischen keinem der jeweiligen Verbreitungsgebiete aller dieser Dialekte eine wirkliche Grenze auszumachen wäre, im Sinne einer Barriere, die die Kommunikation zwischen jeweils benachbarten Orten unmöglich machen würde – außer einer der Sprecher bedient sich eines anderen als des eigenen Dialektes. Dennoch sind in einer solchen „verwobenen" Sprachsituation nicht sämtliche Dialekte untereinander verstehbar; denkbar ist zum Beispiel, daß C und E als bereits weiter voneinander entfernte Dialekte nur unter Schwierigkeiten verstehbar sind, bei C und F die Verständigung schließlich nicht mehr möglich ist. Eine solche Situation weist auf die der Diversifizierung entgegengesetzte Tendenz der Homogenisierung hin. Dieses Phänomen ist dabei nicht etwa auf den Bantusprachraum beschränkt, spielt in dessen Zusammenhang jedoch eine große Rolle, da aufgrund der großen typologischen Ähnlichkeiten dieser Sprachen meist sehr schnell die verwandtschaftlichen Beziehungen in den Vordergrund gerückt werden, ohne andere Faktoren zu berücksichtigen. Und gerade im Falle einander ähnlicher Sprachen ist zunächst nicht leicht zu entscheiden, woher sprachliche Gemeinsamkeiten rühren, von einer gemeinsamen genetischen Abstammung oder von solchen homogenisierenden Einflüssen, wie sie der Kulturkontakt mit sich bringt. Gerade im Falle der Bantusprachen vermischen sich diese beiden Aspekte, da einerseits eine genetische Grundlage außer Frage steht, andererseits migratorische Bewegungen (vgl. 4.2) zu sich ständig verändernden Situationen des Kulturkontaktes führten.

Bereits bei einer stark zusammenfassenden Darstellung der sprachlichen Vielfalt in Angola sind diese Aspekte zu berücksichtigen. Es handelt sich nicht etwa um rein akademische Spitzfindigkeiten, da auch der gesamte Bereich der angewandten Forschung betroffen ist. Eine sinnvolle Verfahrensweise bezüglich der Kommunikation in Angola muß der sprachlichen Situation Rechnung tragen.

5.1.3 Portugiesisch

Unter dem Gesichtspunkt der Sprachgliederung ist Portugiesisch heute diejenige in Angola beheimatete Sprache, die am unstrittigsten ist. Seine Geschichte ist bekannt, es ist seit langer Zeit Gegenstand wissenschaftlicher Erforschung. Schriftliche Dokumente liegen für einen weit zurückreichenden Zeitraum vor und es ist in seinem Herkunftsland die unumstrittene Nationalsprache. Dennoch gibt es Gründe dafür, sich an dieser Stelle nicht nur mit den afrikanischen Sprachen auseinanderzusetzen, sondern eben auch einige Aspekte, die das Portugiesische betreffen, zu erwähnen.

Portugiesisch ist auch nach der Unabhängigkeit offizielle Sprache in Angola geblieben. Es ist von großer Bedeutung für die unterschiedlichsten Bereiche des öffentlichen Lebens, des Bildungswesens, im internationalen Verkehr, etc. (zur soziolinguistischen Bedeutung des Portugiesischen vgl. auch 5.2). Die angestrebte Sprachpolitik eines Bilinguismus der Angolaner (Portugiesisch + eine weitere (afrikanische) Sprache) weist bereits auf einen wichtigen Aspekt hin, der in Europa leicht mißverstanden wird. In der Tat sind die Einwohner eines Landes, das von sprachlicher Vielfalt gekennzeichnet ist, oft gezwungen, sich je nach Kontext unterschiedlicher Sprachen zu bedienen. Mehrsprachigkeit ist meist also weiter verbreitet als in Europa. Dabei spielt die europäische Sprache jedoch eine sehr untergeordnete Rolle. Wie auch für andere schwarzafrikanische Länder nicht untypisch ist, wird für den Zeitpunkt der Unabhängigkeitserklärung eine Rate von zwischen 10 und 15% der angolanischen Bevölkerung angenommen, die des Portugiesischen mächtig waren. Der tatsächliche, individuelle Kenntnisstand variiert dabei allerdings sehr – schätzungsweise nur 1% der Landesbevölkerung[4] sprach fließend Portugiesisch (Endruschat 1990:71-72).

Neuere Tendenzen der Sprachausbreitung gehen dahin, daß dem Portugiesischen allerdings eine zunehmend wichtige Rolle in der interethnischen Kommunikation zukommt (vgl. hierzu auch 5.2). Das aus sprachwissenschaftlicher Perspektive interessante Phänomen dabei ist, daß Angola an vielen Stellen als derjenige Teil der lusophonen Welt gilt, in dem – abgesehen vom Ursprungsland Portugal – das dem

---

4   diese sehr niedrige Zahl bezieht sich lediglich auf die Bevölkerung afrikanischer Herkunft; Muttersprachler portugiesischer Nationalität bleiben hierbei offensichtlich außerhalb der Betrachtung, da sonst ein höherer Anteil zu erwarten wäre

dortigen Standard am nächsten kommende Portugiesisch gesprochen wird (Cintra/Cunha 1984). Ein ausgesprochenes Kreol, wie es sich auf den Kapverdischen Inseln, São Tomé e Príncipe und in Guinea-Bissau entwickelte, entstand in Angola nicht. Dennoch gibt es in bezug auf die gesprochene Sprache beträchtliche Unterschiede zwischen dem europäischen und dem angolanischen Portugiesisch. Das Interesse an solchen Fragen wächst, vor allem aufgrund des Interesses angolanischer Intellektueller, die sich als erste zu einer solchen eigenständigen Varietät des Portugiesischen bekannten (Endruschat 1990:69). Die spezifischen Merkmale des in Angola gesprochenen Portugiesisch erstrecken sich dabei über sämtliche sprachlichen Ebenen. Sowohl auf phonetisch-phonologischer Ebene, d.h. in bezug auf die Aussprache, wie im lexikalischen Bereich, worauf der Gebrauch vieler Wörter aus afrikanischen Sprachen hinweist, unterscheidet sich das Portugiesische in Angola von dem europäischen Standard. Im Schriftgebrauch gelten allerdings weiterhin die europäischen Normen (ebd.).

Abgesehen von der Bedeutung des Portugiesischen als Vehikularsprache gibt es in jüngerer Zeit Hinweise darauf, daß die Zahl seiner Muttersprachensprecher ansteigt. Dies trifft vor allem für die urbanen Zentren zu (vgl. auch 5.2).

5.2 Ausblick auf die Bedeutung der sprachlichen Heterogenität in Angola

Vor dem Hintergrund einer sprachlichen Vielfalt, wie sie in Angola vorliegt, stellen sich eine Anzahl politischer Probleme. Im Zuge der Entkolonialisierung entstand ein konkreter Entscheidungszwang, welche Sprachen in welchem Umfang zu fördern seien. Wie in den meisten anderen afrikanischen Ländern wurden zunächst Überlegungen angestellt, welche Sprache(n) als offizielle Sprache(n) auszuwählen sei(en). Ein großer Teil der afrikanischen Staaten entschied sich dabei zu einer exoglossischen Sprachpolitik, das heißt die jeweilige Sprache der ehemaligen europäischen Kolonialmacht wurde als offizielles Kommunikationsmedium beibehalten. Gegen eine solche Politik sprachen von Kritikern immer wieder angeführte Gründe, so z.B., daß eine überwältigende Mehrheit der Bevölkerung der afrikanischen Staaten der jeweiligen europäischen Sprache meist gar nicht mächtig war (und ist). Außerdem war es nicht im Sinne einer Entkolonialisierung, bei

einer so tiefgreifenden politischen Frage, wie sie die Einführung einer
Sprache als offizielles Medium ist, auf eine Hinterlassenschaft der von
zu diesem Zeitpunkt unliebsamen Kolonialmächte zurückzugreifen.
Die politische Unabhängigkeit sollte von einem Rückbesinnen auf das
eigene kulturelle Erbe geprägt sein.

Die Befürworter einer exoglossischen Sprachpolitik wurden von
anderen Überlegungen maßgeblich geleitet. Sie befürchteten, daß die
Einführung einer einheimischen Sprache als offizieller Landessprache
negative Konsequenzen nach sich ziehen würde. Die Kontakte zu den
ehemaligen Kolonialmächten, die ja in den meisten Fällen wichtige
Wirtschaftspartner blieben, und der Anschluß an die internationale
Öffentlichkeit überhaupt sollten nicht durch eine sprachliche Isolation
erschwert werden. Außerdem wurde von den Befürwortern einer
exoglossischen Politik das Argument der Tribalismusgefahr angeführt. Es wurde befürchtet, daß in einem Land, das durch ethnische
und sprachliche Vielfalt gekennzeichnet ist, eine Auswahl zugunsten
einer oder weniger bestimmter Sprachen unweigerlich zu einer Be-
nachteiligung der übrigen Sprachen und deren Sprecher führen würde.
In der Tat ist dieses Problem ernstzunehmen, vor allem wenn man sich
vor Augen hält, daß es aufgrund von zahlenmäßigen Ungleichgewich-
tungen zur Dominanz einer größeren ethnischen Gruppe kommen
kann. Eine mögliche Bevorzugung einer solchen Gruppe aufgrund der
möglichen Entscheidung zu deren Sprache als offiziellem Kommunikationsmittel wurde als großes Erschwernis bei dem Versuch angesehen, eine Nation innerhalb der meist künstlichen Grenzen in Afrika zu
schaffen, die sich über ethnische Zugehörigkeiten hinwegsetzen sollte.

Auch Angola verfolgte eine exoglossische Sprachenpolitik. Portugiesisch blieb auch nach Erreichen der Unabhängigkeit einzige offizielle Sprache.

Heine (1978) klassifiziert in seiner Nationentypologie Angola als
dem Typ B.2 zugehörig. Seine Nationentypologie basiert auf verschiedenen Parametern. Er unterscheidet zunächst zwischen endoglossischen und exoglossischen Nationen (Typen A bzw. B). Bei den
endoglossischen Nationen handelt es sich dabei um solche, die ein
einheimisches, nationales Kommunikationsmittel besitzen, das von
der Regierung als offizielle Sprache anerkannt wird. Dabei unterteilen
diese Nationen sich in solche, deren Regierungen die nationale Spra-

che aktiv fördern (A.1), und solchen, in denen der einheimischen Sprache keine ausgesprochene Förderung widerfährt (A.2). Die übrigen afrikanischen Nationen werden als exoglossisch betrachtet und nach dem Kriterium der Sprachverbreitung (Sprecherzahl und Verteilung der Sprecher über das Staatsgebiet) in vier Gruppen untergliedert. Bei Nationen des Typs B.1 handelt es sich um solche, die eine einheimische *de-jure-* oder *de-facto-*Nationalsprache haben, die aber nicht als offizielles Kommunikationsmedium anerkannt ist. Beim Typ B.2 handelt es sich um Nationen, die eine einzige dominante Sprache besitzen; im Falle Von Typ B.3 liegen mehrere dominante Sprachen vor. Der letzte Typ schließlich, B.4, ist durch das Fehlen jeglicher dominanter Sprachen gekennzeichnet. Zu Angola wird folgende Aussage getroffen:

„Die offizielle Sprache ist Portugiesisch. Umbundu ist die dominante Sprache. Seine Stellung als dominante Sprache ist nicht allgemein akzeptiert und eine Zuordnung zum Typ B.3 scheint ebenfalls möglich. Andere Landessprachen von Bedeutung sind Kimbundu (22%), Cokwe (13%) und das Kikongo (11%), das in verschiedene divergierende Dialekte zerfällt.

Die Presse und der regierungseigene Rundfunk (Emissora Oficial de Angola) bedienen sich ausschließlich des Portugiesischen. Dagegen werden in einer der privaten Rundfunkstationen Sendungen in neun vernakulären Sprachen ausgestrahlt." (Heine 1978:58)

Die Bedeutung der afrikanischen Sprachen wurde und wird jedoch auch von offizieller Seite nicht einfach mißachtet, wie aus einer vielzitierten Äußerung des früheren Staatspräsidenten Agostinho Neto hervorgeht:

„Die ausschließliche Verwendung der portugiesischen Sprache als offizielles Kommunikationsmittel, Verkehrssprache und Sprache, die gegenwärtig in unserer Literatur benutzt wird, löst unsere Probleme nicht. Es wird notwendig sein, sowohl in der Unterstufe als wahrscheinlich auch in der mittleren Stufe des Bildungswesen unsere Sprachen zu benutzen." (Neto 1978:15)

Auch unter Beibehaltung des Portugiesischen sollten die einheimischen Sprachen gefördert werden, da man davon ausging, daß eine solche politische Vorgehensweise der anzunehmenden spontanen

Sprachentwicklung Rechnung trage. Da die meisten Portugiesen das
Land verlassen hatten, glaubte man, die afrikanischen Sprachen würden allmählich das Portugiesische immer mehr zurückdrängen. Eine
spontane Ausbreitung ohne gezielte Förderungsmaßnahmen zugunsten des Portugiesischen hielt man für unwahrscheinlich. Dennoch
konnte auf die Sprache der ehemaligen Kolonialmacht nicht verzichtet
werden, da zunächst eine Reihe von Voraussetzungen zu erfüllen war,
bevor die eigenen Sprachen sich über mehr und mehr Kommunikationssphären ausbreiten könnten. Aufgrund der beschriebenen Vielzahl
von Sprachen und Dialektverbänden mußte eine Auswahl getroffen
werden. Nicht alle Sprachen konnten derart gefördert werden, um sie
zu in sämtlichen Bereichen der modernen Kommunikation einsetzba-
ren Medien zu machen. Neben der Gefahr, eine tribale Zergliederung
herzustellen, wäre allein der finanzielle Aufwand immens gewesen.
Um eine sinnvolle Lösung zu finden, mußte eine Auswahl getroffen
werden. Dieser Prozeß war an drei Kriterien orientiert, einer hohen
Sprecherzahl, eines großen Verbreitungsgebiets und eines möglichst
guten Informationsstands (Huth 1990:88). Als in diesem Sinne günstig
wurden die sechs nationalen Sprachen Kikongo, Kimbundu, Umbundu, Cokwe, Mbunda und Kwanyama ermittelt. Die Zielsetzung dieser
Auswahl war es, über eine weitgehend komplementäre Gruppe von
Sprachen zu verfügen, die in ihrer Gesamtheit flächendeckend für das
Staatsgebiet Angolas regionale Verkehrssprachen zur Verfügung stellen würden. Eine der dominierenden Sprachen (Heine 1979) zum
Verständigungsmittel auf nationaler Ebene ausbauen zu wollen, wird
von Huth als schwierig eingeschätzt, „da jede der dominierenden
Sprachen eine ethnische Basis besitzt". Gerade dies ist nach ihrer
Ansicht offensichtlich ein zwangsläufiges Hindernis bei der Durchsetzung einer einheimischen Sprache als offiziellem, nationalem Verständigungsmittel, denn sie bezeichnet es weiterhin als „undenkbar", eine
der Sprachen zur „Landessprache zu erheben, und damit eine der
ethnischen Gemeinschaften zu bevorzugen" (Huth 1990:86).

Mit dem „Ausbau" der sechs nationalen Sprachen wurde das
Instituto de Línguas Nacionais (ILN) betraut. In einem von der
UNESCO unterstützten Projekt wurden die Daten zusammengestellt,
anhand derer zuerst die phonologische Beschreibung geschehen sollte.
Sie ist die Voraussetzung der Entwicklung eines Alphabets und im
Zuge dessen einer Standardorthographie. Eine vorläufige Version

verbindlicher Alphabete legte das ILN bereits 1980 vor („Histórico
sobre a criação dos alfabetos em línguas nacionais"); 1985 erschien
eine überarbeitete Fassung unter dem Titel „Esboço fonológico",
herausgegeben ebenfalls vom ILN. Im Anschluß sollte die grammati-
sche Beschreibung erfolgen, die wiederum die Entwicklung von
Lehrmaterialien für den Schulunterricht bzw. für Alphabetisierungs-
maßnahmen in den sechs nationalen Sprachen ermöglichen sollte.
Solche bisher nur in geringem Umfang fertiggestellten Lehrmateriali-
en werden zur Zeit im Bildungswesen noch nicht eingesetzt. Auch
Druckerzeugnisse in den einheimischen Sprachen sind selten; nur
gelegentlich werden einzelne Texte in afrikanischen Sprachen in der
Presse veröffentlicht. Rundfunk und Fernsehen hingegen senden in bis
zu neun einheimischen Sprachen, neben Portugiesisch auch in Umbundu, Kimbundu, Kikongo, Fiote, Cokwe, Mbunda, Ngangela, Luvale und Kwanyama (Huth 1990:90).

Trotz einer exoglossischen Politik ist es also ein erklärtes Ziel, die
afrikanischen Sprachen zu fördern. Neben der angewandt-wissen-
schaftlichen Arbeit, die das ILN dabei zu leisten hat, sollte jedoch ein
weiterer Aspekt an dieser Stelle nicht vernachlässigt werden. Allein
die Entwicklung der einheimischen Sprachen zu „Kommunikations-
mitteln, die den gegenwärtigen gesellschaftlichen Erfordernissen voll
gerecht werden und in allen Bereichen und Situationen anwendbar
sind" (so Frau Guerra Marques, die Leiterin des ILN, zitiert nach Huth
1990:88) wird nicht zu einer Ausdehnung des Einsatzes dieser Sprachen führen, solange ein Prestigegefälle vom Portugiesischen hin zu
den afrikanischen Sprachen besteht. Diese Überlegung betrifft ein
Phänomen, das über die bloße Ausbreitung in räumlicher Hinsicht
bzw. die Höhe der Sprecherzahl hinausgeht. Heine (1979) unterscheidet zwischen vertikalen und horizontalen Medien. Als horizontale
Medien bezeichnet er Sprachen, die „gewöhnlich spontan erlernt
(werden), ohne formalen Unterricht". Dieses spontane Erlernen kann
dabei als Muttersprache erfolgen oder auch „als Zweitsprache außerhalb der Familie, auf der Straße, auf dem Markt, während der Arbeit"
(Heine 1979:146). Die vertikalen Medien sind gekennzeichnet durch
eine Vermittlung im Rahmen eines formalen Unterrichts. Typischerweise werden in Afrika „die importierten europäischen Sprachen fast
ausschließlich durch die Schule vermittelt" (147).

Sprecher des vertikalen Mediums genießen gegenüber der Mehrheit der Bevölkerung eines sub-saharanischen Staates (meist sind hier
nur weniger als 15 % der Bevölkerung des vertikalen Mediums, d.h.
der europäischen Sprache der ehemaligen Kolonialmacht mächtig)
einige Privilegien:

„Ein Mitglied dieser Gruppe hat eine bessere Schulbildung, eine
bessere Berufsstellung und verfügt über einen höheren Lebensstan-
dard als der normale Bürger. (...) eine Kenntnis dieses (vertikalen)
Mediums kann sogar als eine Bedingung für den Zugang zu dieser
Schicht gewertet werden." (Heine 1979:148)

Ein möglicher Grund für die Entscheidung zur europäischen Sprache als offiziellem Kommunikationsmittel könnte demzufolge auch in
dem Interesse einer sich herausbildenden afrikanischen Elite liegen,
großen Teilen der Bevölkerung den sozialen und wirtschaftlichen
Aufstieg zu erschweren. Allerdings sprechen gerade im Fall von
Angola auch einige gewichtige Gründe, die mit dem heutigen Status
des Portugiesischen zu tun haben, gegen eine solche Bewertung der
gegenwärtigen offiziellen Haltung in Angola. Neben der aktiv betriebenen Förderung einheimischer Sprachen, die nach Einschätzung von
Huth (1990) zu deren gesellschaftlicher Aufwertung beigetragen habe,
weist nämlich gerade die reale und spontan verlaufende Entwicklung
des Status der verschiedenen Sprachen auf einen den offiziellen
Bemühungen gegenläufigen Trend hin:

„Dies wird vor allem daran deutlich, daß das Portugiesische (...)
nicht nur seine Funktion als offizielle Sprache beibehalten hat, sondern
sich mehr und mehr auch als Verkehrssprache auf dem gesamten
Territorium durchsetzt, und für Teile der urbanen Bevölkerung bereits
Muttersprache (...) geworden ist. Das Portugiesische verdrängt dabei
zunehmend afrikanische Verkehrssprachen wie das Umbundu." (Huth
1990:90)

Sie spricht außerdem von einer neuen gesellschaftlichen Rolle, die
das Portugiesische dabei einnehme (ebd.). Demnach muß in Frage
gestellt werden, ob in diesem Fall das Portugiesische in Angola noch
als vertikales Medium zu betrachten ist. Eine große Zahl von charakteristischen Merkmalen eines solchen vertikalen Mediums hat das
Portugiesische sicher bereits eingebüßt. In dem Maße wie es zur

Muttersprache und Verkehrssprache in nicht-formalem Zusammenhang wird, schwindet ein wesentliches dieser Merkmale. Neben seiner
weitgehend verlorenen Bedeutung als Mittel zur kulturellen Unterdrückung hat das Portugiesische nunmehr die Funktion eines Binde-
glieds nicht nur zur ehemaligen Kolonialmacht sondern auch zu den
übrigen Staaten mit Portugiesisch als offizieller Sprache. Solche, die
gemeinsame koloniale Vergangenheit und das gemeinsame kulturelle
Erbe dieser Zeit betonende Aktivitäten bestehen sowohl zwischen den
afrikanischen Staaten portugiesischer Sprache (PALOP) wie auch zu
den übrigen lusophonen Ländern.

Dennoch ist sicher richtig, daß ein wesentliches Merkmal, das das
Portugiesische als vertikales Medium qualifiziert, weiterhin besteht.
Ohne die Kenntnis dieser Sprache ist einem angolanischen Staatsbürger der wirtschaftliche und soziale Aufstieg auch heute noch nicht
möglich. So liegen zwei unterschiedliche denkbare Ursachen für die
Verbreitung des Portugiesischen in Angola vor. Zunächst einmal
geschah sie durch formalen Unterricht und aufgrund ihrer Bedeutung
als Merkmal einer bestimmten, sozial besser gestellten Klasse – im
Falle des Portugiesischen wurde dies explizit gemacht, als der Status
der civilisados an die sprachliche Bedingung, portugiesisch zu sprechen, geknüpft wurde. Das Portugiesische war also ein typisches
Beispiel eines „vertikalen Mediums". Da der soziale Aufstieg immer
noch an die Kenntnis der portugiesischen Sprache gebunden ist, liegt
es nahe, sie weiterhin als solches zu betrachten. Dabei erfolgt der
Erwerb der portugiesischen Sprache mittlerweile aber nicht mehr
allein durch den formalen Unterricht, sondern ebenso in anderen
Kontexten. Vor allem in den Städten setzte eine spontane Entwicklung
zugunsten des Portugiesischen ein – trotz des nicht mehr vorhandenen
unmittelbaren Einflusses der Portugiesen. In Luanda, das innerhalb
des sehr kurzen Zeitraums seit der Unabhängigkeit einen hohen
Bevölkerungszuwachs zu verzeichnen hatte, gab ein großer Teil der
Einwohner an, Portugiesisch zu sprechen, was nicht unbedingt die
realen Zustände widerspiegeln muß, dennoch aber auf ein hohes
Prestige hinweist, daß die Sprache genießt (Endruschat 1990:73).

Das Interesse, ein „vertikales Medium" zu erlernen, um die damit
verbundenen Vorteile zu nutzen, wird, wie aus Huth (1990) hervorgeht,
allmählich durch die spontane Verbreitung der Sprache abgelöst.

Damit verliert sie zwar den „exklusiven" Aspekt eines vertikalen Mediums, der ursprünglich einmal ein Grund für den Wunsch, sie als Fremdsprache zu erlernen, gewesen zu sein scheint. Auf der anderen Seite eröffnet sich dem Portugiesischen aufgrund seines Statuswandels eine Vielzahl von Kommunikationssphären, in denen bisher Sprachen afrikanischen Ursprungs verwendet wurden. In diesem Fall könnte von einem Prozeß der „Horizontalisierung" eines ursprünglich vertikalen Mediums gesprochen werden. Aufgrund dieser Tatsache wurde bereits angeregt, auch das Portugiesische, wenn nicht als nationale, so doch wenigstens als nationalisierte Sprache in Angola anzuerkennen (Pepetela 1986:11; zitiert nach Huth 1990:92).

6. Fragen der Ethnizität im Zusammenhang mit der aktuellen politischen Situation

Über Fragen der Ethnizität im Zusammenhang mit der aktuellen politischen Situation sind nur ausgesprochen vorläufige Angaben zu machen. Einige Aspekte zu diesem Bereich können hier kurz vorgestellt werden. Aufgrund des anhaltenden Bürgerkrieges haben sich massive Veränderungen in demographischer Hinsicht ergeben. Flüchtlingsströme, die sich über die nationalen Grenzen richten, sind kaum erfaßt. Obwohl sie zahlenmäßig im Vergleich zu Kriegsflüchtlingen anderer Regionen nicht ins Gewicht zu fallen scheinen, muß beachtet werden, daß sie gerade dünn besiedelte, periphere Wirtschafts- und Siedlungsräume betreffen. Somit kann sich auch eine im internationalen Vergleich kleinmaßstäbige Tendenz, die angestammten Gebiete zu verlassen, tiefgreifend auf die ethnogeographische Situation des Landes (und der benachbarten Staaten) auswirken.

Bedeutsamer scheint in diesem Zusammenhang allerdings der auf die Städte gerichtete Zuwandererstrom. Der Verstädterungsgrad stieg seit der Erlangung der Unabhängigkeit bis 1986 von ca. 10% auf nahezu ein Drittel der Gesamtbevölkerung. Die Einwohnerzahl Luandas, das im Vergleich zu anderen Städten des Landes oder gar der ruralen Räume während der Zeit des Bürgerkrieges immer als sicher gelten konnte, vervielfachte sich in diesem Zeitraum; jüngere Schätzungen gehen von ca. 1,5 Mio. Menschen aus. Angesichts der niedrigen Bevölkerungsdichte Angolas von 7,4 EW/km^2 (Angabe von 1987) und einer Gesamteinwohnerzahl von ca. 9,2 Mio. Menschen verdeutlicht sich die Bedeutung eines so extremen Verhältnisses von Luanda zu den übrigen Landesteilen (Stat. Bundesamt 1988).

Über die ethnische Zusammensetzung der Kriegsvertriebenen in Luanda liegen keine genauen Angaben vor. Es kann angesichts der hohen Zahlen jedoch als sicher gelten, daß in Luanda aktuell ein intensiverer Kontakt zwischen Angehörigen unterschiedlicher ethnischer Zugehörigkeit stattfindet, als vor Ausbruch der militärischen Auseinandersetzungen.

Massiv beeinflußt werden dadurch soziolinguistische Phänomene. So scheint die spontane Entwicklung des Sprachgebrauchs in den städtischen Gebieten, allen voran Luanda, zugunsten des Portugiesischen zu verlaufen (vgl. Abschnitt 5.2; Huth 1990). Prognosen über den weiteren Verlauf dieser Entwicklung sind äußerst schwierig. Sie sind vor allem davon abhängig, wie sich die Bevölkerungsverteilung in Zukunft entwickelt. Unter der Voraussetzung eines dauerhaften Friedens ist es durchaus denkbar, daß eine größere Zahl Kriegsvertriebener in die Heimatgebiete zurückkehrt. Dies würde einen wichtigen Faktor, der für die spontan zugunsten des Portugiesischen verlaufende Entwicklung verantwortlich ist, nämlich den zunehmenden Verstädterungsgrad, in seiner Bedeutung mindern.

Abgesehen von diesen spontan verlaufenden und somit nur indirekt zu beeinflussenden Vorgängen ist jedoch auch die Haltung der Regierung gegenüber der sprachlichen Situation angesichts der ethnischen Vielfalt von ausschlaggebender Bedeutung.

Ein wichtiger Ansatz für die Unterstützung nationaler Sprachen ist durch die Schaffung des *Instituto de Línguas Nacionais* (ILN) eingeleitet worden. Dennoch kann die (z.T. recht willkürliche) Auswahl der geförderten Sprachen zu neuen Problemen führen. Der Ausbau dieser Sprachen schreitet nur sehr langsam voran (Th.C. Schadeberg, p.c.). Es stehen nur begrenzte Mittel hierfür zur Verfügung und aufgrund der aktuellen Situation des Landes liegen dringliche Probleme vor. Ihnen gegenüber treten bildungspolitische Fragen in den Hintergrund. Außerdem ist nicht klar welchen Einfluß die ethnische Differenzierung des Landes auf die aktuellen Auseinandersetzungen hat. Die derzeitige Regierung wie auch die UNITA stützen sich jedoch offensichtlich auf verschiedene Bevölkerungsgruppen, die sich tendenziell nach Region bzw. ethnischer Zugehörigkeit voneinander abgrenzen (F.W. Heimer, unveröffentlichtes Referat des 6. DASP-Symposiums, Köln).

Angola ist häufig mit Brasilien, zu dem es über lange Zeit einen engen wirtschaftlichen und kulturellen Kontakt gab, verglichen worden. Es wurde dabei immer als ein Charakteristikum der portugiesischen Kolonialexpansion angesehen, daß allein die Zugehörigkeit zu einer bestimmten Rasse für das Ansehen eines Individuums wenig ausschlaggebend gewesen sei. Trotz der (auf wirtschaftlichem wie kulturellem Gebiet) ausgeprägt imperialistischen Politik, wie sie Portugal über lange Zeit verfolgte, gelang es, ein Bild zu schaffen, daß die realen Zustände extrem beschönigt. Das friedliche Miteinander von Angehörigen unterschiedlicher Rassen und ethnischer Zugehörigkeit, das mit Angola in Verbindung gebracht wird, täuschte über die bestehende soziale Ungleichheit hinweg. Auch nach Erlangung der Unabhängigkeit stand im Rahmen einer marxistisch-leninistisch geprägten Ideologie der Regierungspartei MPLA im Vordergrund, ein Bewußtsein der Zugehörigkeit zu einer Nation zu schaffen. Die kulturellen Unterschiede der angolanischen Staatsbürger wurden außer Acht gelassen.

Welche Bedeutung die ethnische Vielfalt Angolas zukünftig noch haben wird, wird sich in einem pluralistischen System erweisen müssen. Dabei muß eine Gratwanderung erfolgen: Um Konflikte zu vermeiden, sind auf regionaler Ebene Möglichkeiten zu einer weitergehenden Autonomie einzelner Gruppen zu gewährleisten. Dennoch darf das Gefühl einer nationalen Einheit nicht gleichermaßen ignoriert werden, wie es für die ethnische Vielfalt in Angola bisher oft zutraf. Andernfalls ist nicht sichergestellt, daß sich alle Teile des Landes gleichermaßen entwickeln und Angehörige aller vertretenen Gruppen vergleichbar davon profitieren. Auch dies würde neuerlich Konflikte schaffen.

Kapitel III

Abriß der Geschichte
Angolas in der portugiesischen Zeit
Koordination: Manfred Kuder, Bonn/Köln

Eine historische Darstellung der fast fünfhundertjährigen portugiesischen Herrschaft in Angola ist nicht nur für Angola selbst sondern auch für Portugal wichtig. Die wechselnd bedeutsamen Beziehungen zwischen beiden Ländern und mit Brasilien ergeben einen wichtigen Zusammenhang. In die Betrachtung müssen auch die Kontakte zu den afrikanischen Vasallenstaaten, das Tributärsystem, der Sklavenhandel und die Befreiungsbewegungen gegen das portugiesische Kolonialsystem einbezogen werden.

In den ersten 400 Jahren portugiesischer Präsenz in Angola haben sich die Kontakte zu den afrikanischen Reichen nur zögernd, wechselvoll, in einigen Regionen lebhafter, in anderen nur bei kriegerischen Unternehmungen entwickelt und waren oft jahrzehntelang unterbrochen, bis ins 20. Jahrhundert überhaupt nicht gegeben oder wurden nur von einzelnen Händlern, die auf eigenes Risiko hin weit ins für sie unbekannte Innere vordrangen, sporadisch wahrgenommen. Beide Seiten, die Portugiesen im Küstenland und angrenzenden Planalto und die Reiche im Innern, führten ein getrenntes Leben.

Der hier gegebene Abriß der angolanischen Geschichte in portugiesischer Zeit stellt vier Geschichtsepochen heraus:

1) Erste Kontakte der Portugiesen mit dem Kongoreich

2) Der Sklavenhandel und die Abhängigkeit Angolas von Brasilien

3) Portugals wachsendes politisches und wirtschaftliches Interesse an Angola im 19. Jahrhundert bis Mitte des 20. Jahrhunderts

4) Wirtschaftlicher Aufbau mit ausländischer Komponente und antikolonialer Widerstand 1950-1975

1. Europäische Quellen zur Geschichte Angolas

Die Frage der Geschichtsschreibung über die ersten 300 Jahre portu-

giesischer Präsenz in Angola oder Teilen des heutigen Gebiets der
Republik und ihrer nutzbar zu machenden Quellen ist von grundlegen-
der Bedeutung. Hierzu äußert sich Beatrix Heintze[1]:

> Da der überwiegende Teil von Afrika keine eigene schriftliche
> Tradition besitzt, ist die Geschichtsschreibung über diesen Kontinent
> weitgehend auf europäische und arabische Schriftquellen angewiesen.
> Und obwohl sie sich nicht grundsätzlich von der über Europa unter-
> scheidet, stellen sich hier doch manche Probleme mit besonderer
> Schärfe. So hat die Tatsache, daß es für lange Zeiträume und große
> Gebiete keine oder nur sehr wenige schriftliche Zeugnisse gibt, dazu
> geführt, daß man verstärkt nach anderen Quellen Ausschau gehalten
> hat. Insbesondere erhoffte man sich von den mündlichen Traditionen,
> daß sie diese Lücken zu füllen vermöchten und diskutierte in den
> letzten zwei Jahrzehnten immer wieder heftig und meist kontrovers
> ihren Gehalt an historischen Informationen. Darüber gerieten die
> Schriftquellen in den Hintergrund, wenn auch die unausweichliche
> Abhängigkeit von ihnen niemals, auch nicht von den Afrikanern, in
> Frage gestellt wurde. Aber man nahm sie als gegeben hin und bediente
> sich ihrer meist ohne allzuviel kritische Reflexion, wie aus einem
> Steinbruch, und recht unbekümmert, um Fragen der Entstehung, der
> Tendenz, der geographischen und zeitlichen Nähe zum beschriebenen
> Ereignis oder Kulturmerkmal und möglicherweise inadäquater, ver-
> fälschender Übersetzungen und Editionen. Und es ist noch gar nicht
> so lange her, daß man sich mit dem begnügte, was in publizierter Form
> in den nächstliegenden Bibliotheken zur Verfügung stand.

In einer solchen kritischen Würdigung und Interpretation muß die
Geschichtsschreibung der afrikanischen Länder portugiesischer Spra-
che im besonderen Maße berührt werden, da es gerade für diese
Gebiete die frühesten Quellen durch die Portugiesen in Afrika gibt.

Ein besonderes Kennzeichen fast aller dieser europäischen Quellen
ist, daß sie von kulturell und sprachlich Außenstehenden verfaßt
wurden, die oft nur unzureichend verstanden, was sie berichteten und

---

1   nach B. Heintze Europäische Quellen zur Geschichte Afrikas.
     DASP-Hefte 7, 1986, S. 10-11, und A. Jonas und B. Heintze
     Introduction. In: European Sources for SubSaharan Africa Before
     1900: Use and Abuse, Paideuma 33, 1987, S. 1-17.

weit ausschließlicher noch als in der europäischen Geschichte nur ihre eigene Erfahrung wiedergaben.

Selbst in den wenigen Fällen, wo – wie aus dem alten Kongoreich – interne Zeugnisse vorliegen, richten sich diese überwiegend an europäische Empfänger und benutzen die von den Europäern vorgegebenen Sprach- und Schriftstückformen. Zu erwähnen sind vor allem die in Afrika einheimisch gewordenen Europäer sowie kulturelle Mischlinge, die oft die Hauptinformanten waren, deren schriftliche Zeugnisse allerdings meist nur in indirekter Form, verarbeitet in späteren Kompilationen, erhalten sind. Obwohl ein Gemeinplatz jeder historischen Forschung, ist es notwendig zu betonen, daß auch dem politischen und religiösen Kontext (viele der Briefe und Berichte stammen von Bischöfen, Priestern und Missionaren), sowie den Motiven, die den Schriftstücken jeweils zugrunde lagen, entsprechende Beachtung gezollt werden muß.

Wichtig sind auch die Fragen der zeitlichen und geographischen Nähe zu den in den Dokumenten enthaltenen Informationen und insbesondere auch der Abhängigkeit vieler früher Werke untereinander.

Eine besondere Quellengattung bildet die Reiseliteratur über Afrika, die im 19. Jahrhundert ihre Blütezeit hatte und von den Portugiesen durch ihre Kolonialpioniere auch schon in den früheren Jahrhunderten gepflegt wurde. Tagebucheintragungen, ausführliche Briefe mit wichtigen Informationen, später ausgearbeitete Berichte sind von portugiesischer Seite nur in geringem Maße veröffentlicht worden und ruhen in den Archiven. Somit besteht für die afrikanische Forschung der größte Nachholbedarf im weiteren Aufspüren und Edieren vorgenannter „Rohmaterialien". Auch das Verhältnis von schriftlichen Quellen zu mündlichen Überlieferungen, zur ethnographischen Monographie und zur Vielzahl sogenannter nicht-narrativer Quellen dürften für die Geschichte Afrikas manche wichtige neue Erkenntnisse erbringen.

Kritische Texteditionen müssen dringend aufgewertet werden und auch als vollgültige wissenschaftliche Leistung (etwa als Doktorarbeit) Anerkennung finden. Gerade die vorkoloniale Geschichte, die ja die grundsätzliche Voraussetzung für die afrikanische Identität bildet, darf nicht vernachlässigt werden.

Die Rolle des literarischen Schrifttums für die historische Darstellung der portugiesischen Begegnung und Auseinandersetzung mit der afrikanischen Bevölkerung skizziert Gerhard Schmalbruch[2]. Ihm geht es dabei um das literarisch-kulturelle Erbe Angolas, aus dem sich für die heutige Republik eine eigene, vom Kolonisator verschiedene Kulturgeschichte herleiten läßt, in der europäische und afrikanische Traditionen verwoben sind.

Die literarischen Zeugnisse aus den ersten 300 Jahren des Kontaktes und der Kolonisation der Gebiete, die heute die Republik Angola bilden, sind eindeutig von Europäern bestimmt. Die Autoren, die sich mit angolanischen Fragestellungen beschäftigen, sind aber nicht unbedingt nur Portugiesen. Hieraus resultiert gleich zu Anfang der Kolonisierung eine differenzierte Außenansicht, die als Gegengewicht zur portugiesischen Geschichtsschreibung gelten kann. Die Schwierigkeit für die offiziellen portugiesischen Chronisten liegt in der Einflechtung kritischer Textpassagen, zu denen sie offenbar genügend Anlaß sahen. Löst man oft dieses Problem durch literarische Zitate, die dritten Autoren zugeschrieben werden, so ist in den Briefwechseln und Berichten an die königliche Kolonialverwaltung der koloniale Alltag nur zwischen den Zeilen und in den im Gesamtzusammenhang häufig heruntergespielten Problemen angesprochen. In dem Maße, in dem die politische und militärische Relevanz der afrikanischen Reiche, besonders des Kongokönigreiches, für die europäischen Kolonialmächte abnimmt, verschwindet die afrikanische Hauptbevölkerung mit ihrer eigenen gesellschaftlichen Organisation aus dem Blickfeld der Autoren. Zur Blütezeit des Sklavenhandels werden die Afrikaner von Gegnern wie Befürwortern der Sklaverei nur noch aus der Perspektive ihres Warencharakters gesehen. Auf jeden Fall soll ihre Arbeitskraft für die Europäer verfügbar gemacht werden.

Diese europäischen Zeugnisse über einen Teil Afrikas bieten die einzigen Quellen und Anhaltspunkte für die Darstellung eigenständiger, im Kontakt zwischen Portugiesen und Afrikanern bereits in der Frühzeit der Kolonisation entstehenden Kulturentwicklungen, die zu einem eigenen Selbstbewußtsein einer kreolischen, im Lande gebore-

2   Schmalbruch, Gerhard: Angolanidade – Literatur und Nation in Angola. Neue Romania Nr. 11, 339 S. Berlin 1990.

nen teileuropäisierten Mittelschicht führen. Auseinandersetzungen um die Siedlungspolitik, die formale Gleichstellung von Mulatten oder um schwarze Offiziersanwärter zeugen davon.

Insgesamt ergibt sich aus der europäischen Perspektive der literarischen Zeugnisse das Bild einer weitgehend von Portugal sich selbst überlassenen, bei den Portugiesen unbeliebten Kolonie, die mehr eine Provinz Brasiliens darstellt denn eine eigene politische Einheit. Die afrikanischen Großreiche, die zu Anfang der kolonialen Expansion noch Gewicht besessen hatten, haben ihren politischen Einfluß und ihre diplomatische Anerkennung eingebüßt. Sie stellen nur noch ein von Zeit zu Zeit wieder auftauchendes militärisches Problem dar. Andererseits hat sich in Angola zum Ende des 18. Jahrhunderts keine intellektuelle Schicht von Kreolen (Landeskindern) heraus gebildet, die parallel zur Entwicklung in Brasilien einen (wenn auch europäischen) literarischen Ausdruck suchten, um ihren Anspruch auf Anerkennung politischer Eigenständigkeit zu komplettieren. Aber trotz dieser Kulturlosigkeit im europäischen Sinne ist eine spezifische Lebensweise entstanden, deren Atmosphäre in den Schilderungen von Sprache, Verhalten, Kleidung, der Lebensweise auf dem Land und im Erscheinungsbild der Städte zum Ausdruck kommt. Diese Kultur wurde von Reisenden, Beamten und Schriftstellern als bemerkens- und darstellenswert erkannt und fand so ihre erste literarische Verbreitung durch Außenstehende.

2. Portugals Präsenz in Angola über 300 Jahre

Mehr als drei Jahrhunderte der portugiesischen Beziehungen zu Angola wurden ganz vom Sklavenhandel bestimmt. Die Hauptthemen in der Geschichte dieser Kontakte waren Zusammenarbeit im Handel, die portugiesische Herrschaft über die einzelnen Regionen und ihre Menschen, afrikanischer Widerstand gegen Eroberungszüge und sporadische Aufstände gegen die portugiesische Infiltration. Die portugiesische Präsenz beschränkte sich 400 Jahre lang auf die Häfen, einige Stützpunkte und ein paar Festungen im Innern 200-300 km hinter der Küste. Mit bemerkenswerter Dauer behielten die Beziehungen diesen Charakter bis ins 20. Jahrhundert. Die Entwicklungen danach, besonders nach dem Zweiten Weltkrieg, brachten eine Umformung, die Angola in den Jahrhunderten davor niemals erlebt hatte.

3. Erste Kontakte der Portugiesen mit dem Kongo-Reich

Auf der Erkundungsfahrt die westafrikanische Küste entlang entdeckte Diogo Cão 1482 die Kongomündung (von den Portugiesen Zaire genannt) und errichtete auf dem südlichen Ufer (6º6'S) eine Hoheitssäule, „padrão", auf der Weiterreise auch beim Cabo de Santa Maria (13º27'15") und zwei Jahre später beim Cabo Negro (15º40'30"). Er fuhr den Kongo 180 km aufwärts und nahm Verbindung mit dem Königreich Kongo auf, das Völker zu beiden Seiten des Flusses und im heutigen Nordangola umfaßte, und im Osten am Cuango endete.

Das im 14. Jahrhundert entstandene Reich bestand aus mehreren Vasallenvölkern, die dem König und Oberhäuptling der Gruppe Muxicongo tributpflichtig waren. Das Königreich hatte damals sechs Provinzen. Zusammen mögen es 4-5 Millionen Untertanen gewesen sein. Die Hauptstadt hatte etwa 100 000 Einwohner. Sie lag beim heutigen Mbanza Congo (bei den Portugiesen São Salvador), drei Wochen Fußmarsch südlich vom Kongo. Die Menschen betrieben Ackerbau, daneben Jagd und Fischerei, die Töpferei und Eisen-, Blei- und Zinnverarbeitung. Aus Fasern der Raphiapalme wurden Textilien hergestellt. Handelsbeziehungen bis weit ins Innere hinein unterstrichen die Bedeutung des Kongoreichs.

Die Kontakte zwischen den Portugiesen und dem Königreich entwickelten sich seit dem Beginn der Kongomission 1490 zu Bündnissen ihrer sich gleichberechtigt fühlenden Könige, wobei die Kongokönige und ihre Familien auf die Namen der portugiesischen Könige getauft wurden. Einige Kongolesen wurden nach Portugal zur Ausbildung entsandt. 1518 wurde ein Sohn des Königs als erster Afrikaner in Rom zum Bischof ernannt mit dem Sitz im Königreich Kongo. Portugiesische Missionare und Händler, Ratgeber und Soldaten, die auf Seiten der christlichen Fürsten gegen deren ungetaufte Gegner kämpften, festigten allmählich den portugiesischen Einfluß.

4. Übergang zu Sklavenhandel und kriegerischen Auseinandersetzungen

Da die Portugiesen auf der Suche nach Bodenschätzen und anderen Gütern von Wert keinen Erfolg hatten, erlangte der Sklavenhandel als einziges für Lissabon wertvolles Ausbeutungsgut schnell Bedeutung. Die Nachfrage nach billiger Arbeitskraft in Lissabon, auf den neuen Zuckerplantagen in São Tomé, Kap Verde, den Azoren und später in Brasilien führte in den folgenden Jahrzehnten zum Handel mit Sklaven, die im Königreich Kongo gefangen und von den Portugiesen gekauft bzw. eingetauscht wurden. Gegen diese rücksichtslose Ausbeutung wandte sich der Kongokönig 1526 vergebens direkt an den portugiesischen König in Lissabon. Das Kongokönigreich wurde der Jurisdiktion der portugiesischen Kronkolonie São Tomé unterstellt. Nach dem Tode des Kongokönigs Afonso 1540 folgten innere Unruhen, und die portugiesische Einmischung wurde stärker.

Seit dem frühen 16. Jahrhundert trieben die Portugiesen von São Tomé aus mit Afrikanern an der Küste südlich der Kongomündung Handel. Luanda hatte sich als besonders günstiger Handelsplatz erwiesen. Zur selben Zeit kam das Ndongo-Königreich am unteren Cuanzafluß zu größerer Macht, das sich 1556 von der Oberherrschaft des Kongo befreite und mit den Portugiesen direkten Handel aufgenommen hatte. Von hier aus konnten diese Kontakte weiter nach Süden und ins Hinterland anbahnen.

In der zweiten Hälfte des 16. Jahrhunderts wandelte sich die Politik der Bündnisse und friedlichen Durchdringung, und Paulo Dias de Novais, der Gründer Luandas (1576), führte den Titel „Generalkapitän, Eroberer und erster Gouverneur der Königreiche Angola und Congo". Ihm wurde das Gebiet als Capitania (wie in der Kolonie Brasilien) übertragen, wozu die Erhebung von Steuern und Tributen, das Handelsmonopol und die steuerfreie Ausfuhr einer festgelegten Zahl von Sklaven gehörte, die zuerst für Pflanzungen in São Tomé und Príncipe, später für Brasilien bestimmt waren. Der ausgezeichnete Hafen Luanda wurde bald zum Handelszentrum. Zur Sicherung der portugiesischen Macht und des Handelswegs zum Königreich des N'gola wurden am schiffbaren Cuanza bis zu den Stromschnellen 190 km aufwärts befestigte Plätze gegründet, so Muxima 1549, Massango an der Einmündung des Lucala in den Cuanza 1583, Cambambe 1609 am Ende der schiffbaren Flußstrecke und Ambaca 1611 am Mittellauf des Lucala. Der Schwerpunkt des portugiesischen Einflusses verschob sich aus dem Congogebiet an den unteren Cuanza und nach Benguela (gegründet 1617) bis zu den Cacondas.

Mit dem Vordringen ins Innere erlosch bei den Portugiesen aber auch der Mythos der Silberminen, die sie finden wollten. Ihr Hauptinteresse richtete sich nunmehr ganz auf den immer größer werdenden, Gewinn einbringenden Sklavenhandel.

4.1 Das N'dongo-Reich als Transitland

Das südlich des Kongoreichs liegende N'dongo-Reich erstreckte sich bis in die Nähe Luandas und auf den Planalto von Malanje. Der Titel „N'gola" dieser Könige wurde später zum Namen der ganzen portugiesischen Kolonie und damit der heutigen Republik. Östlich von N'dongo lag der Staat Lunda. Die Stammesgruppen der Ovimbundu, die ihr Zentrum im 17. Jahrhundert auf dem zentralen Hochland gründeten, und der Bakongo im Norden bestimmten mit ihrem jahrhundertelangen Widerstand gegen die Portugiesen und deren zur Sicherung des Handels durchgeführten Vorstößen ins Innere des Landes das politische Geschehen. Trotz der 40 Jahre langen Eroberungspolitik der Portugiesen konnte sich das Ndongoreich bis in den Anfang des 17. Jahrhunderts als unabhängiger und mächtiger Staat auf dem Planalto nördlich des Cuanza halten. Aber auf wirtschaftlichem Gebiet bestand schon seit langem eine enge Anbindung an den atlantischen Sklavenhandel, wodurch eine gegenseitige Abhängigkeit zwischen dem König und den Portugiesen an der Küste entstanden war. Dieser MbunduStaat war der wichtigste Sklavenlieferant für den Export über Luanda. Die Sklaven kamen jedoch nicht nur aus den Nachbarregionen, sondern auch aus weit entfernten Gegenden im Süden, Osten und Nordosten. So maßen die Portugiesen dem Ndongoreich große Bedeutung bei. Es war für sie das Tor zum Inneren Angolas. Bis zu 12-13000 Sklaven wurden im 17. Jahrhundert auf diesem Transportweg jährlich zum Hafen Luanda gebracht und legal exportiert, wozu noch eine große Zahl heimlich ausgeführter Sklaven kam. Außerdem gab es ein dichtes Handelsnetz von Ndongo zu den Märkten im Kongo und an der nordangolanischen Küste. Von dort her wurden vor allem Raphiagewebe, Papageienfedern und Elefantenschwänze nach Ndongo importiert, dazu Waffen und Munition für die afrikanischen Heere.

4.2 Widerstand und Niederlage der afrikanischen Reiche

In der zweiten Hälfte des 17. Jahrhunderts erlangten das neugegründete Kassanje-Reich und Matamba die Vorherrschaft unter den Mbundu-Reichen. Beide Staaten bildeten bis ins 18. Jahrhundert einen Sperriegel zwischen östlichen und westlichen Regionen Angolas, der von den Portugiesen nicht durchbrochen werden konnte.

Das 17. Jahrhundert war ausgefüllt mit portugiesischen Kämpfen gegen nichtunterworfene Häuptlinge und Aufstände abhängiger Vasallentümer sowie besonders gegen die Königin Njinga a Mbande, die das alte selbständige Königreich Ndongo unter ihrer Herrschaft wieder herstellen wollte. Sie ist eine der wichtigsten Persönlichkeiten in der portugiesisch-angolanischen Geschichte und gilt heute als frühe Befreiungsheldin gegen die portugiesische Herrschaft in jahrzehntelangen Auseinandersetzungen. Dazu kamen Interessenkämpfe und gewalttätige Übergriffe der portugiesischen Händler, die vor allem im einträglichen Sklavenhandel tätig waren. Teile der Küste wurden von französischen, englischen und holländischen Schiffen während der spanischen Herrschaft über Portugal angegriffen und blockiert. Die Holländer, die sich schon seit 1624 in Nordostbrasilien festgesetzt hatten, nahmen 1641 Luanda ein und besetzten einen Teil der Küste. Bei all diesen Kämpfen ging es im wesentlichen um die Beherrschung des Sklavenhandels, der für Brasilien lebensnotwendig war. Nach ihrer Verdrängung aus Luanda zogen sich die Portugiesen auf das Fort Massangano am Cuanza zurück und hielten sich dort gegen die Holländer und die Streitmacht der Königin Njinga, die sich – wie auch der Kongokönig – mit den Holländern verbündet hatte. Die Portugiesen hingegen wurden teilweise von den sogenannten „Jaga" unterstützt. Nach der Befreiung Luandas und Benguelas 1648 durch eine Flotte aus Brasilien und dem Rückzug der Holländer dauerten die Kämpfe zur Wiederherstellung der portugiesischen Oberhoheit in Angola und die Auseinandersetzungen mit den Königreichen Kongo und Ndongo an. Der Kongo wurde 1665 besiegt, Ndongo 1671 unterworfen und die durch Felsen geschützte Hauptstadt Pungo Andongo zu einem Fort ausgebaut.

Gegen Ende des 17. Jahrhunderts und in der ersten Hälfte des 18. Jahrhunderts hatten die Portugiesen die Kongomündung, den Planalto de Malange und das Hinterland von Benguela bis Caconda wieder in der Hand. Abseits von isolierten Außenposten war das Land jedoch in den Händen afrikanischer Häuptlinge. Es gab Königreiche im Inneren,

die nur den portugiesischen Buschhändlern bekannt waren. Sie entstanden und verfielen wieder, manche lebten indirekt nur vom Sklavenhandel.

4.3 Die portugiesisch-angolanische Interaktion und die berühmte Königin Njinga von Ndongo im 17. Jahrhundert (nach Beatrix Heintze[3])

Weltpolitisch fielen die ersten Jahrzehnte des 17. Jahrhunderts in eine
Zeit sich intensivierender internationaler Konflikte. Die Anzeichen
mehrten sich für einen Niedergang Spaniens, unter dessen Herrschaft
auch Portugal seit 1580 stand, als politische und wirtschaftliche
Weltmacht. In Europa wütete der Dreißigjährige Krieg, in den 1620
auch Spanien eingegriffen hatte. Holland schickte sich soeben an,
Spanien und Portugal als führende Handelsmacht auf den Weltmeeren
abzulösen.

Schon während des Waffenstillstandsabkommens mit Spanien
(1609-1621) verstärkten die Holländer ihre Angriffe auf iberische
Besitzungen und Handelsstationen im Indischen Ozean. Im Atlantik
war es ihnen gelungen, die Hälfte oder sogar zwei Drittel des Waren-
transports zwischen Europa und Brasilien auf redlichem Wege in ihre
Hand zu bekommen. Nach dem Auslaufen des Abkommens brachen
die Feindseligkeiten zwischen Holland und Spanien sofort wieder
offen aus. Durch die Personalunion Spaniens mit Portugal wurden
auch die portugiesischen Überseekolonien und Stützpunkte mit in
diese Auseinandersetzungen hineingezogen. Die 1621 gegründete
Westindische Kompagnie (WIC) setzte ausdrücklich auf militärische
Eroberung als Mittel, um ihre handelspolitischen Ziele zu erreichen.

An der afrikanischen Westküste konnten die Portugiesen ihr Fort
São Jorge da Mina zwar noch einige Jahre halten, aber im Handel
hatten die Holländer sie schon weitgehend verdrängt. Jetzt galten die
ersten Eroberungspläne der WIC der reichen portugiesischen Zucker-
kolonie Brasilien. Im Mai 1624 eroberten sie Bahia, noch im selben
Jahr versuchten sie zweimal – vergeblich – Luanda in Angola einzu-
nehmen, das als Sklavenlieferant für den Betrieb der brasilianischen

3   DASP-Hefte 5, 1986, S. 3-9 (Zusammenfassung M. Kuder);
     Beatrix Heintze Fontes..., Bd. 1, 1985, S. 3-10.

Zuckermühlen unentbehrlich geworden war. Die Rückeroberung Bahias Ende April 1625 brachte keine dauerhafte Entwarnung. Sowohl in Brasilien als auch in Angola blieb man sich der Gefahr erneuter Drohung stets bewußt. Vor allem in Angola wußte man, daß man nur geringe Chancen hatte, einen weiteren Angriff der Holländer abzuschlagen, zumal nur wenig Unterstützung aus dem Mutterland zu erwarten war. 1630 wurde Pernambuco und schließlich der ganze Nordosten Brasiliens von Holländern eingenommen. Portugiesisch-Angola blieb noch eine Frist bis 1641. Dann muß es ebenfalls kapitulieren. Obwohl dieses Gebiet weltpolitisch gesehen nur ein Nebenschauplatz war, war es also – ebenso wie der weiter im Landesinnern gelegene Mbundu-Staat Ndongo, das sogenannte Königreich Angola – durch den atlantischen Sklavenhandel eng mit den Auseinandersetzungen um die Vorherrschaft am und auf dem Atlantik verknüpft und ihren Auswirkungen direkt und indirekt unterworfen.

In Angola beschränkte sich die portugiesische Herrschaft damals auf wenig mehr als auf die Küstenstadt Luanda, das Gebiet zwischen den Flüssen Dande und Cuanza und auf vier Militärposten an oder nahe den wichtigen Wasserstraßen Cuanza und Lucala, denen eine wechselnde Zahl unterworfener Häuptlingstümer unterstand. Diese zu Festungen ausgebauten Stützpunkte hatten gleichzeitig Schlüsselpositionen im Handel mit dem Landesinneren inne. Im Süden war 1617 São Filipe de Benguela als Hauptort einer neuen, von Angola unabhängigen Kolonie gegründet worden. Sie blieb vorerst ziemlich bedeutungslos, war aber immer wieder auf Unterstützung durch Angola angewiesen. Die weiße Bevölkerung Angolas war – wie noch das ganze Jahrhundert über – gering und umfaßte selten mehr als 400-500 Portugiesen, von denen etwa die Hälfte in Luanda lebte. Weiße Frauen gab es nur wenige, so daß mit der Zeit eine beträchtliche Mulattenpopulation entstand. Da viele Europäer schon bald nach ihrer Ankunft Opfer von Tropenkrankheiten wurden, bildete der Soldatennachschub ein ständiges Problem. Bei dem, im Vergleich zu Brasilien, miserablen Sold waren außerdem nur wenige Portugiesen freiwillig bereit, in Angola zu dienen. So kam es, daß das Gros der weißen Militärs aus exilierten Sträflingen (degradados) rekrutiert wurde, zu denen z.B. Diebe, Zigeuner, Landstreicher, Aufrührer, Deserteure und die von der Inquisition aus Portugal verbannten Juden gehörten.

Die von den Portugiesen eroberte oder auf andere Weise unterworfene afrikanische Bevölkerung wurde indirekt mittels Vasallenverträgen regiert, die in einem feierlichen Rechtsakt der Form nach zwischen dem portugiesischen König und einem afrikanischen Häuptling abgeschlossen wurden. Die afrikanischen Vasallen waren vor allem zu Tributzahlungen und Heerfolge verpflichtet, während der portugiesische König ihnen Schutz gegen ihre Feinde versprach. Die Territorien der Vasallen blieben in ihren Grenzen unangetastet und wurden auch weiterhin von ihren traditionellen politischen Führern nach ihren lokalen Sitten und Gesetzen regiert. Die Vasallität regelte im wesentlichen ihre Außenbeziehungen, griff zum Teil aber auch einschneidend in ihre militärische, handelspolitische und religiöse Autonomie ein.

Obwohl seit der Verkündung des vorläufigen Endes der Konquista (1605/1607) die Häuptlinge nur noch mit ‚milden, sanften Mitteln und ohne Zwang‘ unter die portugiesische Oberherrschaft gebracht werden sollten, wurden sie auch in der Folgezeit meist durch Waffengewalt oder deren Androhung zu portugiesischen Vasallen.

Anfang des 17. Jahrhunderts war es zu einer neuen Phase aggressiver Militärpolitik gekommen. Sowohl die Notwendigkeit, die Handelsrouten zu sichern und dauerhaft zu kontrollieren, als auch persönliche Interessen der privaten Kaufleute und der im Prinzip alle drei Jahre wechselnden Regierungsbeamten und Festungskommandanten führten bei steigender Nachfrage nach Sklaven fast zwangsläufig zu immer wiederkehrenden ‚Strafkampagnen‘ und zu als Verteidigungskriege bemäntelten Beutezügen. Durch sie gerieten immer weitere Gebiete unter den Einfluß portugiesischer Sklavenhandelspolitik. Die Durchsetzung dieser Politik mit militärischen Mitteln und allgemein die Forderung nach Unterwerfung der afrikanischen Bevölkerung hatte durch das Bündnis, das die Gouverneure mit einigen ‚Jaga‘-Verbänden – sie werden in der wissenschaftlichen Literatur heute allgemein als Mbangala bezeichnet – eingegangen waren, neuen Auftrieb erhalten. Diese nichtseßhafte Kriegerkaste, die ihren Nachwuchs aus der von ihr unterworfenen Bevölkerung rekrutierte und mittels einer virulenten Kriegerideologie und militärischem Drill zusammenschmiedete, war in Krieg und Sklavenjagd bzw. -handel überaus erfolgreich, so daß sich die Portugiesen, trotz der als barbarisch empfundenen Sitten, ihrer immer wieder bedient hatten und sie als unverzichtbare Handelspartner anerkannten.

1617 hatte der Gouverneur mit Hilfe dieser ‚Jaga' einen Feldzug gegen Ndongo begonnen, der sich dann über drei Jahre hinzog. Er hatte zwar die formelle Ausdehnung der portugiesischen Herrschaft und die Segmentierung von Ndongo zur Folge, führte aber nicht – wie erhofft – zur völligen Zerschlagung dieses Staates. Noch schlimmer für die Portugiesen war aber, daß er die offiziellen Sklavenmärkte völlig zum Erliegen brachte. Das bedeutete aber, daß der erhebliche Export von etwa 50 000 Sklaven unter diesem Gouverneur vorwiegend aus Ndongo selbst und seiner unmittelbaren Umgebung in Form von Beute und durch lokale Transaktionen im Schatten militärischer Pressionen gedeckt worden sein muß. Der König von Ndongo, Angola a Mbande, war auf die Quindonga-Inseln im Cuanza geflüchtet und versuchte von dort aus, die Reste seines Staates wieder zusammenzufügen.

Der nächste Gouverneur hatte sich schließlich zur Aufnahme von Friedensverhandlungen mit Ndongo gezwungen gesehen. Inzwischen waren nämlich die Verbündeten von einst, die ‚Jaga', in Ndongo zu Gegnern der Portugiesen geworden. Einige von ihnen waren von den Portugiesen im Kampf geschlagen und aus dem von ihnen besetzten Gebiet vertrieben worden. Dagegen weigerte sich der ‚Jaga' João Kasanze mit seinen Leuten, das mit seiner Hilfe eroberte Ndongo ebenfalls zu verlassen und bloß ein williger Zulieferer von Sklaven für die Portugiesen zu sein.

Diese Verhandlungen, die erfolgreich abgeschlossen wurden, sind vor allem mit dem Namen der Halbschwester des Königs von Ndongo, Njinga a Mbande, verbunden. Sie kam damals zweimal nach Luanda und hatte offenbar entscheidenden Anteil am Verhandlungserfolg. 1622 wurde sie hier auf den Namen Ana de Sousa getauft. Diese diplomatische Mission bildete – soweit es für uns erkennbar ist – den Beginn ihrer außergewöhnlichen politischen Karriere. Sie wurde wohl zur berühmtesten angolanischen Königin, deren Leben später in Romanen verherrlicht wurde und die noch heute als eine Symbolfigur des antikolonialen Widerstands gilt.

Nach dem Tode ihres Bruders, bei dem sie möglicherweise die Hand im Spiel hatte, übernahm Njinga die Macht in Ndongo – nach allem, was wir wissen, nicht auf legalem Wege. Obwohl immer wieder zugesagt, hatte bis dahin keiner der Gouverneure die Verpflichtungen der Portugiesen aus dem Friedensabkommen erfüllt. Da von der Wiederherstellung geordneter Verhältnisse in diesem Gebiet der Großteil der staatlichen Einkünfte – namentlich aus dem Sklaventransport und den Vasallentributen – abhing, stand dieses Problem im Mittelpunkt ihres politischen Handelns. Njinga wurde alsbald die überragende Gegenspielerin des neuen Gouverneurs Fernão de Sousa.

Ein Anliegen, das außerdem direkt und indirekt immer wieder sein Handeln bestimmte, war das Bemühen, die Bodenschätze des Landes für die Krone besser nutzbar zu machen. Dazu gehörten, neben dem Salz, vor allem Metalle. Lange Zeit hatte man hier auf reiche Edelmetallvorkommen gehofft. Die Hoffnungen auf Gold aus dem Kongo und Silber aus Angola (Cambambe) hatten sich inzwischen als Illusion erwiesen. Dafür war das Kupfer seit einigen Jahren immer mehr in den Vordergrund getreten. Da die Erschließung der Benguela-Minen für den Gouverneur von Angola nur wenig Vorteile verhieß und ihre Rentabilität auch noch völlig ungewiß war, konzentrierten sich die Bemühungen zunehmend auf die bereits besser bekannten Vorkommen von Bembe in der Kongo-Provinz Wenbu: Kaum eine Denkschrift der Zeit über Kongo/Angola, in der ihre Bedeutung nicht herausgestellt wird.

Kupfer war damals besonders auf der iberischen Halbinsel ein gesuchtes Metall. Trotz allmählicher Ersetzung durch Eisen dominierte es noch immer in der Herstellung der Geschütze. Außerdem brauchte man Kupfer z.B. als Münzmetall für das Véllon-Geld, das aus einer Legierung aus Kupfer und Silber bestand und Spanien damals überschwemmte. Andererseits war nach dem Ausbruch des Dreißigjährigen Krieges der Kupferabbau in den mitteleuropäischen Fördergebieten, die bisher die Hauptlieferanten dieses Metalls in Europa waren, stark beeinträchtigt worden. Spanien sah sich deshalb sogar gezwungen, seine ideologischen Bedenken zu vergessen und seinen Bedarf an Kupfer – über Mittelsmänner in Amsterdam im Schweden Gustav Adolfs II., des Schutz- und Schirmherrn des Protestantismus, zu decken.

Der Staat Ndongo verlor seine politische Selbständigkeit und existierte danach nur noch für wenige Jahrzehnte von Portugals Gnaden in erheblich reduzierten Grenzen. Damit war der Weg für die effektive Vorherrschaft der Portugiesen in diesem Gebiet geebnet. Der in jahrelangen Kämpfen schließlich aus Ndongo vertriebenen Njinga gelang es jedoch, sich im Nordosten von Ndongo, in Matamba, eine starke neue Herrschaftsbasis zu errichten, von der aus sie die Geschichte Portugiesisch-Angolas und Ndongos noch jahrzehntelang wesentlich beeinflußt hat. Der ‚Jaga' João Kasanze, der sich kampflos aus Ndongo zurückzog, gründete im Osten den Staat Kassanje, der – zusammen mit Matamba bis weit ins 18. Jahrhundert hinein eine für die Portugiesen unüberwindliche Scheidelinie zwischen Ost und West bilden sollte.

5. Die Bedeutung des Sklavenhandels

Infolge des Sklavenhandels und der Konkurrenz der politischen Eliten untereinander wurden zahlreiche Kriege unter den Afrikanern mit portugiesischer Einmischung geführt. Daraus folgte die Zerstörung mancher Staaten, aber auch eine schnelle Expansion und Blüte anderer. Die meisten Stammesfürsten waren den Portugiesen tributpflichtig und bezahlten mit Sklaven. Der Mangel an Tauschwaren, die Portugal selbst nicht genügend produzierte und von anderen europäischen Manufakturstaaten einkaufen mußte, veranlaßte die portugiesische Verwaltung auf Drängen ihrer Händler zur strengeren Überwachung der Transportwege und Absicherung der Küste vor allem nördlich von Luanda, um den Schmuggel von Sklaven durch andere europäische Händler zu besseren Bedingungen zu unterbinden. Die Folge war eine möglichst weitreichende Abschottung Angolas durch die absolutistische Politik Portugals.

Der Sklavenhandel war der wichtigste und charakteristischste Faktor in der angolanischen Geschichte bis zur Mitte des 19. Jahrhunderts. Die bedeutendsten afroportugiesischen Handelsgüter waren Sklaven und Elfenbein, die tief aus dem Innern des Landes auf gut organisierten und kontrollierten Handelswegen machtvoller afrikanischer Staaten wie Mbundu und Kongo an die Küste gebracht wurden. Das Elfenbein wurde auf den Köpfen der Sklaven getragen und nach Lissabon verschifft, da es Privileg der portugiesischen Krone war. Einige der Sklaven wurden im Küstenland behalten, die meisten nach Brasilien verschifft.

Während die Guineaküste vom Niger bis Senegal Hauptlieferant

für die französischen und englischen Sklavenhändler war, wurden das
Kongobecken und Angola die Hauptsklavenquellen für Brasilien. Die
Portugiesen beherrschten den südatlantischen Handel. Aber im 17.
Jahrhundert sank ihre Bedeutung als Weltmacht. Holländer, Franzosen, Amerikaner und besonders Engländer überflügelten Portugals
Sklavenhandel.

Die Sklaverei war in den afrikanischen politischen und sozialen
Strukturen verankert. Als Kriegsgefangener, Verurteilter, Verstoßener
war der Einzelne außerhalb seines Stammes schutzlos und wurde auch
oft als Sklave verkauft. So schlossen sich die portugiesischen Sklavenhändler den existierenden Märkten und Tauschketten für den allgemeinen Handel in den afrikanischen Reichen an, der meist ein Monopol
des Königs war[4]. Die übergroße Ausweitung des Sklavenhandels
erschwerte jedoch die Kontrolle und Erhaltung des Monopols, was oft
zur Schwächung des jeweiligen Reiches beitrug. Ohne die afrikanischen machtvollen Häuptlinge und Zwischenhändler wäre der Sklavenhandel weit weniger ausgiebig und umfangreich gewesen. Als die
Nachfrage nach Arbeitskräften in Brasilien beträchtlich stieg, führten
die Portugiesen mit Unterstützung befreundeter Stämme militärische
Expeditionen ins Innere durch, um Sklaven zu fangen oder sie als
Tribut von unterworfenen Häuptlingen zu erpressen.

Der schlimmste Teil dieses Handels war wohl die 5-8 Wochen
dauernde Überfahrt nach Amerika. Nach dem langen Marsch aus dem
Innern wurden die Sklaven in Luanda aufgefüttert und dann zu Hunderten in den Decks der Schiffe verstaut. Die Sterberate der Sklaven
während der langen Schiffsreise betrug bis zu 20 %[5], nach anderen
Schätzungen ein Drittel. Die Überlebenden werden auf 15 000 jährlich
im 17. und 18. Jahrhundert geschätzt. Das Gesetz von 1813 und spätere
Ergänzungen über die Auslastung der Schiffe und die Zahl der Sklaven
verminderten in starkem Maß die Einnahmen aus diesen Transporten[6].
Auch über die zwangsweise Taufe der Sklaven vor der Verladung in
Luanda nach Brasilien ergingen 1697 und 1719 Anweisungen. Die

4   Görgen, H.M. : Brasilien, Landschaft, Politische Organisation,
     Geschichte. Nürnberg 1971. S. 208.
5   Rebelo, M. dos Anjos da Silva: Relações entre Angola e Brasil
     (1808-1830). Lisboa 1970. S. 71.
6   Rebelo a.a.O. S. 75.

Kirchenbehörden in Angola zogen ihre Einnahmen daraus[7].

Der Sklavenhandel hatte eine zerstörende Wirkung auf das westliche zentrale Afrika, da durch ihn ganze Regionen entvölkert und kleinere Stämme ausgerottet wurden. Das Netz der traditionellen Handelswege wurde zerrissen. Angola litt besonders stark unter der Entvölkerung, da es weniger besiedelt war.

6. Die intensiven Beziehungen zwischen Angola und Brasilien (von Manfred Kuder)

Angola war ganz auf Brasilien ausgerichtet und wurde von dieser portugiesischen Besitzung aus verwaltet. Die wechselseitigen Beziehungen brachten ein afrikanisches Bevölkerungselement mit seinen Sitten und Gebräuchen nach Brasilien und Nutzpflanzen und deren Anbaumethoden nach Angola. Abgesehen von wenigen Maßnahmen der zweiten Hälfte des 18. Jahrhunderts zur Entwicklung der Küstengebiete und zur Weckung des Interesses an den Planaltos von Benguela und Huila wurde Angola von Portugal vernachlässigt. Es interessierten allein Stützpunkte für die Schiffahrt und den Handel.

Die Verbindungen zwischen Angola und Brasilien werden durch geographische Faktoren begünstigt. Das Klima des nördlichen Angola gleicht dem von Nordostbrasilien. Der Südäquatorialstrom, der sich aus dem Benguelastrom in Richtung Westen entwickelt und auf die Küste Nordostbrasiliens trifft, begünstigt die Schiffahrt. Es ist die „Straße durch das portugiesische Meer des Südatlantik", worauf portugiesische Autoren gern hinweisen[8].

Die Beziehungen zwischen den beiden portugiesischen Kolonien Angola und Brasilien waren sehr eng. Jahrzehntelang kamen nach der Rückeroberung Luandas aus den Händen der Holländer 1648 durch die brasilianische Flotte die Gouverneure Angolas aus Brasilien. Auch die meisten Lebensmittel kamen von dieser größten Kolonie. Maniok und Mais wurden von Brasilien in Angola eingeführt und später zum wichtigsten Grundnahrungsmittel. Im 18. und Anfang des 19. Jahrhunderts bis zur Gründung des unabhängigen Kaiserreiches waren der

7   Rebelq a.a.O. S. 96.
8   Lago, Sérgio Corrêa do: O comércio entre o Brasil e Angola. In Act. Econ. de Angola Nx 72/1965, S. 7-20.

angolanische Handel und die Außenkontakte viel abhängiger von Brasilien als von Portugal.

Die Bistümer Angola und Kongo wurden 1677 dem Erzbistum Bahia in Brasilien unterstellt. 300 Jahre lang bis zur endgültigen Abschaffung des Sklavenhandels wurde Angola als die ,,schwarze Mutter" Brasiliens betrachtet.

Durch den rund 250 Jahre während den Sklavenhandel intensivierten sich nicht nur die Kontakte zwischen den in Angola wie in Brasilien lebenden Händlern, sondern auch zwischen den Verwaltungen und im sozialen und kulturellen Leben der beiden portugiesischen Kolonien.

Für den Aufbau der Zuckerproduktion in Brasilien und die dafür notwendige Ausweitung der Zuckerrohrplantagen waren afrikanische Arbeitskräfte, die als Sklaven nach Brasilien gebracht wurden, die Voraussetzung. Auf dieser Sklaverei wurden die Strukturen der brasilianischen Wirtschaft wie der kolonialen Besiedlung in Ostbrasilien aufgebaut. Die Zahl der nach Brasilien insgesamt importierten afrikanischen Sklaven wird sehr unterschiedlich geschätzt, da der Schmuggel sehr groß war und die Familien und Kinder oft verschieden gezählt wurden. So reichen die Schätzungen von etwa 6 bis 18 Millionen für die drei Jahrhunderte des Sklavenhandels von Mitte des 16. bis Mitte des 19. Jahrhunderts[9]. Für 1818 wird die Zahl der Afrikaner in Brasilien mit 53 % der Gesamtbevölkerung von etwa drei Millionen dieses Landes errechnet.

Durch die im 18. Jahrhundert ständig steigende Nachfrage nach Arbeitssklaven, von denen die Entwicklung Brasiliens abhing, waren die Gewinne aus dem Sklavenhandel in Angola wie in Brasilien sehr groß. Aus Angola allein kamen mehr als drei Millionen Menschen als Sklaven in die neue Welt. Der Sklavenhandel erbrachte 91 – 94 % des gesamten Exportwertes Angolas[10]. Ihm widmeten sich fast ausschließlich alle dortigen Händler, und kaum anderen Waren. Die Schwankungen der jährlichen Verschiffungszahlen waren auch wegen des starken Schmuggels beträchtlich. In den 33 Jahren von 1803 bis zur Einstellung der Sklaventransporte 1836 gingen von Angola nach

9   Görgen, a.a.O. S. 208.
10   Rebelo, a.a.O. S. 102.

Brasilien durchschnittlich 18 000 Sklaven pro Jahr, zusammen etwa 600 000, ebenso viele wie in 45 Jahren davor[11]. Zwischen 1842 und 1845 wurden in Angola selbst noch 46 721 Sklaven gezählt. Sie vermischten sich mit der lokalen Bevölkerung. Für die Stadt Luanda brach mit Ende des Sklavenhandels eine Zeit des Niedergangs an. Luandas europäische Bevölkerung ging zwischen 1845 und 1851 um ungefähr die Hälfte bis auf rund 800 Einwohner zurück.

6.1 Angolas Abhängigkeit von Brasilien

Im 18. Jahrhundert überließen die Lissabonner Behörden Angola mehr und mehr den Interessen Brasiliens, im Wirtschaftsleben wie in der Verwaltung. Die Beziehungen zwischen diesen beiden Kolonien waren viel dichter als die zu Portugal, auch unter der weißen Bevölkerung. Das Leben in Luanda glich dem in einer brasilianischen Stadt. Luanda hatte um 1830 insgesamt 5605 Einwohner, davon 1600 Weiße (1466 Männer und 135 Frauen). In der Stadt Benguela lebten weniger als die Hälfte. Die weiße Bevölkerung setzte sich hauptsächlich aus zivilen und militärischen Beamten und Offizieren, Händlern, Handwerkern und ehemaligen Verbannten zusammen.

Als Folge der französischen Invasion Portugals wurde der portugiesische Hof 1808 nach Brasilien verlegt und mit ihm in diese portugiesische Kolonie alle Institutionen, die einen Staat ausmachen, die politische Macht mit all ihren Organen, die militärischen, wirtschaftlichen und juristischen Entscheidungsträger, schulische und kulturelle Einrichtungen und damit schließlich alle wichtigen Entwicklungsanstöße. Die Majorität Brasiliens gegenüber allen portugiesischen Territorien war besiegelt, was entscheidende Rückwirkungen auf Portugal selbst wie auf Angola zur Folge hatte.

Seit Jahrhunderten war die Wirtschaft Angolas darauf ausgerichtet, zur Entwicklung Brasiliens beizutragen, sodaß Ende des 18. Jahrhunderts bis zur Unabhängigkeit Brasiliens Luanda nicht mehr als eine Faktorei der größten portugiesischen Kolonie war. Brasilien erhielt von Angola vor allem Sklaven als Arbeitskräfte, außerdem Wachs, Elfenbein, Erdnußöl und Schwefel. Von Brasilien gingen nach Angola Branntwein, Zucker, Reis, Tabak, Pulver, Stoffe, auch englische und

11   Rebelo a.a.O. S. 103.

asiatische Waren. Vieles davon diente zum Kauf von Sklaven im angolanischen Hinterland, wohin ambulante Buschhändler vordrangen. Aus Portugal kamen nur wenige Waren nach Angola. Bis zur Unabhängikeit Brasiliens betrugen die portugiesischen Exporte nach Angola insgesamt nur etwa 1/5 der brasilianischen nach Angola.

Nach der Übersiedlung des königlichen Hofes nach Rio de Janeiro verlagerte sich automatisch das wirtschaftliche Zentrum Portugals nach Brasilien und beendete die frühere Vorherrschaft Lissabons. So wurden die bereits engen Handelsbeziehungen zwischen beiden Ufern des Südatlantik weiter ausgebaut. Diese finanzielle und wirtschaftliche Abhängigkeit von Brasilien wurde dadurch verstärkt, daß alle Lebensmittel für die europäische Bevölkerung in Angola eingeführt werden mußten, auch solche, die dort selbst oft unter besseren Bedingungen angebaut werden konnten, da das Interesse an der Landwirtschaft bei den hohen Gewinnen aus dem Sklavenhandel völlig erlosch. Hiervon wurde die Subsistenzwirtschaft der Stammesverbände nicht berührt. Die fast ausschließliche Abhängigkeit der angolanischen Einnahmen von nur einem Exportgut, den Sklaven, brachte große Probleme. Sie wurden für die Staatskasse zur Bezahlung der Verwaltung und der Militärkräfte gebraucht.

An dem 1808 gegründeten Banco do Brasil war seit 1812 auch angolanisches privates und öffentliches Kapital wesentlich beteiligt, das dann allerdings für die Entwicklung Angolas fehlte. Vor allem diente die Bank auch als sicheres Depot für die Gelder Verstorbener aus Angola. Sie waren früher von Angola nach Lissabon transferiert worden und wurden dann wegen der dortigen unsicheren Lage nach Rio gelenkt.

6.2 Brasiliens Beiträge auf gesundheitlichem und schulischem Gebiet

Der Beitrag Brasiliens zum öffentlichen Gesundheitswesen in Angola ist einer der positivsten Ergebnisse der beiderseitigen Beziehungen. Angola galt zu jener Zeit als „Land der Deportierten und des tödlichen Klimas", wohin niemand gehen wollte. Darum war es schwer, öffentliche Bedienstete, also auch Ärzte, für Angola zu gewinnen, dessen Regionen mit gesünderem Klima damals noch nicht in portugiesischer Hand waren oder als unbotmäßig galten. Brasilien war der große

Lieferant pharmakologischer Produkte nach Angola. Sie bestanden aus Wurzeln, Kräutern, Blättern, Baumrinde, Nußschalen, Blüten, Samen, Extrakten, Ölen und Harzen. Häufige Epidemien verursachten stärkeren Verbrauch, wofür nicht genügend Medikamente zur Verfügung standen. So richtete die Regierung in Luanda einen Garten für anpassungsfähige Medizinalpflanzen aus Brasilien ein. Anfang des 19. Jahrhunderts wurde Brasilien ein bevorzugter Platz zur Erholung und Gesundung der angolanischen Bevölkerung europäischen Ursprungs, die das feuchte und warme Klima in Luanda und das Fehlen jeglicher Unterstützung durch Lissabon als schwer erträglich empfand.

Die Anziehungskraft Brasiliens stiftete im Leben und in der Verwaltung Angolas viel Unruhe und Verwirrung. Der Weggang der Weißen nach Brasilien war für die Entwicklung des Landes von großem Schaden, da dies nicht nur aus Gesundheitsgründen geschah, viele wollten ihre Gelder nach Brasilien schaffen und dort ein besseres Leben aufbauen.

Die Ausschaltung der Jesuiten aus Portugal und den Kolonien 1779 verstärkte den Niedergang Angolas, da damit die meisten Lehrer ausfielen. Fehlende Kontinuität, mangelndes Interesse der Bevölkerung, keine oder unbefähigte Lehrer, Nachlässigkeit und Desinteresse einiger Verwaltungschefs hinderten Fortschritte auf diesem Gebiet. Nach der Übersiedlung des Königlichen Hofes nach Brasilien begann eine neue Ära im Erziehungswesen. Durch die neu gegründeten brasilianischen Einrichtungen entstanden enge kulturelle Bande zwischen Brasilien und Angola, das hieraus großen Nutzen zog. Viele angolanische Schüler besuchten die medizinische Schule in Rio de Janeiro. Brasilianische Absolventen dieser Schule gingen wiederum als Ärzte nach Angola. Dort eröffnete andererseits ein brasilianischer Arzt bereits 1789 medizinische Lehrgänge in Luanda, die später einmal vom portugiesischen Autor Moreira da Silva als erste Universität in Afrika südlich der Sahara bezeichnet wurden[12]. Ein weiterer Kurs in Chirurgie und Anatomie wurde 1797 eröffnet.

Besonders eng waren die kulturellen Beziehungen beider Länder auch auf dem Gebiet der Naturwissenschaften. Nachdem im 18. Jahrhundert das Interesse an diesen Studien gestiegen war, wurden

---

12   Rebelq a.a.O. S. 108.

Reisen von Wissenschaftlern zwischen Brasilien und Angola zum
Studium der unbekannten Fauna und Flora gefördert und Museen
gegründet, um den Studenten bessere Lern- und Forschungsstätten zu
schaffen. In der Folge trugen die früher nach Lissabon gerichteten
Beiträge aus Angola wesentlich zur Entwicklung und Bereicherung
des brasilianischen Museums bei. Auch die 1810 gegründete Militära-
kademie von Rio de Janeiro wurde von vielen aus Angola besucht. Die
Beziehungen zwischen Angola und Brasilien auf kulturellem Gebiet
waren so eng, daß auch nach der Unabhängigkeit viele Bewohner
Luandas wegen fehlender und schlechter Schulverhältnisse in Angola
nach Brasilien gingen. Auch auf den afrikanischen Beitrag zur Kultur
von Bahia, das bis 1763 das Zentrum der Sklaveneinfuhr war, ist
hinzuweisen. Die religiösen und ethnischen Überlieferungen, afrikanische Kulte und Gebräuche ließen einen Synkretismus aus Christentum und afrikanischen Ritualformen (Macumba, Candomblé usw.)
entstehen.

6.3 Bestrebungen zum Anschluß Angolas an Brasilien

Die durch Jahrhunderte engen Beziehungen zwischen Angola und
Brasilien riefen nach der brasilianischen Unabhängigkeit schwere
Erschütterungen in Angola hervor. Die dortigen wirtschaftlichen Interessen konzentrierten sich ganz auf das andere Ufer des Südatlantik
bei fast völligem Ausschluß Portugals. Darum wurde in gewissen
Kreisen der Anschluß Angolas an Brasilien in einer Konföderation
gefordert. Es waren die der portugiesischen Lebensweise angeliche-
nen Afrikaner, die starken Anteil am Sklavenhandel hatten, und die
zahlreichen Portugiesen und ihre Nachkommen und Mischlinge, die
als Verbannte, Deportierte, aus dem Staatsdienst Entlaufene, auch aus
Brasilien, nach Angola gekommen waren. Sie vertraten eine
bürgerlich-liberale Unabhängigkeit und waren gegen die portugie-
sisch-orientierte Verwaltung. Hierin sieht man heute Ansätze national-
angolanischer Prägung.

Die geographische Lage der beiden Länder an den sich gegen-
überliegenden Ufern des Südatlantik und die häufigen Schiffsverbin-
dungen erleichterten es den angolanischen Einwohnern, ihre
Geldangelegenheiten in Rio de Janeiro zu verfolgen und zu regeln, im
Gegensatz zu den geringeren Kontakten der Bevölkerung zu Portugal,

außer den staatlichen Dienststellen. So entstand eine starke Meinung zum Anschluß Angolas an Brasilien.

Das war in Benguela besonders stark, wo das öffentliche Leben zwei Jahre lang ganz unter diesen Auseinandersetzungen litt[13]. Sie wurden besonders von den Degradierten und Sklaven getragen, die gegenüber den Herren die Unterklasse bildeten. Eine soziale Mittelschicht, die einen Ausgleich hätte schaffen können, gab es nicht. Auch die militärische Macht bestand zu einem großen Teil aus Schwarzen und Degradierten, auf die sich der Gouverneur als Staatsgewalt nicht stützen konnte. Der dort herrschenden Anarchie versuchten viele Bürger durch die Übersiedlung nach Brasilien zu entgehen und damit ihre Vermögen zu sichern. Brasilien trug auch zur Änderung der sozialen Beziehungen zu Angola bei, indem es zu einer leichten Zuflucht für Angolaner wurde, zum sicheren Schutz für Degradierte, die in Angola ihre Strafe verbüßten. Das betraf auch viele in angolanischen Polizeidiensten, die dadurch korrumpiert wurden. Vom Gericht Verfolgte retteten sich gleichfalls nach Brasilien.

7. Angolas Umstellung von Brasilien auf Portugal

Die Unabhängigkeit Brasiliens unterbrach die früheren engen wirtschaftlichen Beziehungen mit Angola, verursachte ein Vakuum in den öffentlichen Einnahmen und damit Unsicherheit in diesem afrikanischen Territorium. Der zwischen Brasilien und England als Ende der Sklaventransporte festgesetzte Termin, das Jahr 1830, bedeutete das Aufhören der bisherigen Zolleinnahmen Angolas und bekräftigte den Gedanken, daß es unmöglich sei, Angola weiter unter der portugiesischen Herrschaft zu halten[14].

Denn ohne diese Einnahmen konnten die Gelder für die Truppe und die Bediensteten der staatlichen Verwaltung nicht aufgebracht werden. Notwendig war es also, den bisher ganz auf Brasilien ausgerichteten Handel auf Lissabon zu lenken und neue Wirtschaftszweige zu entwickeln. Eine völlige Umstrukturierung der angolanischen Wirtschaft war nötig. Allerdings konnte die in Jahrhunderten auf dem Sklavenhandel basierenden Wirtschaft nicht von einem Tag auf den anderen

13   Rebelq a.a.O. S. 238 ff.
14   Rebelq a.a.O. S. 263.

umgestellt werden. Dafür fehlte es an entsprechenden Unternehmern in Angola, da man sich nur schwer von dem bisherigen wirtschaftlichen Denken lösen konnte. Weiter fehlte es an dem nötigen Kapital. Für die neuen, vor allem landwirtschaftlichen Ausfuhrgüter Angolas, die infolge der wirtschaftlichen Umgestaltung anfielen, mußten Absatzmärkte gefunden werden. Portugal wie Angola waren daran gleichermaßen interessiert.

Während der langen Periode fruchtbarer Beziehungen zwischen beiden portugiesischen Ländern Angola und Brasilien, wobei Brasilien insgesamt den größeren Nutzen hatte, gelang es diesem bereits in der kolonialen Phase, den Einfluß des Mutterlandes Portugal in Angola in beträchtlichem Maße zu verdrängen. Aber die Wirkung der portugiesischen Präsenz in diesen Jahrhunderten ist nicht zu leugnen. Am wichtigsten war wahrscheinlich die Konzentrierung des Handels aus dem Innern auf die Küstenregion.

7.1 Abschaffung des Sklavenhandels in Angola

In Angola nahm der Sklavenhandel nur langsam ab. 1815 kamen Portugal und England überein, keine Sklaven nördlich des Äquator zu kaufen oder zu verschiffen. Auch als Portugal 20 Jahre später die Ausfuhr von Sklaven aus all seinen Territorien verbot, war die Überprüfung schwierig. 1854 wurden alle Regierungssklaven für frei erklärt, und alle privateigenen Sklaven mußten registriert werden, was in Angola etwa 60 000 betraf. Der nördlich von Luanda gelegene, britisch kontrollierte Hafen Ambriz mit seinem lebhaften illegalen Sklavenhandel wurde 1855 durch den Gouverneur von Angola geschlossen. Gesetze zur Entschädigung der Sklaveneigentümer und zum Schutz der Freigelassenen wurden erlassen. Nach mancherlei Regierungsmaßnahmen während eines halben Jahrhunderts war um 1880 der über 300 Jahre während Sklavenhandel gesetzlich beendet. Aber die Arbeitsbedingungen änderten sich in den folgenden 50 Jahren kaum[15].

8. Neues Interesse Portugals an Angola

Die schwere Krise und wirtschaftliche Stagnation ließen viele Kreise

15   Rebelo, a.a.O. S. 264 f.

im politisch zerstrittenen Portugal bis in die zweite Hälfte des vorigen Jahrhunderts am Wert Angolas zweifeln und es als Bürde betrachten. Die Zahl der europäischen Einwanderer Luandas ging von 1601 (1845) auf 830 (1851) zurück[16]. Erst um die Jahrhundertmitte erwachte mit der „Regenerationsbewegung" das portugiesische Interesse an Angola von neuem, und einige Ansiedlungsversuche wurden unternommen, wie in der Bucht von Moçamedes 1839 und auf dem Hochland von Huila 1845, denen weitere folgten. Es ging darum zu verhindern, daß sich andere Völker an der Küste festsetzten, die Herrschaft ins Innere weiter ausdehnten und Kontakte mit den Eingeborenen auf dem Planalto aufnahmen. Dazu diente auch die Gründung von Missionsstationen.

Das bedeutete aber auch eine schwere Tributpflicht der afrikanischen Bevölkerung in Form der Hüttensteuer, die in Geld zu entrichten war, um die Lohnarbeit zu steigern, und damit die Mehrproduktion über die Subsistenzwirtschaft hinaus. Widerstand und Abwanderungen waren die Folge, die wiederum größere Militärunternehmen hervorriefen. Die Einnahmen der Kolonie konnten die Ausgaben nicht decken. Die Wirtschaft litt unter den Unruhen zwischen den Völkern im Innern und unter dem Schmuggel über nichtbesetzte Häfen. Die tatsächliche Bedeutung Angolas beschränkte sich auf das untere Kongoufer, das Hinterland von Luanda bis Malanje und die Baixa de Cassanje, das Hinterland von Benguela und Teile der Lundaschwelle. Auch das alte Angola, über das die Portugiesen seit dem 16. Jahrhundert eine wirklich ununterbrochene Hoheit und Verwaltung ausübten, war nur ein schmaler, etwa 300 km ins Innere reichender Landstreifen zwischen den Flüssen Bengo und Cuanza. Das Königreich Benguela war ein getrenntes Gebiet, mit dem die Weißen in Luanda bis zur Mitte des 19. Jahrhunderts auf dem Seeweg Verbindung hatten. Erst bei der Festlegung der heutigen Grenzen Angolas wurden die Gebiete der vier ehemaligen Königreiche, südlicher Kongo, Angola, Benguela und Lunda, zusammengefaßt.

16 Randles, W.G.L.: De la traite à la colonisation – les Portugais en Angola. In: Annal. Econ. Soc. Civil. 24, Paris 1969, S. 303.

8.1 Portugiesische Erschließungs- und Siedlungspolitik in Angola

Während für die Afrikaner seit alters her der Planalto der wichtigste Lebensraum ist, beschränkte sich die europäische Durchdringung und Besiedlung Angolas bis ins 19. Jahrhundert fast ausschließlich auf das Küstenland. Geographische Faktoren haben die kolonisatorische und wirtschaftliche Eroberung des Innern Angolas im Gegensatz zu Nordostbrasilien erschwert und verzögert. Die mächtige, 1500 m hohe Gebirgsschwelle hinter dem schmalen Küstenland konnte nur äußerst schwer überwunden werden, und auch die Flüsse mit ihren vielen Stromschnellen am Gebirgsrand erleichterten das Eindringen ins Innere nicht. Stützpunkte, zunächst im alten Königreich Kongo und dann im mittleren Küstenstreifen mit dem Zentrum Luanda (seit 1576) und dem zweiten Zentrum Benguela (seit 1617), dienten hauptsächlich als Standorte für den Handel mit dem Innern, vornehmlich für den Sklavenhandel.

8.2 Erste Erschließungsversuche der Planaltos

Zu einer wirklichen Inbesitznahme des Hochlandes kam es erst unter dem Zwang der politischen Aufteilung Innerafrikas durch die Kolonialmächte in der zweiten Hälfte des 19. Jahrhunderts, trotz Erkundungen und Missionierungsversuchen im Bereich der Lundaschwelle und ihrer nördlichen und südlichen Abdachungen schon im 17. Jahrhundert.

Aber erst nach dem Verlust Brasiliens wurden gegen Mitte des 19. Jahrhunderts größere, wenn auch nicht planmäßig durchgeführte Versuche zur Besiedlung günstiger Gebiete unternommen, als die militärischen Erkundungen weiter ausgedehnt wurden. Es blieb bei bescheidenen Erfolgen, weil das Innere gegen Stammesüberfälle militärisch nicht ausreichend gesichert werden konnte.

Die auf dem inneren Planalto eingerichteten Missionen waren oftmals isolierte Plätze friedlicher Besitznahme, die auch bei notwendiger Zurücknahme der Militärposten bestehen blieben. Die Verbindung zum Küstenplatz Moçamedes wie schon früher nach Benguela war Voraussetzung für die Besiedlung des südlichen Planalto[17].

8.3 Die burische Einwanderung

Die Besiedlung des Gebietes um die heutige Provinzhauptstadt Lubango, von Huila und Humpata erhielt 1881 anläßlich des ersten Burenkrieges einen stärkeren Anstoß durch die Zuwanderung von 55 burischen Familien mit 295 Personen. Der Versuch, sie mit portugiesischen Kolonisten aus Madeira zu verschmelzen, die 1883-85 mit 569 Personen dorthin kamen, schlug fehl. Deren Ansiedlung in der „Colónia de Sá da Bandeira" bildete den Kern der späteren Stadt, die bei ihrer Gründung und heute Lubango heißt[18]. In den folgenden Jahren und Jahrzehnten sind burische Familien mehrmals zwischen Südwest und Südafrika und Angola hin- und hergewandert. Sie wurden vor der Unabhängigkeit Angolas in diesem Gebiet auf etwa 85 Familien mit 500 Personen geschätzt, die, auf dem südlichen Planalto verstreut, von der extensiven, nomadisierenden Rinderzucht mit ergänzendem Wanderfeldbau für den Eigenbedarf lebten. Nur drei Familien besaßen mehr als 100 Stück Vieh[19]. Allerdings haben die Buren einen wichtigen Beitrag zur verkehrsmäßigen Erschließung des Südens geleistet. Ihr südafrikanischer Ochsenwagen setzte sich auf dem Hochland schnell durch und übernahm die Verbindung vom Hafen Moçamedes auf den Planalto. Auch der militärische Nachschub wurde mit diesen Wagen befördert. Vor dem Bau der Benguelabahn profitierten die Buren im südlichen Bereich der Lundaschwelle vom Warentransport mit ihren Ochsenkarren zwischen Benguela und dem Inneren. Als Rückfracht zum Hafen beförderten sie Gummi und Wachs. Mit dem Bau der Eisenbahn verloren viele Buren ihre wirtschaftliche Existenzgrundlage.

8.4 Internationale Grenz- und Besitzregelung auf der Berliner Kongokonferenz

Die internationalen Grenz- und Besitzstreitigkeiten um Angola im

17   Weitere Einzelheiten über Erschließungsversuche siehe Kuder, Manfred: Angola, eine geographische, soziale und wirtschaftliche Landeskunde. Wiss. Länderkunden Bd. 6, 308 S. Wiss. Buchgesellschaft Darmstadt 1971.

18   Dias, G.S.: A cidade de Sá da Bandeira. Sá de Bandeira 1957, 101 S.

19   Guerreirᴏ M.V.: Boers de Angola. In: Garcia de Orta 6, 1958, S. 11-31.

Zusammenhang mit der politischen Regelung und Abgrenzung im Kongobecken waren Gegenstand der Konferenz von Berlin 1884/85. Entgegen der früheren Kolonialpraxis, nach der jedem die Besitzergreifung in Afrika offenstand und dementsprechend Portugal traditionelle Besitzansprüche als erste europäische Macht in Afrika stellte, wurde auf der Berliner Kongokonferenz der neue Grundsatz der „effektiven Okkupation" aufgestellt. Portugal mußte in der Folgezeit gewaltige Anstrengungen machen, um in den ihm zugesprochenen, wenn auch verkleinerten Territorien die völkerrechtlich festgelegten Normen kolonialen Besitzes zu erfüllen. Die Grenze zwischen Nordostangola und dem Kongostaat, die Anlaß zu der sogenannten „Lunda-Frage" gab, wurde im Vertrag von 1891 und in den Verhandlungen bis 1927 festgelegt. Gegen die nördlich des unteren Kongo liegenden französischen und die deutschen Gebiete im Süden wurden die Grenzen 1886 geregelt und im Flußbett des Cunene 1931 endgültig festgelegt. Komplizierter war die Grenzfrage mit Rhodesien, dem heutigen Sambia, da die Verhandlungen zeitweise von politischen Leidenschaften und verletztem Nationalgefühl durch das englische Ultimatum von 1890 begleitet waren. Der alte portugiesische Traum, Angola mit Moçambique zu verbinden, wurde durch England („vom Kap nach Kairo") zunichte gemacht. Anfang des 19. Jahrhunderts hatten die Portugiesen wie schon im 17. Jahrhundert versucht, das Innere Angolas zu erforschen mit dem Ziel, entlang der Lundaschwelle und des oberen Sambesi und damit der Wasserscheidenregion zwischen dem Atlantischen und Indischen Ozean bis an die Gegenküste Moçambique vorzustoßen. Zwischen 1802 und 1811 wurde von Cassanga aus über Lunda und Katanga der Ort Tete im westlichen Moçambique erreicht. Im letzten Viertel des vorigen Jahrhunderts stießen portugiesische Offiziere zur Landerkundung und Kontaktaufnahme zum oberen Kongo vor, andere quer durch Angola zu den Viktoriafällen und bis zum Njassasee, oder schlossen Verträge mit den Völkern im Lundagebiet. In Lissabon wurde 1875 die „Geographische Gesellschaft" gegründet, deren Interessen sich besonders auf die Überseegebiete richteten. Inmitten der schweren Auseinandersetzungen mit England versuchte eine Expedition von Moçambique aus mit einer anderen, die von Angola kam, in der Mitte Afrikas zusammenzutreffen. Die bekanntesten Kolonialpioniere lebten in portugiesischer Zeit in den Namen der Distriktshauptstädte und anderer wichtiger Orte in Angola fort. Erst nach langen Verhandlungen wurden 1915 die heutigen Grenzen gegen die östlich gelegenen, von England beanspruchten Gebiete festgelegt. Portugal hat dabei vor allem den Plan einer Landverbindung quer durch Afrika für immer aufgeben müssen.

Nach der Festlegung und internationalen Anerkennung der Grenzen Angolas wurde das Innere weiter erschlossen und unter eine ständige Verwaltung gestellt, die auch die entferntesten und kaum besiedelten Gebiete an den Ost- und Südgrenzen erfaßte. Vor allem durch die beiden Gouverneure Norton de **Matos** (1912-15 und 1921-23) und Vicente **Ferreira** (1926-28) sind planmäßige Erschließung, ordentliche Verwaltung, Kolonisierung und wirtschaftliche und soziale Entwicklung vorangetrieben worden.

8.5 Die portugiesischen ambulanten Händler auf den Planaltos

Für 1900 werden 9198 Weiße in ganz Angola angegeben. Ihre Zahl hatte bis 1913 auf 13 800 zugenommen[20]. Sie konzentrierten sich in den beiden Städten und wenigen anderen Punkten an der Küste und im Innern entlang der Eisenbahn von Luanda bis Malange, auf dem klimatisch für Europäer sehr günstigen Planalto in Caconda, in Lubango, Humpata und Huila und einige in São Salvador do Congo (heute Mbanza Congo). Auch Nova Lisboa (früher Huambo) wurde erst 1909 durch die Einrichtung eines Militärkommandos und 1912 bei der Eröffnung der BenguelaEisenbahn als Stadt mit einfachsten Häusern gegründet. Außer den wenigen bäuerlichen Siedlungen, zu denen später im Einzugsbereich der entstehenden Eisenbahnen an einigen bevorzugten Stellen ein paar Farmen kamen, waren für die Festsetzung der Europäer Handels- und politischmilitärische Gründe ausschlaggebend. Sie ließen sich im allgemeinen nur in dichter bevölkerten afrikanischen Gebieten und an inselhaft weit auseinanderliegenden Punkten der schon bestehenden oder projektierten Eisenbahnlinien nieder. Darüber hinaus war dies den wenigen Händlern wegen des mangelnden Schutzes nur an einem Verwaltungs- oder Militärposten erlaubt, wobei manche Posten bis zu 500 km auseinanderlagen. Der östliche Planalto war noch kaum erschlossen, und es waren nur wenige

20   nach Anuário Estatístico de Angola 1935.

Orte bekannt. Noch gegen Ende des 19. Jahrhunderts gab es in der Provinz Cuanza-Sul (52 269 km^2) nicht mehr als 18 kleine Handelsniederlassungen. Die Kaufleute allein pflegten die Verbindung zu den dort ansässigen Stämmen und auch nur in der Nähe ihres Sitzes. Sie waren aber durch ihren Kontakt mit den Bauern der Garant für deren Anschluß an die Marktwirtschaft, Abnehmer ihrer Überschußprodukte und Lieferanten der nicht selbst produzierten Güter.

8.6 Verbannte als wichtiges Bevölkerungselement in Angola

Eine beträchtliche Quelle für die Besiedlung Angolas mit Europäern im Rahmen staatlicher Maßnahmen war der große Zustrom von Verbannten, die in Angola ihre Strafe verbüßten. Die meisten genossen überraschende Freiheiten. Ein Viertel der weißen Bevölkerung bestand aus Nichtseßhaften, Verurteilten und Entlassenen. Viele von ihnen blieben nach der Strafverbüßung im Lande als aktive, aber unruhige Elemente. Viele Deportierte wurden aber auch zu einem Nutzen Angolas durch ihren Einsatz in öffentlichen Diensten, im Schulwesen und als Soldaten, weil es nicht genügend freies portugiesisches Peronal gab. Unter den 9200 Europäern hatten sie mit 1163, darunter 271 Frauen, im Jahr 1898 beträchtlichen Einfluß. Bis 1912 hatte sich die Zahl etwa verdoppelt. In den beiden Jahren 1910 und 1911 kamen allein 416 Verbannte nach Angola[21]. Ab 1932 wurden keine Verurteilten mehr aus dem Mutterland nach Angola gebracht und viele zurücktransportiert. Auf diese Weise verließen zwischen 1930 und 1940 etwa 2500 Portugiesen Angola[22]. 1931 wurde die europäische Bevölkerung auf 59 493 geschätzt.

8.7 Geringer staatlicher Einfluß im Innern

Zu Anfang dieses Jahrhunderts mußte die portugiesische Herrschaft in Angola entsprechend den auf der Konferenz von Berlin aufgestellten drei Prinzipien als Voraussetzung für überseeische Besitzungen gesichert werden, d.h. verwaltungsmäßige Durchdringung des Landes, gesicherte militärische und polizeiliche Präsenz und Freiheit des

---

21   Neto, J.P.: Angola, meio século de integração. I.S.C.S.P.U. Lissabon 1964, 332 S. – S. 66 ff.

22   Neto, J.P.: Angola, meio século de integração. I.S.C.S.P.U. Lissabon 1964, 332 S. – S. 66 ff.

Handels und Verkehrs. Die portugiesische Macht war selbst in Gebieten in Frage gestellt, die in früheren Jahrhunderten einen engen Kontakt zu den Portugiesen hatten, wie die Region Dembos und auch Luanda näher liegende Landstriche seit der Rebellion von 1872. Im portugiesischen Kongo wie in Lunda hatten weite Gebiete überhaupt keinen Kontakt mit den Portugiesen. Die entsprechend der Verpflichtung zur tatsächlichen Okkupation von der Kolonialverwaltung erstrebte Steuererhebung, Zwangsarbeit und Bodenenteignung führten zu vielen Revolten. Die Region Libolo war seit 1905 in vollem Aufstand, auf dem Planlato östlich und südlich von Sá da Bandeira, Caconda und Bié war die Lage völlig anarchisch, und die Bewohner wurden von Verbannten und Kriminellen aus Portugal und von Afrikanern drangsaliert. Die Hirtenstämme des Südens waren von der Kolonialverwaltung noch nicht erfaßt. Die regional begrenzten Rebellionen betrafen jedoch nie mehr als 10 % des Landes und 15 % der Bevölkerung. In großen Teilen Angolas entsprachen somit die Zustände nicht den auf der Konferenz von Berlin festgelegten Voraussetzungen. Insgesamt wird auf 180 Feldzüge in den Jahrzehnten der Durchdringung und Okkupation zwischen 1845 und 1926 hingewiesen[23], von denen einige von historischer Bedeutung sind, wie die Revolten auf dem Zentralplateau der Bié 1890, der Bailundu 1901-02, der Dembos nördlich des Cuanza 1907-1910, 1913 und 1917-19 und im Kongogebiet 1913-15, sowie der Amboim und Seles 1917-18 und 1924-25 im Randschwellengebiet südlich des Cuanza[24].

Darum versuchte der Generalgouverneur **Paiva Couceiro** ab 1907, das Mutterland von der Notwendigkeit einer stärkeren europäischen Besiedlung zu überzeugen, fand aber wegen der innenpolitischen und finanziellen Schwierigkeiten in Portugal selbst keine Unterstützung durch die Regierung. Andererseits gestattete die aus innen- und außenpolitischer Schwäche heraus geborene Angst vor einer Minderung oder einem Verlust des portugiesischen Einflusses auf Angola keine freie private Kolonisation, besonders nicht durch ausländische Unternehmen. Damit ging der große Strom portugiesischer Auswanderer

---

23   Offermann Michael: Angola zwischen den Fronten. Pfaffenweiler, Centaurus-Verl.-Ges. 1988. S. 53.
24   Pélissier René: Les guerres grises, Résistance e révoltes en Angola (1845-1941). Pélissier, Orgeval, 630 S. 1977.

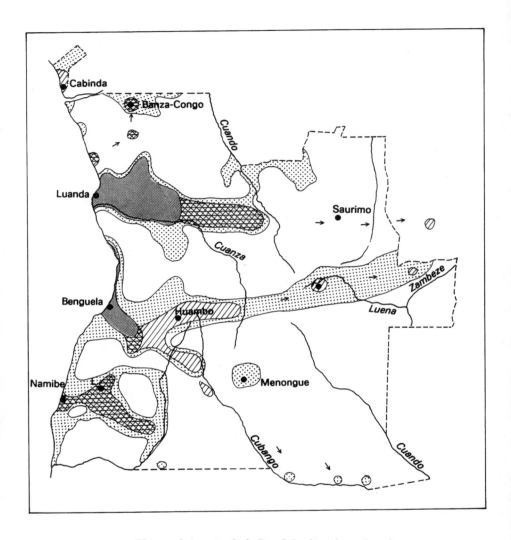

**Phasen der portugiesischen Inbesitznahme Angolas
bis zum frühen 20. Jhd.**

nach : Wheeler 1971

bis 1830
bis 1884
bis ca. 1900
frühes 20.Jhd.
Kommunikationsrichtungen außerhalb der Gebiete effektiver
Erschließung

weiter nach Brasilien und in andere Gebiete Amerikas. Er betrug in den Jahren 1886-1914 durchschnittlich jährlich 34 775, insgesamt 1 008 464 Menschen.

9. Siedlungspolitik unter dem Salazar-Regime

Unter dem Salazar-Regime wurde Angola nach dem 2. Weltkrieg mehr und mehr zu einer Siedlungskolonie mit gelenkter oder auch weniger geplanter Einwanderung. Ein wichtiger Anlaß dafür waren die geringen Löhne und die Arbeitslosigkeit im Mutterland während der vierziger und fünfziger Jahre gegenüber der Lage in Angola, wo die Löhne je nach Beschäftigung zwei- bis fünfmal höher waren. Das hing mit der schnellen wirtschaftlichen Entwicklung zusammen, besonders dem Kaffeeanbau.

Ab 1947 stieg die Einwanderung aus Kap Verde, 1952 wurden 10 000 Kapverdianer in Angola geschätzt. Trotz der nur schwachen bäuerlichen Ansiedlung nahm die weiße Bevölkerung Angolas zwischen 1920 und 1924 um 75 % von 20 700 auf 36 192 zu, vor allem an gewerblichen Kräften aufgrund der wirtschaftlichen Entwicklung und größeren Ausfuhrerlöse[25]. Besonders die Steigerungen des Kaffee- und Maisexports brachten zwischen 1927 und 1931 einen Zuwachs von 16 650; 1931 wird die europäische Bevölkerung auf 59 493 geschätzt.

9.1 Staatlich geförderte Einwanderungsmaßnahmen seit den fünfziger Jahren

Portugal war seit den fünfziger Jahren bestrebt, die ständige Auswanderung ins Ausland, die während vieler Jahrzehnte zu einem echten Bevölkerungsverlust führte, in größerem Maße in seine Kolonien, besonders Angola, zu lenken. Das geschah einmal durch direkte bäuerliche Kolonisation, für die das Kolonat Cela seit 1951 richtungweisend wurde, zum anderen durch den Ausbau des gewerblichen und industriellen Sektors. Die sechsjährigen staatlichen Entwicklungs- und Finanzierungspläne für Portugal und die Überseeprovinzen haben die Grundlagen hierfür seit 1953 geschaffen.

25   Neto, J.P. a.a.O.

Wenn sich auch eine fühlbare, schnelle Bevölkerungszunahme nur durch die industrielle Siedlung mit städtischer Konzentration ergab, so war die ländliche Besiedlung zur Entwicklung weiter Gebiete im Innern und zur Überwindung der Subsistenzwirtschaft im Kontakt mit den Afrikanern ebenso notwendig. Durch die Schaffung von Verarbeitungsbetrieben in den ländlichen Zentren durchdrangen sich die Wirtschaftszweige und ermöglichten die Vergrößerung des inneren Marktes. Bei der Ansiedlung im industriellen Sektor beschränkte sich der Staat auf die Entwicklung der Infrastruktur und auf Planung und Richtlinien besonders auch im sozialen Bereich. Die ländliche Siedlung oblag in Planung, Finanzierung und Durchführung hauptsächlich dem Staat, da die private Kolonisation aus politischen Gründen immer erschwert worden ist. Die portugiesischen Einwanderer nach Angola setzten sich aus drei Gruppen zusammen, den Bediensteten des Staates, die auf Zeit oder ständig im Lande blieben; privaten Einwanderern mit oder ohne Kontrakt, die mit eigenen Mitteln die Überfahrt bezahlten und sich eine Existenz aufbauten; schließlich Personen, die nach Überprüfung ihrer Eignung für die Überfahrt und den Aufbau ihrer Existenz im gewerblichen oder landwirtschaftlichen Sektor, den Kolonaten, staatliche Unterstützung und Lenkung erfuhren. Manche Schwierigkeiten haben sich dabei ergeben, z.B. bei der richtigen Auswahl der Kolonisten in Portugal, der landwirtschaftlichen Vorplanung und begleitenden Beratung der Siedlungsvorhaben, der genügenden Finanzierung, der günstigen Absatzsicherung, durch nicht ausreichende Transportmöglichkeiten für die landwirtschaftlichen Produkte und starken bürokratischen Dirigismus der Siedlungsbehörden. Die hohen Transportkosten der Kolonisten von Portugal nach Angola haben sich bei den Kolonisationsplänen stets hemmend ausgewirkt.

9.2 Die Entwicklung der europäischen Bevölkerung in Angola

Die Zahl der weißen Bevölkerung ist entsprechend den Fördermaßnahmen und der wirtschaftlichen Entwicklung seit den fünfziger Jahren stark gestiegen (1940: 44.085, 1950: 78.826, 1960: 172.529,

1970: 290.000 und 1974: 335.000)[26]. Allerdings gab es 1950 nur 2746 weiße Landwirte, weniger als 10 % der gesamten weißen männlichen berufstätigen Bevölkerung[27]. 80 % dieser Landwirte wohnten auf dem klimatisch günstigen südlichen Planalto, die anderen in den Regionen Kongo und Malanje. Die meisten Einwanderer kamen aus den nördlichen Provinzen Portugals und waren zum größten Teil besitzlose Landarbeiter, Bau- und Straßenarbeiter, dazu Handels- und Behördenangestellte. Aber nur ein geringer Teil ging in die Landwirtschaft Angolas. Die meisten suchten eine Beschäftigung in den Städten, vor allem Luanda und Lobito, und waren dann oft in den Berufen tätig, die vorher fast ausschließlich von Afrikanern wahrgenommen wurden: Kellner, Los- und Zeitungsverkäufer, Lagerarbeiter, Pförtner, Dienstpersonal usw. Die Einwanderung steigerte sich, als 1959 Mindestlöhne für die einzelnen Berufe und Beschäftigungen festgelegt wurden, die in Angola weit höher als in Portugal lagen und bei stärkerer Entwicklung der Infrastruktur in weiterem Maße Portugiesen nach Angola lockten. Das Versorgungssystem, besonders die Altersrenten, wurde verbessert und die Einwanderungsbestimmungen aus Portugal in die Überseeprovinzen entsprechend der 1956 in der „Lei Orgânica do Ultramar" festgelegten Freizügigkeit im ganzen portugiesischen Imperium geändert gegenüber dem bis dahin geltenden Dekret von 1948, das der mittellosen, ungelernten Bevölkerung die Einwanderung in die Überseeprovinzen verbot.

Die Verteilung der Europäer in Angola richtete sich nach der Infrastruktur, hauptsächlich den Häfen und Eisenbahnen und wichtigen Exportanbaugebieten. Die europäisch gelenkte Kolonisation schuf weitere Verdichtungszentren.

Im Unterschied zu den Afrikanern, die sich den natürlichen Bedingungen ihrer Siedlungsgebiete anpassen, konzentrierten sich die Europäer dort, wo sie die natürlichen Voraussetzungen des geographischen Raums durch kapitalwirtschaftliche Maßnahmen verändern oder verbessern konnten.

---

26   Tony Hodges Angola to the 1990s. The Economist Publications London 1987. S. 4.
27   Amaral I.: Aspectos do povoamento branco de Angola. In: Est. Ens. Doc. 74, 1960, 83 S. – S. 53 f.

9.3 Staatliche Entwicklungs- und Siedlungsprogramme

Um eine planmäßige portugiesische Besiedlung Angolas voranzutrei-
ben, wurden seit 1951 mit der Gründung des ersten Kolonats Cela
staatlich subventionierte Entwicklungsprogramme aufgestellt, die mit
dem ersten Entwicklungsplan der portugiesischen Regierung 1953-58
den finanziellen und organisatorischen Rahmen erhielten[28]. Diese
planmäßig angelegten Siedlungen, 25 große und weitere rd. 20 kleinere „Kolonate", wurden den aus Portugal gekommenen Neusiedlern
mit Häusern und landwirtschaftlichen Einrichtungen, Land für Feldbau, Viehzucht, technischen Beratern, aber auch Schulen, Sanitätsposten und anderen sozialen Einrichtungen übergeben, einige zunächst
nur für weiße Siedler, andere später auch für weiße und schwarze, oder
nur für afrikanische Familien. Nicht alle Siedlungen hatten Erfolg.
Viele Neusiedler verließen ihre Parzellen und gingen in die Städte, um
bessere Verdienstmöglichkeiten zu nutzen, obwohl Verarbeitungsbetriebe für die Agrarprodukte in den Kolonaten auch dort angemessene
Arbeitsplätze für die Familienangehörigen boten. Afrikaner, die von
ihrem Land durch die neuen Siedlungen verdrängt wurden, wanderten
teilweise in andere Regionen Angolas.

28   Borchert, Matznetter, Niemeier, Pössinger, Kuder u.a. haben einige
      der Kolonate besucht und beschrieben:
      Borchert, G.: Cela – Ein Entwicklungszentrum im Hochland von
      Angola. In: Erdkunde XV, 1961, S. 295-306.
      Matznetter,J.: Portugiesische Kolonisationstypen am Beispiel
      Südwestangola. In: Tagungsber. und wiss. Abh. Dt.
      Geographentag Bochum. Wiebaden 1966, S. 263-275.
      Matznetter,J.: Weiße und schwarze Neusiedlungen im
      Cunene-Gebiet des Distrikts Huila. In: Festschr. L. Scheidl, Bd. 2,
      Wien 1967, S. 257-282.
      Niemeier, G.: Die moderne Bauernkolonisation in Angola und
      Moçambique und das portugiesische Kolonialproblem. In: Geogr.
      Rsch. 18, 1966, S. 367-376.
      Pössinger, H.: Landwirtschaftliche Entwicklung in Angola und
      Moçambique. München 1968, 277 S.
      Kuder, M.: Angola, eine geographische, soziale und
      wirtschaftliche Landeskunde. Wiss. Länderkunden Bd. 6, 308 S.
      Wiss. Buchgesellschaft Darmstadt 1971, S.65-71.

9.4 Zunahme portugiesischer Familien in Angola

Da nunmehr die meisten Portugiesen nach Angola kamen, um dort
seßhaft zu werden, im Gegensatz zu den früher herrschenden Soldaten,
Beamten und Angestellten, kamen auch viel mehr Frauen mit ihren
Familien ins Land. Damit verschob sich die Zusammensetzung der
Bevölkerung besonders in den Städten und den Siedlungsgebieten.
Anteilmäßig gingen die Mischlinge zurück und bei steigender Zahl der
weißen Portugiesen auch der Anteil und das Gewicht der „Assimilados", sowohl in den bis in die sechziger Jahre nur wenigen Sekundarschulen wie auch in gehobenen Positionen des öffentlichen Dienstes.
So stieg der Anteil der weißen Bevölkerung in Angola von 0,34 %
(1900) auf 8,63 % (1970) und in dem entscheidenden Einwanderungs-
jahrzehnt 1950-60 sogar um 118,87 %. Der Anteil der Frauen erreichte
44,1 %. Die Mischlingsbevölkerung machte nur wenig über 1,1 % aus.

10. Portugiesische Politik gegenüber den Afrikanern

10.1 Bildung neuer sozialer Schichten

Der Zwang der durch die Berliner Konferenz 1884/85 geschaffenen
neuen politischen kolonialen Ordnung, auch im Innern die portugiesische Präsenz zu verstärken und damit eine imperialistische Kolonialpolitik und Kolonialwirtschaft zu betreiben, führte zur Auflösung der
eigenständigen afrikanischen Handelssysteme und zu einem fast allein
von weißen Händlern betriebenen Handel auch im Innern, wodurch
sich die alten sozialen Gesellschaften in stärkerem Maße auflösten,
während neue Gesellschaften in den Städten und großen Orten im
Küstenland wie im Innern entstanden. Die traditionellen Gesellschaften blieben dagegen mehr stammesbezogen. So entwickelten sich
wechselnde, nicht streng abgegrenzte Gesellschaftsgruppen mit moderner Wirtschafts- und Produktionsmentalität und Umbildung oder
Auflösung bisheriger Bindungen gegenüber den im Stammesverband
verharrenden Gruppen.

Das bezieht sich im wesentlichen nur auf begrenzte Regionen vor
allem der Quimbundu. Die größte Bevölkerungsgruppe, die Ovimbundu, spielt in der damaligen politischen und literarischen Diskussion zu
diesen Fragen keine Rolle, obwohl sie für die wirtschaftliche Entwicklung das wichtigste Arbeitspotential darstellte. In der angolanischen

Literatur erscheint nach Schmalbruch[29] die afrikanische Bevölkerung bis ins 20. Jahrhundert nur als „Ware oder als Widerstandskraft gegenüber der Ausdehnung kolonialer und merkantiler Macht".

Den entwicklungspolitischen Zielen einer immer stärkeren Eingliederung der Afrikaner in eine moderne Wirtschafts- und Lebensform auf der einen Seite stand die Politik des Kolonialstatuts von 1934 entgegen. Einmal hatte der seit den vierziger Jahren stärker gewordene Zuzug von europäischen Frauen die Bedeutung der Mischlinge auch in Luanda gemindert (in ganz Angola ein Rückgang auf 1,1 %, in Luanda von 10,1 % (1940) auf 6,1 % (1960) der Gesamtbevölkerung; in Luanda lebten 25,5 % aller Mischlinge des Landes). Das weiße Element und damit das „Portugiesische" stand in der „modernen" Gesellschaft im Vordergrund. Zum andern versuchten die meist armen und wenig ausgebildeten portugiesichen Zuwanderer afrikanische Arbeitskräfte nur in untergeordneten Tätigkeiten bei billigen Löhnen zu halten und damit keine Konkurrenz heranzubilden. Dazu diente auch eine im Innern nur zögernd aufgebaute niedrige Schulausbildung. Dem entsprach das Eingeborenenstatut von 1953 durch die Schaffung von zwei Klassen der afrikanischen Bevölkerung, den „Zivilisierten" und den „Nichtzivilisierten", wobei „Zivilisierter" gleichbedeutend mit portugiesischer Staatsbürger war, allerdings unter gewissen zivilisatorischen Bedingungen der Lebensführung. Das bewirkte, daß sich nur 1,1 % der Afrikaner als „Zivilisierte" bezeichnen konnten.

10.2 Tendenzen der angolanischen Elite

Die portugiesische Kolonialpolitik in Angola hatte im 19. Jahrhundert zwei Phasen. Das liberale Regime in Portugal, das sich bis 1830 durchgesetzt hatte, gewährte allen Bürgern der Kolonie Bürgerrechte. Damit war die Bezeichnung als „Überseeprovinz" verbunden, die bis zur Ausrufung der portugiesischen Republik 1910 galt. Danach wurden die Überseeterritorien im Sinne der imperialistischen Kolonialepoche wieder „Kolonie" genannt, bis sie im Salazar-Regime aus politischen Gründen zur Abwehr fremder politischer Einmischung vor allem vor der UNO wieder als „Überseeprovinz" im Verband des

29   Schmalbruch Gerhard: Angolanidade, a.a.O. S. 83 f.

portugiesischen Imperiums umbenannt wurden.

In der liberalen Epoche Portugals im 19. Jahrhundert waren die Portugiesen in Angola mit Mischlingen und Afrikanern in allen Berufen der Verwaltung und Wirtschaft gleichgestellt, sodaß einige afrikanische Familien beträchtliche Vermögen, besonders durch den Sklavenhandel, erwerben konnten. Sie hatten sich der portugiesischen Kultur angepaßt, wurden „Assimilados" genannt, im Gegensatz zu der Mehrzahl der stärker im traditionellen Stammesleben verankerten „Indigenas" (Eingeborene). Weiße und Schwarze bildeten eine kleine Elite und fühlten sich als Angolaner, die gegenüber Lissabon ein gewisses Anrecht auf eigene Kulturäußerungen vertraten. Das wurde besonders deutlich in der Entwicklung einer eigenen Presse mit weitgehender liberaler Freiheit. Zeitungen erschienen seit 1842 in Luanda und einigen anderen alten Städten Angolas. Die sich herausbildende geistige Elite beschäftigte sich auch mit der afrikanischen Kultur, kritisierte die geringen Bildungschancen für Afrikaner, die Zwangsarbeit und die von Portugal betriebene Abschiebung unerwünschter Elemente, wie Sträflinge und Verbannte, nach Angola. Diese „angepaßte" Elite (Assimilados) hatte jedoch nur wenig Verständnis für die Interessen der „Indigenas"[30].

Erst die neu aufkommende imperiale Kolonialpolitik, die mit der Expansion ins Innere des Landes einherging, beendete die liberale Phase der angolanischen Elite mit der 1890 verfügten Pressezensur. Stärkerer Einfluß von Lissabon und Förderung landwirtschaftlicher Siedlungen mit portugiesischen Einwanderern führten zu einer Einschränkung der liberalen Gesinnungs- und Lebensweise der angolanischen Elite, die sich gegenüber den portugiesischen Staatsangehörigen zurückgesetzt fühlte und sich allmählich nationalen Gedankengängen hingab.

Auf die Kolonialpolitik der Republik mit ihren zahlreichen Versuchen, das von Lissabon gelenkte portugiesische Element in Angola zu stärken und die Afrikaner in ihrer Handlungsfreiheit zu beschneiden, gab es zahlreiche Reaktionen in Angola wie auch in Portugal selbst. Auf kultureller und literarischer Ebene und durch Interessenvertretungen versuchte die Elite der „Assimilados", Einfluß für ihre Seite zu

---

30 Offermann Michael: Angola zwischen den Fronten. a.a.O. S. 53.

gewinnen. Zeitungen, Vereine, politische Kreise und Organisationen entstanden, die auch nach Portugal und ins weitere Ausland wirkten. Sie forderten Rechte und Entwicklungschancen für die afrikanische Bevölkerung. Allerdings blieb der Einfluß bis in die Zeit nach dem Zweiten Weltkrieg gering.

Im Rahmen der Neuordnung der Kolonie in Verwaltung (Ablösung der militärischen Kolonialverwaltung durch eine zivile) und Bevölkerungsfragen wurde 1914 für die Elite der besondere Status des „Assimilado" amtlich geschaffen, den jeder Afrikaner erwerben konnte, wenn er vier Bedingungen erfüllte: Verwendung der portugiesischen Sprache mündlich und schriftlich, Übernahme der portugiesischen Kultur, Ausscheiden aus dem traditionellen Stammesverband und ein regelmäßig ausreichendes Einkommen oder entsprechender Besitz. Dieser „Zivilisierte" (civilizado) stand juristisch zwischen den Portugiesen und dem „Nichtzivilisierten" (não civilizado, indigena)[31]. Allerdings ist der Anteil der Zivilisierten an der gesamten afrikanischen Bevölkerung nicht über 1 % gestiegen. Der Acto Colonial von 1930 regelte die einheitliche überseeische Politik und Verwaltung und die Eingeborenenfrage.

10.3 Die Regelung der afrikanischen Arbeitskräfte

Die zu Anfang des 20. Jahrhunderts unternommenen verstärkten Versuche, die portugiesische Besiedlung zu fördern, ging bis zur Mitte des Jahrhunderts in starkem Maße zu Lasten der afrikanischen Bevölkerung, deren bestes Land eingeschränkt wurde. Alles nicht in Privatbesitz befindliche Land wurde als Staatsland deklariert. Die „Indigenas" hatten kein Eigentums- sondern nur ein Nutzungsrecht an dem von ihnen bebauten Land. Damit konnte der Staat Dörfer umsiedeln zugunsten von Konzessionsgebieten, großen Plantagen oder besonders zu fördernden portugiesischen Siedlungsvorhaben.

Um die Produktionsmöglichkeit für gewinnbringende, für den Export geeignete Güter und auch für die Subsistenzwirtschaft zu erweitern und zu sichern, wurden nach der Abschaffung der Sklaverei die notwendigen Arbeitskräfte durch Zwangsarbeit rekrutiert und durch das Arbeitsgesetz von 1899 (Codigo do trabalho indigena)

31   Eingehende Darstellung bei Offermann a.a.O. S. 54.

geregelt. Nach ihm mußte jeder „Eingeborene" für seinen Lebensunterhalt und den seiner Familie selbst aufkommen, durch ein mindestens sechs Monate im Jahr bestehendes Arbeitsverhältnis seiner eigenen Wahl. Die Arbeitskräfte wurden auf den Pflanzungen und vor allem bei den öffentlichen und privaten Eisenbahnbauten gebraucht, die 1886 zunächst mit dem Bau der Linie Luanda-Malanje begannen, und beim Bau des Hafens Lobito, dem Straßenbau, aber auch im Bergbau, vor allem bei der Diamantengesellschaft. Die Kolonialverwaltung vermittelte diese Arbeitskräfte. Für 1925 wurden z.B. 187 000 Arbeiter für den Bau des Hafens von Lobito und der Benguelabahn zur Verfügung gestellt.

Der Zwang erstreckte sich aber auch auf die selbständigen Bauern, die zum Anbau von Baumwolle und anderer Produkte verpflichtet wurden. Spätere Arbeitsgesetze nach 1920 regelten und erleichterten die Bedingungen. Im allgemeinen wurde die Arbeitspflicht durch freiwillige, selbstgewählte Arbeitsaufnahme oder durch von den Behörden vermittelte Kontraktarbeit abgeleistet. Zahlreiche Ausnahmen von dieser Arbeitspflicht waren gesetzlich geregelt[32].

Für die Arbeit auf den Kakaoplantagen der portugiesischen Kolonie S. Tomé e Principe wurden im Laufe der Jahre fast 100 000 Angolaner durch ein Vertragsarbeitersystem verpflichtet, die meist nicht zurückkehren konnten. Bis heute besteht eine natürlich gewachsene, eigene Beziehung zwischen diesen beiden Staaten. Die im 16. und 17. Jahrhundert dort von Angola angelandeten Sklaven und ihre Nachkommen sind entsprechend ihrem Heimatland als „Angolares" in die Geschichte von S. Tomé eingegangen. Die Rekrutierungsmaßnahmen der Arbeitskräfte in Angola sind in der Öffentlichkeit immer wieder gerügt worden.

10.4 Wandel in der Entwicklungs- und Bevölkerungspolitik

Anfang der sechziger Jahre ging Portugal von dem bisher mehr protektionistischen Wirtschaftssystem und der Verhinderung zu starker ausländischer Einmischung durch internationale Investitionen ab. Dazu führten einmal die antikolonialistischen Angriffe gegen Portugal in der UNO, zum anderen der Zwang, neben der portugiesischen

32   S. Offermann a.a.O. S. 50-53.

europäischen Siedlungspolitik auch die wirtschaftliche Entwicklung
vorwärts zu treiben, um Angola als „Überseeprovinz" Portugals zu
erhalten und die Produktivität der angolanischen Wirtschaft zu steigern. Das war allein mit ausländischem Kapital möglich. Dazu kam
die Mitgliedschaft Portugals in der EFTA. Es galt, vor allem den
Bergbau zu entwickeln und den Kolonialkrieg seit 1961 zu finanzieren,
dessen Hauptlast Angola selbst zu tragen hatte.

Vorausgegangen war die Aufhebung des Kolonialstatuts der portugiesischen Überseegebiete vom Jahre 1951 und ihre Eingliederung in
den portugiesischen Staat, in dem die einzelnen Teile nur Provinzen
waren. Nach dem bewaffneten Aufstand der Befreiungsbewegungen
gegen Portugal 1961 gab die Aufhebung des Eingeborenen-Statuts den
afrikanischen Angolanern das uneingeschränkte portugiesische Bür-
gerrecht.

Damit ging ein forcierter politischer Wandel gegenüber der afrikanischen Bevölkerung einher, die Abschaffung der kolonialen Zwangsarbeit und des Indigena-Status und die Entwicklung einer effizienteren
Sozialpolitik auch gegenüber den Afrikanern. Jedem war in Zukunft
freigestellt, ob er nach traditionellem afrikanischem oder portugiesischem Recht in Zivilsachen behandelt werden wollte. Ein neues,
umfassendes Wirtschafts- und Sozialprogramm wurde aufgestellt.

Auch um Unabhängigkeitsbestrebungen entgegenzuwirken, trieben die Portugiesen in den nächsten Jahren die wirtschaftliche und
soziale Entwicklung mit Hilfe ausländischer Investitionen in raschem
Tempo voran. Durch den schnell wachsenden Außenhandel nahmen
die Kontakte der angolanischen Wirtschaft mit dem Weltmarkt in
starkem Maße zu, wodurch die Verknüpfung mit der portugiesischen
Wirtschaft zurücktrat. Durch den Wirtschaftsaufschwung, die steigende weiße Einwanderung und breitere Schulbildung auf dem Lande
waren für die Afrikaner weitere Aufstiegsmöglichkeiten in der Stadt
gegeben. Die direkte Abwanderung aus dem Innern des Landes in die
Städte, fast ausschließlich nach Luanda und Lobito, nahm daher an
Bedeutung zu. Damit vermischten sich auch die Siedlungsgebiete der
Weißen und Schwarzen an der Küste wie auf dem Hochland. Im
Unterschied zu den Afrikanern, die sich den natürlichen Bedingungen
ihrer Wohnbereiche anpaßten, konzentrierten sich die Europäer dort,
wo sie die natürlichen Voraussetzungen des geographischen Raumes

durch kapitalwirtschaftliche Maßnahmen verändern oder verbessern konnten.

Die abgewanderten Afrikaner lösten sich aus ihren Stammesverbänden und trugen zur Ausbreitung einer multikulturellen Gesellschaft bei. Immer mehr Afrikaner betrachteten sich als „Angolaner" und nicht mehr nur als Stammesangehörige. Ähnliches galt auch für die Weißen, die schon in Angola geboren waren oder seit Jahrzehnten dort lebten. So waren nicht rassische oder ethnische Abgrenzungen sondern Klassenschranken aufgrund des erreichten sozialen Niveaus Charakteristika der angolanischen Gesellschaft. Allerdings nahm diese Entwicklung erst in den letzten Jahren stärker zu und erweckte gewisse Erwartungen für beide Seiten. So könnte wohl später einmal das Urteil lauten: Mit großer Anstrengung und Realitätssinn, aber zu spät, wenn in den letzten zehn Jahren der portugiesischen Herrschaft aufgeholt werden sollte, wozu es in fast 500 Jahren nicht gekommen war, was das kleine, selbst verarmte, politisch zerrissene, im Schatten der Politik großer Mächte stehende und von ihnen vielfach unter Druck gesetzte Portugal nicht zu leisten vermochte. Die retardierende Politik gegenüber der schwarzen Bevölkerung und der Dirigismus des Salazar-Regimes standen bis 1961 aller Entwicklungseuphorie entgegen, die auch zu jener Zeit lebendig war und manche weißen Angolaner in die Opposition trieb.

Angola erhielt mit dem am 1.1.1964 in Kraft getretenen politischen Statut „Lei Orgânica do Ultramar" ein gewisses Maß an Autonomie und an eigenen Kompetenzen der Provinzialverwaltung. Daraufhin war auch ein schwarzer Afrikaner als angolanischer Abgeordneter Mitglied des Parlaments in Lissabon. Die wirtschaftliche Integration Portugals mit seinen Überseeprovinzen sollte 1975 abgeschlossen sein, nachdem seit 1953 Maßnahmen in dieser Richtung durchgeführt wurden, z.B. Zollunion und einheitliches Währungssystem.

10.5 Der Einfluß der Missionen und ihre Nachwirkungen

Der ländliche Unterricht lag nach dem Missionsstatut von 1941 fast ausschließlich in der Hand der Missionen, deren Kräfte jedoch nicht ausreichten. Zudem lagen Missionsstationen nur in wenigen Gebieten im östlichen Angola und konzentrierten sich stärker in den westlichen, dichter bevölkerten und weiter entwickelten Landstrichen. Nach der

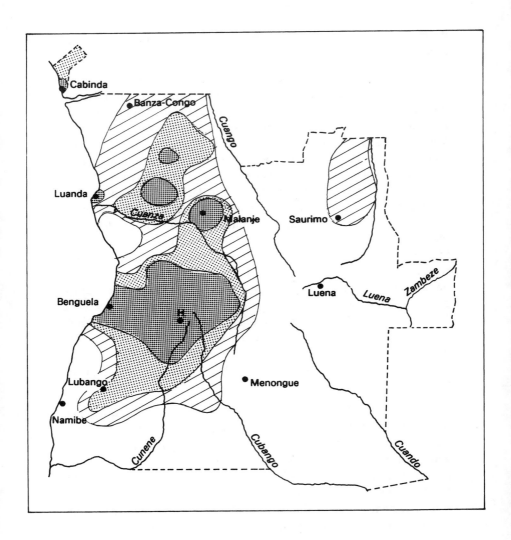

Bevölkerungsdichte in Angola 1960

nach: Area Handbook of Angola

> 10 EW/km^2
7-10 EW/km^2
3,5-7 EW/km^2
< 3,5 EW/km^2

staatlichen Zählung von 1960 waren von der Gesamtbevölkerung Angolas 55,1 % Angehörige von Naturreligionen, 33,8 % der katholischen Religion und 11,1 % von protestantischen Konfessionen.

Der Anteil der Katholiken an der Bevölkerung war am größten in den Regionen von Huambo (Nova Lisboa) und Cuito (Silva Porto) mit je rund der Hälfte der Bevölkerung, also im Einflußbereich der Benguela-Eisenbahn vom Planalto bis zu den Häfen und damit in der Region stärkster Bevölkerungsdichte und günstigem Klima für Europäer. Das gilt auch für die Region Lubango (Sá da Bandeira). Weiter im Innern des Landes ohne stärkere europäische Bevölkerung war der Anteil der Katholiken weit geringer, in Malange nur 17 %, in Luena (Luso) nur 7,5 %. Es zeigt sich, daß jahrhundertelang nicht die katholischen Missionen, sondern der im Busch lebende portugiesische Händler die alleinigen Kontakte zur Bevölkerung auf dem angolanischen Hochland vermittelte.

Anders als die katholischen Missionen waren die protestantischen weiter im Lande verstreut und stießen tiefer ins Landesinnere vor. Sie hatten ihre Schwerpunkte auf dem zentralen Hochland, in den Hafenstädten und weiter verstreut im Norden und Osten des Landes. Im Jahr 1965 gab es 56 evangelische adventistische und baptistische Missionen mit 209 Missionaren, vornehmlich aus USA, Kanada und England, Portugal und der Schweiz. Entsprechend der großen Bedeutung der Bibel für die protestantische Mission übersetzten sie sie in die afrikanischen Sprachen und missionierten in ihnen. Ihre Missionsschulen waren für die aufstrebende Bevölkerung vielfach der Weg zu höherer Bildung der Eliten. Führende Kräfte der Befreiungsbewegungen sind durch diese Missionsschulen gegangen. Diese ausländischen Missionen öffneten vielen auch den Weg zum Ausland und zur Kritik an den portugiesischen Kolonialverhältnissen. Sie wurden dementsprechend oft der Zusammenarbeit mit nationalen angolanischen Befreiungselementen gezogen und nach Ausbruch der Revolte 1961 ihrer Wirkungsmöglichkeit beraubt.

Im Laufe der Jahrhunderte haben sich immer wieder, vor allem unter den Bakongo in Nordangola, auf dem Christentum basierende Messias- und synkretistische Bewegungen gebildet, die gegen die Portugiesen und ihre schwankende Kolonialpolitik auftraten. Besonders im 19. und Anfang des 20. Jahrhunderts bildeten sie kleine und größere Gemeinden und erhielten auch Anregungen durch protestantische Missionare, die die Afrikaner selbst am verantwortlichen Gemeindeleben teilnehmen ließen. Es ging dabei nicht immer um Ablehnung der Weißen, sondern oft auch um Bestrebungen, sich ihnen anzupassen und mit ihnen an der Entwicklung teilzunehmen. Solche Bewegungen umfaßten meist alphabetisierte, dem traditionellen Stammesleben entfremdete, mit geringen Aufstiegschancen privilegierte Schichten wie Lehrer, Angestellte, fortschrittliche Bauern.

Nach dem Zweiten Weltkrieg und durch das Wirken der UNO wurden nationalistische, antikoloniale Bestrebungen in Angola zahlreicher, zunächst in einzelnen mehr oder minder einflußreichen Vereinen und Gesellschaften, von denen viele die afrikanische Geschichte und Kultur zu pflegen und ihre Bedeutung zu stärken suchten. Aus diesen Vereinigungen sind vielfach die Führer der MPLA hervorgegangen, die protestantische Missionsschulen besucht hatten. Es bildeten sich einige Untergrundzirkel, die allerdings bald verboten wurden. Aus solchen Gruppen entstanden in den fünfziger Jahren die für den Kolonialkrieg und die Unabhängigkeit maßgeblichen Befreiungsbewegungen.

10.6 Idee und Realität sozialer multirassischer Entwicklung

Die portugiesische Haltung gegenüber Angola stand stets unter einem Spannungsverhältnis von Programm und Durchführung, Mythos und Wirklichkeit (Bender)[33] und schließlich im realen Ablauf „vom Aschenbrödel des portugiesischen Imperiums zum Kleinod Portugals"[34]. Da war der mystifizierte Anspruch einer lusotropikalen Welt, nämlich der „Welt, die der Portugiese schuf", wie es der brasilianische Soziologe Gilberto Freyre (1940) sieht[35], oder die „terra portuguesa", portugiesische Heimaterde in Portugal wie in Afrika. Dabei erleichterte, wenn auch sehr eingeschränkt, das Fehlen einer Rassendiskrimi-

33   Bender, G.J.: Angola under the Portuguese. The Myth and the
      Reality. Berkeley 1978.
34   Kuder, Manfred: Die Portugiesen in Angola. Die wechselvolle
      Entwicklung vom Aschenbrödel des Imperiums zum nationalen
      und wirtschaftlichen Kleinod Portugals. Klemmerberg-Verlag
      Bammental/Heidelberg 1985.
35   Freyre, Gilberto: The Portuguese and the Tropics. Lissabon 1961.

nierung unter den Portugiesen, was teilweise als arabisch-maurisches Erbe angesehen wird, die Mischung mit anderen Völkern und somit das Schaffen eines Kreolentums in Afrika wie in Brasilien.

Die Politik der multirassischen Gesellschaft baute mehr auf menschlichen und zivilisatorischen als auf materiellen Gütern auf, worauf die Portugiesen bei ihrer Verteidigung vor Angriffen der UNO immer wieder hinwiesen und damit eine koloniale Ausbeutung leugneten. Viele Portugiesen zur Zeit Salazars waren von der Idee des „Lusotropikalismus" überzeugt. Brasilien galt als Vorbild für einen multirassischen Staat. Die portugiesische Vorstellung und das Erlebnis des „Ultramar" (Übersee) hatte, wie schon seit dem Ende des 19. Jahrhunderts, besonders in der Salazarzeit mehr eine psychologische als kolonialwirtschaftliche Bedeutung für den portugiesischen Staat. Daher entwickelte sich auch die Überzeugung, moralisch berechtigt, ja verpflichtet zu sein, in Afrika zu bleiben, wie es noch 1974 bei Spinola in „Portugal und die Zukunft"[36] anklingt.

Diesem teils pragmatisch, stärker noch mystifizierend gesteckten Ziel standen im Laufe der Jahrhunderte immer wieder Realitäten gegenüber, die dieses Ziel verschleierten oder zeitweise ganz verschwinden ließen. Moderne Soziologen wie Heimer[37], Bender[38] u.a. haben diese Diskrepanz herausgestellt. Die Befreiungsbewegungen, viele Angolaner, Schwarze, Mischlinge und auch Weiße lehnten den lusotropikalen Mystizismus ab, da er der Wirklichkeit nicht entspräche.

36 Spinola, António de: Portugal e o futuro. Lissabon 1974.
37 Heimer, F.-W.: Social Chance in Angola. München 1973.
    Heimer, F.-W.: Der Entkolonialisierungskonflikt in Angola.
    Arnold-Bergstraesser-Institut Nr. 16. München 1979.
38 Bender, G.J. a.a.O. Berkeley 1978.

Kapitel IV

Angola seit der Unabhängigkeit
Koordination: Manfred Kuder, Bonn/Köln

1. Das Ende des Kolonialkriegs, der Vertrag von Alvor und die Ausrufung der Volksrepublik

Während des Kolonialkrieges, der sich seit 1961 langsam entwickelte, nahmen die Streitkräfte auf Seiten Portugals von damals rund 6.000 in Angola stationierten Soldaten auf 140.000 zu, von denen etwa die Hälfte Afrikaner waren, in höheren Chargen allerdings meist Europäer. Dazu kamen Polizeikräfte mit unterschiedlichen Aufgaben. Etwa die Hälfte der Kriegslasten wurde von Angola selbst getragen. Vielerlei Unterstützungen politischer, humanitärer und wirtschaftlicher Art bis zu Waffenlieferungen erhielt Portugal von Mitgliedstaaten der NATO; während die Staaten Osteuropas und Skandinavien, auch Holland und Italien, die Befreiungsbewegungen mit Solidaritätskomitees unterstützten. In den letzten Kriegsjahren war die Kolonialarmee stark genug, in allen Zonen Angolas mit Erfolg zu operieren und die feindliche Guerillatätigkeit einzuschränken. Damit war die portugiesische Herrschaft in ganz Angola gesichert.

Der für beide Seiten jedoch aussichtslos gewordene Krieg, der mit militärischen Mitteln nicht zu gewinnen war, führte zu stärkerem Desinteresse bei den portugiesischen Soldaten, besonders auch den jüngeren Offizieren, aus Kriegsmüdigkeit und Ablehnung der 40-jährigen Salazar-Diktatur.

Entscheidend für das Zögern, die Kolonie durch eine politische Lösung unabhängig zu machen, war das Gefühl der traditionellen Verbundenheit Portugals mit seinen Überseegebieten seit 500 Jahren, das im portugiesischen Selbstverständnis und Geschichtsbewußtsein tief verankert ist. Ohne die Überseeprovinzen fürchtete Portugal, in Europa bedeutungslos zu werden und endgültig von seiner historischen Größe vergangener Jahrhunderte Abschied nehmen zu müssen, wie es Spinola in seinem 1974 erschienenen Buch „Portugal und die Zukunft" aussprach. Der politische Gedanke, eine Art Commonwealth unabhängiger Staaten portugiesischer Sprache mit Portugal, den fünf afrikanischen und möglichst auch Brasilien zu bilden, wofür auch manche Afrikaner stimmten, hatte keinen Erfolg.

Die Erhebung der jüngeren Offiziere am 25.04.1974 in Lissabon hatte als für alle gemeinsames Ziel die Demokratisierung und Entkolonisierung. Die Versuche, dies in Angola unter Wahrung des portugiesischen Einflusses in die Wege zu leiten, wie es besonders dem provisorischen portugiesischen Staatspräsidenten Spinola vorschwebte, scheiterten im Laufe des Jahres 1974. Die drei wichtigsten Gründe für die Erschwernis, eine schnelle politische Lösung für ein unabhängiges Angola zu finden, waren die unterschiedlichen Interessen der drei Befreiungsbewegungen, die wichtigen portugiesischen und ausländischen Wirtschaftsinteressen und schließlich die große Zahl portugiesischer Staatsangehöriger in Angola, deren späterer Exodus sich so hemmend für die Entwicklung des unabhängigen Staates auswirken sollte.

Bereits Waffenstillstandsverhandlungen der am Krieg beteiligten Befreiungsbewegunqen mit der provisorischen Regierung in Lissabon, die getrennt voneinander geführt wurden, zogen sich hin. In Angola selbst bildeten sich unter den Portuqiesen und ihnen nahestehenden Afrikanern viele Gruppen mit unterschiedlichen Zielsetzungen, an denen auch Teile der dortigen portugiesischen Armee beteiligt waren. Überfälle und Terroranschläge nahmen zu. Auch die Anhänger unter den Befreiungsbewegungen lieferten sich blutige Auseinandersetzungen in Luanda, dann aber auch in Nordangola. Alle drei Bewegungen waren in Luanda vertreten. Schließlich kam es am 15.01.1975 im Seebad Alvor in der portugiesischen Algarveprovinz zu dem von Portugal und den drei Befreiungsbewegungen unterschriebenen Vertrag von Alvor, der eine Übergangsregierung der vier Partner zur Vorbereitung der Unabhängigkeit Angolas, die auf den 11.11.1975 festgelegt wurde, und der Wahl einer verfassungsgebenden Versammlung festlegte.

Im Vertrag gab es keine politische Ausrichtung oder Festlegung auf ein bestimmtes politisches, wirtschaftliches und Verwaltungssystem. Die unterschiedlichen Standpunkte der Befreiungsbewegungen waren zu groß, ihre Verankerung in der Bevölkerung zu unübersichtlich und wenig abschätzbar, das gegenseitige Mißtrauen und die Ablehnung jeglicher Zusammenarbeit zu stark, als daß die Regierung zu einem gemeinsamen Handeln kommen konnte. Nach Meinungsumfragen von 1975 wurden die Anhänger der UNITA auf 40-45 % der möglichen Wähler geschätzt, der MPLA auf 25-40 %, der FNLA auf rund 20 % (Offermann). Die Parteien hielten sich nicht an den von ihnen unterzeichneten Alvor-Vertrag, begannen vielmehr, ihre einzelnen Positionen auszubauen. Neue Kämpfe und Terroraktionen brachen aus, in Luanda wie in Nordangola, später im ganzen Land, besonders zwischen der FNLA und MPLA. Diese Auseinandersetzungen unter den Afrikanern, bei denen die noch in Angola befindlichen restlichen portugiesischen Truppen nicht eingriffen, werden als zweiter Befreiungskrieg bezeichnet.

Kubanische Unterstützung und sowjetische Waffenlieferungen für die MPLA einerseits, US-Hilfen, zairische und andere Soldaten auf Seiten der FNLA und UNITA andererseits standen schon 1975 am Beginn des folgenden 19-jährigen Bürgerkriegs in Angola. In dieser Situation weitete sich der schon im Juli 1974 begonnene Exodus der Portugiesen zu einer Massenflucht aus, über den Hafen Luanda und eine Luftbrücke nach Lissabon, von mehr als 300.000 Portugiesen in vier Monaten, mit ihnen zahlreiche Mischlinge und Assimilados. Sie haben als „Retornados" (Zurückgekehrte) für das vom Kolonialkrieg schwer geschädigte Portugal eine soziale und wirtschaftliche Herausforderung bedeutet.

Versuche, den Bürgerkrieg zwischen den drei Organisationen zu beenden, wie es Kenyatta, dem Präsidenten von Kenia, im Nakuru-Abkommen vom 21.06.1975 vorschwebte, blieben ohne Erfolg. Aufgrund der geringen Kampfkraft der UNITA suchte Savimbi eine Position zwischen den beiden größeren Parteien mit wechselnden Aussichten. Der Versuch, für Angola eine von allen Organisationen getragene politische Ordnung und Regierung zu schaffen, war endgültig gescheitert. Der der provisorischen Regierung angehörende Hochkommissar löste die Übergangsregierung auf, übernahm selbst die Exekutive und übertrug die Regierung der MPLA, die allein in Luanda herrschte. Damit wurde auch das im Land verbliebene Kriegsmaterial allein ihr überlassen. Mit ausländischer Unterstützung, durch Kuba und die Sowjetunion, Südafrika, aus China, von europäischer Seite und den USA folgten schwere Kämpfe zwischen FNLA und UNITA und der MPLA und deren Regierungsposition in Luanda, das immer mehr

eingekreist wurde. Der portugiesische Hochkommissar übergab am
11.11.1975, wie im Alvor-Vertrag vorgesehen, die ehemalige Kolonie
den Angolanern, d.h. der allein in Luanda präsenten MPLA, worauf
diese sofort die Volksrepublik Angola ausrief, die sehr bald von einer
Reihe afrikanischer und anderer Staaten anerkannt wurde, denen bis
zum Frühjahr 1976 viele Staaten in Europa folgten. Die Volksrepublik
wurde am 22.11.1976 in der UNO zugelassen.

In der fortlaufenden Bedrohung der MPLA durch südafrikanische
Truppen rief der Präsident der Volksrepublik, Agostinho Neto, Kuba
und andere Staaten zur Hilfe, was zu einem Masseneinsatz kubani-
scher Truppen und dem folgend sowjetischer Waffenlieferungen und
Berater führte und auch die Hilfe anderer Staaten nach sich zog. Bis
zum März 1976 hatte die MPLA mit ihrer ausländischen Unterstützung die bei.den anderen Befreiungsbewegungen aus den wichtigsten
Teilen des Landes vertrieben. Der zweite Befreiungskrieg forderte
schätzungsweise über 100. 000 Tote.

2. Befreiungsbewegungen

Der Keim der angolanischen Befreiungsbewegungen geht bis in die
Zeit der ersten Republik Portugal nach 1910 zurück. In den folgenden
Jahrzehnten führte das Vorenthalten gleichberechtigter angolanischer
Staatsbürgerschaft, die Enttäuschung der schwarzen Bevölkerung
über zu geringe Aufstiegsmöglichkeiten bei allgemein nur geringem
Entwicklungstempo zu steigender Opposition der schwarzen Angola-
ner und Mischlinge, die teilweise in Portugal studiert hatten oder als
Schriftsteller und Journalisten in Angola wirkten. Dabei ging es ihnen
nicht um Unabhängigkeit oder bewaffneten Aufstand, sondern um
Minderung der portugiesischen dirigistischen Politik und bessere
Entwicklungschancen. Bereits 1912 setzten solche Reformbewegun-
gen ein, die zur Entwicklung eines Nationalbewußtseins für schwarze
und weiße Angolaner beitrugen. Mit Beginn des Salazar-Regimes
wurden diese Bestrebungen unterdrückt und die Bestimmungen über
Zwangs- oder Kontraktarbeit verschärft. Die geringe Zahl der „zivilisierten" gebildeten Afrikaner und Mischlinge im Vergleich zur Gesamtbevölkerung ließ die Gleichsetzung mit der weißen Bevölkerung
weitgehend als Fiktion erscheinen. Das politische Bewußtsein unter
diesen „Angeglichenen" (assimilados) wuchs nach dem 2. Weltkrieg.

1951 gründeten angolanische Studenten in Lissabon das afrikanische Studienzentrum, das zur Zentrale für die nationale Opposition gegen die portugiesische Herrschaft wurde und aus der ein Teil der bekanntesten Unabhängigkeitsführer hervorging, wie Agostinho Neto aus Angola, Eduardo Mondlane aus Moçambique oder Amilcar Cabral von den Kapverden und Bissau.

Die erste revolutionäre Partei in Angola wurde 1953 organisiert. Sie ging mit anderen Gruppen 1956 in der Befreiungsbewegung MPLA (Movimento Popular de Libertação de Angola) auf. Ihr Führer war der spätere Präsident Agostinho Neto. Der Beginn des bewaffneten Unabhängigkeitskampfes war am 04.02.1961, als die MPLA im Raum Luanda und Mittelangola einzelne Objekte, auch Gefängnisse, angriff, und die andere von Holden Roberto geführte Befreiungsbewegung FNLA (Frente Nacional para a Libertação de Angola, die sich fast ausschließlich auf den Bakongostamm stützte, im Norden des Landes den bewaffneten Aufruhr begann. Die dritte Bewegung UNITA (União para a Independencia Total de Angola) wurde 1966 unter der Führung von Jonas Savimbi gegründet. Ihre Hauptbasis war die in Mittelangola siedelnde Ovimbundustammesgruppe. Die Anhänger der MPLA hingegen waren weniger stammesgebunden, sondern zivilisierte Mischlinge und oppositionelle Portugiesen, die sozialistischen Ideen anhingen.

2.1. Die MPLA

Die MPLA begann ihren Kampf nicht gegen die Portugiesen, sondern gegen den Kolonialismus und das Salazar-Regime, gegen tribalistische Regungen und verfolgte sozialistische und marxistische Tendenzen. Sie stützte sich zunächst hauptsächlich auf die Kreise der Assimilados der Städte, vor allem Luandas, und suchte eine auf dem Selbstbestimmungsrecht aufbauende gemeinsame Lösung der kolonialen Frage zwischen den Angolanern und Portugal, wie es die antikolonialen Bestrebungen des „afrikanischen Jahres" 1960 vorzeichneten. Das Salazar-Regime lehnte dies eindeutig ab.

Die starke Verhaftungswelle 1959/60 von Führungspersönlichkeiten der MPLA führte am 04.02.1961 zu der Revolte in Luanda, die blutig niedergeschlagen wurde und der zahlreiche Verfolgungs- und Vergeltungsmaßnahmen folgten. Der 4. Februar ist heute Staatsfeiertag der Partei. Aufgrund der Verfolgung blieb die MPLA in Angola in den nächsten Jahren des Kolonialkrieges inaktiv, einzelne Zellen verharrten im Dembos-Gebiet und in Cuanza-Norte in Nordangola. Der Widerstand gegen die Portugiesen wurde dann vom Exil aus organisiert. Es gab kaum Kontakte zwischen der intellektuellen anti-kolonialistischen und sozialistischen Spitze, die sich zum größten Teil aus Assimilados und Mischlingsschichten und dem traditionellen Stammesleben abgewandte städtische Arbeitskreise stützte, weiße Angolaner in ihren Reihen hatte, die stammesgebundene Identität der großen Mehrheit ablehnte und marxistische Ideen verfocht, und der ländlichen Bevölkerung. So kam es auch zu keiner Annäherung an die Befreiungsbewegung der FNLA, die viel stärker, zum Teil aus-schließlich auf dem tribalistischen Prinzip aufbaute und die Bakongo-Stammesgruppe als stärkste Wurzel hatte. Sie stützte sich auf Zaire und hatte dort ihre Basen.

Die MPLA hingegen versuchte bei ihrer Reorganisation nach 1962 die Befreiungskämpfe stärker im Lande selbst zu führen und verurteil-te jeden Tribalismus und Regionalismus, aber auch religiös intolerante Haltung. Präsident der Bewegung war der Arzt Dr. Antonio Agostinho Neto. Er wurde am 17.09.1922 in Caxicane, Region Catete, als Sohn eines Methodistenpfarrers und einer Lehrerin geboren und hatte weiße und schwarze Vorfahren aus der Mbundu-Stammesgruppe. Als Stu-dent der Medizin schloß er sich in Lissabon der Opposition gegen das Salazar-Regime an. Er war mit einer Portugiesin verheiratet. Agostin-ho Neto war ein international anerkannter Dichter. Er gehörte zu den Mitbegründern der MPLA, rief 1975 die Volksrepublik Angola aus und war ihr Präsident bis zu seinem Tod 1979 in Moskau. Er versuchte zuletzt, einen eigenen angolanischen Weg zu gehen, die Beziehungen zu den USA als dem wichtigsten Handelspartner zu normalisieren, den Handel mit Europa zu verbessern und sich aus den einseitigen Bindun-gen an den Sowjetblock zu lösen.

Bis 1964 war die Mbundu-Region fast die ausschließliche Basis der MPLA. 1968 wurde sie von den afrikanischen Staaten als alleinige Befreiungsbewegung und Vertreterin Angolas anerkannt, 1972 von der UNO-Vollversammlung. Zunehmend fand sie ab 1964 Unterstützung im Ausland bei den sozialistischen Staaten, wie auch bei einigen europäischen Solidaritätsbewegungen. Allerdings mußte sich die

MPLA auch mit anderen Befreiungsbewegungen auseinandersetzen, die sich ihr regional in den Weq stellten, so im östlichen urd südöstlichen Angola, auch mit der UNITA seit 1966.

Zwei Flügel bildeten sich in der Bewegung der MPLA. Es gab die gemäßigtere sogenannte Catete-Gruppe, die aus den Befreiungskämpfen in den ländlichen Gebieten hervorging, einen afrikanischen Ausgleich anstrebt, Verhandlungen mit Südafrika, der UNITA und westlichen Ländern befürwortet, die Zusammenarbeit mit den Portugiesen sucht und stärker nationale Interessen vertritt. Bei diesem vor allem von Schwarzen getragenen afrikanischen Nationalismus lehnten Minoritäten die Vorherrschaft einzelner Stammesgruppen oder sozialer Schichten wie der Mischlinge ab.

Dem anderen rein „marxistischen" Flügel gehörten vor allem Mischlinge und Weiße an. Intellektuelle, die zum Teil in Portugal, den USA und anderen westlichen Ländern oder an den Universitäten des Sowjetblocks während der Unabhängigkeitskämpfe und später studiert haben und enge Beziehungen zu den sozialistischen Ländern pflegen. Aufgrund ihrer Ausbildung erhielten sie nach der Unabhängigkeit führende Posten, wie auch eine Reihe weißer Portugiesen, die schon vorher in Opposition zum Salazar-Regime gestanden hatten.

Diese marxistische Mischlingsgruppe bildet den intellektuellen Kern der sich in portugiesischer Zeit in den Städten bildenden Schicht der Zugewanderten, die sich aus den Stammesverbänden gelöst hatten und mit Unterstützung der Portugiesen die westliche Zivilisation annahmen. Sie folgten den Gedankengängen von Agostinho Neto, der seinerzeit die Anhänger des Tribalismus, der Stammesverbundenheit und -abhängigkeit, als Spalter des Volkes und damit Gehilfen des portugiesischen Kolonialismus bezeichnet hatte, da sie allein das Wohl ihrer eigenen Stammesgruppe im Auge hatten, und der Regionalismus die Einheit des Volkes, für die die MPLA kämpfe. verhindere. Der Gegensatz zwischen der arrivierten höheren Schicht und der unteren, die zwar Sculbildung genossen aber wenig Aufstiegschancen hatte, wird immer wieder auch für die aktuellen Verhältnisse als bestimmender Faktor angegeben.

Zur Zeit der Lissabonner Revolution gab es in der MPLA starke Zerwürfnisse und Austritte. Zahlreiche Guerilleros vor allem in Ostan-

gola schlossen sich der FNLA, zum Teil auch der UNITA an. Der
Führer dieser Fraktion war Chipenda. während Agostinho Neto den
Zuammenhalt der MPLA zu stützen suchte. Aufgrund der Irritationen
innerhalb der MPLA und der Kenntnis im Lande sollen bei der
alleinigen Übernahme der Regierung des unabhängigen Angola 1975
durch die MPLA schätzungsweise 95 % der Bevölkerung niemals
Kontakte mit ihr und ihrem Programm gehabt haben, worauf Offermann und Decke besonders hinweisen. Und doch gilt die MPLA als
einzige Befreiungsbewegung, die ihre sozialistischen Programme
theoretisch wie praktisch erarbeitet und angewandt hat.

Der gegenwärtige angolanische Präsident Eduardo dos Santos
übernahm die Führung der Partei und des Staates nach dem Tod von
Agostinho Neto, auch er ein Mischling Jahrgang 1942. Er trat 1961
bei Beginn der Unabhängigkeitskämpfe der MPLA bei und studierte
1963-69 an der Universität für die 3. Welt in Moskau. Er war mit einer
Russin verheiratet, wie auch andere Mischlinge der Parteiführung
vielfach mit Russinnen oder Deutschen aus der DDR verheiratet sind.

2.2. Die FNLA

Andere Gruppierungen der Widerstandsbewegungen basierten stärker
auf nationalen ethnischen Traditionen der alten Königreiche der Ba-
kongo- und Ovimbundustämme und anderen. Der spätere Führer der
FNLA, Holden Roberto, aus königlicher Familie gehörte dem protestantischen Bakongo-Flügel an. Er wurde zwischen 1923 und 1925 in
Mbanza Congo geboren und war lange Jahre in der belgischen Kolonialverwaltung und als Geschäftsmann in Leopoldville (Kinshasa)
tätig, wo auch das Hauptquartier seiner Bewegung war. Die Anhänger
der UPA (Union der Völker Angolas), später FNLA, waren hauptsächlich angolanische Flüchtlinge der Bakongo. Die Bewegung vertrat
stärker, im Gegensatz zur MPLA, eine antikommunistische Haltung
und blieb stets ihrer ethnischen Basis verbunden. Holden Roberto
setzte weniger auf einen militärischen Befreiungskampf, vielmehr
stärker auf Verhandlungen mit der Kolonialmacht, wie es in den
frankophonen Gebieten und im Kongo geschehen war. Allerdings
verursachte die Revolte von Arbeitern auf den Kaffee- und Baumwollpflanzungen Nordangolas eine gewaltige Erhebung gegen die portugiesischen Pflanzungseigentümer, Händler und Verwalter, Mischlinge

und Assimilados, Lehrer und Angestellte, auch Ovimbundu, die als regional fremde Wanderarbeiter auf Seiten der Kolonialmacht standen. Die Aufstände wurden von portugiesischen und afrikanischen Soldaten blutig niedergeschlagen. Viele Aufständische flohen in den Kongo oder die Waldgebiete Nordangolas. Die Abwanderung der Arbeitskräfte fiel ins Gewicht.

Danach ging die Guerillatätigkeit der FNLA und ihrer Organisationen ständig zurück. Innere Auseinandersetzungen und Desinteresse von Holden Roberto verursachten ein Schwinden des Ansehens der Befreiungsbewegung bei den anderen afrikanischen Staaten, auch ihrer zeitweise anerkannten „Revolutionären angolanischen Exilregierung" (GRAE). Die Machtergreifung von Mobuto in Zaire 1965, eines Verwandten von Roberto, brachte eine neuerliche Abstützung durch diesen Staat.

2.3. Die UNITA

Jonas Malheiro Savimbi, Führer der UNITA, gehörte der mit rund 40 % größten angolanischen Stammesgruppe, den Ovimbundu, an, deren Kerngebiet das zentrale angolanische Hochland ist. Es ist neben der Region Luanda-Malanje das dichtest besiedelte, aktivste, wirtschaftlich durch Infrastrukturen besterschlossenste Gebiet Angolas, dessen Entwicklungsanstöße von der internationalen Benguelabahn stark beeinflußt sind. Savimbis Vater war Stationsvorsteher an dieser Bahn und protestantischer Laienprediger. Die Familie gehörte also der Gruppe der Assimilados, der zivilisatorisch „Angeglichenen" an. Er selbst wurde 1934 in Muhango/Bié geboren, studierte an der Universität Lissabon Medizin, dann nach seiner Flucht aus Portugal Politik und Jura in Lausanne.

1961 trat er der FNLA bei, wurde Generalsekretär und Außenminister der provisorischen Exilregierung, verließ nach Auseinandersetzungen mit deren Führer Holden Roberto die FNLA und besuchte in einigen Wanderjahren sozialistische Länder, vor allem auch die Volksrepublik China. 1964 gründete eine eigene politische Gruppe, aus der sich 1966 die UNITA als dritte Befreiungsbewegung bildete, zu deren Präsident Savimbi gewählt wurde. Während die FNLA die etwa 14 % umfassende Bakongo-Stammesgruppe in Nordwestangola vertritt, die MPLA sich mehr auf die 23 % starken Mbundu stützt, die einen rund

500 km langen Landstreifen von Luanda bis östlich Malanje bewoh-
nen, hat die UNITA ihre Basis bei den Völkern Zentral-, Ost- und
Südostangolas mit den beherrschenden Stammesgruppen Ovimbundu, Nganguela, Cokwe und kleineren Gruppen der weiten Osthälfte
des Landes. Sie umfassen zusammen etwa 55 % der Gesamtbevölkerung Angolas. Die UNITA vertritt unter ihrer Anhängerschaft nationale angolanische Interessen, die des Kleinbürgertums für den
Privatbesitz, der selbständigen Bauern mit eigenem Land. Sie wahrt
auch die Interessen der im traditionellen Stammesverband Lebenden,
fördert eine gemäßigte Entwicklung und schützt sie vor einem abrubt
schnellen Wandel der Sozialstrukturen. Die Bauernschaft wird von
Savimbi, auch aufgrund seiner Erfahrungen in der Volksrepublik
China, als wichtigste Gruppe jeglicher Entwicklung angesehen.

Die UNITA hat in ihrer ersten Phase bis zur Unabhängigkeit
Angolas weniger in militärischen und Guerillaaktionen, stärker durch
politische, diplomatische und psychologische Aktivitäten Einfluß gewonnen. Dann entwickelte sie sich nach der Unabhängigkeit des
Landes zu dem großen Kontrahenten der Reqierungspartei MPLA auf
allen Gebieten, neben dem politischen besonders auch auf dem bis
dahin weniger aktivierten militärischen, zu einer Bürgerkriegspartei,
die die einstige Guerillabewegung in eine halbreguläre Armee umwan-
delte. Sie hatte am Ende des Kolonialkriegs beherrschenden Einfluß
auf das zentrale Hochland der Ovimbundu und konnte in den folgenden Jahren die MPLA in weiten Teilen Anqolas in die Städte zurückdrängen, so daß das wenig dicht besiedelte Land von der UNITA
kontrolliert wird. Eine größere Stadt hat sie nicht erobern können.

Während Aqostinho Neto als Marxist beim Aufbau eines unabhängigen Staates in der Westhälfte Angolas wie die Russen der Industrie
den Vorzug gab und die Landwirtschaft vernachlässigte, folgte Savimbi der Lehre Maos, nachdem er ein Jahr in der Volksrepublik China
war, und gab später den Bauern den Vorzug, da er sie zur Sicherung
der Ernährung des Volkes für wichtiger als die Industrie hielt. Da die
UNITA im wesentlichen die Osthälfte Angolas besetzt hält, in der es
kaum Ansätze für eine industrielle Entwicklung gibt, hat sie diese
Gebiete zunächst vor allem durch die Anlage von Kollektivfarmen
entwickelt und viele vertriebene Menschen angesiedelt. Eines der
Gebiete ist Südostangola, das von den Portugiesen früher „das Land

am Ende der Welt" genannt wurde, wegen der geringen Bevölkerungsdichte (0,55 E/km²) und der wenig fruchtbaren Böden. Sie wurden
nicht genutzt wegen der Unerschlossenheit des Landes, der Verkehrsferne und der weit besseren Böden in Zentralangola, näher zur bevöl-
kerungsreicheren Küste hin. Während die sandigen Wasserscheiden
fast unfruchtbar sind, haben die Flußtäler reiche schwarze Böden, die
nunmehr besiedelt und kultiviert werden. Das Ziel der UNITA ist, auch
die Ost- und Südostprovinzen in die Entwicklung einzubeziehen und
die dort allein mögliche Landwirtschaft zur Versorgung der Bevölkerung neben dem Gesundheitsdienst und der Schulbildung auszubauen.
Die kollektiven Wirtschaftsformen sind durch eine dezentralisierte
gemischte Wirtschaft abgelöst worden.

Die Wirtschaftsstruktur Angolas wird durch die MPLA-Arbeiter-
partei nach östlichem Vorbild sozialistisch gestaltet. Es ist ein Staatshandelsland. Die Erziehung genießt Priorität. Das Schulsystem wurde
auf den Marxismus umgestellt und wird vom Staat durchgeführt. Die
Unterrichtssprache ist Portugiesisch. Die mißliche finanzielle Lage,
fehlendes Lehrpersonal, mangelhaftes Unterrichtsmaterial und die
allgemeine Unsicherheit im Lande beeinträchtigen die Erfolge.

Es zeigte sich nach der Unabhängigkeit, daß die MPLA als regie-
rende Einheitspartei das Stammesbewußtsein mit dem Gedankengut
des Marxismus nicht auslöschen und die einzelnen Stammesgruppen
nicht marxistisch-leninistisch zu einem Einheitsvolk wirksam zusammenfassen konnte. Damit konnte der von der Sowjetunion unterstützte
internationale Marxismus auch nicht erfolgreich die Funktion als
Mittler und aufsaugende Kraft übernehmen, die die Portugiesen zwischen den vielen ethnisch-kulturellen Gruppen innehatten. Südafrika
hingegen unterstützte Savimbis UNITA gerade auch wegen seiner
Betonung des Tribalismus und der damit gegebenen Dezentralisation
in der Politik Angolas. Savimbi sucht die tieferen kulturellen Wurzeln
im afrikanischen Erbe und will die Stammeswerte beim Aufbau der
Nation nicht ausschließen. Er ist darum dem Detribalismus, also
denen, die sich von ihren Stammesbindungen gelöst haben, nicht
zugetan. Das ungenügende Erfassen der einzelnen Stammesgruppen
durch die MPLA führte nach dem erfolglosen Putschversuch von
,,links" 1977 in Luanda zu einer Parteidiktatur, die die politische
Beteiligung der Bevölkerung verringerte, während andererseits die

Regierung die Unterstützung der gesamten Bevölkerung bei Entwicklungs- und Verteidigungsanstrengungen brauchte.

3. Die einzelnen Epochen des unabhängigen Angola

Das politische und wirtschaftliche Geschehen in Angola läßt sich in mehrere Epochen einteilen, die die Schwierigkeiten beim Aufbau dieses neuen Staates, von Abhängigkeiten und internen Gegensätzen dramatisch widerspiegeln.

Diese vier Epochen sind:

1. Befreiung von der portugiesischen Kolonialmacht 1961-1975

2. Befreiungskrieg unter den Bewegungen 1975-1976

3. Bürgerkrieg bis zum Friedensabkommen von Bicesse 1976-1991

4. Bürgerkrieg nach den ersten freien Wahlen in Angola 1992-1994

4. Der erste Bürgerkrieg

4.1. Flüchtlingsprobleme und Zerstörungen

Der Gegensatz zwischen den beiden Bewegungen MPLA und UNITA beherrscht seit 19 Jahren alles Geschehen in Angola und hat das Land in Chaos und militärisch wie politisch kaum zu entwirrendes Elend gestürzt, um dessen Abhilfe und friedliche Regelung sich nicht nur die afrikanischen Nachbarstaaten, sondern auch die großen Mächte bemühen.

Das Flüchtlingsproblem hat seit dem Kolonialkrieg immer wieder Krisen in Angola heraufbeschworen. Nach der Unabhängigkeit kehrten diejenigen aus den Nachbarländern, aber auch entfernteren Staaten zurück, die während des Kolonialkriegs und wieder während des 2. Befreiungskriegs aus Angola geflohen waren. Das größte Problem verursachten aber die in den 15 Jahren des Bürgerkriegs innerhalb Angolas Vertriebenen und Flüchtlinge. Auf rund eine Million werden diese entwurzelten, aus ihrer Heimatregion Vertriebenen geschätzt. Der Krieg hat den Menschen vor allem auf dem Land grausam mitgespielt. Verschleppungen, Tötungen und die vielen Krüppel aufgrund der zahlreichen im Boden versteckten Minen haben der Landbevölkerung bei der Feldarbeit schwere Schäden zugefügt. In Sammellagern, neu angelegten Dörfern und übervölkerten Städten wurden sie untergebracht. Internationale, staatliche und private Organisationen nehmen sich seitdem der Flüchtlinge an und leisten Hilfe für ihre Versorgung. Die landwirtschaftliche Produktion und ihr Abtransport in die Städte hatte einen katastrophalen Rückgang, so daß aus einem Überschußland vor der Unabhängigkeit ein vom Import von Nahrungsmitteln unter Verwendung eines beträchtlichen Teils der Deviseneinnahmen stark abhängiges Land wurde. Die Einwohnerzahl Luandas hat sich seit der Unabhängigkeit 1975 von rund 400.000 schnell auf 1,2 Millionen verdreifacht. Etwa 25 % der Bevölkerung leben jetzt in den Städten.

Die fortlaufenden kriegerischen Konflikte mit wechselnden Vorstößen und Okkupations- und Infiltrationszonen führten zur Lähmung des Wirtschaftslebens und aller Verwaltungsfunktionen im Lande. In den Auseinandersetzungen Südafrikas mit der SWAPO aus Namibia auf angolanischem Boden, in die auch Angolaner und Kubaner verwickelt wurden, wurden die südlichen Landstriche zwischen der Grenze mit Namibia und den Regionen südlich der Moçâmedes-Namibe-Bahn fast ganz zerstört und die Menschen vertrieben.

4.2. Politische Lösungsversuche bei fortschreitenden Kriegshandlungen

Ernste und weniger ernst gemeinte und darum von der Gegenseite schnell abgelehnte Versuche, auf politischem Feld Lösungen für den konfliktreichen Angolakrieg zu finden, sind die Jahre hindurch immer wieder angestellt worden. Auch das Lusaka-Abkommen von 1984, an dem Angola, Südafrika und die USA teilnahmen, und das zu einer Entflechtung der kriegerischen Handlungen führen sollte, um der UNO-Resolution 455 mit dem Ziel der Unabhängigkeit Namibias einen Schritt näher zu kommen, hatte zunächst nur geringen Erfolg, auch Verhandlungen über die Benguelabahn und der Vorschlag Savimbis 1987, diese internationale Bahn für zivile Transporte frei zu geben und nicht mehr zu behindern.

Gerüchte über private Kontakte zwischen Mitgliedern der MPLA und UNITA und über Vermittlungsversuche ausländischer Politiker gab es seit Anfang der 80er Jahre und in geringem Maße schon früher.

Darüber hat es auch in der MPLA-Führung manche Auseinandersetzungen gegeben. Dabei forderte Savimbi stets Verhandlungen mit der MPLA und die gemeinsame Bildung einer Regierung der nationalen Einheit. Die MPLA lehnte jedoch alle Verhandlungen mit der UNITA ab.

Dabei hat die Bevölkerung ihre Sympathien zwischen der UNITA und der MPLA oft unterschiedlich verteilt. Die wirtschaftlichen Krisen in den Städten und besonders die völlige Vernachlässigung der Kleinbauern, die unter dem unberechenbaren Guerrillakrieg in den einzelnen Regionen besonders zu leiden hatten, weiter die Ablehnung der Kubaner, die zum Teil als fremde Besatzung betrachtet wurden, aber auch die Bespitzelung durch die Geheimpolizei und die Drangsalierung der örtlichen Führer in den Stammesverbänden wie der Gegensatz zu den örtlichen Kirchen haben die MPLA viel Sympathien und Einfluß gekostet, so daß die Stimmenzahl bei den späteren Wahlen für die MPLA wie für die UNITA schwer abzuschätzen war.

In der MPLA-Spitze sind außer den Mbundu Angehörige anderer Ethnien wie etwa der stärksten Ovimbundu im Zentrum oder aus der Südhälfte Angolas kaum vertreten. Das Übergewicht in der MPLA haben die urbanen Bewohner aus dem nördlichen Angola. Die Bauern (85 %) des Landes sind kaum vertreten.

Durch die marxistisch-leninistische Agrarpolitik der ersten Jahre ging das Vertrauen der Landbevölkerung verloren. Erst 1985 wurde ihre Bedeutung erkannt und aufgewertet. Auf diese Kreise und ihre Stammeskulturen stützt sich hingegen die UNITA.

Seit 1981 wurde durch das Linkage der USA die Unabhängigkeit Namibias mit dem Rückzug der kubanischen Truppen aus Angola verknüpft, was die Regierung in Luanda ablehnte, da sie ohne den Schutz der Kubaner der Bedrohung durch Südafrika und die UNITA nicht standzuhalten glaubte. Allerdings schien ein allmählicher Abzug der Kubaner aus Südangola möglich, wenn Südafrika seine Truppen aus Namibia zurückzöge und die Unterstützung der UNITA einstellte. Die Kriegshandlungen wurden nach 1987 intensiviert. Außer einigen Sabotageangriffen in den Häfen und auf die Ölförderungsanlagen und Störaktionen in Mittelangola durch die UNITA blieben die kriegerischen Großunternehmen auf Südangola beschränkt. Anfang der 80er

Jahre ging die UNITA mit besseren Waffen und gut trainierten Soldaten zu größeren Kriegshandlungen über und erreichte auch Gebiete
Nordangolas mit dem Ziel Luanda. Unterstützung durch Südafrika und
die USA wurde größer. Ab 1985 jedoch gewannen die MPLA-Truppen
aufgrund stärkerer Bewaffnung und logistischer Führung mit Hilfe der
Kubaner und Sowjets mehr und mehr die Oberhand und drängten die
UNITA auf Süd- und Ostangola zurück. Diese konnte allerdings mit
kleinen Trupps im ganzem Land operieren. Am bekanntesten wurde
der Luftstützpunkt Kamina in Zaire, der für den Nachschub für
Savimbi weiter ausgebaut wurde.

Bei den weiterlaufenden kriegerischen Auseinandersetzungen gab
die Volksrepublik Angola in den einzelnen Jahren schwankend zu-
nächst 40-60 % ihres Haushalts und der Deviseneinkünfte für die
Verteidigung aus. Für 1986 wird dies auf 60-80 % geschätzt, da die
Einnahmen aus den Ölexporten geringer wurden. Die ca. 30.000-
45.000 in Angola eingesetzten Kubaner dienten zunächst in erster
Linie dem Schutz wirtschaftlicher und militärischer Objekte, aber
auch der Bedienung modernen Kriegsgeräts, wie die sowjetischen
Berater. In direkte Kriegshandlungen waren sie vor allem gegen die
UNITA verwickelt.

Im zivilen Bereich ersetzten sie zu einem Teil die durch den Exodus
der portugiesischen Fachkräfte entstandenen Lücken, im Schul-, Ge-
sundheits- und Bauwesen, im Wiederaufbau einiger Industriebetriebe
und Infrastrukturen. Diese zivilen Hilfen der Kubaner werden wie die
Truppenstationierung zu einem großen Teil aus dem angolanischen
Haushalt bezahlt, der wiederum fast ausschließlich aus den Einnahmen aus dem Ölexport gespeist wird. Der verstärkte Aufbau des
angolanischen Heeres hatte den sehr fühlbaren Verlust an guten zivilen
Arbeitskräften zur Folge.

Für die Politik der USA war Angola jahrelang in den Ost-West-
Konflikt eingebettet. Sie haben auch keine diplomatischen Beziehungen aufgenommen. Eine entscheidende Einstellung zu Angola nach
der Unabhängigkeit und ein damit eventuell verbundenes Eingreifen
in Angola hindert das unter dem Eindruck des Vietnam-Krieges erfolgreiche Clark-Amendment vom 19.12.1975. Seit 1978 äußerte die
Regierung in Luanda aus wirtschaftlichen Gründen immer wieder den
Wunsch nach Normalisierung der Beziehungen mit den USA, gleich-

zeitig zu weiteren Kontakten mit dem Westen, lehnte aber zunächst
den Abzug der Kubaner aus Angola ab, solange die Bedrohung durch
Südafrika aus Namibia bestünde. Auf dem Gebiet wirtschaftlicher
Zusammenarbeit gab es jedoch von Anfang an keine Schwierigkeiten.
Immer mehr amerikanische und internationale Firmen wurden im
Ölsektor, besonders auch in Cabinda tätig. Seit 1981 aber neigten die
USA viel stärker dazu, Savimbi gegenüber dem marxistischen Staat
der MPLA zu helfen und die Republik Südafrika durch das Constructi-
ve Engagement politisch zu stützen. Mit der Aufhebung des Clark-
Amendments 1985 und den darauf verstärkten Waffenhilfen an die
UNITA wurden die diplomatischen Verhandlungen und die Suche
nach einer Lösung des Angolakonflikts immer lebhafter, wenn auch
zunächst mit geringem Erfolg. Die Beteiligung der UNITA an der
Regierung als nationale Versöhnung gehört zu den Zielen der USA.

5. Wirtschaftliche Möglichkeiten und politische Zusammenarbeit

Angolas Außenwirtschaft war vor der Unabhängigkeit kaum auf
afrikanische Partnerländer ausgerichtet und diente außerafrikanischen
Märkten, wie es auch in Zukunft der Fall sein wird. Mit dem damals
erreichten Standard wirtschaftlicher Produktion für den Export wie für
den Binnenmarkt hat das Land gezeigt, welche Reichtümer es besitzt,
welche Wirtschaftskraft eingesetzt werden kann, wenn eine ausreichende Sicherheitslage gegeben ist und innere stabile Verhältnisse als
Basis zur wirtschaftlichen Entwicklung beitragen. Kaum 8 % der
Gesamtfläche Angolas sind Regionen, die bisher für den Export
produzieren konnten. Damit sind die Produktionsräume der zehn zur
portugiesischen Zeit im Vordergrund stehenden Ausfuhrgüter Angolas
(Kaffee, Diamanten, Eisenerz, Erdöl, Fischmehl, Mais, Baumwolle,
Zucker, Tabak, Sisal) zugleich die wirtschaftlichen Kernräume des
Landes. Zu ihnen muß auch der zentrale Planalto als für die Zukunft
wichtigste Binnenmarktregion hinzugerechnet werden, dazu kommen
große Energiereserven. Das Land ist reich an Bodenschätzen. Alles
das liegt in der Westhälfte Angolas.

Nach der Unabhängigkeit sanken alle Produktionen schnell aufgrund der in diesen Jahren entstehenden einmaligen Situationen, die
eine Häufung negativer Faktoren waren: zunächst Ausbruch des Bür-

gerkriegs unter den drei Befreiungsbewegungen, Exodus der portugiesischen Siedler, Handwerker, Facharbeiter, Kaufleute, Ingenieure, Lehrer, Ärzte und Führungskräfte, Abwanderung der afrikanischen Kontraktarbeiter, meist Ovimbundu, von den Kaffeeplantagen und anderen Produktionsstätten. Ab 1976 wurde dann eine strikte Nationalisierung im Rahmen der sozialistisch-marxistischen Politik durchgeführt, bei völliger Vernachlässigung der Kleinbauern. Die Enteignungen betrafen überwiegend portugiesische Interessen, andere ausländische Unternehmen weniger, wenn die Eigentümer im Land blieben. Das ausländische Kapital wurde bereits 1979, in stärkerem Maße ab 1986, wieder zu Investitionen ermutigt. Besonders in der Erdölindustrie haben sich viele ausländische Firmen beteiligt, ebenfalls im verarbeitenden Gewerbe. Weitere Beteiligungen ausländischer Firmen finden durch technische Unterstützung, durch Führungs- und Expertenpersonal und die Ausbildung afrikanischer Fachkräfte statt.

Der wirtschaftliche Niedergang wurde ab 1978 immer drastischer. Die agrarischen Exportprodukte, die früher eine so große Rolle in der Außenwirtschaft Angolas spielten, haben ihre Bedeutung fast ganz verloren. Angola war der viertgrößte Kaffeeproduzent der Welt und lieferte 19 % des Weltrobustaexportes 1974. Dazu erzeugte es ausreichend eigene Nahrungsmittel und führte sie auch teilweise aus. In der Diamantenförderung hatte Angola die vierte Stelle. Allein der Erdölexport hat sich weiter entwickelt und nimmt heute den zweiten Rang in Afrika südlich der Sahara ein.

Angola ist ein wichtiges Mitglied der sogenannten „Frontstaaten" gegen Südafrika und des mehrheitlich von ihnen gebildeten Entwicklungszonenpaktes SADC. Als einziges der in Afrika zur Zeit in die Wege geleiteten regionalen Kooperationsabkommen betrieb dieser Pakt mit einigem Erfolg eine Zusammenarbeit auf wirtschaftlichem, vor allem infrastrukturellem und politischem Gebiet mit der Ausrichtung gegen die regionale Hegemonialmacht im Süden.

Zusammen mit den anderen portugiesischsprechenden Staaten Afrikas, Guinea-Bissau, Kap Verde, Moçambique und São Tomé und Príncipe, bildet Angola die „Gruppe der Fünf". Sie arbeitet besonders auf kulturellem, sozialem und humanitärem Gebiet in Entwicklungs- und politischen Fragen eng zusammen und pflegt gute Kontakte zu Portugal. Sie veranstaltet regelmäßig Treffen der Staats- und Regierungschefs. Die „PALOP"-Länder (Países Africanos de Língua Oficial Portuguesa) haben die Einrichtung eines gemeinsamen ständigen Ausschusses beschlossen, welcher die Zusammenarbeit innerhalb dieser Ländergruppe begleiten und bewerten soll.

Die Volksrepublik Angola wurde während der bisherigen 20 Jahre ihres Bestehens von drei politischen Kräften beherrscht. Sie haben sich aus den Befreiungskämpfen gegen Portugal entwickelt. Die massiven Einwirkungen von außen durch die Sowjetunion/Kuba und USA/Südafrika sind zurückgegangen, die strenge Ausrichtung auf das marxistisch-leninistische System wurde überwunden, die Kontakte zum liberalen Westen durch Beitritt zum IWF und Lomé-Abkommen wurden gestärkt. Bestehen blieb aber der scharfe Gegensatz zwischen den beiden Bügerkriegsparteien, der die Volksrepublik tragenden MPLA und der Oppositionsbewegung UNITA, wenn auch mit den Waffenstillstandsvereinbarungen von Gbadolite am 22.06.1989 das Ende des Bürgerkriegs und Verhandlungen miteinander greifbar schienen, die allerdings nicht eingehalten wurden. Die UNITA forderte eine Teilnahme an der Staatslenkung und Regierung, die sich auf allgemeine Wahlen stützen sollte. Die MPLA forderte die UNITA-Anhänger auf, sich zu integrieren und die bestehende Verfassung der Volksrepublik anzuerkennen. Friedensgespräche der afrikanischen Staaten, auch unter Einfluß der USA, die zu einem Waffenstillstandsabkommen führen sollten, fanden immer wieder statt.

6. Sonderstellung der Enklave Cabinda

Die Einwohner der Enklave Cabinda nördlich der Kongomündung führten ein von Angola weithin unabhängiges Leben unter portugiesischer Souveränität und wurden erst 1956 in die angolanische Provinzverwaltung eingeordnet. Aufgrund der exportfähigen Wirtschaftsgüter des Landes, besonders der Ölförderung seit dem Ende der 60er Jahre, waren sie stets mehr dem Ausland als Angola selbst zugewandt. Zudem ist der französische Einfluß in dieser Enklave bei 80 % der Bevölkerung und den frankophonen Nachbarstaaten groß. Die seit 1963 mehrere kleinere Gruppen umfassende Nationalbewegung FLEC (Front de Libération de l'Enclave de Cabinda) war durch ihre Führer vielseitigen ausländischen Interessen verbunden, die auch Separationsbestrebungen seit 1974 zuließen. Auch die internationalen Ölgesellschaften haben einen gewissen Einfluß auf Cabinda. Größere politische oder militärische Aktionen wurden nicht entwickelt.

In den Jahren des Bürgerkriegs in Angola nach der Unabhängigkeit entwickelte die FLEC stärkere Aktivitäten mit Forderungen nach einer Autonomie Cabindas. Die Regierung in Luanda zeigte sich zu Verhandlungen bereit, während der militante Flügel der Befreiungsbewegung 1992 zu kämpferischen Handlungen überging. Gegenüber den Wahlvorbereitungen in Angola erklärte die Bewegung, daß es ohne ein Selbstbestimmungsrecht für Cabinda dort keine Wahlen geben werde. Demgegenüber betonte Staatspräsident dos Santos, daß die Integrität des angolanischen Territoriums durch die Bewegung in Cabinda nicht in Frage gestellt werden dürfe. Allerdings würde nach einer friedlichen Lösung durch einen autonomen Status Cabindas gesucht. Präsident dos Santos beschuldigte auch Zaire und Kongo, wegen der Erdölvorkommen an einer Annexion der Enklave Cabinda interessiert zu sein, wobei Zaire auch seine eigene Küstenlinie vergrößern könne.[1]

Am 9.8.1992 erklärte die Befreiungsfront Cabinda zur Kriegszone und forderte die Ausländer zum Verlassen auf. Zusammenstöße zwischen Regierungstruppen und der Befreiungsbewegung gab es 1993, in die auch Kräfte der UNITA verwickelt waren. Trotzdem wurden zwischen der Regierung in Luanda und FLEC-Vertretern immer wieder Verhandlungen um die Autonomiebestrebungen geführt. Die militante Gruppe der FLEC kämpft für die volle Unabhängigkeit Cabindas und fordert den Rückzug aller politischen und militärischen Kräfte Angolas aus Cabinda, damit dort eigene Institutionen aufgebaut werden können.[2]

7. Neue Phase der Friedensverhandlungen in Portugal

Eine neue Phase bedeutender Friedensverhandlungen begann am 28.4.1990 in Portugal auf Einladung des portugiesischen Staatssekretärs und späteren Außenministers Durão Barroso und unter der Teilnahme der USA und Russlands. Diese Troika spielte in den nächsten Jahren auch im Beitrag des UN-Sicherheitsrates die entscheidende Rolle bei den folgenden schwierigen Verhandlungen, die mit vielen

1 DASP-Chronik in DASP-Heft 37 S. 55
2 DW-Monitor 3.3.94

Unterbrechungen insgesamt sieben Runden bis zum abschließenden
Friedensabkommen am 31.5.1991 hatten. Geheime Vorgespräche hatten
am 24. und 25. April 1990, dem Jahrestag der portugiesischen
Revolution und Beginn der Unabhängigkeitsverhandlungen, in der
portugiesischen Stadt Evora stattgefunden. Das gab zu einer gewissen
Euphorie Anlaß, da Luanda gleichzeitig politische Reformen, Demokratisierung und Liberalisierung der Wirtschaft angekündigt hatte.
Auch andere Staaten waren bereit, bei der Suche nach einem Friedensabkommen zu helfen. Der schwierigste Punkt im Hintergrund aller
Verhandlungen ist stets die Frage nach dem weiteren Schicksal Jonas
Savimbi gewesen, der für Luanda als charismatischer Führer, aber
auch als skrupellos und opportunistisch galt.[3] Auf dem Schlachtfeld
vermochten weder die Regierung noch Savimbi die Oberhand zu
gewinnen. Dazu kamen die gegenseitigen Vorwürfe der beiden Partei-
en, kriegerische Handlungen fortzuführen und Schwierigkeiten für die
Bemühungen um eine Friedenslösung des Angola-Problems aufzubauen. Die Unterstützung der UNITA seitens der USA wie auch der
Russlands für die MPLA wurde fortgesetzt.

Am 16. und 17.06.1990 fand in Lissabon die 2. Gesprächsrunde für
Friedensverhandlungen statt, die als Haupt-thema die Feuereinstellung hatte, aber nur zu Verzögerungen des Stabilitätsplans führte. Die
Lage an der Kampffront verschlechterte sich infolge der Militäroffen-
sive der UNITA. Die 3. Verhandlungsrunde zwischen der Regierung
und der UNITA in Lissabon begann Ende August, allerdings mit wenig
Optimismus. Als Hauptpunkte nannte die UNITA: Anerkennung der
UNITA als Partei, Festlegung des Termins für die ersten freien Wahlen,
eine gemeinsame Nationalarmee, ein Mehrparteiensystem und Feuereinstellung. Die Vorschläge der UNITA wurden abgewiesen, ein Waffenstillstand nicht unterzeichnet. Für den Fehlschlag der
Verhandlungsrunde machten sich die Parteien gegenseitig verantwortlich. Die Sabotageakte der UNITA auch in der Region Luanda und der
erfolgreiche Guerillakrieg wurden fortgesetzt.

Portugal befürwortete eine größere Mitwirkung der USA und
Russlands bei den Gesprächen. Die Vermittlung des zairischen Präsidenten ging weiter. Die Kubaner haben im Einklang mit dem zwischen

3   Handelsblatt 10.5.90

Angola und Kuba im Dezember 1988 erzielten Abkommen bis September 1990 fast alle Truppen abgezogen.

Am 26.09. begann die 4. Gesprächsrunde in Lissabon, die keine spektakulären Ergebnisse, aber Optimismus auf Seiten Savimbis brachte. Inzwischen wurde von seiten der UNITA auf die fortdauernde Waffenhilfe der Sowjetunion für die Regierung in Luanda hingewiesen, während diese stets die Unterstützung der UNITA durch die USA, Zaire und Südafrika hervorhob. Spannungen innerhalb der MPLA zwischen der marxistischen Gruppe und denen, die den Liberalismus und die Öffnung fördern wollten, legten die Bemühungen um den Friedensprozeß nahezu lahm. Im Oktober beschloß die MPLA, ein Mehrparteiensystem in Angola einzuführen und innerhalb der nächsten 36 Monate freie Wahlen abzuhalten. Die UNITA hielt diese Frist für zu lange und forderte Wahlen bis Ende 1991.[4]

Im ganzen Jahr 1990 gingen kriegerische Handlungen beider Parteien weiter, die Notlage der Bevölkerung wurde durch die herrschende Dürre erschwert, Hilfslieferungen an die hungernde Bevölkerung immer wieder gestört. Von 1000 Kindern starben 153, bevor sie ein Jahr alt wurden.[5]

Nach der 5. Gesprächsrunde der Friedensverhandlungen waren nach Aussagen des portugiesischen Vermittlers vier Fünftel der Differenzen geklärt, ein faktischer Waffenstillstand während der weiteren Verhandlungen wurde vereinbart und sollte von den USA und Russland, die als Beobachter an den Verhandlungen teilnahmen, beaufsichtigt werden.

Präsident dos Santos erklärte auf einem Kongreß der MPLA im Dezember 1990 nach einem Bericht der FAZ, das sozialistische Experiment in Angola sei gescheitert, die Vergangenheit habe gezeigt, daß die bisherige marxistisch leninistische Politik nicht die beste Form gewesen sei, die Wirtschaft zu betreiben. Zudem habe das zentralistische Modell der Wirtschaft geschadet. Die MPLA beschloß, bis zum März 1992 andere Parteien und freie Wahlen zuzulassen, die zentralisierte Wirtschaft zu einer Marktwirtschaft umzugestalten. Der Staats-

4   DASP-Heft 28 S. 42
5   DASP-Heft 28 S. 44

chef sollte künftig in Direktwahl für fünf bis sieben Jahre gewählt
werden. Der Chef der UNITA begrüßte diese Beschlüsse und hoffte
auf den Abschluß eines Waffenstillstandes beim nächsten Treffen
zwischen MPLA und UNITA in Portugal. Aufgrund der neuen Entwicklung traten auf dem 3. Kongreß der Staatspartei MPLA im
Dezember bedeutende Mitglieder des Politbüros und Zentralkomitee
von ihren Funktionen zurück.[6]

Um die Sicherheit der sogenannten „Friedenskorridore", die für
Hilfstransporte an die Bevölkerung im Zentrum und Süden des Landes
wichtig sind, wurde immer heiß gekämpft.

Zeitweilig wurden die Friedensverhandlungen auf Außenmini-
sterebene nach Washington verlegt, an denen neben der angolanischen
Regierung und Savimbi Delegationen der USA, Russlands und Portugals teilnahmen. So wurde Anfang Januar 1991 ein Abkommen erzielt,
daß Angola eine demokratische Nation mit einem Mehrparteiensystem
sein solle, daß die internationale Gemeinschaft einen Waffenstillstand
garantieren müsse und im Lande freie und faire Wahlen stattfänden.
Diese Entschlüsse sollten als Grundlage für die bevorstehende 6.
Gesprächsrunde dienen.[7] Die formelle Einführung des Mehrparteien-
systems für April 1991 wurde in Luanda am 04.02.1991 verkündet.
Die 6. Runde der Friedensgespräche in Lissabon blieb erfolglos. Das
große Mißtrauen zwischen beiden Seiten war nach den Worten des
portugiesischen Vermittlers das hauptsächliche Hindernis für ein Fort-
schreiten des Prozesses.[8]

Das seit 15 Jahren in Angola herrschende Einparteiensystem wurde
durch den Beschluß der Vollversammlung des angolanischen Parlaments durch die Zulassung politischer Parteien am 26.03.1991 beendet. Damit wurde die Abkehr vom Marxismus und die Trennung
zwischen Staat, Militär und Partei beschlossen.

8. Abschluß des Waffenstillstands im Mai 1991 und Vorbereitungen auf freie Wahlen

Nach mehreren Verzögerungen führte die 7. Verhandlungsrunde zwi-

6   DASP-Heft 28 S. 45
7   DASP-Heft 29 S. 30
8   DASP-Heft 29 S. 36

schen der Delegation der angolanischen Regierung und der UNITA unter Vermittlung der USA, Russlands und Portugals, der Troika des UNSicherheitsrats, zum Abschluß des langersehnten Waffenstillstands am 15. Mai, der am 31. Mai 1991 mit der Unterzeichnung des Friedensabkommens in Bicesse bei Estoril in Portugal offiziell in Kraft trat. Ein schwieriger Verhandlungspunkt bei den Friedensgesprächen war die Aufgabe, die Regierungs- und UNITA-Truppen, die zusammen etwa 160.000 Mann betrugen, zu einer gemeinsamen nationalen Armee von 50.000 Mann zu vereinigen und die übrigen Soldaten ins Zivilleben zu entlassen. Dem wurde bald mit großer Skepsis begegnet, da es noch wenige Tage vor dem Inkrafttreten des Waffenstillstands heftige Kämpfe gab, die sich auch danach fortsetzten.

Eine gemeinsame politische und militärische Kommission aus Vertretern der Regierung und der UNITA wurde gebildet, die die Verwirklichung des Waffenstillstandsabkommens beaufsichtigen und bis zu den freien Mehrparteienwahlen an der Bildung einer neuen Regierung arbeiten sollte. So wurden nach Abschluß des Friedensvertrages viele Parteien gegründet, die an der Wahl der ersten rechtmäßigen Regierung Angolas teilnehmen wollten.

8.1. Schwierigkeiten bei der Durchführung des Friedensabkommens von Bicesse

Am 3. September 1991 hat mit Portugals Ministerpräsident Anibal Cavaco Silva zum ersten Mal seit der Unabhängigkeit Angolas 1975 ein portugiesischer Regierungschef das Land besucht. Am 08.09. folgte der Besuch des brasilianischen Staatschefs in Angola.

Portugal setzte sich während seiner Präsidentschaft in der EG sehr für die Weiterentwicklung Angolas ein. Barroso gilt als einer der Architekten des Friedensabkommens von Bicesse.

Savimbi äußerte sich sehr skeptisch über den portugiesischen Besuch als vorsätzlichen Akt der Unterstützung der MPLA.[9]

Damit zeigten sich bereits im September Unstimmigkeiten zwischen der MPLA und der UNITA über die Einhaltung des Friedensabkommens. Die Schaffung einer vereinigten Armee galt als einer der

9 DASP-Heft 33 S. 28

Hauptpunkte der Verwirklichung der angolanischen Friedensbemü-
hungen.

Savimbi erklärte am 11.11.1991, die UNITA wolle auf der einen
Seite mit der Regierung zusammenarbeiten, um die Abkommen von
Bicesse zu erfüllen, zum anderen sei sie aber eine Oppositionsbewe-
gung mit unterschiedlichen politischen, wirtschaftlichen und sozialen
Problemen und einer anderen Auffassung von der angolanischen
Gesellschaft.[10]

Gegenseitige Vorwürfe über Nichteinhaltung der Abkommen von
Bicesse gingen im Jahr 1992 weiter, vor allem in Bezug auf die
festgelegten Fristen für die Demobilisierung der Truppen und Ausweitung der staatlichen Verwaltung auch auf Gebiete unter Kontrolle der
UNITA. Diese beklagte sich weiter über Behinderungen im Wahlkampf durch die MPLA und wies darauf hin, daß die Regierung in
Luanda bis zu den Wahlen im September 1992 nur als Übergangsregierung gelten könne. Die gegenseitigen Beschuldigungen, die Wahlvorbereitungen zu eigenen Gunsten zu führen, wurden fortgesetzt.

8.2. Zur wirtschaftlichen Lage zwischen den beiden Phasen des Bürgerkriegs

Eine für September 1991 erstellte Bilanz der 16 Jahre Bürgerkrieg seit
Erlangung der Unabhängigkeit bis zum Friedensabkommen von
Bicesse führt auf: 25 Milliarden US$ an Materialschäden, 300.000
Tote, 800.000 Vertriebene (interne Flüchtlinge), 480.000 Flüchtlinge
in Nachbarländer, 80.000 Kriegsverletzte, 50.000 Waisenkinder durch
Kriegsereignisse. Hinzu kommen 150.000 entlassene Kämpfer, nach-
dem eine gemeinsame Nationalarmee gebildet wurde. Angola hat eine
Gesamtbevölkerung von etwa 10 Millionen. (Angaben der angolani-
schen Delegation beim Treffen der AKP-Staaten und der EG in
Amsterdam.)[11]

Der erste Besuch eines russischen Außenministers nach dem Zusammenbruch der Sowjetunion in Luanda fand am 25.02.92 statt.
Dabei wurden die Schulden, die Angola in der früheren Sowjetunion

10   DASP-Heft 33 S. 41
11   DASP-Heft 34 S. 27

habe, mit 4,5 Milliarden US$ angegeben. Der angolanische Finanzminister gab am 11.02.92 zu, daß die angolanische Binnenwirtschaft praktisch stillstehe und in den sogenannten parallelen Markt übergegangen sei.

Welche wirtschaftliche Bedeutung die Waffenruhe nach Abschluß des Friedensabkommens von Bicesse bis zu den Wahlen hatte, zeigen die Ausfuhrzahlen der drei allein wichtigen Ausfuhrgüter Erdöl, Diamanten und Kaffee, die in den ersten neun Monaten 1992 2,8 Milliarden US$ einbrachten, 22,5 % mehr als im gleichen Zeitraum des Vorjahres.[12]

Bei den Ausgaben der Regierung im Jahr 1993 standen die Verteidigungsausgaben ganz im Vordergrund. Den Erfordernissen der politischen und militärischen Lage entsprechend verzögerten sich die Pläne zur Konsolidierung der Marktwirtschaft und mußten ausgesetzt werden. Es wurde ein Kriegsbudget mit einer Blockierung der Preise für eine Vielzahl von Artikeln ausgearbeitet, wobei der Übergang zur Marktwirtschaft schlagartig angehalten wurde. Der Krisenhaushalt sah 627 Millionen US$ für den Import von Verbrauchsgütern gegenüber einer Milliarde im Jahr 1992 vor.[13]

Im Jahr 1992 sind 1.143.215 t verschiedenster Güter im Handelshafen Luanda abgefertigt worden, 182,018 t mehr als im Vorjahr. Die große Umstrukturierung der Arbeitsflächen und Terminals im Hafen haben zu beachtlichen Erfolgen geführt. Es wurden 29.865 Container mehr als 1991 abgefertigt. 750 Schiffe sind im Hafen eingelaufen.[14]

Zwischen 1990 und 1992 wurden von der Regierung 22 ausländische Investitionsprojekte im Gesamtwert von 227,6 Millionen US$ genehmigt, hauptsächlich für den industriellen Sektor und die Bauwirtschaft. Ein großes Problem stellen die auf 700.000 bis 1.000.000 geschätzten Minen dar. Ein wirtschaftlicher Aufbau des Landes ist kaum sinnvoll, solange weite Teile von Minenfeldern übersät sind und so die Bewegungsfreiheit und Sicherheit beeinträchtigt ist. In Angola gibt es schätzungsweise 600.000 bis 700.000 Kriegsversehrte, allein in der Region Luanda nahezu 300.000.[15]

12 DASP-Heft 40 S. 54
13 DASP-Heft 40 S. 61-64
14 DASP-Heft 40 S. 52

8.3. Das Programm der Wirtschaftspolitik der UNITA

Für eine grundlegende, aber behutsame und sozial abgefederte Wende in der angolanischen Wirtschaftspolitik hat sich Dr. Fatima Moura Roque, Professorin für Wirtschaft, ausgesprochen.[16] In einem Interview hat die designierte Wirtschafts- und Finanzministerin einer UNITARegierung gesagt, die Planwirtschaft habe auch in Angola versagt. Das Land müsse auf soziale Marktwirtschaft und freies Unternehmertum umschalten. Seit einigen Jahren könne sich Angola nur noch dank der Einkünfte aus dem Ölexport einigermaßen über Wasser halten. Die Ursachen des wirtschaftlichen und sozialen Niedergangs lägen auf der Hand: der Bürgerkrieg und die fehlgeschlagene zentrale Planwirtschaft, aber auch der Mangel an qualifizierten Fach- und Führungskräften. Die Portugiesen hätten es in der Kolonialzeit versäumt, ein angemessenes Schul- und Berufsbildungswesen einzuführen. Für die UNITA stehe außer Frage, daß Angola auf soziale Marktwirtschaft und freies Unternehmertum umschalten müsse. Dazu gäbe es keine vernünftige Alternative. Die UNITA-Devise laute: weg von der sozialistischen Mißwirtschaft der MPLA. Die internationale Gebergemeinschaft sei nicht mehr bereit, sozialistische Experimente zu finanzieren. Allerdings wolle man keine Schocktherapie. Die Umgestaltung müsse zwar einerseits konsequent, aber andererseits auch behutsam durchgeführt werden. Eine soziale Abfederung der Reformen erscheine unverzichtbar. Man fange in Angola nahezu bei Null an. Vorübergehend werde die Regierung sicher mehr intervenieren müssen, als aus marktwirtschaftlicher Sicht wünschenswert erscheine, aber man müsse die wirtschaftlichen Strukturen und das Land erst einmal aufbauen. Das bedeute, daß die Regierung in dieser Phase eine größere Rolle spielen müsse, als es später erforderlich sein werde. Die Staatsunternehmen in Angola seien zu groß, genössen viele Privilegien und arbeiteten unwirtschaftlich. Mißmanagement, Korruption und mangelnde Dynamik kennzeichneten die Lage dieser Betriebe. Deshalb habe die UNITA eine umfassende Entstaatlichung der Wirtschaft vor.

Einen Teil der Investitionen, besonders im Bereich der Infrastruk-

---

15   DASP-Heft 40 S. 66 und 37 S. 49

16   in „Angola heute", Deutsch-Angolanische Vereinigung, Nr. 1 Juni 1992

tur, müsse der angolanische Staat natürlich selbst finanzieren. Darüber hinaus erwarte man Unterstützung seitens der internationalen Gebergemeinschaft. Vor allem aber sei die Privatwirtschaft gefordert. Gerade auch ausländische Investoren würden eine bedeutende Rolle spielen müssen, deshalb seien sie willkommen.

Mit ausländischen Investitionen sei erst nach den Wahlen und der Bildung einer Regierung zu rechnen, die drei Kriterien erfülle: marktwirtschaftliche Orientierung, freier Kapitalverkehr und massive Anstrengungen in der inneren Sicherheit.

9. Die Situation vor der Wahl

Auf dem außerordentlichen Parteitag der MPLA vom 8.-12. Mai 1992 wurde beschlossen, die Bezeichnung „Partido de Trabalho" (Arbeiterpartei) aufzugeben und zu dem bei der Gründung im Jahr 1956 verwendeten Namen der Partei „Volksbewegung zur Befreiung Angolas" zurückzukehren.[17] Die Volksversammlung hat am 27.08.92 einstimmig die erste demokratische Verfassung angenommen, in der im bisherigen Staatsnamen die Bezeichnung „Volks-" gestrichen und durch „National-" ersetzt wurde. Der Staatsname ist nunmehr „Republik Angola".

Von dem Besuch des Papstes Johannes Paul II. in Juni 1992 in mehreren Städten Angolas, in Luanda, Huambo, Lubango, Benguela, Nbanza Congo und Cabinda, wurde eine positive Wirkung auf den Friedensprozeß erwartet. 56 % der Bevölkerung gehören der katholischen Kirche an, sie sei die einzige Kraft, welche die Mehrheit der Angolaner auf ihre Seite ziehen könne.[18]

Im Wahlkampf wurde Savimbi von seinen Gegnern ein straffes Regiment in der UNITA nachgesagt, deren Disziplin für afrikanische Verhältnisse ohne Beispiel sei. Dazu erklärte Savimbi auf einer Pressekonferenz, er übernähme die Verantwortung für alles, was innerhalb seiner Bewegung geschehe.[19]

Die von der Regierung gebildete Notstandspolizei zur Bekämpfung

17   DASP-Heft 37 S. 38
18   DASP-Heft 37 S. 40
19   DASP-Heft 37 S. 32

von Unruhen wurde als eine der grundsätzlichen Brutstätten der
Spannungen in Angola bezeichnet. Der angebliche Friede sei keine
Realität und die Befriedung des Landes nicht abgeschlossen. Es wurde
auch in ausländischen Zeitungen kurz vor dem Wahltermin argumen-
tiert, die UNITA könne bei einem überwiegenden Sieg oder gar bei
einer durchaus möglichen Niederlage Wahlfälschung konstatieren und
angesichts der schlechten Vorbereitung nicht ganz zu Unrecht wieder
zu den Waffen greifen. Eine Welle der Gewalt gehe durch Angola, um
die Wahlen zu stören oder die Wähler einzuschüchtern.[20]

Die Demobilisierung der Solaten wurde von allen Seiten mit großer
Skepsis betrachtet. Viele sehen in dem Problem eine Gefahr für Frieden
und Stabilität in Angola. Es ging um etwa 200.000 Menschen, die oft
nichts anderes als den Umgang mit den Waffen gelernt hätten und diese
über das Land verteilt, arbeitslos und ohne Hilfe auf den Straßen bei
kriminellen Überfällen benutzen könnte. Gerüchte warfen Savimbi die
Zurückhaltung einer geheimen Armee vor. Ihm wurde auch der Perso-
nenkult um seine Person vorgeworfen, der eine Demokratie unter ihm
als wenig wahrscheinlich erscheinen lasse.[21]

Die wirtschaftliche Lage vor der Wahl stellte reine neue Regierung
unabhängig vom Wahlausgang vor einen Berg von Problemen beim
Wiederaufbau. Kaum ein anderes Land mit zentraler Planwirtschaft
hat so schnell die wichtigsten Eckpfeiler seiner Wirtschaftsordnung
umgestoßen wie Angola, dessen Kriegswirtschaft große Probleme für
die Zukunft hinterlassen hat. Um Devisen für die Waffenkäufe zu
erhalten, ist der Erdölsektor einseitig gefördert worden, während die
Industrie und die Nahrungsproduktion fast völlig brachlagen. Eine
galoppierende Inflation hat die Preise für fast alle Waren vervielfacht.
Die in der Kolonialzeit reiche Wirtschaft wurde zerstört. Die Flücht-
lingsmassen während des Bürgerkriegs von mehreren Hunderttausend
aus dem Innern, die sich vor allem in die Städte an der Küste ergossen,
wo eine gewisse Sicherheit und die notdürftige Versorgung möglich
war, konnten die Städte nicht verkraften. Es lag jenseits ihrer Kapazität. So hatte Luanda, das ursprünglich für rund 500.000 Menschen
angelegt war, mehr als 2 Millionen Einwohner 1992. Für 1993 werden

20   DASP-Heft 38 S. 30
21   DASP-Heft 38 S. 28

die Zahlen auf vier Millionen der insgesamt 10 Millionen Angolaner geschätzt.[22]

Der Wahlausgang zwischen der MPLA und der UNITA galt als knapp. Nachdem die MPLA von ihrer ehedem marxistischen Haltung abgewichen sei, betont die FAZ, würden sich die Wahlziele beider, nämlich nationale Versöhnung und eine Liberalisierung der Wirtschaft, kaum voneinander unterscheiden. Beide hätten unter ihren Anhängern hohe Erwartungen auf ihren Sieg geweckt, eine Niederlage könne sie nur zur Gewalt verleiten. Während Savimbi durch seine Maßnahmen als Diktator erscheine, hätten bei der MPLA Schlendrian und Korruption weiter zugenommen, und eine staatliche Verwaltung sei nur noch in Ansätzen zu spüren. Allgemein ging die Ansicht vor den Wahlen dahin, daß noch zu viele Waffen unter dem Volk seien und die kleinen Meinungsverschiedenheiten zwischen den beiden Machtblöcken zu neuen Feindseligkeiten führen könnten. Die von der UNO entsandten Beobachter schienen in dieser Situation zu gering.[23]

9. Wahlen und Demokratisierungsprozeß in Angola [24]

Welche Forderungen können aus dem Ablauf der Wahlen in Angola und aus dem zumindest vorläufigen Scheitern des dortigen Friedensprozesses gezogen werden? Inwieweit hätte die internationale Gemeinschaft den Übergang vom Bürgerkrieg zur Demokratie in Angola wirkungsvoller unterstützen können?

Drei Hauptpunkte sind es, die zum Scheitern des Friedensprozesses in Angola wohl wesentlich beigetragen haben:

1. Demobilisierung, Entwaffnung und Zusammenführung der Armeen Dieser Prozeß hätte ein Vielfaches dessen an Zeit und Kontrolle erfordert, als es in Angola der Fall gewesen war. Wäre dieser Punkt der Friedensvereinbarung konsequenter eingehalten worden, dann hätte es so kurz nach der Wahl eine derartige militärische Eskalation sicher nicht geben können.

---

22   DASP-Heft 43 S. 9
23   DASP-Heft 38 S. 32-33
24   aus: Lydia Bornholt, Demokratie nach 16 Jahren Bürgerkrieg? in: KAS-Auslandsinformationen 11/92 S. 10-17

2. „Educação Cívica" Der Erziehung und Aufklärung wurde zu wenig Bedeutung eingeräumt. Aufklärung für die Bevölkerung über den Ablauf von Wahlen, ferner Seminare für die Verantwortlichen über die Grundbegriffe der Demokratie sind sowohl kurz- als auch langfristig von großer Bedeutung. Hier sollten in Zukunft mehr Schwerpunkte gesetzt werden.

3. Überwachung und Durchführung der Wahlen Die Zahl der UN-Vertreter in Angola war zu gering. Die Vereinten Nationen hätten ein Vielfaches an Personal und Finanzmitteln zur Verfügung stellen müssen, um den Wahlvorgang ausreichend überwachen zu können und so den Vorwurf des Betruges von vornherein ausschließen können.

Demokratie in Angola? Irgendwann wird sie möglich sein. Wie weit der Weg bis dahin noch ist, vermag zur Zeit niemand zu sagen. Solange nicht alle Seiten bereit sind, sich dem Willen der Mehrheit unterzuordnen und Macht zu teilen, wird es weder Frieden noch Demokratie in Angola geben.

Die Ergebnisse in den dargestellten Tabellen lassen sich wie folgt zusammenfassen:

1. Die Wahlbeteiligung war mit über 90 % ungewöhnlich hoch und ist wohl dadurch zu erklären, daß es sich um die ersten freien Wahlen in der Geschichte des Landes handelte.

2. Die MPLA ist aus den Parlamentswahlen mit über 50 % der Stimmen als klarer Sieger hervorgegangen. Sie erhielt die absolute Mehrheit der Sitze im Parlament. Auch in der Präsidentschaftswahl hat der Kandidat der MPLA, José E. dos Santos, die Mehrheit erzielt. Da er jedoch mit 49,57 Prozent die absolute Mehrheit knapp verfehlte, wird er sich Neuwahlen stellen müssen.

3. Die UNITA wurde zweitstärkste Partei in Parlaments- und Präsidentschaftswahlen. Im Parlament nimmt sie ein Drittel der Sitze ein. Savimbi belegt mit 15 Prozentpunkten Abstand zu dos Santos eindeutig den zweiten Platz, nimmt aber als Gegenkandidat an der vorgeschriebenen Stichwahl teil.

4. Die FNLA hatte im Vergleich zu 1975 nur noch eine untergeordnete Bedeutung. Mit rund zwei Prozent der Stimmen liegt sie weit hinter den beiden großen Parteien. Unter den kleinen Parteien ist sie

mit fünf Parlamentssitzen zweitstärkste Fraktion.

5. Die PRS (Partido de Renovação Social) ist mit sechs Sitzen die am drittstärksten vertretene Partei im Parlament, wenn auch mit großem Abstand zu den beiden führenden. Welches Programm diese Partei verfolgt und welche Bedeutung sie für die Zukunft haben wird, bleibt abzuwarten.

6. Die übrigen Parteien und Kandidaten haben kaum Bedeutung in den Wahlen erlangt. Lediglich acht der verbleibenden 14 Parteien haben über die Landesliste jeweils einen Sitz im Parlament errungen. Viele dieser Parteien dürften keine Zukunft haben.

Voraussetzung dafür, daß die Wahlen national und international anerkannt würden, war das Urteil der Vereinten Nationen (UNAVEM) über die Korrektheit des Wahlprozesses. Magret Anstee, als Vertreterin der UNAVEM, erklärte in ihrem Statement vom 17.10.1992 die Wahlen für im allgemeinen „livres e justas" (frei und fair). Sie fügte hinzu, „Es hat sicher einige Unregelmäßigkeiten im Wahlprozeß gegeben, diese vorgekommenen Unregelmäßigkeiten scheinen vor allem aber auf menschliche Fehler und Unerfahrenheit zurückzuführen zu sein. Es besteht offenkundig kein Anlaß, daß es systematischen und generellen Betrug gegeben hat oder daß die Unregelmäßigkeiten ein Ausmaß angenommen haben, daß sie einen signifikanten Einfluß auf das offizielle Wahlergebnis vom 17. Oktober gehabt hätten." (Jornal de Angola, 18.10.1992)

Entgegen vielen Prognosen wurde die MPLA trotz ihrer offenkundigen und weitreichenden Mißwirtschaft vom Volk in ihrem Amt bestätigt, während die UNITA in die Oppositionsrolle gedrängt wurde. Präsident dos Santos dürfte einen Großteil zu dem Sieg der MPLA beigetragen haben. Er lieferte einen professionellen und perfekt inszenierten Wahlkampf, in dem er keine Ideologien verbreitete, sondern die Bedürfnisse der Bevölkerung ansprach. Er stellte sich als vertrauenerweckender und seriöser Präsidentschaftskandidat dar.

Darüber hinaus war wohl die Angst vor dem Neuen und Unbekannten ein wesentlicher Faktor, dar dazu geführt hat, daß die Bevölkerung eher auf das Altbekannte, so schlecht es auch sein mag, zurückgriff. Veränderung bedeutet Ungewißheit und die Zeit für Experimente ist in Angola wohl noch nicht gekommen.

Das relativ schlechte Abschneiden der UNITA kam für viele uner-
wartet, am meisten aber wohl für die UNITA und Savimbi selber. Alles
andere als ein Sieg der UNITA ist Betrug, so hatte Savimbi schon vor
den Wahlen verkündet. Mit einem erneuten Bürgerkrieg wurde zumindest unterschwellig immer wieder gedroht. Solche Aussagen hatten
die Bevölkerung verunsichert. Einer Partei, die vor einer demokrati-
schen Wahl auch nur die Option eines erneuten Krieges in Erwägung
zieht, wird das Stimmen gekostet haben. Vermutlich ist es der MPLA
darüber hinaus gelungen, die Schuld für den zurückliegenden Bürgerkrieg in den Augen der Bevölkerung vor allem der UNITA anzulasten.

Am 17. Oktober gab der Nationale Wahlrat die Ergebnisse offiziell
bekannt:

Präsidentschaftswahlen in % der gültigen Stimmen

L. Passos	1,47%
H. Roberto	2,11%
A.V. Pereia	0,29%
D.J. Chipenda	0,52%
R.V. Pereia	0,23%
S. Cacete	0,67%
Alb. Neto	2,16%
J.E. dos Santos	49,57%
H. Lando	1,92%
B.P. Joao	0,97%
J.M. Savimbi	40,07%
Insgesamt	100,00%
Ungültige Stimmen	2,79%
Leere Wahlzettel	7,67%
Anzahl der Wähler	4.401.339

Sitzverteilung im Parlament

MPLA	129
UNITA	70

PRS	6
FNLA	5
PLD	3
PRD	1
A.D.COA.	1
PSD	1
PAJOCA	1
FDA	1
PDP-ANA	1
PNDA	1

Präsidentschaftswahlen in % der gültigen Stimmen

PRD	0,89%
PAJOCA	0,35%
PAI	0,23%
PDLA	0,20%
PSDA	0,26%
FNLA	2,40%
PDPA-ANA	0,27%
PRA	0,17%
CNDA	0,26%
PNDA	0,26%
PDA	0,20%
FDA	0,30%
A.D.COLIGACAO	0,86%
MPLA	53,74%
PRS	2,27%

UNITA	34,10%
PSD	0,84%
PLD	2,39%
Insgesamt	100%
Ungültige Stimmen	1,81%
Leere Wahlzettel	8,85%
Anzahl der Wähler	4.410.575

Die folgende Tabelle gibt einen Überblick über alle zur Wahl gemeldeten Parteien und ihre jeweiligen Kandidaten.

Name der Partei	Abkürzung	Kandidaten
1. Movimento Popular de Libertação de Angola	MPLA	José E. dos Santos
2. União Nacional para a Independncia Total de Angola	UNITA	Jonas Savimbi
3. Frente Nacional de Libertação de Angola	FNLA	Holden Roberto
4. Partido Liberal Democrático	PDL	Amália de V. Pereia
5. Partido Reformador Angolano	PRA	Rui de V. Pereia
6. P. Renovador Democrático	PRD	Luis dos Passos
7. P. Nacional Democrático A.	PDA	Alberto Neto
8. P. Social Democrático	PSD	Bengui P. João
9. P. Democrático para o Progresso de Aliança Nacional A.	PDPANA	M. N'landu Victor
10. P. de Renovação Social	PRS	
11. P. Angolano Independente	PAI	
12. P. Democrático Liberal A.	PDLA	
13. P. Social Democrático A.	PSDA	
14. Convenção Nacional Democrática	CNDA	

15.	Forum Democrático	FDA
16.	Angola Democrática A.	AD-Coligação
17.	P. de Aliança Juventude	PAJOCA
18.	P. Nacional Democrático A.	PNDA

aus: Lydia Bornholdt: Demokratie nach 16 Jahren Bürgerkrieg? in: KAS-Auslandsinformationen 11/92 S. 10-17

10. Die Konflikte nach der Wahl

Die Wahlen am 17.10.92 verliefen in Ruhe bei reger Beteiligung der Bevölkerung, und doch wurden sie durch Savimbi und die UNITA sehr schnell angefochten. Oktober und November 1992 waren ausgefüllt mit vielseitigen Versuchen der OAU, einzelner ausländischer Mächte, den USA, Russlands, Portugals, ein drohendes Wiederaufflammen des Bürgerkriegs zu verhindern und den Konflikt um die Anschuldigungen über den Wahlbetrug zu lösen. Während die MPLA Savimbi anbot, in eine Koalitionsregierung einzutreten, in der die UNITA entsprechend des Wahlausgangs mit einem Drittel beteiligt würde, wuchs die Angst vor einem Bürgerkrieg schnell, nachdem die UNITA-Soldaten und ihre Führer aus der gemeinsamen Armee Anfang Oktober ausgetreten waren. Bald folgte auch eine Versteifung der Haltung der MPLA mit der Meinung, daß die Partei, die die absolute Mehrheit gewonnen habe, das Recht hätte, eine Regierung aus ihren Reihen zu bilden oder eine Regierung der nationalen Einheit, die aber keine Koalitionsregierung sein müsse.

Es ging dabei auch um die Minderheiten, auf die in Afrika traditionell wenig Rücksicht genommen wird, wenn sie nicht durch einen Konsens abgesichert sind.

Schwere Auseinandersetzungen zwischen MPLA- und UNITA Anhängern brachen in Luanda mit mehr als Tausend bis zu schätzungsweise zehntausend Toten und weiteren in Zentralangola aus, wobei es der MPLA wohl auch darum ging, gegensätzliche Eliten in anderen Völkerschaften auszuschalten. Die schon vor der Wahl von Savimbi kritisierte neu gebildete Polizeitruppe der Regierung trug zu Spannungen bei. Sie wurden von der UNITA in Luanda als Massaker bezeichnet und führten zu einem Wiederaufleben des Bürgerkrieges, wobei zahlreiche Provinzstädte von der UNITA überrannt wurden. Ausländer wurden von ihren Regierungen evakuiert. Kritisch äußerte sich der Afrika-Beauftragte der USA, Cohen, beide Seiten hätten zu wenig zur nationalen Versöhnung beigetragen, die MPLA führe sich auf, als ob sie die Wahl allein gewonnen habe.[25]

Andererseits riefen beide Seiten zu Verhandlungen auf, gemeinsame Treffen fanden statt, um im Lande Frieden zu schaffen und eine Regierung des Übergangs und der allgemeinen Versöhnung zu bilden. Verhandlungen in Luanda lehnte die UNITA allerdings unter Hinweis auf das „grausame Gemetzel" vom 01.11.92 ab. Damals seien die Verhandlungsführer der UNITA getötet worden.[26] Zahlreiche Ausländer hatten inzwischen Angola verlassen. Andere, wie Portugiesen, wurden von der UNITA zurückgehalten.

Ende November 1992 waren in Angola 44.497 Ausländer registriert, unter ihnen 40.000 Portugiesen, 3000 Zairer, 800 Briten, 500 Senegalesen. Als Folge des Wiederausbruchs des Bürgerkriegs verließen bis zum 20.11.92 bereits 2021 Ausländer Angola. Interessant ist die Aufschlüsselung nach ihren Heimatländern[27]: 445 Zairer, 410 Brasilianer, 272 Malier, 177 Gambier, 177 Kongolesen, 152 Spanier, 143 Bewohner aus São Tomé, 141 Senegalesen, 94 Russen, 91 Bulgaren, 84 Franzosen, 83 Guineer, 71 Briten, 59 Italiener, 53 Südafrikaner, 39 Deutsche, 27 Belgier, 22 Polen, 18 Dänen, 18 Niederländer, 12 Amerikaner, 12 Gabuner, 11 Kapverdianer, 9 Mexikaner, 8 Chinesen, 7 Schweden, 3 Norweger, 2 Iren, 2 Kolumbier, 2 Mosambikaner, 2 Simbabwer, 1 Ägypter, 1 Argentinier, 1 Grieche, 1 Jugoslawe und 1 Kanadier.

11. Wiederausbruch des Bürgerkriegs

Die Zerstörung der Fabriken, Häuser und Hospitäler seit dem Wiederausbruch der Kämpfe im November 1992 übertraf schon im Februar 1993, also innerhalb von drei Monaten den wirtschaftlichen Schaden,

25   DASP-Heft 38 S. 18
26   DASP-Heft 39 S. 25
27   nach einer Meldung von Radio Luanda vom 20.11.92

den der Bürgerkrieg in seiner ersten Phase zwischen 1975 und Mai 1991 angerichtet hatte.[28]

Am 26.11. wurde das erste angolanische Parlament der Zweiten Republik mit 220 Sitzen ohne Teilnahme der UNITA gebildet, der nach dem Wahlergebnis 70 Sitze zustanden. Über die Hälfte des angolanischen Territoriums wurde Ende November von der UNITA kontrolliert. Trotzdem gingen die Verhandlungen weiter mit der Erklärung, die volle Anerkennung der Gültigkeit der angolanischen Friedensabkommen sei der einzige Weg zur Lösung des angolanischen Problems. Im UNO-Sicherheitsrat wurden Regierung und UNITA aufgefordert, ihre Differenzen friedlich beizulegen, und das Mandat der UNO-Beobachter wurde erneuert. Die erste Regierung der Zweiten Republik nahm am 04.12.92 ihre Geschäfte auf und hatte 53 Mitglieder, und zwar 21 Minister, 25 Vizeminister und sechs Staatssekretäre. Der größte Teil der Regierungsmitglieder stammte aus den Reihen der MPLA. 11 Ämter waren für die Oppositionsparteien, die UNITA erhielt einen Ministerposten (für Kultur) und vier Vizeminister, darunter Verteidigung, Landwirtschaft und öffentliche Arbeiten. Savimbi forderte im April 1993 bei den Friedensgesprächen in Abidjan eine „substantielle" Machtbeteiligung mit einigen der wichtigsten Ämter, zu denen der Posten des Ministerpräsidenten und die Ministerien für Verteidigung, Auswärtiges, Inneres und Verwaltung gehörten. Savimbi sei auch zu einer Waffenruhe bereit, falls diese von einer internationalen Friedensmacht beaufsichtigt würde.[29]

Die Kämpfe gingen weiter, vor allem in Zentralangola und im Nordwesten in der Erdölstadt Soyo. Das Erdöl, die hauptsächliche Devisenquelle Angolas, wurde immer mehr zum „Spieleinsatz" im angolanischen Bürgerkrieg. Die UNITA, die nach der Anerkennung der Regierung durch die USA isoliert war, forderte nach „Marchés Tropicaux" vom 04.06.93 die in Angola tätigen Erdölgesellschaften auf, ihre Politik zu ändern. Die Erdölenklave Cabinda produziert zwei Drittel des angolanischen Erdöls. Die dortige Befreiungsbewegung will Autonomie von Luanda. Das von der UNITA kontrollierte Soyo produziert das andere Drittel. Der Ausfall der Erdölförderung in der

---

28   DASP-Heft 40 S. 54
29   Bericht der F.A.Z. vom 19.4.93

Region Soyo aufgrund der Besetzung durch UNITA-Truppen verursachte tägliche Verluste von mehr als 1,5 Millionen US$.[30]

Staatspräsident dos Santos forderte gegenüber einer Delegation der
OAU am 28.12.92 als Voraussetzung für ein Treffen mit Savimbi, die
UNITA müsse die von ihr besetzten Städte freigeben und ihre Truppen
entwaffnen. Er sei bereit, mit Savimbi als einem „Vorsitzenden einer
politischen Partei", aber nicht als einem „Chef einer bewaffneten
Truppe" zusammenzutreffen.

Im Januar 1993 gab die UNITA bekannt, man erkenne die Wahlen
an, obwohl man sie kritisiere. Das Problem der Akzeptanz der Wahl-
ergebnisse sei überwunden und nicht länger Gesprächsstoff zwischen
UNITA und UNO.[31] Der fortdauernde Bürgerkrieg könne nicht mehr
kontrolliert werden, äußerte sich der Premierminister in Luanda, es sei
wenig sinnvoll, Friedensvermittlungen fortzusetzen, solange weiter
gekämpft werde. Das ganze Jahr 1993 ist voller Kriegsmeldungen und
gegenseitiger Anklagen.

Wechselnde Verhandlungsorte sind Addis Abeba, Abidjan, im Jahr
1994 Lusaka, wo Delegationen unterschiedlicher Zusammensetzung
und mit vielen Unterbrechungen nach einer Lösung der Konflikte
zwischen den beiden Kriegsparteien suchen, wobei die Verhandlungen
immer wieder in einer Sackgasse zu enden drohten. Die Meinung der
Beobachter der Troika (bestehend aus USA, Russland und Portugal)
Anfang 1993 ging dahin, daß es keine Möglichkeit einer militärischen
Lösung des Konflikts geben würde. Die UNITA des Jonas Savimbi
schiene nicht in der Lage zu sein, die gelegentlichen militärischen
Erfolge in einen nationalpolitischen Sieg zu verwandeln, während ihr
Gegner, die Regierung in Luanda, zu schwach und zu desorganisiert
sei, um mit der UNITA fertig zu werden, aber auch zu stark, um sich
von ihr besiegen zu lassen.[32] Der Propagandakrieg über das Fernsehen
wurde stärker, wobei die angolanische Regierung die größeren Möglichkeiten hatte, ihre Position im Ausland zu verbreiten und über die
Begebenheiten in Angola zu unterrichten.[33]

---

30   DASP-Heft 40 S. 70-75 und S. 52
31   DASP-Heft 40 S. 42
32   DASP-Heft 40 S. 56
33   DASP-Heft 38 S. 34

Unter der neuen Präsidentschaft Clintons erkannten die USA am 19.05.1993 die Regierung in Luanda an und machten die UNITA für das Scheitern der Friedensgespräche verantwortlich. Wenn auch die bisherige Unterstützung Savimbis durch die USA geringer sein oder aufhören werde, sagten kritische Stimmen, sei der Einfluß auf ihn gering, da er nicht mehr auf die Unterstützung der USA angewiesen sei, weil die Diamantenausfuhr ihm die Finanzierung der nötigen Einfuhren ermögliche und er von anderen Ländern weiter unterstützt werde. Etwa 40.000 bis 50.000 ausländische und einheimische Diamantensucher schürfen in geheimen Diamantminen im Nordosten Angolas. Sie entzogen 1992 schätzungsweise etwa 600 Millionen US$ durch den Diamantenschmuggel. Er wurde teilweise durch die UNITA unterstützt, die hierdurch ihre Kriegskosten mitfinanzierte.[34]

Die USA-Entscheidung könne sogar den Friedensschluß in Angola erschweren, da die MPLA-Regierung nunmehr noch weniger geneigt sein werde, Savimbi auf dem Weg der Versöhnung entgegenzukommen.[35] Durch die Anerkennung der Regierung durch die USA sei die UNITA noch mehr politisch wie moralisch isoliert. Darauf wies auch der Wunsch der UNITA nach der Garantie der internationalen Gemeinschaft hin, daß eine eventuelle Feuereinstellung in Angola durch die UNO überwacht würde.

Der am 30.06.93 nach Angola kommende neue Sonderbotschafter des UN-Generalsekretärs, Alioune Blondin Beye aus Mali, setzte als Prioritäten neue Initiativen zur Beendigung der Anschuldigungen beider kriegführenden Parteien sowie die Vermittlung humanitärer Hilfe für die Opfer des Konflikts. Die Zahl der durch den Bürgerkrieg vertriebenen Angolaner betrug mehr als 2 Millionen, täglich starben 1000 Menschen aufgrund des Krieges oder durch Hunger.[36] Die Resolution 851 des UN-Sicherheitsrats vom 16.07.93 machte die UNITA für die Fortdauer des Krieges in Angola unmittelbar verantwortlich und drohte mit einem totalen Waffenembargo, wenn bis zum 15.09. in Angola kein Friede herrsche. Es wurde weiter erklärt, die Regierung habe das legitime Recht auf Selbstverteidigung. Damit standen die USA, die in den ersten 16 Jahren des Bürgerkriegs die

34   F.A.Z. vom 21.5.93
35   DASP-Heft 43 S. 7
36   a.a.O.

UNITA mit Geld und Waffen gegen die Regierung unterstützt hatten, kurz davor, die Fronten endgültig zu wechseln und Luanda Waffen zu liefern.[37] Großbritannien und Russland hoben gleichfalls das Waffenembargo auf, umso wichtiger, da die angolanischen Waffen weitgehend sowjetischen Ursprungs sind und es deshalb bisher an Ersatzteilen und Wartung gefehlt hat.[38]

Die UNITA beherrschte Ende Juli 1993 etwa 85 % des angolanischen Territoriums, unter anderem das Zentrum von Huambo, die Erdölregion um Soyo, die Luftwaffenbasis Negage im Norden. Dazu kam die Bedrohung der von der Regierung gehaltenen Städte wie Menongue im Süden, Luena im Osten und Melange im Norden. Die Kämpfe in Zentralangola um Cuito setzten sich fort. Die Städte konnten nur noch aus der Luft versorgt werden.

Als Folge des Wiederauflebens des Bürgerkriegs und seiner Verwüstungen sprach UNICEF von einem Ernährungsnotstand in Teilen von Luanda, Lobito und Benguela. Jeden Monat würden nach Schätzungen in Angola 4000 Kinder sterben, davon ein Viertel in direktem Zusammenhang mit den Kämpfen. Die Sterblichkeitsquote unter den Kindern bis zu fünf Jahren sei 292 von 1000 und damit die höchste der Welt.[39]

Aufgrund des Wiederaufflammens des Bürgerkriegs sind die angolanischen Ausfuhren zurückgegangen. Die Exporte sind mit 707,3 Millionen US$ um 16,4 % niedriger gewesen im Vergleich zum ersten Vierteljahr 1992. Das Erdöl, welches 703 Millionen US$ der Exporte ausmacht, ist wertmäßig um 10,9 % gefallen. Hauptsächliche Abnehmer sind die Vereinigten Staaten und die Europäische Gemeinschaft. Angola verzeichnete auch einen bedeutenden Rückgang seiner Diamantenausfuhren, der zweitgrößten Einnahmequelle des Landes, und zwar wegen der UNITA-Besetzung der bedeutendsten Minen. Das drittwichtigste Ausfuhrprodukt Kaffee geht ebenfalls zurück, und zwar um 48,8 % im Vergleich zum Vorjahr. Die bedeutendsten Käufer des angolanischen Kaffees sind Portugal, Spanien und Italien.[40]

37   DASP-Heft 43 S. 9
38   DASP-Heft 43 S. 12
39   DASP-Heft 43 S. 16
40   DASP-Heft 43 S. 15

Einige Zahlen über das angolanische Drama[41]:

– Die angolanische Schuld gegenüber der früheren Sowjetunion beträgt mehr als 4 Milliarden Dollar.

– Seit der Wiederaufnahme der Feindseligkeiten im Oktober sind über 100 Journalisten in Angola verschwunden.

– Etwa 600 Mitglieder südafrikanischer Spezialeinheiten wurden von den angolanischen Behörden angesprochen, um bei dem Neuaufbau der angolanischen Armee zu helfen, das vorgeschlagene monatliche Gehalt beträgt 10.000 US$.

– Die angolanische Regierung beauftragte die Kanzlei Samuel International in Washington mit der Durchführung von ,,Lobby-Aktionen" in den Vereinigten Staaten. Kostenpunkt: 50.000 US$ monatlich.

– Die gesamte Außenschuld Angolas kann auf 8 Milliarden US$ veranschlagt werden.

– Die UNITA kontrolliert 70 % des angolanischen Gebiets, das bedeutet aber nicht, daß sie 70 % der angolanischen Bevölkerung kontrolliert.

– Etwa die Hälfte der drei Millionen Bürgerkriegsflüchtlinge leidet an Unterernährung.

– 49,6 % der befragten Portugiesen glauben, daß sowohl die MPLA als auch die UNITA beide an dem Wiederaufflammen der Feindseligkeiten Schuld haben.

Der UNITA-Sender meldet am 14.10, die angolanische Regierung werbe südafrikanische Söldner ab, die früher dem ,,Büffel-Bataillon" angehört hätten. Die Söldner würden in die angolanischen Streitkräfte FAA eingegliedert, wo sie als militärische Berater oder Ausbilder eingesetzt seien. Die Anwerbemaßnahme werde vom Afrikanischen Nationalkongreß unterstützt. Die Anwesenheit von Söldnern in den FAA stelle einen weiteren Verstoß gegen die Vereinbarungen von Bicesse dar, welche die UNITA für gültig anerkenne, wenngleich sie sie für überarbeitungsbedürftig halte.

Föderalistische Vorschläge der UNITA wurden von der Regierung abgelehnt, vielmehr sollten die Provinzen ein Maximum an Autonomie erhalten.[42] Frühere Pläne Savimbis eines ,,Südangola" tauchten

41   Marchés Tropicaux 15.10.93
42   DASP-Heft 43 S. 10

gelegentlich wieder auf.

Während des Jahres 1993 und Anfang 1994 wurden immer wieder Versuche des Auslands unternommen, die beiden Parteien zu Gesprächen zusammenzuführen, unter anderem von Mugabe (Simbabwe), König Hassan (Marokko), Houphet-Boigny (Elfenbeinküste), de Klerk (Südafrika), Mandela (Südafrika) und der OAU. Beide Partner blieben bei ihren Bedingungen als Voraussetzung für Gespräche. Savimbi forderte eine Gleichstellung der beiden Partner, da er die überwiegende Mehrheit des angolanischen Volkes repräsentiere, die Regierung blieb bei der Forderung der Freigabe aller besetzten Gebiete durch die UNITA, die seit der Wiederaufnahme des Bürgerkrieges besetzt worden seien, und die UNITA forderte dagegen den Verbleib der gegnerischen Truppen in den besetzten Gebieten. Weitere Forderungen der MPLA waren Respektierung des Wahlergebnisses, der Vereinbarungen von Bicesse und der Beschlüsse des UN-Sicherheitsrates.[43] Diese Art von Bereiterklärung zu Gesprächen unter gleichzeitigen Vorbedingungen wurden von Beobachtern als Verzögerungstaktik beider Seiten angesehen, um die Ausgangspositionen zu verbessern oder Nachschubmittel für den Kampf zu beschaffen.

Verstärkte Friedensinitiativen der Nachbarstaaten kennzeichneten den September 1993. São Tomé wurde vorwiegend zum Schlichter in den Konflikten, dessen Präsident Trovoada mit Savimbi als befreundet galt. Es wurde weiter erwogen, beim UN-Sicherheitsrat umfassende Waffensanktionen gegen die UNITA zu beantragen, falls Savimbi nicht bis zum 15.09.93 Gespräche aufnähme. Die Kämpfe um Cuito hatten sich verschärft. „Der Welt brutalster Krieg mit astronomischen Totenzahlen", Cuito sei wie zuvor Huambo das „Sarajewo Angolas" heißt es im Welternährungsprogramm der UN.[44] Die UNITA erklärte, am 20.09. eine einseitige Waffenruhe durchzuführen und direkte Gespräche zu suchen über die Bildung einer Nationalarmee, die Bildung einer nationalen, Provinz- und örtlichen Polizei, Dezentralisierung der Verwaltung, Schaffung von Bedingungen für Meinungs- und Versammlungsfreiheit und für demokratische Medien. Aber die Regierung betrachtete nach Meldungen von Radio Luanda den Be-

---

43   DASP-Heft 43 S. 15-17
44   DASP-Heft 43 S. 19

schluß der UNITA zur Einstellung der Feindseligkeiten ab 20.09. als „Schwindel" und bekräftigte diese Ansicht auch während der Verhandlungen in Lusaka im November 1993.[45]

Die verworrene Lage in Angola gab die FAZ wieder, die MPLA-Regierung mache kaum noch Konzessionen im Konflikt mit der UNITA. Auch der UN-Sicherheitsrat scheine alle Schuld an der Verschlechterung der Lage allein bei Savimbi zu sehen. Kriegsverbrechen würden aber auf beiden Seiten begangen. Es fehle jedoch auf beiden Seiten an Kompromißbereitschaft. Die letzte UN-Resolution drohe aber wiederum der UNITA Sanktionen an. So werde sich der Frieden nicht gewinnen lassen.[46]

Eine Meldung am Rande verstärkt diesen Eindruck: Die MPLA stellte sich gegen den portugiesischen Staatspräsidenten Mario Soares, weil dieser in Lissabon eine Delegation der UNITA im September 1993 empfangen habe. Dies wurde im „Jornal de Angola" als wirkliche Kriegserklärung des portugiesischen Präsidenten an das angolanische Volk,, bezeichnet.[47]

Die Aufforderung Savimbis an dos Santos zu einem Treffen lehnte dieser ab, da Savimbi nur versuche, aus seiner diplomatischen Isolierung herauszukommen.[48] Sanktionen des US-Sicherheitsrats gegen die UNITA wurden verschärft, seit 26.09. war ein Öl- und Waffenembargo der USA gegen die UNITA in Kraft. Andererseits erhielt Savimbi weiterhin Unterstützung vor allem durch Zaire, die Elfenbeinküste, gewisse Kreise in Südafrika und andere. Der von der UNITA am 20.09.93 einseitig begonnene Waffenstillstand wurde eingehalten und Gesprächsbereitschaft mit der Regierung bekundet, während diese behauptete, die UNITA wolle damit nur die Sanktionen der UN verhindern und sich auf neue Angriffe vorbereiten. Andererseits ging die Regierung von den zu rigorosen Forderungen ab. Neue Gespräche begannen am 25.10. in Lusaka zwischen mehreren getrennten Gruppen geheim mit vielen Unterbrechungen. Man erstrebte einen Waffenstillstand zum 20.12.93. Es gelang in Geheimverhandlungen in Lusaka

45   DASP-Heft 43 S. 20
46   F.A.Z. vom 17.9.93
47   DASP-Heft 43 S. 21
48   DASP-Heft 43 S. 23

am 04.12.93, eine Waffenruhe zu vereinbaren, die in ganz Angola gelten sollte. Auch über die Bildung einer neuen vereinigten Armee wurde ein Übereinkommen erzielt.[49]

12. Die politische und wirtschaftliche Entwicklung der letzten Jahre und ein Ausblick[50]

Bis zu den Öffnungen im Osten, den letzten großen politischen und wirtschaftlichen Veränderungen der letzten Jahre, war die Wirtschaft Angolas eine strenge Planwirtschaft unter einem Sozialismus marxistischleninistischer Prägung, Staatspräsident José Eduardo dos Santos hatte die Zügel fest in der Hand und ließ keine Lockerungen zu, er konnte seine Moskauer Schulung und Ausbildung nicht verleugnen. Jonas Savimbi hingegen sprach zwar immer wieder davon, daß er für die freie Marktwirtschaft eintrete, aber es gibt nicht wenige Stimmen, die ihn für einen "Wolf im Schafspelz,, halten und sagen, sei er erst an der Macht, werde er diktatorischer regieren als dos Santos, was das für eine freie Entfaltung der Wirtschaft bedeuten könnte, ist leider nicht vorauszusehen. Dem gegenüber stehen die wirtschaftspolitischen Ausführungen von Fatima Roque über die Wirtschaftspolitik der UNITA.[51]

Viele sagen, die jetzige, die alte Verwaltung sei zwar schlecht, nicht effizient, korrupt, aber sie habe wenigsten etliche Jahre Erfahrung, bei den UNITA-Buschkriegern gebe es nur ,,Kampferfahrung", wie sie das Land verwalten würden, sei ein großes Fragezeichen. Savimbi hat ausländische Investoren immer wieder davor gewarnt, vor den Wahlen in Angola zu investieren, um zwischen den Zeilen zu sagen, die Regierung dos Santos könne den Unternehmen keine Freiheiten und keinen Gewinntransfer garantieren, mit anderen Worten, nur ein Angola unter der UNITA, sprich Savimbi-Führung, biete dafür eine Garantie. Nun wissen natürlich die pragmatisch denkenden Angolaner sehr genau, daß ihre einzige wirtschaftliche ÜberlebensChance in

49   DASP-Heft 43 S. 38
50   siehe Wilhelm Wess: Wirtschaftliche Möglichkeiten Angolas nach mehr als 15 Jahren Bürgerkrieg. in : DASP-Jahrbuch 1993 S. 103–118
51   in „Angola heute", Deutsch-Angolanische Vereinigung, Nr. 1 Juni 1992

kräftigen ausländischen Investitionen liegt. Aus dem Osten sind sie früher nicht gekommen und werden sie in Zukunft noch viel weniger kommen. Bemerkenswert ist immerhin die schnelle Umkehr des Landes vom Sozialismus zum politischen Pluralismus, zum Mehrparteiensystem und zur angeblich „freien Marktwirtschaft". Das alles läßt westliche Unternehmer hoffen, in Zukunft wirtschaftliche Aktivitäten in Angola ohne größere Risiken entfalten zu können, wenn zumindest die notwendigen gesetzlichen Voraussetzungen dafür geschaffen wurden. Angola leidet natürlich unter seiner hohen Auslandsverschuldung, die bei 6 Milliarden US$ liegen soll. Man schätzt, daß die Verschuldung gegenüber der früheren Sowjetunion noch einmal 7 Milliarden US$ beträgt. Sie rührt fast ausschließlich aus Waffenlieferungen her.

Geschäfte stehen und fallen in diesem Land mit Finanzierungen, nur in kleinerem Umfange werden prompte Zahlungen zu erwarten sein. Die Hilfsgelder von internationalen Organisationen und Kapitalhilfen westlicher Staaten, ebenfalls und ganz speziell der Europäischen Union werden fließen, und zwar in beachtlicher Höhe, doch wird es vorerst keine Finanzierungen auf dem freien Markt geben. Die staatlichen Kreditversicherungen, die Basis für langfristige Lieferanten- und Bestellerkredite, halten sich aus verständlichen Gründen nach wie vor zurück.

Ausgedehnte kommerzielle Aktivitäten verlangen mitunter Konditionen, die viele, besonders kleinere Wirtschaftsunternehmen nicht erfüllen können, man braucht den freien Kapital-. und Bankenmarkt und somit auch entsprechende Finanzierungen. Erwähnenswert ist in diesem Zusammenhang, daß bereits 1988 in Angola ein Gesetz über das Niederlassungsrecht im Lande verabschiedet wurde, die „Lei sobre Investimentos Estrangeiros". Es gestattet bei privaten Unternehmungen eine unbeschränkte ausländische Beteiligung, gemischte Unternehmen mit privater oder staatlicher ausländischer Beteiligung an den angolanischen Staatsbetrieben bei 51 % angolanischer Mindestbeteiligung und „joint ventures" auf privater Basis. Einige Sektoren sind allerdings ausgeschlossen: Verteidigung, öffentliche Ordnung, Bankwesen bei Zentralbankaufgaben, Erziehung, Gesundheit, Strom und Wasser, Telekommunikation und Verkehr. Es gibt keine Obergrenze für den Gewinntransfer, allerdings muß er vom Planungsministeri-

um vorher genehmigt werden. Der ausländische Investor hat einige
Auflagen zu erfüllen, u.a. angolanisches Personal auszubilden, Kapi-
talreserven anzulegen und die notwendige Technologie zur Verfügung
zu stellen. Das sind keine unvernünftigen Forderungen.

Ein allgemeiner Bericht der BfA über Angola zur Jahresmitte 1988
besagt: „Die Unsicherheit der Transportwege, das Fehlen von Führungskräften sowie der Mangel an Betriebsmitteln und Ersatzteilen hat
nach Schätzungen von Landeskennern bei den Unternehmen des
verarbeitenden Sektors zu Kapazitätsauslastungen von nur 20-30 %
geführt. Die Führung in Luanda hat sich wirtschaftlich einen pragma-
tischeren und liberaleren Kurs der ‚Sanierung von Wirtschaft und
Finanzen' verschrieben."

Einen Monat zuvor hatte dos Santos erklärt, sein Land sei bereit,
umfassende Wirtschaftreformen durchzuführen, um Mitglied im Internationalen Währungsfonds zu werden. Damit verband sich die
Hoffnung, kurzfristig Zahlungserleichterungen bei den internationalen Gläubigern für Verpflichtungen in Höhe von 3-4 Milliarden US$
zu erhalten. Die Ausarbeitung des wirtschaftlichen und finanziellen
Sanierungsprogrammes wurde bekanntgegeben und seine Umsetzung
ab Januar 1988 angekündigt.

Mit der Wiederzulassung von Privateigentum, der Privatisierung
von defizitären Staatsbetrieben und der Abwertung der Landeswäh-
rung Kwanza wurde nach Auffassung von Landeskennern ein eindeu-
tiger Bruch mit der bis dahin verfolgten Wirtschaftspolitik vollzogen.

Eine zentrale Rolle in den angolanischen Verkehrsplanungen
nimmt das Projekt „Lobito-Korridor" ein. Die Ausgaben werden auf
etwa 400 Millionen US$ veranschlagt. Geplant sind ein Transportnetz
und die notwendigen Hafeneinrichtungen, um eine bessere Seeanbin-
dung der östlichen zentralen Landesteile sowie der Kupferregionen
Sambias und Zaires zu schaffen bzw. zu rehabilitieren. Neben der
Reaktivierung des Hafens Lobito umfaßt das Vorhaben den Bau einer
Straße von Lobito über Luena und die Region Lumbala nach Mongu
in Sambia. Kernpunkt der Planungen ist allerdings die Rehabilitierung
der BenguelaEisenbahn. Luanda plant die Gründung einer internationalen Gesellschaft für den Betrieb der Bahn, an der die Regierung die
Mehrheit haben soll. Verhandlungen mit der belgischen Societé

Générale, die 90 % der Anteile an der Benguela-Bahn hält, wurden bereits im Oktober 1987 geführt. Die Societé Générale soll sich breit erklärt haben, Studien für die Rehabilitierung der Eisenbahnlinie zu finanzieren. Nach dem Vorbild des simbabwisch-mosambikanischen Beira-Korridors wird auch für das Lobito-Projekt insbesondere mit Unterstützung aus dem Bereich der EU gerechnet.

Die häufig erörterte Wiederingangsetzung der BenguelaBahn wird weiter diskutiert. Die angolanischen Behörden hoffen auf eine baldige Verwirklichung, aber Experten bezweifeln, daß diese Bahn ihre frühere Bedeutung als hauptsächlicher Handelsweg zwischen dem Süden und dem Zentrum Afrikas zurückgewinnen kann, als Millionen Tonnen Kupfer aus Sambia und Zaire an die atlantische Küste transportiert wurden. Man schätzt, daß man ein Drittel der Strecke wiederherstellen kann, um wenigsten die Häfen von Benguela und Lobito mit binnenländischen Städten wie Huambo und Cuito zu verbinden. Seit Bürgerkriegsbeginn 1975 wird das Kupfer über Tansania, Mosambik und Südafrika transportiert. Aber der Hauptfaktor sind wirtschaftliche Überlegungen. Der Weltkupfermarkt ist zurückgegangen, und die zairischen Minen in der Provinz Shaba sind vermutlich im Jahre 2000 nicht mehr rentabel. Die erforderlichen Investitionen wären enorm. Die Bahn war 1903 in erster Linie wegen der Kupfertransporte gebaut worden.

Im September 1991 kündigte die französische Elf Aquitaine ein Abkommen mit Sonangol an, womit Elf eine Beteiligung von 10 % an der „off-shore"-Konzession von Cabinda gewährt wird. Elf ist sei 1980 in Angola präsent und der zweitgrößte Erdölförderer des Landes, etwas mehr als 30 % der nationalen Produktion.

Die Erdölproduktion und -ausfuhr Angolas wurde in den vergangenen Jahren ständig gesteigert. Angola ist einer der größten Produzenten Afrikas, und ständig werden neue Vorkommen „off-shore" entdeckt, seltener auch „on-shore". Aber die staatliche Sonangol ist nur beteiligt gegenüber den vorherrschenden ausländischen Gesellschaften wie Gulf Oil, Elf Aquitaine, Mobiloil usw. Ohne dieses Ausfuhrprodukt wäre das Land mit Sicherheit in den letzten Jahren an den Rand des Ruins gekommen.

Die außenwirtschaftlichen Probleme des Landes, das bis zu 95 %

seiner Deviseneinküfte aus Erdölverkäufen bezieht, resultieren aus der
internationalen Entwicklung des Rohölpreises und des Dollarkurses.
Obwohl früher politisch eng mit den sozialistischen Staaten zusam-
menarbeitend, wickelt Angola fast die Gesamtheit seines Außenhandels mit westlichen Industrieländern ab. So werden beispielsweise 50
% der Erdölausfuhren von den USA abgenommen. Die EU trägt u.a.
über den Europäischen Entwicklungsfonds zur Entschärfung der De-
visensituation bei. So soll die Nahrungsmittelproduktion angeregt
sowie die Politik der Dezentralisierung und Privatisierung unterstützt
werden. Luanda unternahm 1987 erste Schritte zu einer Intensivierung
der Zusammenarbeit mit Brasilien.

Gerade dem Bausektor ist nach den jüngsten Verwüstungen besondere Bedeutung beizumessen, allerdings ist darauf hinzuweisen, daß
dieses Gebiet eine Domäne der Portugiesen ist. Portugiesische Firmen
unterhalten in Angola eigene Niederlassungen, sie müssen z.Zt. noch
praktisch alle Baumaterialien ins Land bringen.

Nur 2 % des Landes sind kultiviert. Die Landwirtschaft sollte nicht
nur Produkte für den Export zur Verfügung stellen, sie ist auch als der
Arbeits- und Lebensraum von drei Vierteln der Bevölkerung zu sehen
und zu schützen. Die wünschenswerte wachsende Beteiligung der
bäuerlichen Landwirtschaft an der Versorgung des angolanischen
Binnenmarktes muß gegen den Einbruch angeblich billiger Über-
schußproduktionen der Industrieländer geschützt werden. Ein Volk,
das zu 75 % aus Bauern besteht, darf keine Nahrungsmittelimporte
benötigen.[52]

All dieses ist zu sehen im Hinblick auf ausländische Investitionen,
und zwar nicht nur den angolanischen Binnenmarkt betreffend, sondern auch mit Blick auf die Exporte in andere afrikanische Länder. Die
angolanischen Exporte betreffen derzeit nur Rohprodukte. Gelänge es,
eine veraltete Industrie, wie sie in portugiesischen Zeiten schon
vorhanden oder im Aufbau war, wieder herzurichten, so hätte Angola
nicht nur die große Chance, seine Importe drosseln zu können, sondern
darüber hinaus auch später Möglichkeiten des Exports verarbeiteter
Produkte in andere afrikanische Länder. Ausländische Investoren

52   siehe Hermann Pössinger: Perspektiven der angolanischen
      Landwirtschaft. in: DASP-Jahrbuch 1993 S. 91-102

sollten dies im Auge behalten, aber natürlich ganz besonders den enormen Inlandsbedarf, wenn erst einmal der Frieden eingekehrt ist. Sollte es allerdings zu einer Teilung des Landes kommen, in zwei Staaten unter UNITAund MPLA-Regierung, Pläne, die bei Savimbi immer wieder auftauchen und verschwinden, so müßten alle Überlegungen neu angestellt werden.

Ein im Frieden lebendes Angola hat hervorragende Aussichten für die Entwicklung eines wirtschaftlichen Wohlstandes, bessere, als die meisten schwarzafrikanischen Länder. Als aussichtsreiche Kooperationsbereiche werden die Energiewirtschaft, das Transport- und Fernmeldewesen, berufliche Ausbildung, die Sektoren Landwirtschaft und Bergbau genannt. Luanda hofft auf die Verdopplung der brasilianischen Erdölkäufe von zuletzt 10.000 barrels pro Tag.

Wirtschaftliche Möglichkeiten nach Beendigung des Bürgerkriegs müssen von der Tatsache ausgehen, daß Angola ein großer Trümmerhaufen sein wird, der nach den ohnehin großen Verwüstungen in den Jahren der ersten Phase des Bürgerkriegs durch die Verheerungen nach den strittigen Wahlen 1992 entstanden ist. Während eine Studie der EG vor den Wahlen 1992 noch von Angola mit dem ,,phantastischsten Potential des ganzen Kontinents an landwirtschaftlichen, Bergbau- und Energieressourcen" sprach, sind für die spätere Entwicklung folgende Schwerpunkte anzuführen:

a) Erdölproduktion 300.000 barrels pro Tag, Reserven rund 2 Milliarden barrels. Erdgasreserven 50 Milliarden Kubikmeter. b) Diamantminen, die den dritten Platz in der Welt einnehmen, Produktion derzeit $1/6$ der 70er Jahre. c) Erhebliche Eisenerzvorkommen in Cassinga, zur Zeit wegen des Bürgerkriegs nicht ausgebeutet. d) Große Entwicklungschancen bei Kaffee, Baumwolle, Zucker, Sisal, Forst- und Viehwirtschaft. Große Mengen an Kupfer, Mangan, Phosphaten, Salz, Uran, Vanadium, Titan und Chrom. Eingehende Studien sind notwendig hinsichtlich der Abbauwürdigkeit und einer möglichen Vermarktung bei herrschender Situation. Gelder für solche Studien wird es von internationalen Organisationen, auch von der EU, in ausreichender Höhe mit Sicherheit geben.

Während die Friedensverhandlungen in Lusaka, die im November 1993 aufgenommen wurden, fortgeführt und von beiden Seiten als erfolgreich beurteilt wurden, fanden trotzdem kriegerische Operationen zwischen der UNITA und der Regierung weiterhin statt. Nach der vollen Besetzung des Zentrums und Südens des Landes durch die UNITA konzentrierten sich ihre Kriegshandlungen seit Februar 1994 auf den Nordosten, besonders die Diamantenregion, und den Norden und die Besetzung der Erdölfelder auf dem Festland um Soyo. Die Bemühungen in Lusaka um eine Verhandlungslösung unter Vermittlung der Troika der Beobachterstaaten USA, Russland und Portugal und des Vertreters des UN-Generalsekretärs suchen nach einem Ausgleich zwischen den Forderungen der UNITA und der hinhaltenden Taktik der Regierung in Bezug auf mögliche Konzessionen einer Machtteilung.

Die UNITA erklärte erneut, sie werde ihre Truppen aus den von ihr besetzten Gebieten Angolas erst abziehen, wenn die Friedensverhandlungen in Lusaka beendet seien und ein allgemeines Friedensabkommen unterzeichnet worden sei. Savimbi erklärte weiter, der Krieg werde das Problem in Angola nicht lösen, denn niemand werde den Krieg gewinnen.[53] Es geht vor allem um die Frage, welche Rolle die UNITA als politische Opposition spielen wird. Im Februar 1994 wurde noch auf die große Kluft zwischen den Parteien der laufenden Friedensgespräche hingewiesen.[54]

„Die UNITA hat kein Interesse mehr an der Durchführung der zweiten Runde der Präsidentschaftswahlen. Das ist ein weiterer Schlag gegen die Vereinbarungen von Bicesse. Die Bewegung des Schwarzen Hahns hat jetzt vorgeschlagen, daß der angolanische Präsident Eduardo dos Santos im Amt bleiben soll, wobei allerdings einige seiner Befugnisse eingeschränkt werden sollten. Was Jonas Savimbi betrifft, so möchte er, daß ihm der Status des Oppositionsführers, das Recht auf eine Leibwache und völlige Immunität gewährt werden. Er will, daß ihm Absolution erteilt wird, und er wird unter keinen Umständen bereit sein, sich einem Gerichtsverfahren zu unterziehen."

Eins der Befugnisse, die die UNITA eingeschränkt sehen möchte, ist das Recht, die Stabschefs der Streitkräfte ernennen und entlassen zu können. Die UNITA schlägt vor, daß der Präsident dazu die

53   Radio RDP Antena Lissabon 12.2.94
54   Radio Lissabon 17.2.94

Zustimmung des Oppositionsführers – also Savimbis, unter den gegenwärtigen Umstanden – einholen muß. Ein weiterer schwieriger Punkt betrifft die Verteilung der Macht in der Zentralregierung. Die UNITA wünscht wichtige Ministerposten. Sie will das Verteidigungsministerium oder alternativ des Innenministerium, das Ministerium für Medienangelegenheiten oder für auswärtige Angelegenheiten und das Ministerium für Territorialverwaltung oder Finanzen. Die Regierung in Luanda will nichts davon hören, und sie bietet der UNITA die Ministerien für Kultur, Bildung, Gesundheit und soziale Angelegenheiten an. Außerdem bietet sie für die Bereiche Verteidigung, Inneres und Finanzen jeweils das Amt des stellvertretenden Ministers an. Die Kluft zwischen beiden Seiten ist also groß, und das gilt auch für die Ebene der Regionalregierungen. Die UNITA will in den Provinzen, in denen sie bei den Wahlen die meisten Stimmen erhielt, und in den Provinzen, die gegenwärtig von ihren Truppen besetzt sind, insgesamt sieben Gouverneure stellen.

Im angolanischen Bürgerkrieg werden für das Jahr 1993, das als das tragischste Jahr seit der Unabhängigkeitserklärung 1975 gilt, über 500.000 Tote, 200.000 Amputierte, 400.000 Waisenkinder und 3000 Flüchtlinge angegeben. Dazu kommt der katastrophale Gesamtzustand des Landes, der von Hungersnot und Zerstörung gekennzeichnet ist.[55]

Der angolanische Präsident dos Santos kündigte im Februar 1994 wieder harte wirtschaftliche Maßnahmen wie den Abbau der Staatsausgaben und die Eindämmung des Defizits im Staatshaushalt an. Dabei sollten Voraussetzungen geschaffen werden, die nationale Währung zu stabilisieren, die Gehälter zu erhöhen, Investitionen anzulocken und wieder Wachstum zu erlangen, um der ernsten Wirtschaftskrise zu begegnen. Ähnliche Beschlüsse und Sparprogramme vom September 1993 waren nicht durchgeführt worden. Angesichts der Kriegssituation und des nicht ausgerufenen Ausnahmezustands sei der Staat nach den Ausführungen von dos Santos gezwungen, 1994 wichtige Ressourcen für die logistische Unterstützung und für die Ausrüstungen der Armee und Polizei umzuverteilen, die ursprünglich für die Wirtschaft und den wiederaufbau gedacht

waren. Der militärische Konflikt habe den Wirtschaftsapparat lahm-
gelegt, der wirtschaftlichen und sozialen Infrastruktur schweren Schaden zugefügt, den freien Personen- und Warenverkehr behindert, sowie
die Umsetzung der wirtschaftlichen Reformen verzögert. Das Zah-
lungsbilanzdefizit des Jahres 1993 beläuft ich auf 1,5 Milliarden
US$.[56]

Angesichts der ausweglos erscheinenden Situation, bald zu einem
Abschluß der Friedensverhandlungen zu kommen, haben sich Ende
März 1994 vierzehn angolanische politische Parteien, von denen vier
im Parlament vertreten sind und die anderen bei den Wahlen im
September 1992 zu wenige Stimmen gewinnen konnten, zu einem
Oppositionsbündnis gegen die beiden kriegführenden Parteien zu-
sammenschlossen. Sie fordern u.a. die sofortige Einstellung der
Kriegshandlungen, Entsendung einer bedeutenden Anzahl von UN-
Blauhelmen zur Kontrolle des gesamten Landes und die Organisation
einer umfassenden Konferenz, an der alle aktiven Kräfte Angolas
einschließlich der Kirchen teilnehmen sollen. Durch Teilkonferenzen
der Befürworter dieser Ziele soll eine breite Bewegung für Frieden und
nationale Versöhnung geschaffen werden.[57]

Andererseits nimmt das ausländische Interesse am wirtschaftlichen
Wiederaufbau des Landes seit den letzten Jahren immer mehr zu und
zeigt sich 1994 im Hinblick auf die erfolgversprechenden Friedensverhandlungen in Lusaka besonders lebhaft. Delegationen ausländischer Unternehmer besuchen in verstärktem Maße Angola.[58]

---

56   Angolanisches Fernsehen 21.2.94 und Angola-Panorama 28.2.94
57   Angolanisches Fernsehen 6.4.94
58   Angola-Panorama 31.1.94

Kapitel V

Wirtschaftsstrukturen, Wirtschaftsräume und wichtigste Wirtschaftsgüter
Manfred Kuder, Bonn/Köln

1. Wirtschaftsgeschichtlicher Überblick

Infolge des vergeblichen Suchens nach Bodenschätzen in Angola oder enttäuschender Förderergebnisse von Schwefel, Petroleum, Eisen und Kupfer war die Sklavenausfuhr für Jahrhunderte das einzige wirtschaftliche Element der Kolonie. Zwischen 1816 und 1819 z.b. wurden jährlich etwa 22.000 Sklaven ausgeführt, ein großer Verlust an menschlicher Arbeitskraft, der zur teilweisen Entvölkerung im nördlichen Angola führte, der wirtschaftlichen Entwicklung Angolas schadete und erst zu Ende des vorigen Jahrhunderts überwunden werden konnte.[1] Es war ein Tauschhandel mit Waren aus Portugal auf den Märkten an der Küste oder zwischen portugiesischen Händlern und Dorfältesten im Innern. Da die Sklaven von den Afrikanern meist selbst an die Küste gebracht wurden, war ein Eindringen der Portugiesen ins Innere außer der Anlage einiger Stützpunkte zur Sicherung des Handels nicht notwendig. Sie beschränkten sich auf die Küstenpunkte und trieben nur im unmittelbaren Hinterland bei genügender Bewässerung den Anbau der notwendigen Nahrungspflanzen mit Hilfe von Sklaven.

Eine Verbreiterung und damit Entwicklung wirtschaftlicher Aktivität setzte zwangsläufig erst während des 19. Jahrhunderts ein, nach dem Verlust Brasiliens und der Abschaffung der Sklavenarbeit. Vor der Unabhängigkeit Brasiliens als Kaiserreich 1822 war der Außenhandel Angolas zu 80 % auf Brasilien ausgerichtet, wobei die Sklavenausfuhr den größten Anteil hatte. Erst gegen Ende des 19. Jahrhunderts begann die Ausweitung des Handels mit dem Innern und eine von Europäern betriebene Landwirtschaft aufgrund der geringen Einwanderung von Kolonisten. Die portugiesischen Händler allein pflegten die Verbin-

1   Amaral, I.: Aspectos do povoamento branco de Angola. In: Est. Ens. Doc. 74, 1960, 83 S.

dung zu den afrikanischen Einwohnern, und auch nur in der Nähe ihrer Niederlassungen. Außer mit den Burenwagen im Süden mußten die Waren fast ausschließlich von Trägern transportiert werden, deren bei zunehmendem Handel und Export notwendig steigende Zahl in den spärlich bewohnten Gebieten entlang der Pfade oft Versorgungsschwierigkeiten verursachte.

In der angolanischen Wirtschaft standen im Laufe der Jahrhunderte ein paar Handels- und Ausfuhrgüter in einzelnen Epochen nacheinander im Vordergrund: Sklavenhandel (1530-1850), das Sammelprodukt Gummi (1869-1910), die Plantagenfrucht Kaffee (1946-1972) und die Erdölförderung (seit 1973). Sie veränderten jeweils die Bevölkerungsstrukturen und den regionalen Schwerpunkt der angolanischen Wirtschaft.

Die rund dreißig Jahre erfolgreicher Kaffeeproduktion und -ausfuhr neben anderen landwirtschaftlichen Gütern brachten eine Anhäufung nationalen und fremden Kapitals, das den Aufbau einer Leichtindustrie von Konsumgütern für den angolanischen Binnenmarkt ermöglichte.

Damit stieg auch die Zahl der eingewanderten europäischen, fast ausschließlich portugiesischen Bevölkerung mit ihren Familien zwischen 1940 und 1960 von 44.000 auf 173.000 (3,6 % der damaligen Gesamtbevölkerung von 4,8 Millionen). Damit wurde Angola eine Siedlungskolonie, was zu einer schnellen wirtschaftlichen Entwicklung führte, vor allem durch den Anstieg des Kaffeeanbaues seit 1950 im Norden Angolas, wo die Siedler viel Land in Besitz genommen hatten. Die wachsende Zahl der portugiesischen Soldaten in Angola nach den Revolten 1961 erhöhte weiter Kaufkraft und Produktionsanreize für den lokalen Markt.

Während die weiße Bevölkerung um 1970 rund 5,1 % der Gesamtbevölkerung von 5,6 Millionen ausmachte, belief sich das Bruttoinlandsprodukt Angolas 1972 auf rund 33 Milliarden Escudos, was pro Kopf 5.500 Escudos, etwa 200 US$, betrug.[2] Damit stand Angola im subsaharischen Afrika an 5. Stelle nach Gabun, Liberia, Elfenbenkü-

2   Offermann, Michael: Angola zwischen den Fronten. Reihe
     Politikwiss. Bd. 1, 510 S. Centaurus-Verlagsges. Pfaffenweiler
     1988.

ste und Sambia. Allerdings zeigte sich ein großes Mißverhältnis zwischen dem Einkommen der weißen und assimilierten Bevölkerung mit rund 35.000 Escudos Einkommen und den übrigen, die etwa 90 % ausmachten und nur 2.200 Escudos pro Kopf und Jahr verdienten.[3]

Während sich Portugal als Folge seiner EFTA Mitgliedschaft stärker dem europäischen Markt zuwandte, war die innere Nachfrage bei gestiegenem Konsumbedarf Angolas entscheidender Anlaß für seine industrielle Entwicklung. Das Bruttosozialprodukt wuchs zwischen 1953 und 1963 um jährlich 4 %, zwischen 1963 und 1973 um jährlich 7 %. Das Wachstum basierte auch auf dem Zusammenspiel öffentlicher Investitionen mit der Liberalisierung der Wirtschaft und des Zahlungssystems, Reformen, die der Kolonie größere Autonomie gaben.[4]

1.1 Erste Exportprodukte

In der Mitte des 19. Jahrhunderts (1858) waren die wichtigsten Ausfuhrprodukte: Bienenwachs (582 t), Elfenbein (76 t), die Farbflechten Urzela (1160 t, für den roten Farbstoff Orseille) und das fossile Harz Kopal (415 t), während sich zehn Jahre später (1867) fast aus dem Nichts Erdnuß (1879 t), Palmöl (1311 t) und Kaffee (913 t) an die Spitze geschoben hatten.[5] Allerdings beschränkte sich die Handelstätigkeit fast ganz auf den Norden und die Küstengebiete bis Benguela. Um die Jahrhundertwende stand unter den Sammelprodukten Gummi aus Pflanzenwurzeln an erster Stelle (1909 2.896 t), vor allem aus Lunda, Malange und Bié, die darum auch „Gummizone" genannt wurden. Das ist das wichtigste Produkt, welches die Europäer damals in die Osthälfte Angolas zog. Dazu kam Wachs hauptsächlich aus dem inneren Süden (1909 mit 677 t an dritter Stelle des Exports). Unter den Agrarprodukten im Tauschhandel mit den Afrikanern stand Kaffee an der Spitze (1909 Export 4.355 t). Der Anbau konzentrierte sich auf die Zonen Golungo-Alto und Ambriz. Weitere wichtige Ausfuhrprodukte waren Trockenfisch (4,7 t), was zur stärkeren Niederlassung an der südlichen Küste führte, Zucker (135 t) bei Benguela und Luanda,

3   Offermann, a.a.O.
4   Offermann, a.a.O.
5   Lopo, J.C.: O amendoim na economia de Angola. In: Act. Econ. Ang. 1962, 14 S.

Baumwolle (77 t). Kokosnuß war damals das wichtigste Produkt der
Gebiete Libolo und Amboim und ihr entscheidender Entwicklungs-
faktor, Rindvieh (Ausfuhr 1.734 Stück) bei den Kolonisten im Süden
(Ausfuhrzahlen für 1909).[6]

Die Veränderung der anteiligen Exportwerte zwischen Sammelprodukten und Agrarprodukten um die Jahrhundertwende zeigte die große
Nachfrage nach Gummi auf dem Weltmarkt, so daß er die Ausfuhr
beherrschte. Mit der folgenden Gummikrise und dem wertmäßigen
Rückgang der pflanzlichen und tierischen Sammelprodukte nahm die
Bedeutung der landwirtschaftlichen Erzeugung für die Ausfuhr ständig zu, vor allem von Kaffee, der schon 1893 mit rund 8000 t Ausfuhr
an zweiter Stelle hinter dem Gummi stand. In jenen 20 Jahren änderten
die Sammel- und Agrarprodukte ihren Anteil am Exportwert folgen-
dermaßen:[7]

	1892	1902	1908	1913
Pflanzliche und tierische Sammelprodukte	52,1%	65,2%	73,0%	59,2%
Landwirtschaftliche Produkte	43,8%	26,8%	20,8%	25,6%
Andere Ausfuhrgüter, einschließlich Bodenschätze und Fischereiprodukte	4,1%	8,0%	6,2%	15,2%

1.2 Nutzung der afrikanischen Arbeitskraft

Durch die Abschaffung der Sklaverei bestand zunehmender Bedarf an
billigen Arbeitskräften auf den Pflanzungen, bei öffentlichen und
privaten Bauten wie dem Eisenbahnbau. Dem entsprach das „Arbeitsgesetz für Eingeborene" von 1899, das die Arbeit zur moralischen
Pflicht erklärte. Aufgrund dieses Gesetzes wurde der seit 1912 bestehende Zwangsanbau, vor allem von Baumwolle, geregelt, den u.a. die
1926 gegründete Konzessionsgesellschaft Cotonang organisierte, von
der Bereitstellung von Saatgut bis zur Abnahme der Baumwolle und

6   Neto, J.P.: Angola, meio século de integração. I.S.C.S.P.U.
     Lissabon 1964, 332 S.
7   Guerra, G.: Retrospectiva da agricultura angolana. In Ac. Econ.
     Ang. 69, 1964 S. 73-86

Verarbeitung im Lande oder in Portugal. Zwangsarbeit war nicht nur ein Mittel zur Arbeitskraftbeschaffung sondern auch eine Auflösung der traditionellen Produktionsweisen und Unterwerfung unter die koloniale Marktwirtschaft.[8] Zwangsanbau und durch die Auferlegung von Steuern (Hüttensteuer, Kopfsteuer) erfolgende Zwangsarbeit waren ein tragender Pfeiler der wirtschaftlichen Entwicklung Angolas bis 1961.

1.3 Angola als Exportland und Ausbeutungskolonie

Die Portugiesen betrieben seit der zweiten Hälfte des vorigen Jahrhunderts eine ähnliche Wirtschaftspolitik wie die anderen Kolonialmächte, d.h. Nutzbarmachung der angolanischen Wirtschaftskräfte als Rohstofflieferant und Absatzmarkt, wobei die Interessen Portugals und seiner Staatsbürger Vorrang vor der schwarzen Bevölkerung wie der Ausländer hatten. Der Export von Rohstoffen (nach Portugal und auf den Weltmarkt etwa je zur Hälfte) war ausschlaggebend. Dazu trugen 1960 die Land- und Forstwirtschaft 68 %, der Bergbau 20 %, die Fischerei 6 % bei. Den Rest von 6 % machten die wenigen verarbeiteten Produkte aus. Entsprechend der Landesstruktur standen sich drei Wirtschaftsregionen gegenüber: der exportorientierte Norden mit dem Diamantengebiet im Nordosten, das vornehmlich der Selbstversorgung Angolas dienende zentrale Hochland und der stärker traditionell, nicht marktwirtschaftlich ausgerichtete, Viehzucht treibende Süden. Ostund Südostangola waren in dieses Marktgeschehen nicht einbezogen. Das ergab sich allein aus der Verkehrsferne und der geringen Bevölkerungsdichte.

Kaffee-, Zuckerrohr- und Baumwollanbau wurden zum größten Teil von drei großen Unternehmen bestimmt: die Companhia Angolana de Algodão (Cotonang, Baumwolle), die Sociedade Agricola do Cassequel (Zucker) und die Companhia Angolana de Agricultura (CADA, Kaffee). Jede Gesellschaft hatte mehrere Tausend Arbeiter, viele als Kontraktwanderarbeiter aus Zentralangola.

---

8   Offermann, Michael: Angola zwischen den Fronten. Reihe
     Politikwiss. Bd. 1, 510 S. Centaurus-Verlagsges. Pfaffenweiler
     1988, S. 49 u. 51.

1.4 Die Wirkung der Sechsjahresentwicklungspläne

Für die wirtschaftliche Entwicklung waren bis 1953 Investitionen aus
Portugal, noch viel stärker aus dem Ausland, durch Kapitalmangel, die
Monopolstrukturen der großen portugiesischen Kolonialgesellschaf-
ten und die protektionistischen Maßnahmen seitens der portugiesischen Regierung stark behindert. Dazu kam die fast drei Jahrhunderte
während Sorge Portugals vor politischer und wirtschaftlicher Fremdbestimmung von außen, die bis zur Apostrophierung Portugals als
„Halbkolonie Englands" ging. Das Salazar-Regime vermied darum
lange ausländische Investitionen in Angola.

Mit Ausnahme des Eisenbahnbaues und der Diamantenförderung
begann die moderne Entwicklung der angolanischen Wirtschaft erst
nach dem Zweiten Weltkrieg. In der Agrarproduktion wurde der bereits
1837 begonnene Kaffeeanbau von größeren Plantagen besonders gefördert und stieg von 1941 mit 14.184 t auf über 200.000 t Anfang der
siebziger Jahre, was Angola an die vierte Stelle der Kaffeeweltproduk-
tion nach Brasilien, Kolumbien und der Elfenbeinküste setzte, so daß
Kaffee die Diamanten als erstes Exportgut verdrängte.

Mit der Durchführung der Sechsjahrespläne seit 1953 zur Entwicklung des gesamten portugiesischen Imperiums wurde die Tendenz zur
Stärkung der Entwicklungsinteressen der Überseegebiete größer. Das
Schwergewicht wurde in Angola zunächst weniger auf die Exportwirt-
schaftsräume und damit eine starke wirtschaftliche Motivierung gelegt. Vielmehr wurden die Zentralgebiete des Planalto bevorzugt, die
mit fast der Hälfte der Bevölkerung Angolas bei Eignung für eine
europäische und gemischte Kolonisation das Moment der portugiesischen Seßhaftigkeit in Angola bekundeten.

Durch das sich stärkende Marktbewußtsein mit zunehmendem
Konsumstreben und durch den weiteren Ausbau einer vielschichtigen
Wirtschaft in diesen Gebieten wurde der Binnenmarkt vergrößert und
zu einem tragenden Pfeiler der Wirtschaft Angolas, so daß das Übergewicht der Exportwirtschaft überwunden und die Abhängigkeit vom
Weltmarkt oder von der Abnahme nicht marktgängiger Güter durch
Portugal gemildert wurde. Hierzu gehörte auch eine rationeller arbeitende Landwirtschaft, die den vielfältigen ökologischen Grundlagen
des Landes angepaßt war und sich dadurch vielseitigen Polikulturen

widmen konnte, für die genossenschaftliche Zusammenarbeit das notwendige Rückgrat gab.

1.5 Beschleunigung der Entwicklung seit den Revolten 1961

Beschleunigt wurde die Umstellung der Wirtschaftspolitik zu größerer wirtschaftlicher Eigenständigkeit der Kolonie durch die Kritik in den Vereinten Nationen und den Aufstand in Nordangola 1961. So sah der 3. Entwicklungsplan (1968-1973) für Angola Investitionen von 25,4 Milliarden Escudos vor, die neben der Stärkung der Landwirtschaft und des Bergbaus einem Ausbau der Industrie, vor allem der Weiterverarbeitung eigener Rohstoffe dienen sollten. Die eigenen Interessen Angolas wurden auch durch die Förderung ausländischer Investitionen und eine weitgehend selbständige Finanzwirtschaft gestärkt. Während der sechziger Jahre liefen in der portugiesischen Wirtschaftspolitik die beiden Tendenzen der Schaffung eines gesamtportugiesischen Wirtschaftsraumes mit einheitlichem Wirtschafts- und Währungsgebiet und Zollunion und die Tendenz zu größerer wirtschaftlicher Autonomie nebeneinander her, wobei in den letzten Jahren die Richtung nach wirtschaftlicher Autonomie in den Vordergrund trat, wie es auch die neue Bezeichnung „Staat" (Estado) für das Überseegebiet verdeutlicht.

Die Industrie hatte vor allem importsubstituierenden Charakter, besonders im Maschinenbau, wenn auch für die Zukunft Ausfuhren zur Ergänzung der Wirtschaft in Portugal vorgesehen waren. Das macht der 4. Sechsjahresentwicklungsplan für 1974-79 deutlich, wenn er auch nicht mehr zur Ausführung kam. Die Industrien, die die Industrialisierung eines Landes stützen, wie Maschinenbau, chemische und Eisenindustrie, existierten zum Zeitpunkt der Unabhängigkeit in ersten erfolgversprechenden Unternehmen.

2. Grundlagen der markt- und exportorientierten Landwirtschaft

Die Landwirtschaft in Angola hat aufgrund der sehr unterschiedlichen ökologischen Regionen von den Tropen bis zu semiariden Gebieten einen vielseitigen Charakter und weist eine reichhaltige Produktion auf. Sie gliederte sich in portugiesischer Zeit in vier Sektoren: Fast 1.000 europäische Großbetriebe und Plantagen verschiedener Größe mit Produktion für den Export, weiße und schwarze Bauernbetriebe mit Produktionsüberschüssen und Marktbelieferung, weiter eine vielseitige Subsistenzwirtschaft, die für mehr als 80 % der Bevölkerung die Existenzgrundlage war. Dazu kam die Rinderzucht. Sie war neben wenigen Großbetrieben immer zu 85 % in der Hand der afrikanischen Hirtenbauern und Hirtenvölker. Von ihnen, wie früher meist auch von den Europäern, wird nur extensive Viehzucht unter Ausnutzung der Naturweiden betrieben, wobei der Mangel an Futter und Wasser in der Trockenzeit Hirten und Tiere im Süden zu periodischen Wanderungen zwingt.

Während die Landwirtschaft noch 1968 mit nur vier Ausfuhrgütern allein 63,5 % des Gesamtexportwertes lieferte, waren es ein Jahr später durch die steigende Ausfuhr von Bodenschätzen nur noch 43,2 % (Kaffee mit allein 34,5 %, Baumwolle, Mais, Sisal). Weitere Exportgüter aus diesem Sektor und der Fisch- und Forstwirtschaft erhöhten den Anteil auf etwa 60 % (dem Werte nach: Fischmehl, Holz, Papiermasse, Trockenfisch, Bananen, Maniok- und Stärkemehl, Rohtabak und Zigaretten, Zucker, Palmöl, Bohnen, Palmkerne, Frischfleisch, Fischkonserven, Wachs, Fischöl, Frischfisch, Baumwollsaat, Felle und Häute, Ölkuchen, Maismehl, Rizinus, Kakao, Reis, Sesam, Erdnüsse u.a.). Angola war fast autark in den Grundnahrungsmitteln.

3. Die wichtigsten Agrarprodukte

3.1 Kaffee

Die Kaffeeanbaugebiete Angolas sind eng begrenzt auf die Höhenlage zwischen 400 und 1.000 m vom Norden bis in die Mitte Angolas im Bereich des Cacimbonebels und des feuchtwarmen Klimastreifens der Randschwellenregion. Sie ist die Kernzone für den in Angola überwiegend (98 %) angebauten Robustakaffee, während auf dem zentralen Hochland im Einflußbereich der Benguelabahn Arabicasorten in verstreut liegenden Pflanzungen angebaut werden. Die Gesamtfläche des Kaffeeanbaus lag Ende 1972 bei 596.000 ha, davon 212.778 ha in der Hand von afrikanischen kleinen Pflanzern mit durchschnittlich 0,8 ha,

20 % waren Großbetriebe und fast die Hälfte Mittelbetriebe.[9] Während die Großbetriebe als Monokultur arbeiteten, erweiterten die Mittelbetriebe ihre Produktion durch den Anbau einiger anderer marktgängiger Pflanzen, um die Rentabilität zu steigern. In dem gelichteten und gesäuberten feuchtwarmen Tropenwald des Dembosgebietes, wie in der Einflußzone von Uige und in der Cazengoregion, dienen die großen Bäume als Schattenbäume für die wie Unterholz zwischen ihnen gepflanzten Kaffeesträucher.

Der Arabicakaffee hatte mengenmäßig nur einen Produktionsanteil von rund 3 %. Die Pflanzungen liegen auf dem zentralen Planalto in 1.000 – 1.500 m Höhe weit verstreut, weil nur bestimmte Böden am Fuß oder im unteren Drittel der Abhänge in Frage kommen. Der Kaffeeanbau auf dem Planalto ist begrenzt, da nach Süden und Südosten Trockenheit und Fröste die Pflanzungen gefährden. Es wurden ausgezeichnete Kaffeequalitäten mit Erträgen bis zu 2 t/ha gezogen. Sie brauchen allerdings sehr viel mehr Pflege als die Robustakaffees.

Die Erfahrungen mit der Kaffeekultur wurden um 1837 von Brasilien nach Angola gebracht und zunächst in der heute noch wichtigen Region Cazengo an dortigen wilden Kaffeepflanzen ausprobiert. Die Nachfrage nach Arbeitskräften wurde mit steigender Produktion immer größer. Sie wurde meist durch Kontraktarbeit gelöst, wozu Afrikaner gezwungen wurden. Viele wurden im bevölkerungsreichen zentralen Hochland rekrutiert.

Den Kaffees aus den Pflanzungen der afrikanischen Kleinbauern vor allem der Provinzen Uige und Cuanza-Norte wurde wegen der allgemein schlechteren Qualität im Handel die besondere Sortenbezeichnung „Mabuba" gegeben.

Die Kaffeeproduktion sank von 74.000 t im Erntejahr 1973/74 auf 5,3 % in den Jahren 1985/86 und betrug 1991/92 11.457 t.[10] Durch den Weggang der Fachkräfte und der auf 120.000 geschätzten Wanderarbeiter der Ovimbundu aus Zentralangola nach der Unabhängigkeit trat ein akuter Mangel an Arbeitskräften ein.

---

9   Banco de Angola, Relatório e Contas. Exercicio de 1967, 1968, 1969. Lissabon.
10   Hodges, Tony: Angola in the 1990s. The Economist Publications. London 1987. S. 33.

Die Aussichten für den angolanischen Kaffeesektor sind mittelfristig ungünstig. Die niedrigen Kaffeepreise sowie die internen Probleme, die von Krieg und Verwaltung verursacht wurden, sind Anlaß für diese skeptische Prognose.[11] Bei der Kaffeekultur können kurzfristig keine Resultate erzielt werden. Normalerweise sterben 3 % der Kaffeepflanzen einer mehrere Hektar großen Pflanzung ab. Da der Kaffeesektor in Angola praktisch 20 Jahre lang brach liegt, bei vielen mit 40 Jahren überalterten Kaffeebäumen, sind mehr als 60 % der Pflanzungen zu erneuern. Dazu müssen die Plantagen gejätet, die Pflanzen beschnitten, gezupft und bestäubt werden, wodurch hohe Kosten entstehen.

3.2 Sisal

Der Anbau von Sisal erfolgte ausschließlich in etwa 170 europäischen Plantagen, da die notwendigen Verarbeitungsmaschinen und der geringe, durchschnittlich 500 kg/haErtrag höhere Betriebsgrößen erfordern. Alle Sisalpflanzungen lagen im Bereich der Randschwelle, zwei Drittel im Hinterland der Häfen Lobito und Benguela auf dem Höhenniveau von 850-1.100 m mit der Bahnstation Cubal als Mittelpunkt. Wegen der Risiken auf dem Weltmarkt und der ungewissen Konkurrenz durch die Kunstfaser scheuen die Plantagenbesitzer bei dem etwa zehnjährigen Vegetationszyklus der perennierenden Pflanze langfristige Investitionen und ersetzen zunehmend Sisal durch andere Kulturen von größerer Rentabilität. Der Sisalanbau wurde von deutschen Pflanzern 1920 in Angola eingeführt. Der Export begann 1928. Er stand zuletzt an fünfter Stelle der Exportliste. Nach der Unabhängigkeit wurde der Anbau ganz eingestellt.

Ob neue Sisalpflanzungen aufgrund zunehmender Tendenz zu Naturfasern durch größere Investitionen eine Zukunft haben, erscheint noch ungewiß.

3.3 Zuckerrohr

Die sechs Zuckerrohrpflanzungen Angolas liegen mit einer Ausnahme im trockenen Küstenstreifen und werden als Oasenkulturen mit künstlicher Bewässerung betrieben. Die größte, Cassequel, liegt mit 4.200

11   Angola-Panorama, Botschaft in Bonn, 31.5.1992.

ha kultivierter Fläche auf der Anschwemmungsebene des Flusses Catumbela zwischen Lobito und Benguela. Die Zuckerrohrproduktion in Angola diente allein dem Konsum im Lande und in Portugal. Das Zuckerrohr wurde von den Portugiesen Anfang des 16. Jahrhunderts nach Angola gebracht, aber bis zum Ende des vorigen Jahrhunderts ausschließlich zur Herstellung von Alkohol benutzt. Erst in diesem Jahrhundert übernahmen die großen Gesellschaften den Anbau des Rohrs und die Erzeugung von Zucker.

3.4 Baumwolle

Der Baumwollanbau lag zum überwiegenden Teil in der Hand der Afrikaner, mit einer großen Zahl von Klein- und Kleinstbetrieben. Baumwolle gehört zu den ältesten Kulturen in Angola. Der Anbau wurde seit der Mitte des vorigen Jahrhunderts von den Portugiesen teilweise mit Zwang gefördert. England importierte seit 1856 Baumwolle aus Angola. Erst in den dreißiger Jahren nahm die Baumwollproduktion durch Anbauzwang und Ausfuhrprämien zu. Das größte Baumwollanbaugebiet ist die Baixa de Cassanje östlich von Malange. In der letzten portugiesischen Zeit nahmen die Baumwollpflanzungen europäischer Art eine beherrschende Stellung in der Produktion ein. Baumwollentkernungsanlagen befinden sich im Anbaugebiet um Malange und Sumbe (Novo Redondo). Der alleinige Abnehmer der über den Eigenbedarf der Textilindustrie Angolas hinausgehenden Ausfuhrmenge war Portugal.

3.5 Mais

Mais gehört wie Maniok und im Süden des Landes die Hirsearten Massambala und Massango zur Nahrungsbasis der Bevölkerung. Mais ist das vorherrschende Produkt auf den Planaltos von Malange bis Huila. Die wichtigsten Anbaugebiete finden sich in den dichter bevölkerten Teilen der Provinzen Huambo und Huila. Hier bot Mais die Basis für die europäische Besiedlung. Auf der Benguelabahn stand nach dem Erztransit unter den angolanischen Transportgütern Mais an zweiter Stelle nach dem Holz. Die Region um Caála gilt als „Maiskönigin". Der Maisanbau konnte aufgrund der guten Transportmöglichkeiten auf der Benguelabahn bis in die Region um Luena ausgedehnt werden.

Auch in vielen anderen Gebieten wird Mais, allerdings nur zur Eigenversorgung, oft im Wanderhackbau, gepflanzt. Auf dem Weltmarkt ist der Mais aus Angola wegen geringer Qualität nicht konkurrenzfähig. Das Marktangebot von Mais betraf 1985 nur 11.935 t gegenüber 227.522 t in den Jahren 1973/74.[12]

3.6 Maniok

Maniok ist als Nahrungspflanze in großen Teilen Angolas noch wichtiger als Mais. Es ist fast im ganzen Land leicht anzubauen, braucht keine Bewässerung und erträgt unter gewissen Umständen auch fehlende Niederschläge. Es gilt als „Hungersnotfrucht". Die wichtigsten Anbaugebiete sind die weniger erschlossenen Teile des Landes. Allerdings tritt Maniok im Süden hinter dem Mais oder den Hirsearten Massambala und Massango weit zurück. Massango ist die Hauptnahrung der Bevölkerung am Cunene und Cubango.

Die Pflanze (Manihot, Maniok, Mandioca, Kassava) gehört zur Gattung der Euphorbiazeen; es ist ein 1-2 m hoher Strauch, dessen fleischige Wurzelknollen (30-60 cm lang und bis zu 10 kg schwer) sehr viel Stärke enthalten und der seit alters her als ertragreiche Nahrungspflanze genutzt wird. Die Knollen liefern das zu Brot und Kuchen verwendbare Maniokmehl (farinha und fuba). Die Afrikaner stellen auch ein Maniokgetränk her. Das Wolfsmilchgewächs enthält in seinem giftigen Saft viel Blausäure, die mit dem Saft ausgepreßt werden muß, wofür bereits die Indianer Brasiliens Techniken entwickelt hatten. Die Knollen werden geschält, in Stücke geschnitten und in Wasser getaucht bis zum Gären. Die „Bombó" genannten, in der Sonne getrockneten Stücke werden trocken oder geröstet gegessen oder zu Mehl zerrieben. Das in der Ausfuhr angolanisch als „Crueira" bezeichnete Maniok wird zur Gewinnung von Stärkemehl, Tapioka, Dextrin, Glykose, Klebstoff, Alkohol usw. benutzt. Die Maniokpflanze wurde wahrscheinlich zu Anfang des 17. Jahrhunderts von Portugiesen aus Brasilien nach Angola eingeführt.

3.7 Ölpalmen

Die Nutzung von Ölpalmen lag überwiegend in den Händen der

---

12   Hodges, a.a.O. S. 43.

Afrikaner, die besonders im nördlichen Küstenbereich halbspontane
und auf kleineren Arealen in der Nähe der Flüsse auch gepflanzte
Palmgruppen ausbeuteten. Ein großer Teil der Früchte wird selbst
verarbeitet und verbraucht. Die Qualität des gewonnenen Palmöls ist
sehr gering. Wirtschaftlich bessere Qualitäten wurden in den Plantagen einiger europäischer Betriebe erzeugt, im unteren Randschwellen-
und Küstenbereich von Cuanza-Sul und Luanda. Die Palmbestände in
Angola sind auf das Gebiet nördlich des 12. südlichen Breitengrades
und westlich des 15. Längengrades und auf Höhen unter 900 m
beschränkt.

3.8 Andere Nahrungspflanzen

Da Bohnen ein wichtiges Grundnahrungsmittel für alle Teile der
Bevölkerung sind, werden große Mengen von den Erzeugern selbst
verbraucht. Die Anbauflächen sind jeweils klein. Wegen der wenig
guten Qualität der Bohnen erfolgte eine Ausfuhr nach fremden Ländern bisher nur in Verknappungszeiten. So nahm 1948 Deutschland
79 % der gesamten Bohnenausfuhr Angolas einschließlich der nach
Portugal auf.[13]

Der Reisanbau erfolgt meist ohne Bewässerung auf feuchtem
Lehmboden mit viel Humus. Bewässerungsreis wird seltener angebaut, obwohl der ha-Ertrag vier- bis sechsmal größer ist, weil die
nötigen Bewässerungsanlagen fehlen oder auf den kleinen Anbauflächen nicht angewandt werden können. Die Erträge und Qualitäten sind
darum gering, da sie von den Regenfällen abhängig sind. Die größeren
Anbaugebiete sind im Norden die regenfeuchte Region.

Von weiteren Nutzpflanzen in Angola, die sowohl im inneren
Verbrauch wie auch für die Ausfuhr eine geringere Rolle spielen, sind
zu erwähnen: Erdnuß (ginguba in der afrikanischen Bezeichnung),
deren Anbau ausschließlich in afrikanischen Händen liegt und zur
Grundnahrung hauptsächlich im Kongogebiet gehört, Sesam (gerge-
lim), dessen zerquetschte Samen den Nahrungsmitteln als Fett beigegeben werden, und Rizinus als subspontane Pflanze am Rand der

---

13   Constantino, A.T.: O feijão de Angola, panorama actual de sua
      cultura comércio e armazenamento. In: Est. Ens. Doc. 49, 1958,
      117 S. – S. 20.

Felder.

Obwohl nur etwa 3 % der landwirtschaftlich nutzbaren Fläche tatsächlich genutzt wurden, war Angola ein agrarischer Großexporteur. Auf der Basis einer erheblichen landwirtschaftlichen Marktproduktion hatten sich Anfänge einer verarbeitenden Industrie entwickelt. Zur Zeit der Unabhängigkeit konnten 65 % der Binnennachfrage einschließlich der Versorgung der etwa 150.000 Soldaten aus angolanischer Produktion befriedigt werden.[14]

4. Die Viehzucht Angolas

Die Rinderzucht in Angola ist etwa zu 85 % immer in der Hand der afrikanischen Hirtenbauern und Hirtenvölker gewesen. Von ihnen wird nur extensive Viehzucht betrieben, wobei der Mangel an Futter und Wasser in der Trockenzeit Hirten und Tiere im Süden des Landes zu periodischen Wanderungen zwingt. Mehr als 80 % der Rinder Angolas werden im zentralen Hochland und im Süden gezogen. Hauptfutterquellen sind die Naturweiden aus Pflanzengesellschaften von Gräsern, Sträuchern und Bäumen in unstabilem Gleichgewicht. Die Nutzung und Bestockung der Weiden wird stark beeinflußt vom Niederschlag und seiner Regelmäßigkeit, dem Typ der Weide, den Baumbeständen und dem Eindringen von Sträuchern. Die unterschiedlichste Zusammensetzung der Weide ergibt zahlreiche Variationen der drei Haupttypen, der süßen, herben und gemischten Weiden. Alle drei sind in Angola weit verbreitet. Die süßen Weiden, ,,sweet veld" in der südafrikanischen Bezeichnung, finden sich in Angola im Südwesten, äußersten Süden und die Küste entlang, außer im MoçamedesKüstenstreifen. Die Weide bleibt im semiariden Klima auch im ausgreiften Zustand freßbar und nahrhaft, da die Halme und Stengel nicht verholzen. Die herben Weiden (südafrikanisch ,,sour veld") nehmen die weiten Flächen des Planalto mit jährlichem Regen zwischen 650-1.500 mm ein. Die herben Weiden bestehen hauptsächlich aus Kräutern, die nur während der Wachstumsperiode abfreßbar und von großem Nährwert sind. Sie ziehen die Nährstoffe nach der Samenentwicklung aus ihren Halmen und Blättern in die Wurzeln zurück, wo sie für den schnellen Wachstumsbeginn in der nächsten Periode zur

14   Hodges, a.a.O.

Verfügung stehen. Die Halme werden bald zu nährstoffarmem Stroh
mit bis zu 40 % Zellulosebestandteilen. Die Grasdecke ist im allgemeinen dicht und enthält fast keine freßbaren Sträucher. Während die
Weide zu Beginn der Regenzeit sehr gut ist und intensiv genutzt
werden kann, muß das Vieh in der Trockenzeit mit Heu und Silofutter,
auf kultivierten Weiden oder feuchten Talweiden ernährt werden. Bei
solchen Maßnahmen kann eine Viehzucht von hoher Qualität erreicht
werden.

Die Rinderzucht in Angola wird kaum noch von Krankheiten
beeinträchtigt, da es gelungen ist, die Gefahren durch die Tse-Tse-Fliege weitgehend einzudämmen. Früher waren große Teil Nordangolas,
Gebiete an der Küste bis südlich Lobito, in Galeriewäldern und an
größeren perennierenden Flüssen im Osten zeitweilig gefährdet. Allerdings ist die Fliege in Angola nicht in größeren geschlossenen
Gebieten verbreitet, sondern tritt mehr sporadisch in gewissen Landstrichen auf. Durch das Roden des Waldes für die Kaffeekulturen und
die Ausbreitung menschlicher Siedlungen sind der Fliege nach und
nach weite Gebiete entzogen worden.

5. Die Forstwirtschaft

Die Forstwirtschaft gründet sich auf die natürlichen Waldbestände und
die erst seit Anfang dieses Jahrhunderts angepflanzten Eukalypten.
Die Benguelaeisenbahn heizte ihre Lokomotiven mit Holz und hat
deshalb Eukalyptuswälder die Strecke entlang in 20 großen Arealen
von 97 Millionen Bäumen auf etwa 38.500 ha angepflanzt.

Eukalyptus und Pinus dienen auch der Herstellung von Papier und
Papiermasse für den Export. Nur im nördlichen Angola lassen sich
natürliche Waldbestände wirtschaftlich nutzen. Heute sind noch von
Bedeutung die Savannenwaldgebiete der Region um Luena, die Wäl-
der im bergigen Cabinda und Galeriewälder im nördlichen Rand-
schwellenbergland, 150.000 bis 200.000 m3 Edelholz (Limba,
Mahagoni u.a.) wurden hier jährlich ausgeführt.

6. Der Fischfang

Der Fischfang an der angolanischen Küste erscheint von Natur aus
begünstigt. Der kalte Benguelastrom birgt vor der südlichen Küste

einen großen Fischreichtum. Fischfang und Fischexport erlitten jedoch wegen schlechter Absatzorganisation, fehlender Investitionen und Unkenntnis fortgeschrittener Fischereitechniken Krise um Krise. Die Ausfuhrmengen (zum größten Teil Fischmehl und Trockenfisch) zeigen große Schwankungen. Sie lagen in den letzten portugiesischen Jahren um 100.000 t, durchschnittlich 4,8 % des Gesamtexports.

Ausfuhr von Fisch und Fischprodukten
a = 1000 t   **b = Mill. Escudos**

	1950		1955		1960		1965		1968		1971		1973	
	a	b	a	b	a	b	a	b	a	b	a	b	a	b
Fischmehl	15	55	50	203	45	108	48	175	44	136	48	213	89	740
Trockenfisch	12	59	12	57	13	73	13	85	16	120	16	128	8	74
Fischöl	5	21	6	29	7	23	5	15	4	8	8	39	18	84
Konserven	1	24	2	27	1	19	2	26	3	49	2	25	1	12
Frischfisch	–	–	–	–	–	–	3	12	5	24	15	115	45	394
Gesamt	33	159	70	316	66	223	71	313	72	337	89	450	161	1279

Quelle: Relatório e Contas do Banco de Angola.

7. Bodenschätze, Industrien und Energieerzeugung

Schon in den dreißiger Jahren waren Fischprodukte (Fischmehl, Fischöl, Trockenfisch) und Diamanten die wichtigsten Exportgüter neben den Agrarprodukten. Portugiesisches und Auslandskapital wurde vom Bergbau angezogen, während die Fischverarbeitung nur mit portugiesischem Kapital arbeitete und portugiesische Einwanderer aus Algarve und Madeira beschäftigte.

7.1 Bodenschätze

Angola besitzt viele Bodenschätze und Mineralvorkommen, die jedoch außer Diamanten, Eisenerz und Erdöl bisher nur in geringem Maße gefördert werden. Von den meisten ist nur wenig über Größe und Abbauwürdigkeit der Lagerstätten bekannt. Die geologische Vielfalt des Landes läßt darüber hinaus Vorkommen in vielen Bereichen mutmaßen. Fast die gesamte Bergbauproduktion wird exportiert, wobei sie früher etwa 50 % des Exportwerts Angolas lieferte (Erdöl und Derivate in Cabinda und dem nördlichen Küstenstreifen, Diamanten im Nordosten, Eisenerz vornehmlich in Cassinga).

7.1.1 Diamanten

Im Norden des Lundagebietes befindet sich zwischen den Flüssen Dundo und Cassai das ältere Hauptausbeutungsgebiet von Diamanten, das später nach Süden und nach Westen bis an den Cuango und die Baixa de Cassanje aufgrund neu entdeckter Lagerstätten ausgedehnt worden ist. Diamanten finden sich in den Sedimenten der Abdachungsflüsse zum Kongobecken, und bei Lucapa werden seit 1952 auch Kimberlitschlote ausgebeutet. Die Seifen in den Schottern der Talungen haben einen mittleren Gehalt an Diamanten von rund 0,4 Karat/m3, am Cuango lokal auch bis 2.500 Karat/m^3.[15] Aus dem in den Minen gewonnenen Konzentrat werden die Diamanten in Luxilo und Andrada extrahiert. Die 62 Minen und ihre Aufbereitungsanlagen liegen gruppenweise zusammengefaßt, hiervon 40 im Flußbecken des Chicapa und 14 in dem des Luachimo.

Die Produktion begann 1917, hielt sich zwischen 1940 bis 1956 im allgemeinen bei 700.000-800.000 Karat und stieg 1969 auf 2.021.532 Karat. Der Wert der Produktion verdoppelte sich von 1959-1967 durch den steigenden Anteil an Schmuckdiamanten. Lag das Verhältnis in den fünfziger Jahren bei 60 % Schmuck- zu 40 % Industriediamanten, so betrug die Produktion der Schmuckdiamanten 1969 76 %. Die Gesamtproduktion an Diamanten umfaßte in 50 Jahren seit ihrem Beginn 1917-1967 31.509.247 Karat. Sie betrug im Jahr 1974 2,4 Millionen Karat und sank auf 714.000 Karat im Jahr 1985. Der Export hatte 1993 einen Rückgang um 80%, bis auf 90.000 Karat, gegenüber dem Vorjahr, was auf die politische Instabilität in Angola zurückgeführt wird.[16]

Konzessionträger für die Diamantenförderung war die Companhia

15   Borchert, G.: Die Wirtschaftsräume Angolas, Transportprobleme und Rentabilitätsgrenzen der Produktion, Hamburg 1967, 143 S. – S. 33.
16   Angola-Panorama 74/1933

de Diamantes (Diamang) und ihre Nachfolgerin, an der belgisches, französisches, britisches, amerikanisches und portugiesisches Kapital beteiligt war, bis 1986 die staatliche angolanische Gesellschaft EN-DIAMA die Produktion mehrheitlich übernahm. Außerdem erhielten weitere Gesellschaften Konzessionsrechte. Die südafrikanische De Beer hat den Vertrieb übernommen. Die vollständige Ausfuhr der Diamantenproduktion mit 19,6 % (1969) des Exportwerts Angolas, 1988 10 %, bringt außer den Devisen für die wirtschaftliche Entwicklung des übrigen Angola keine direkten Impulse. Die Diamantengesellschaft hat aber abgesehen von der dortigen Konzentration von Arbeitskräften für die Entwicklung und Prägung des Gebiets im Lundadistrikt in landwirtschaftlicher, zivilisatorischer und sozialer Hinsicht die größte Bedeutung. Die Isolation im äußersten Nordosten Angolas, der ohne die Diamantenausbeute keine Entwicklungschance gehabt hätte, zwang zur Selbstversorgung der Bevölkerung und der zugewanderten Arbeiter in Ackerbau und Viehzucht. Die landwirtschaftlichen Anlagen, die ausgebauten Siedlungen, die kulturellen und sozialen Einrichtungen und wissenschaftlichen Institute der Gesellschaft, die der medizinischen, biologischen und ethnischen Forschung dienen, lassen die Landschaft wie eine Insel in diesem Teil Angolas erscheinen.

7.1.2 Erdöl

Zu den zukunftsträchtigen Bodenschätzen in Angola gehört das Erdöl. Nach Vermutungen über die Existenz von Erdöl in Angola, über die schon 1767 nach Lissabon berichtet wurde, unternahmen Portugiesen 1892 erste Untersuchungen im Bereich der nordangolanischen Küste, die jahrzehntelang immer wieder unterbrochen wurden. 1955 wurde die Bohrung Benfica 2 südlich von Luanda fündig. Die Entdeckung anderer Erdöllager folgte. Aber das erst 1961 erschlossene Feld Tobias sicherte genügend Reserven für eine ausreichende Förderung. 1967 förderte die Companhia de Petróleos de Angola (Petrangol) aus 28 Bohrlöchern in der näheren und weiteren Umgebung Luandas bis zu dem 125 km entfernten Feld Tobias. 1968 wurde ein weiteres Ölvorkommen wenige Kilometer südlich von Luanda erschlossen. Wie nördlich und südlich der Cuanzamündung nehmen junge Ablagerungen der Kreide und des Tertiärs, in denen sich das Erdöl findet, auch weite Strecken der Küstenebene südlich der Kongomündung und in

Cabinda ein.

Die amerikanische Cabinda Gulf Oil Company entdeckte 1966 in Cabinda ein anderes Ölfeld von großer Bedeutung. Es liegt günstig in wenig tiefem Wasser nahe der Küste mit einer Ausdehnung von 25 km von der Stadt Cabinda nach Norden, mit zahlreichen Speicherungen in 400-2.300 m Tiefe. Die Förderung wurde September 1968 aufgenommen. Damit vervierfachte sich der Erdölexport zwischen 1969 und 1973 auf 7,32 Mio t und verdrängte den Kaffeexport von der ersten Stelle. Damit verdoppelte sich auch der Gesamtwert des Exports von 1969 mit 327 Mio US$ auf 776 Mio US$ 1974. 1973 waren die wichtigsten Abnehmer die USA (39 %), Kanada (34 %), Japan (14 %) und Portugal (9 %), 1993 USA und die EG-Länder.

Der Sociedade Portuguesa de Exploração de Petróleos (Angol) wurden 1967 vom Staat Forschungs- und Explorationsrechte in drei Zonen gegeben: vor der Kongoküste, auf dem Festland und im Schelfbereich vor der Küste bei Ambriz und im Cuanzabecken zwischen dem Konzessionsbereich der Petrangol und der Grenzlinie des sedimentären Küstenstreifens. Weitere Prospektionen werden in Verbindung mit der staatlichen angolanischen Gesellschaft Sociedade Nacional de Combustiveis (Sonangol) von internationalen Gesellschaften im Küstengebiet weiter südlich bis Luanda vorgenommen. Bei Luanda wurde 1958 eine Raffinerie errichtet. Neben Cabinda hat sich in den letzten Jahren eine Konzentration von Förderung und Raffinerie bei Soyo südlich der Kongomündung ergeben.

7.1.3 Eisenerz

Eisen gibt es an vielen Orten in Angola. Die Afrikaner haben es gewonnen und daraus Waffen und Geräte hergestellt. Im Jahre 1820 wurden etwa 50 t Eisen nach Brasilien verschifft, die durch die Afrikaner im Gebiet von Golungo erzeugt worden waren.[17] 1858 wurden die ersten behördlichen Maßnahmen zur Steigerung der Eisenverhüttung in der Provinz Cuanza-Norte unternommen. Von wirtschaftlichem Interesse erscheinen nur die beiden Lagerstätten des Saiabezirks (Cuanza-Norte) (1969 Förderung 291.000 t) und Cassinga

---

17 Marques, W.: Probelmas do desenvolvimento económico de Angola. 2 Bde. Junta Desenv. Ind. Luanda 1964/65. 789 S.

in der Provinz Huila (Förderung 1969 4,9 Mill. t), die für eine Erschließung hinreichend Reserven von hoher Qualität, günstige Abbaubedingungen und Transportverhältnisse besitzen und für den Export Bedeutung haben. Die anderen bekannten Lagerstätten in Angola genügen diesen Voraussetzungen für Abbau und Export im Weltmaßstab nicht. Für die Cassingavorkommen, deren erste Kenntnisse bis 1954 zurückreichen, wurden jahrelang sehr eingehende wissenschaftliche systematische Untersuchungen vorgenommen. Die Erzlagerstätten im Landkreis der Ganguela erstrecken sich über den ganzen Bereich Cassinga an nordsüdlich verlaufenden Hügelketten auf der Fastebene des südlichen Planalto.

Nachgewiesen sind insgeamt 100 Mill. t Erz mit 64 % FeGehalt.[18] In den Bergen Tchamutete (1485 m hoch) und Campulo gibt es auch etwa 25 Mill. t nachgewiesene Massiverze. Im Tagebau sind Lagerstätten in 1440 m, 1455 m und 1480 m erschlossen. Die Ausbeute der Eisenerze setzte modernste technische Installationen für den Abbau wie den Abtransport der Erze zum 554-609 km entfernten Verschiffungshafen Saco bei Namibe (Moçamedes) voraus. Das Produktionsvolumen ist auf den Abbau von täglich 14.000 t erzhaltigen Gesteins vorgesehen, in Jamba 4 Mill. t, in Tchamutete 1,5 Mill. t jährlich. An dem Projekt war die Gruppe Friedrich Krupp maßgeblich beteiligt. Cassinga gehörte von der Erzförderung bis zu den Verschiffungsanlagen zu den größten Investitionsvorhaben in Angola. Der Eisenerzexport ganz Angolas stieg in drei Jahren von 780.619 t (1967) auf 5.102.179 t (1969) und stand mit 11,7 % wertmäßig an dritter Stelle der Ausfuhrliste. Hiervon gingen 42 % nach Deutschland und 39 % nach Japan. Nach der Unabhängigkeit Angolas wurde wegen der chaotischen Situation in Südangola die Förderung eingestellt. Allerdings gelten die Erze von Cassinga mit hohem Fe-Gehalt als erschöpft.

Angesichts des Überangebots von Eisenerz auf dem Weltmarkt und der notwendigen hohen Investitionen für eine Wiederaufnahme des Abbaus und die Wiederherstellung der zerstörten Transportwege ist die Zukunft des CassingaBergbaus ungewiß. Allein die moderne Erzverladeeinrichtung im Hafen Namibe ist einsatzfähig. Alle anderen bekannten Vorkommen an Eisenerzen in Angola sind mit ihrer gerin-

18   Borchert, a.a.O. S. 95.

gen manuellen Förderung im Tagebau wirtschaftlich unbedeutend.

7.1.4 Bodenschätze von geringerer Bedeutung

Zu den Bodenschätzen von geringer Förderung gehören Mangan und Kupfer, das zwar schon im 18. Jahrhundert bei Bembe gewonnen wurde, aber wirtschaftlich bedeutungslos geblieben ist.

Es gibt geringe Goldvorkommen in den Alluvionen einiger Flüsse Nordangolas und im Bereich der Eisenerzlager von Cassinga, ferner Blei, Glimmer, Zink, Asbest, Schwefel. Auf zahlreiche Vorkommen anderer Mineralien wie Bauxit, Zinn, Titan, Nickel, Kobalt, Vanadium, Beryll, Wolfram, Ilmenit und radioaktive Mineralien wird vornehmlich in der Zentralregion Angolas geschlossen. Beachtliche Phosphatvorkommen in Cabinda, am Kongoufer, an der nördlichen Küste und bei Namibe (Moçamedes) können für die Landwirtschaft von Bedeutung sein. Asphalt, bituminöse Kohle, Kalkstein und Pottasche, meist an Erdöl gebunden, finden sich im nördlichen und mittleren Küstenstreifen.

Marmor wird aus den Lagerstätten bei Chicungo nahe der Eisenbahn 80 km östlich von Namibe (Moçamedes) und im gleichen Gebiet in Hapa und in der Montanha da Lua gebrochen, teilweise in Namibe verarbeitet oder exportiert.

Die Salzgewinnung in 35 Salinen an der ganzen Küste hat neben dem Konsum besondere Bedeutung für den Fischfang und die Fischverarbeitung und ist im Süden oft eng mit diesen Betrieben verbunden. Es gibt große Unterschiede in der Qualität, das Salz im Süden ist reiner und kristallisierter. 70.000-80.000 t Seesalz wurden jährlich gewonnen, davon 53.000 t in den Salinen von Lobito. Etwa 1/6 der Produktion wurde exportiert. Zur Zeit ist neben der Förderung von Erdöl und Diamanten nur die Produktion des schwarzen Granits und Marmors mit 130 m3 bzw. 53 m3 erwähnenswert.

7.2 Die verarbeitende Industrie

Die Standorte der verarbeitenden Industrie liegen überwiegend an der Küste, besonders um Luanda und in den anderen Hafenstädten, und rohstoffbedingt in den landwirtschaftlichen Erzeugergebieten, denn die Verarbeitung dieser Produkte umfaßte etwa 2/3 der gesamten

Industrie des Landes. Der Bruttoproduktionswert der verarbeitenden Industrie ist seit 1962 jährlich um durchschnittlich 17 % gestiegen.

Nach 1966 standen Lebensmittel, Getränke, chemische Produkte und Textilien im Vordergrund. 1973 erbrachte die Lebensmittel- und Getränkeindustrie 6 % des gesamten Ausfuhrwertes, die chemische Industrie 0,4 %, die Textilindustrie rund 6 %.[19] Die angolanische Industrie insgesamt nahm von 26 % des BIP 1963 auf 41 % 1973 zu. Davon trug die verarbeitende Industrie jeweils 62 % bei, gegenüber Bergbau und Fischindustrie mit 32 % bzw. 6 %.

Obwohl Angola nach der Republik Südafrika den größten Industriepark südlich der Sahara hatte (knapp 4.000 Unternehmen mit 200.000 Beschäftigten), war der Anteil der verarbeitenden Industrie an den angolanischen Ausfuhren gering. Es war überwiegend eine importsubstituierende Industrie. Nur 10 % der Produktion gingen 1973 in den Export.

Bereits in den fünfziger Jahren arbeitete eine beträchtliche Zahl kleinerer und mittlerer Unternehmen, meist im Besitz der portugiesischen Siedler. Zementindustrie, Brauereien, Baumwollspinnereien, die großen landwirtschaftlichen Gesellschaften und der ImportExporthandel waren an portugiesisches Kapital des Mutterlandes gebunden, während internationales Kapital die Benguelabahn, Diamanten-, Kupfer-, Mangan- und Eisenerzförderung und den Bereich Elektroerzeugnisse beherrschte.

Angola blieb im wesentlichen Einfuhren aus dem Ausland verschlossen, die zur portugiesischen Industrie in Konkurrenz standen. Die geringe Einwohnerzahl Angolas und die ungleiche Einkommensverteilung beschränkte den Binnenmarkt der Industrie stark auf die Bedürfnisse der portugiesischen Siedler, Unternehmer, Handwerker und qualifizierter Arbeitskräfte und trug weniger zur Integration der Mehrheit der Bevölkerung in die industrielle Marktwirtschaft bei.

---

19   Kuder, M.: Angola, eine geographische, soziale und wirtschaftliche Landeskunde. Wiss. Länderkunden Bd. 6, 308 S. Wiss. Buchgesellschaft Darmstadt 1971. S. 115. – Für die statistischen Angaben s.a. Roque, Fatima u.a.: Economia de Angola. Lisboa 1991. – Neto, Ana Maria: Industrialização de Angola (1961-1975). Lisboa 1991.

Industrielle Produktion (in Mill. Escudos)

Jahr	BIP	Industrie gesamt	Bergbau	%	Fischver- arbeitung	%	Verarbeitende Industrie	%
1960	11.607	2.453	846	34	187	8	1.420	58
1961	12.665	2.855	983	34	308	11	1.564	55
1962	13.257	3.678	1.134	31	275	7	2.269	62
1963	14.820	3.858	1.148	30	260	6	2.450	64
1964	18.771	4.489	1.366	30	356	8	2.767	62
1965	19.200	4.842	1.453	30	365	8	3.024	62
1966	22.178	5.801	1.635	28	513	9	3.653	63
1967	24.633	6.205	1.745	28	523	8	3.937	64
1968	28.299	6.964	2.454	31	592	7	4.918	62
1969	33.676	11.245	4.036	36	784	7	6.425	57
1970	40.076	13.915	4.791	34	884	7	8.240	59
1971	42.078	15.670	5.331	34	799	5	9.540	61
1972	45.865	18.851	6.195	33	1.297	7	11.359	60
1973	58.707	24.317	8.227	35	1.551	4	14.539	61

Quelle: Relatório e Contas do Banco de Angola.

Sektoren der verarbeitenden Industrie
a = Mill. Escudos

	1962		1965		1968		1971		1973	
	a	%	a	%	a	%	a	%	a	%
1. Nahrungsmittel	559	25	850	28	1.610	33	3.043	32	5.229	36
2. Erdölerzeugnisse	283	12	290	10	515	10	480	5	551	4
3. Textilien	276	12	393	13	490	10	1.200	13	1.728	12
4. Getränke	259	11	430	14	608	12	983	10	1.574	11
5. Chemische Industrie	254	11	342	11	386	8	625	7	728	5
6. Tabak	166	7	226	7	293	6	446	5	783	5
7. NE-Metalle	132	6	227	8	317	6	576	6	763	5
8. Papiermasse	36	2	111	4	167	3	354	4	429	3
9. Gummierzeugnisse	21	1	27	1	147	3	270	3	340	2

Sektoren der verarbeitenden Industrie
a = Mill. Escudos

	1962		1965		1968		1971		1973	
10. Metallerzeugnisse	19	1	71	2	133	3	312	3	539	4
11. Elektroerzeugnisse	10	–	16	1	36	1	80	1	212	1
12. Möbel	7	–	10	–	13	–	33	–	65	–
13. Holz	4	–	11	–	19	–	33	–	62	–
14. Transportmaterial	–	–	5	–	12	–	294	3	327	2
15. Sonstige	243	11	150	5	172	3	811	9	1.209	8

Quellen: Relatório da Secretaria Prov. de 1962 a 1968, Relatório e Contas do Banco de Angola 1971-1973.

Anteil der Industrie am Bruttoinlandsprodukt[+)]

	BIP	Industrie-produktion	% des BIP	Verarb. Industrie	% des BIP
1960	11.607	2.453	21	1.420	12
1963	14.820	3.858	26	2.450	12
1965	19.200	4.841	25	3.024	16
1968	28.299	7.964	28	4.918	17
1970	40.076	13.915	35	8.240	21
1971	42.078	15.670	37	9.540	23
1972	45.865	18.851	41	11.359	25
1973	58.707	24.317	41	14.539	25

+) ohne Bauwirtschaft

Quellen: Economia Colonial de Angola, Relatório e Contas do Banco de Angola.

Entsprechend verschob sich das Gewicht des 1., 2. und 3. Sektors im Bruttoinlandsprodukt.

Bruttoinlandsprodukt nach Wirtschaftssektoren in %

	1966	1968	1970
Primärsektor: Land-, Forstwirtschaft, Fischfang, Viehzucht	32	27	23
Sekundärsektor: Bergbau (wegen der angol. Besonderheit in diesem Sektor) Verarbeitende Industrie, Bau	14	13	21
Tertiärsektor: Transporte und Dienstleistungen	54	60	56

Quelle: IV Plano de Fomento 1974-79, Bd. II.

In der industriellen Produktion nahm der verarbeitende Sektor um jährlich 22 % am stärksten zu, gegenüber dem Bergbau und der Fischindustrie mit 20 %. 1970 waren von der aktiven Bevölkerung 76 % im 1. Sektor, 11 % im 2. Sektor und 13 % im 3. Sektor beschäftigt.

Der Industrialisierungsprozeß in Angola entwickelte eine dualistische Wirtschaft. Neben dem traditionellen Sektor entstand eine Marktwirtschaft mit wachsender Industrie und einem dynamischen Exportsektor von agrarischen Produkten, verarbeitetem Fisch und Bodenschätzen. Dadurch verschärften sich die Gegensätze zwischen Industrieregionen und solchen traditioneller Wirtschaftsweise, vor allem im Innern des Landes. Das zeigte sich besonders in der ungleichen Einkommensverteilung der schnell wachsenden städtisch-industriellen Zentren, vor allem Luanda, Lobito, Benguela, Huambo, Lubango und Namibe.

7.3 Energieversorgung

Die installierte Kapazität zur Stromerzeugung beläuft sich auf 463 MW, davon 62 % in hydroelektrischen Werken und 38 % in thermoelektrischen Stationen, wobei der Anteil der in Wasserkraftwerken erzeugten Stromleistung bei etwa 90 % liegt. Die Verteilung beider Arten der Stromerzeugung in Angola spiegelt die geographischen und wirtschaftlichen Unterschiede der einzelnen Teile des Landes. Deutlich zeichnen sich die Gebiete mit äußerst geringer Bevölkerungsdichte, Küstenferne, wirtschaftlicher Stagnation und vor allem Wassermangel oder schwacher Reliefentwicklung ab, in denen nur lokale, fast immer thermoelektrische Werke Strom für den örtlichen Verbrauch erzeugen.

Der erste umfassende Entwicklungsplan für das gesamte portugiesische Imperium (1953-1958), der für Angola besonderes Gewicht auf die Entwicklung der Infrastruktur und Energieversorgung legte, veranlaßte den Bau großer Wasserkraftwerke, die bis heute die Hauptversorgung Angolas tragen: Mabubas 1954, Biópio 1957, Matala 1959, Cambambe 1962, Lomaúm 1964 und Luachimo (im Diamantengebiet). Im Bau ist Kapanda. Für isolierte oder abgelegene Gebiete mit kleinen Zentren und verstreuten industriellen kleinen Betrieben behalten die Wärmekraftwerke, oftmals in privater Hand, ihren Wert und werden ihn durch die Eigenversorgung Angolas mit Erdöl weiter steigern. Die Bedeutung der hydroelektrischen Energie und die Möglichkeiten, sie zu erweitern, sind für das westliche Angola augenfällig.

Es gibt kein einheitlich verbundenes Stromversorgungsnetz. Das Netz des Nordens liefert Strom für ein Gebiet, das von den Bevölkerungszentren Uige, Luanda, Malange und Gabela begrenzt wird (80 % des gesamten erzeugten Stroms). Der meiste Strom wird durch das Wasserkraftwerk Cambambe (Kapazität 180 MW) produziert. Das Stromversorgungsnetz in Zentralangola, wo die Bevölkerungsdichte und die industrielle Entwicklung des Landes, neben Luanda, am bedeutendsten ist, beliefert die Provinzen Benguela und Huambo (10 % des Stroms). Er wird durch die Wasserkraftwerke Lomaúm (Kapazität 35 MW) und Biópio (14 MW) sowie von Gasturbinen in Biópio (23 MW) und Huambo (10 MW) erzeugt. Das südliche System (7,5 % der erzeugten Leistung) versorgt die Provinzen Huila und Namibe durch das Wasserkraftwerk Matala am Cunene-Fluß. Außerdem gibt es Gasturbinen in Luanda (24 MW), Cabinda (15 MW), Namibe (11,5 MW) und einige kleinere.[20]

20   Kuder, a.a.O. S 121.

Energieverbrauch (in GWh)

Region	1964	1974
Luanda[+]	113,9	921,3
Salazar / Ndalatando	0,7	32
Malange	21	88
Lobito / Benguela	301	975
Alto Catumbela	88	26,5
Nova Lisboa / Huambo	8,5	21,5
Sá da Bandeira / Lubango	4,8	30,4
Mocamedes / Namibe	3,5	13,6
Angola insgesamt	231,5	1504,9

+)in Luanda ist der Verbrauch der Aluminiumindustrie
ab 1971 eingerechnet.

Das verhältnismäßig küstennah verlaufende Randgebirge bewirkt,
daß 60 % des Landes nicht von den Flußsystemen eingenommen
werden, die zum Atlantik hin große Höhenunterschiede überwinden,
sondern zu den großen innerafrikanischen Strombecken gehören. Die
hydrolektrischen Möglichkeiten in diesen weiten Gebieten sind gering, da das mittlere nutzbare Gefälle nicht mehr als 2 oder 3/100 auf
100 km beträgt gegenüber 1.000 m auf den Flußstrecken im Randgebirge. Auch durch die zur Verfügung stehenden Wassermengen
zeichnen sich die atlantischen Flußsysteme aus. Wenn auch die Nie-
derschlangsmengen an der Küste unter 500 m liegen, so empfangen
die Einzugsgebiete der größeren atlantischen Flüsse durchschnittlich
1.000 bis 1.500 mm und darüber.

Das Ausmaß der Hochwasser und die Höhe der Wasserführung sind
für die Eignung der Flußsysteme zur Gewinnung hydroelektrischer
Energie wichtig. Das mit 157.000 km^2 größte in ganz Angola liegende
Cuanzaflußnetz vereinigt 45 % der wirtschaftlich vertretbaren Nut-
zungsmöglichkeiten in Angola auf sich, und das wiederum nur auf
einer etwa 200 km langen Strecke am mittleren Cuanza. Daraus
ergeben sich für das Hinterland von Luanda größere Entwicklungschancen als für andere Gebiete.

Die Flußsysteme des Mittelwestens und Südwestens erfüllen die Provinzen Benguela, Huambo, Namibe und Huila und greifen darüber hinaus nach Cuanza-Sul. Die fünf Provinzen mit 354.920 km^2 umfassen etwa 30 % Angolas und mit 2.175.515 Einwohnern 45 % seiner Bevölkerung. Auf die Provinzen Benguela und Huambo konzentriert sich die wirtschaftliche Entwicklung Mittelangolas. Für die Energieversorgung ist darum diese Region neben dem Cuanzagebiet die wichtigste in Angola. Unter dem wirtschaftlichen Gesichtspunkt des Energieverbrauchs ist der Catumbela ,mit den Kraftwerken Lomaúm und Biópio am günstigsten. Die dort erzeugte Energie bedient die wichtigste Einflußzone der Benguelabahn von Lobito bis Cuito (Silva Porto).

Das Flußsystem des Cunene ergibt im oberen Teil auf dem niederschlagsreichen südlichen Planalto viele Möglichkeiten zur Energierzeugung. Neben dem seit 1959 arbeitenden Elektrizitätswerk mit Stausee bei Matala sind sechs weitere Stauseen zur Regulierung des Wasserablaufs mit Elektrizitätswerken gebaut, wie Gove, oder geplant. Sie gehören zum Entwicklungsprojekt Südangola-Nordnamibia.

Gegenüber der nach Wiederinstandsetzung ausreichenden Energieversorgung durch Wasserkraft und Erdöl in den wirtschaftlich wichtigsten Teilen des Landes sind 80 % der meist ländlichen Bevölkerung auf Brennholz und Holzkohle als Energiequelle angewiesen. Durch die großen Waldbestände in Nord-, Ost- und Südangola wird bei der geringen Bevölkerungsdichte der Bedarf ohne ökologische Schäden gedeckt. Jedoch kann er in den dichter besiedelten und waldarmen Gebieten Zentralangolas und der Küstenzone, wo in den rasch angewachsenen städtischen Randsiedlungen Brennholz und Holzkohle bis zu 90 % den Energieverbrauch decken, zu einer Brennholzkrise und einem lokalen ökologischen Problem führen.

8. Das Verkehrswesen Angolas

Angola wird nach Wiederherstellung der Verkehrslinien wieder ein gut ausgebautes Infrastrukturnetz haben. Drei wichtige Eisenbahnen erschließen das Land in West-OstRichtung, ausgehend von den Atlantikhäfen, bis zur Mitte Angolas. Sie werden von früher leistungsfähigen Nord-SüdFernstraßen miteinander verbunden und zu einem ausreichenden Verkehrsnetz verflochten.

8.1 Die Eisenbahnen

Alle Eisenbahnen führen von den Seehäfen ins Innere, sind also parallel laufende Stichbahnen mit einzelnen Verästelungen und Nebenlinien. Dadurch entstehen drei große voneinander getrennte Systeme mit afrikanischer Normalspur 1,067 m. Von dem insgesamt 3.091 km langen Streckennetz gehören 1.518 km zu den beiden staatlichen Bahnen von Luanda und von Namibe (Moçamedes), 1.414 km zur internationalen Benguelabahn nach Shaba/Zaire. Für alle Eisenbahnen ist die Überwindung des Höhenunterschieds vom Küstenstreifen über die Randschwelle zum Planalto das wichtigste Problem. Hierdurch erlitt auch der Bau der Bahnen langjährige Verzögerungen. Alle Eisenbahnlinien Angolas sind eingleisig. Für den technischen Ausbau und ihren Betrieb bleiben die Gebirgsstrecken und die Zahl und Länge der Ausweichstrecken und ihre Signalisierung ausschlaggebend, und damit für die Leistungsfähigkeit der ganzen Strecke, besonders bei der Moçamedes- und Benguelabahn. Die Bahnen sind vom hafenwärtigen Güterverkehr bestimmt, dazu stark von einem einzelnen Exportgut oder Verkehrsnehmer.

8.1.1 Luandabahn

Die älteste Eisenbahn in Angola, die Luandabahn, wurde 1886, ein Jahr nach der Berliner Konferenz, begonnen, durch das fruchtbare Gebiet am Bengofluß geführt und erreichte 1899 mit 364 km den Lucalafluß, zunächst Endstation der damals sogenannten Eisenbahn von Ambaca. Die Strecke wurde 1909 bis Malange verlängert.[21] Für die Luandabahn stand als Transportgut das Eisenerz aus dem Saiagebiet im Vordergrund, weiter Baumwolle vor allem aus der wichtigsten Region Baixa de Cassanje. Der Maistransport mit der Bahn war geringer. Der Kaffee wurde zum größten Teil mit dem Lastwagen direkt von den Pflanzungen zum Hafen Luanda gebracht. Es wirkte sich die Konkurrenz zum Lastwagen auf den gut ausgebauten Straßen um das Wirtschaftszentrum Luanda für die Bahn aus. Andererseits erlangte der Personenverkehr größere Bedeutung. Die Zahlen stiegen

---

21   Kuder, a.a.O. S 122.

von 218.214 (1963) auf 415.800 Personen (1969). Die transportierten
Güter hingegen nahmen von 696.463 t (1964) auf 543.014 t (1969) ab.
Gegenwärtig ist der Verkehr stark eingeschränkt.

8.1.2 Benguelabahn

Das Rückgrat der Verkehrslinien Angolas bildet die fast in seiner Mitte
von der Küste zur Ostgrenze auf der Lundaschwelle entlangführende
internationale Benguelabahn, die die längste Eisenbahn in Angola und
durch ihren Anschluß über Shaba/Zaire an die Eisenbahnen in Sambia,
Zimbabwe und Moçambique die einzige transkontinentale Bahn Afrikas ist. Die anglo-portugiesische Eisenbahngesellschaft wurde von
dem Schotten Robert Williams zum Abtransport der in Shaba geförderten Erze gegründet. Der Bahnbau begann 1903 in Benguela in
Richtung Lobito und ins Innere. 1913 war die Strecke bis Chinguar
(520 km) fertig. Der Anschluß an die Grenzbrücke über den Luau
(Diolo) nach Shaba wurde 1931 eröffnet.

Die Benguelabahn hat auf angolanischem Gebiet mit 1.348 km 30
Bahnhöfe und 46 Haltestellen, außerdem 27 Ausweichstellen. Östlich
des Cuanza macht sich für die Bahn die äußerst spärliche Besiedlung
und geringe wirtschaftliche Aktivität bemerkbar; auf der Strecke von
fast 200 km zwischen Munhango und Luena gibt es nur 9 Haltepunkte,
ausschließlich für die Belange des Eisenbahnbetriebes. Die Art der
Lokomotiven und ihr Antrieb ergeben sich aus der Streckenführung
und dem sich bietenden Brennstoff. Im Rangierbetrieb in Lobito
arbeiten Diesellokomotiven, ebenso zwischen Lobito und Benguela,
wo die Trasse zwischen 3-10 m über dem Meeresspiegel liegt.

Auf den folgenden 60 km bis Portela steigt die Bahn in sehr starkem
Profil auf 900 m an. Darum verbrauchten die Maschinen „fuel" auf
der 160 km langen schwierigen Strecke von Benguela bis Cubal. Für
den Betrieb der Bahn ist diese Strecke wegen der großen Steigung nicht
leistungsfähig genug. Darum ist eine neue Trasse für dieses Linien-
stück gebaut und für das Stück Cubal-Huambo geplant worden. Auf
der langen Strecke auf dem Planalto war Holz das wirtschaftlichste
Heizmaterial (346.687 t 1967). Hunderte von Kilometern Eukalyptu-
sanpflanzungen begleiten die Strecke. Die Bahngesellschaft besitzt
etwa 38.500 ha mit 97 Millionen Bäumen. Der Betrieb wurde von
Dampf auf Diesel umgestellt. Jenseits des Cuanza führt die Linie durch

weite Savannenebenen bis zu 60 km in langer gerader Streckenführung. Hinter Luau führt die Bahn an dem Wildreservat von Cameia
entlang.

Am Beispiel der Benguelabahn wie auch der Moçamedesbahn
werden die einzelnen Faktoren, die die Leistungsfähigkeit hemmen,
besonders deutlich: Eingleisigkeit der Bahn, damit Abhängigkeit von
ausreichenden Ausweichstrecken, Überholstationen und entsprechend ausgebauter Signaltechnik, enge Kurvenradien mit Geschwin-
digkeitsbegrenzungen und starke Steigungen im Abschnitt der
Randschwelle, wo die Zahl der Waggons im Zug vermindert oder mehr
Lokomotiven in den Zug eingesetzt werden müssen. In der Regenzeit
wird in diesem Bereich die Leistungsfähigkeit weiter herabgesetzt.
Die Holzaufnahme für die Lokomotiven auf den Strecken des Planalto
bedingte lange Aufenthalte. Die Holzfeuerung minderte die Leistungsfähigkeit gegenüber den dieselhydraulischen Maschinen, wie sie auf
der Moçamedesbahn eingesetzt sind. Der vornehmlich küstenwärts
gerichtete Transport bedingt große Leerfahrten. Die Transportkapazi-
tät der ganzen Strecke hängt von der Maximalzahl der Waggons und
der von ihnen gebildeten Züge ab, die den schwierigen Gebirgsbereich
täglich in beiden Richtungen durchfahren können. Unter all diesen
Bedingungen brauchte ein Güterzug für die 1.331 km lange Strecke
zwischen Lobito und dem letzten Ort vor der Grenze, Luau (Teixeira
de Sousa), 59 Stunden und für die gesamte Fahrt bis Shaba bei
Übergabe der Züge im internationalen Bahnhof Dilolo etwa fünf Tage.
Der Umlauf eines Waggons für Massengüter zwischen Shaba und dem
Hafen umfaßte einen Zeitraum von 14 Tagen, so daß die Erzwaggons
pro Jahr oft nur 26 Transportfahrten durchführten (nach den Berechnungen und Ausführungen von **Borchert, 1967**).[22]

Die Bedeutung der Benguelabahn ist eng mit dem Hafen Lobito
und dem Transitverkehr verbunden. Während von dem Gesamttransportaufkommen 1/3 aus dem Transitverkehr, mehr als 1/3 aus dem
angolanischen Binnenverkehr und der Rest aus betrieblichen Transporten (Holz für die Lokomotiven, Bahnmaterial usw.) stammten, wird
der Transitcharakter der Bahn bei der Errechnung der Tonnenkilome-
ter deutlicher, wobei auf den Transitverkehr 2/3 entfallen (Transport

22   Borchert, a.a.O. S. 49-58.

von Kupfer, Zinn, Kadmium und Kobalt, Zink und Manganerz aus
Shaba und Sambia zum Hafen und in der Gegenrichtung von Maschi-
nenausrüstungen und Konsumgütern in die Minenbezirke). 1968 gingen von der Kupferproduktion Sambias 23 %, von der Shabas 22 %
über die Benguelabahn.[23]

Transporte (1967)	in t	in t/km
Transit	848.158	1.143.317.036
Innerangola	963.196	490.134.270
Betriebsfracht	751.723	67.259.411
Gesamt	2.563.077	1.700.708.717

Zu den wichtigsten Transportgütern innerhalb Angolas gehörten
die landwirtschaftlichen Produkte Mais 90.000 t mit dem Zentrum
Robert Williams (Caála), Maniok 60.000 t, Zuckerrohr 26.000 t,
Weizen 16.000 t; an verarbeiteten landwirtschaftlichen Produkten
Mehl 21.600 t, Zucker 18.600 t, Fasern 31.000 t; Gasolin und Benzin
35.000 t, Metalle 33.000 t, Sägeholz 29.000 t, Papiermasse 26.500 t,
industrielle Ausrüstungen 26.000 t, Steine und Erden 26.000 t, Salz
25.700 t, Zement 19.500 t. chemische Düngemittel und andere Che-
mikalien 16.000 t usw. 11.600 Stück Rindvieh wurden 1969 von der
Bahn befördert.

Der innerangolanische Personenverkehr stieg in wenigen Jahren
um 25 % auf über 1 Mill. Personen.

Das zentrale Eisenbahnbetriebswerk mit großen Reparatur- und
Konstruktionswerkstätten und 1.100 Arbeitern in Huambo (Nova
Lisboa) war das größte technische Unternehmen in Angola. Ende 1967
waren bei der Benguelabahn insgesamt 12.943 Menschen beschäftigt,
für die an wichtigen Orten eigene Eisenbahnersiedlungen entstanden
sind.

Die Benguelabahn hat in ihrer Einflußzone an vielen Orten als
wirtschaftliches und kolonisatorisches Stimulans gewirkt. Die Gesell-

23   Castro, E.G.A.: Angola, portos e transportes. Luanda 1966, 1988
      und 1970. 202 S.

schaft führte ein eigenes Kolonisationsunternehmen in Chenga, 100 km westlich Huambo in 1.440 m Höhe durch. Eine Reihe neuer Ortschaften ist entstanden oder zu eigentlichem Leben erwacht und bildet heute eine dichte Kette von Siedlungen besonders auf dem westlichen Planalto. Huambo (Nova Lisboa) ist Handelszentrum und Umschlagplatz, in starkem Maße auch für Transporte auf der Bahn in östlicher Richtung, ebenso Luena (Luso) als östlichster wirtschaftlicher Kristallisationspunkt. Die Benguelabahn ist das Kernstück des neu geschaffenen Lobito-Korridors für den Wiederaufbau dieser wichtigen Entwicklungszone. (s. Kapitel Entwicklungszonen)

Transporte der Benguelabahn

Jahr	Personen in 1.000	Gesamtfracht [+] in 1.000 t	International in 1.000 t
1967	847	1.813	909
1970	1.143	1.938	1.122
1971	1.214	2.063	1.229
1972	1.412	1.901	1.067
1973	1.591	2.567	1.640
1974	1.983	2.383	1.593
1977	1.956	266	–
1978	1.927	488	–
1979	2.405	397	5
1980	2.470	324	23
1981	3.232	401	11
1982	3.926	259	7
1983	4.049	186	–
1984	3.558	202	–
1985	3.871	262	–

+) ohne Betriebsfracht

Quelle: Tanks Consolidated Instruments Ltd. in Hodge S. 114/115.

8.1.3 Namibe-Bahn (früher Moçamedesbahn)

Der Bau der staatlichen Moçamedesbahn sollte das Hochland von
Huila um Lubango (Sá da Bandeira) mit dem Hafen verbinden und
damit die verkehrsmäßige Aufschließung des für europäische Siedlung und wirtschaftliche Entwicklung günstigen Gebietes gewährleisten, die Öffnung eines Verkehrsweges nach Südangola und den Ersatz
der schwerfälligen Burenwagen bieten und damit die politische und
militärische Kontrolle im Sinne der Konferenz von Berlin über die
südliche Hälfte Angolas ermöglichen. Der Bau der Bahn wurde 1905
begonnen, 20 Jahre nach den ersten Planungen und letztlich wohl
wegen der Unruhen in Südangola. Er wurde 1912 in 0,60-m-Spur 169
km durch die Halbwüste und die sich anschließende wasserarme
Dornstrauchsavanne bis Vila Arriaga am Fuß des Steilabfalls des
Chelagebirges ausgeführt. Bis Lubango (Sá da Bandeira) wurde die
Bahn erst 1923 fertig. Beim Bau waren auf 80 km zwischen Cumieira
(524 m) und Humbia (1.229 m) 795 m Höhenunterschied zu überwinden, zwischen Cumieira und Mininho zusätzlich eine dazwischenlie-
gende Senke von 113 m auf 11 km. Auf dem Teilstück von 18 km
zwischen Vila Arriaga und Humbia gibt es einen Höhenunterschied
von 324 m, dem höchsten der ganzen Strecke. Vom Endpunkt Lubango
(Sá da Bandeira) wurde 25 Jahre später die 116 km lange Seitenlinie
über Chibia bis Chiange (Gambos) gebaut. Sie führt in südlicher
Richtung im Sinne der Abdachung des Planalto von 1.770 m bei
Lubango auf 1.279 m bei Chiange hinunter. Zu dieser Linie in Richtung auf den südlichen Cunene kam ab 1954 der Weiterbau der
Hauptstrecke von Lubango (Sá da Bandeira) nach Osten. Die 503 km
bis Menongue (Serpa Pinto) und damit die ganze Strecke der Moçamedesbahn waren 1961 in der afrikanischen 1,067-m-Spur fertigge-
stellt. An der insgesamt 756 km langen Hauptstrecke liegen 69
Bahnhöfe und Haltepunkte, an der Chibianebenstrecke 11 Stationen,
die z.T. Ausgangspunkte neuer Siedlungen wurden. Der Bahnhof
Lubango ist für den technischen Betrieb mit zentraler Verwaltung und
großen Reparaturwerkstätten der wichtigste Ort der Eisenbahnlinie,
daneben Namibe (Moçamedes) mit technischen Einrichtungen für
leichtere Reparaturen (vgl. Fig.: Höhenprofil der Moçamedesbahn).[24]

---

24   Kuder, a.a.O. S.128

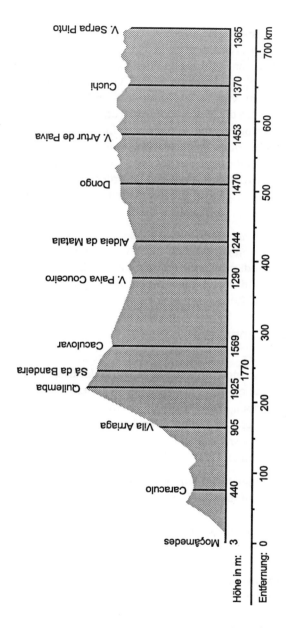

Höhenprofil der Moçâmedes-Bahn

Zum Abtransport der Erze aus dem Cassingagebiet ist eine neue Strecke gebaut worden, und zwar von km 525 der Hauptlinie in der Nähe von Dongo nach Süden zu den Erzbergen Tschamutete/Cassinga-Süd. Sie hat eine Länge von 94 km. Von dieser Linie führt von km 22 eine Stichbahn von 16 km Länge zu den Lagerstätten bei Jamba/CassingaNorte. Da die Moçamedesbahn ursprünglich nicht für eine so große Transportbelastung, wie sie das Eisenerz von Cassinga zum Hafen mit sich bringt, gedacht war, mußte sie in vollem Umfang ausgebaut und verbessert werden, vor allem auf der Gebirgsstrecke, um jährlich 3 Mill. t zum Erzhafen befördern zu können. Notwendig war auch die Ausrüstung mit ausreichendem modernem rollendem Material.

Die zahlreichen breiten Flüsse auf dem südlichen Planalto erforderten große Brückenbauten, wie die 1.125 m lange Brücke über den Cunene als Teil der Sperrmauer und die Brücken über den Cubango, Cutato und Cuchi. Der Bahnbetrieb mußte wegen der kriegerischen Handlungen und Zerstörungen fast ganz eingestellt werden.

8.2 Das Straßennetz

Das seit Ende der fünfziger Jahre sehr ausgebaute Straßennetz bildet die überregionale nordsüdliche Ergänzung der drei Haupteisenbahnlinien und ist zudem stark auf Luanda ausgerichtet. Ende 1969 gab es 24.593 km Straßen erster Ordnung (Fernstraßen).[25] Die Verbindung mit Asphaltstraßen zwischen allen Provinzstädten und Luanda mit über 5.200 km war hergestellt. Gegenwärtig ist der Verkehr durch zerstörte Brücken und Straßendecken stark behindert.

Die Fernstraßen haben für die Aktivierung mancher bisher weniger erschlossener Räume durch die Verbindung zu den Städten als Verbraucherzentren und somit zur Belebung des inneren Marktes große Bedeutung. Am dichtesten ist das Straßennetz in dem gut bevölkerten zentralen Hochland um Huambo (Nova Lisboa) und im weitreichenden Hinterland von Luanda. Besondere Schwierigkeiten für Bau und Unterhaltung machen die Straßen im Randgebirge und die nicht asphaltierten Erd- und Schotterstraßen in der Regenzeit im Bereich der Kalaharidecksande im Süden und Osten. Die wichtigste Nord-Süd-

25 Kuder, a.a.O. S 129.

Straße vom Kongofluß über Luanda und den zentralen Planalto bis zur Grenze mit Namibia verbindet wichtige Wirtschaftsgebiete miteinander, schneidet alle großen Flüsse des Landes und ist reich an z.t. sehr langen Brücken, vor allem auch über den Cunene, da sich der Fluß bei Hochwasser einige Kilometer ausbreitet. Von großer Bedeutung ist die neue Serpentinenstrecke der Straße Namibe-Lubango, um den Steilhang des Chela-Gebirges zu überwinden.

8.3 Häfen

An der 1.650 km langen Küste Angolas gibt es neben fünf ausgezeichneten Naturhäfen zahlreiche wenig geschützte kleine Reedehäfen und Küstenplätze. 18 Häfen waren früher an eine regelmäßige Küstenschiffahrt angeschlossen.

Trotzdem ist Lobito nur ein junger Hafen, und Namibe (Moçamedes) wurde erst in den letzten portugiesischen Jahren modern ausgebaut. Für beide wurde das notwendige Hinterland in weiter Entfernung erst erschlossen durch die Eisenbahn und die Verbesserung der Verkehrsinfrastruktur im Innern sowie durch kolonisatorische und wirtschaftliche Entwicklungsmaßnahmen. Nur Luanda hatte seit Beginn der portugiesischen Herrschaft in Angola Bedeutung, da es ein reiches und durch die frühere Flußschiffahrt auf Cuanza, Bengo und Dande leichter zugängliches Hinterland hatte. Tómbua (Porto Alexandre) am Rand der Namibewüste ist der wichtigste Platz der Küstenfischerei. Die weiteren kleineren Häfen, von denen im Laufe der Jahrhunderte Benguela, Ambriz und die Kongohäfen große Bedeutung hatten, sind offene Reedehäfen, die heute für die große Überseeschiffahrt kaum in Frage kommen.

Die drei Häfen Luanda, Lobito und Namibe (Moçamedes) haben entsprechend ihrer Lage an der nördlichen, mittleren und südlichen Küste und den von ihnen ausgehenden voneinander getrennten Verkehrsnetzen eigene natürliche Einflußgebiete, deren wirtschaftliche Ausprägung mit jeweils nur einem oder wenigen weltwirtschaftlich bedeutenden Massengütern die Entwicklung und Ausstattung des Hafens bestimmen. Außer für Lobito enden die Einflußzonen der beiden anderen Häfen 800 km von der Küste, da die weiten Binnenhochländer der östlichen Hälfte Angolas bisher fast kein Exportaufkommen haben.

8.3.1 Luanda

Aufgrund der wirtschaftlichen Entwicklung des Hinterlandes und des steigenden Transportbedarfs wurde 1945 der bis dahin benutzte Reedehafen Luandas durch Kaianlagen ersetzt. Die günstigen Tiefenverhältnisse der Bucht erlauben einen sehr weitgehenden Ausbau auch für künftige Bedürfnisse. Weitere Entwicklungspläne beziehen sich auf den gesamten 5 km langen Uferstreifen an der Festlandsseite der Bucht vom heutigen Hafen am Stadtrand bis zum Buchteingang. Die 20-m-Isobathe verläuft in geringer Entfernung der ausgebauten Kais, die breite Schiffahrtsrinne in die Bucht ist 30 m tief. Die Grundfläche der landseitigen Hafenanlagen beträgt 348.000 m2, wovon 1/4 auf die Verkehrsanlagen entfallen.[26] Ausreichende Lagerhäuser im Hafengelände und auf angrenzenden Flächen und gute technische Ausrüstung erlauben einen für alle Produkte mechanisierten und schnellen Umschlag.

8.3.2 Lobito

Hafen und Stadt Lobito entstanden erst mit dem Bau der Benguelaeisenbahn ab 1903. Die Bucht ist für die Anlage eines Hafens besonders günstig: 5,5 km lang, 1.400 m größte Breite, Gesamtareal über 300.000 m^2 und 15-36 m Tiefe. Sie wird vom Ozean durch die von Süden nach Norden wachsende Nehrung „Restinga" abgeschlossen, die durch Sandverlagerungen in 60 Jahren um 800 m nach Nordosten länger wurde und sich somit der nordnordöstlich verlaufenden Steilküste immer mehr nähert. Die Breite des Buchteingangs verringerte sich seit 1931 von 1.600 m auf 600 m, und die Einfahrt wird später durch Bagger offengehalten werden müssen, wenn auch technische Maßnahmen das Wachsen der Sandzunge hemmen werden. Am südlichen Ende der Bucht wird das flache Land vor dem Steilabfall von Salzwasser- und Brackwassersümpfen eingenommen, die für Hafen und Stadt als Landreserve dienen und teilweise auch zur Salzgewinnung benutzt werden.

Der Ausbau des Hafens wurde in seiner jetzigen Form 1957 abgeschlossen. Eine Erweiterung in der Südost-Ecke der Bucht und die Anlage von drei weiteren Piers ist seit langem geplant. Der Hafen

26   Sendler, G.: Angola und seine Seehäfen. Hamburg 1967. 148 S.

verfügt über 1.122 m ausgebauten Kai. Die Hauptfahrrinne innerhalb der Bucht ist 20 m tief und wird zu keiner Tages- oder Jahreszeit durch Nebelbildung behindert. Das landseitige Hafenareal umfaßt insgesamt 243.000 m². Die Umschlagkapazität beträgt 2,5 Mill. t pro Jahr, die Hälfte umfaßt Massengüter (Erze, Erdöl, Mais, Kohlen). Die Überflügelung Lobitos durch Luanda, die im Jahr 1964 zum erstenmal fast erreicht wurde, war durch die Kaffeeausfuhr und die Importsituation begründet, nachdem die Fernstraße von Luanda nach dem wichtigen Hinterland von Lobito, den Provinzen Huambo und Benguela, ausgebaut war. So sank der Anteil Lobitos am Außenhandel Angolas wertmäßig von 36,8 % (1945, dem Maximaljahr) auf 20 % und mengenmäßig von 53,2 % auf 27,4 %, 1969 auf nur 11 % bzw. 15 % durch die stark angestiegenen Verschiffungen in Namibe (Moçamedes) und Cabinda. Durch die Einstellung des Betriebs der Lobito/Benguelabahn infolge des Bürgerkriegs ist der Hafenumschlag stark zurückgegangen.

8.3.3 Namibe (Moçamedes)

Dem kleinen Fischereihafen in der Bucht von Moçamedes wurde das für einen Seehafen notwendige Hinterland erst durch den Bau der Eisenbahn geöffnet. Allerdings sind die 1.080.000 Einwohner (1990) des 419.530 km² umfassenden Südangola zu wenige für eine wirtschaftliche Entwicklung, die sich auf den Hafen auswirken könnte. Vor Beginn der Mais- und Eisenerzausfuhr war Moçamedes allein als Fischereihafen wichtig. 1959 bestanden die Verschiffungen zu 80 % aus Fischereiprodukten. Für die Verschiffung der Eisenerze aus dem Cassingagebiet wurde in der NordwestEcke der Bucht bei Saco, 10 km von der Stadt entfernt neben dem Ölhafen, der neue Erzhafen gebaut, mit äußerst günstigen Tiefenverhältnissen für 200.000-t-Frachter. Die geräumige Bucht tektonischen Ursprungs weist Tiefen bis zu 300 m auf. Die kleinen Mengen der transportierten Waren (außer Eisenerz) zeigen die geringe Importkraft des wenig bevölkerten und wirtschaftlich schwachen Hinterlandes, außer den Städten Namibe, Lubango und dem Entwicklungsgebiet um Matala.

9. Wirtschaftsräume und Entwicklungsachsen

Mit dem in der portugiesischen Zeit erreichten Standard wirtschaftlicher Produktion für den Export wie für den Binnemarkt hat das Land gezeigt, welche Reichtümer es besitzt, welche Wirtschaftskraft eingesetzt werden kann, wenn eine ausreichende Sicherheitslage gegeben ist und innere stabile Verhältnisse als Basis zur wirtschaftlichen Entwicklung beitragen. Ein Überblick über die Wirtschaftskräfte und Ressourcen dieses Landes zeigt Möglichkeiten auf, die in Zukunft genutzt werden können. Bestimmte Wirtschaftsräume haben sich herausgebildet, die drei Entwicklungsachsen kennzeichnen. Zwei von ihnen entsprechen der Kooperation Angolas mit Mitgliedern der Entwicklungsgemeinschaft im südlichen Afrika SADC.

9.1 Die aktiven und inaktiven Wirtschaftsräume Angolas

Unter Berücksichtigung der an Ressourcen reichen natürlichen Ausstattung, der Wirtschaftsweise der Bewohner, der Bevölkerungsdichte, der Verkehrserschließung und der wichtigsten Erzeugnisse lassen sich große aktive und inaktive Wirtschaftsräume in Angola unterscheiden, zu denen ein paar zusätzliche kleinere Zonen kommen. Die ganze Osthälfte (1)[27] des Landes jenseits des 18. Längengrades nehmen mit Ausnahme des Diamantengebietes und der Region um Luena (Luso) Verharrungsräume ein; wirtschaftlich passiv wegen der äußerst geringen Bevölkerung, fast ausschließlich traditioneller Subsistenzwirtschaft mit Wanderfeldbau und zusätzlicher Sammeltätigkeit, auch geringer Rinderhaltung im Nordosten und Südosten, Unerschlossenheit und Verkehrsferne von den Zentren des Landes, nicht genutzter oder ungenügend bekannter Bodenschätze. Die Osthälfte Angolas wird für absehbare Zeit ein wirtschaftlich unbedeutender, nicht entwicklungsfähiger Raum bleiben, der nur regional durch eventuellen Abbau bedeutender Bodenschätze einen Entwicklungsanstoß erhalten könnte.

Auf der Westhälfte Angolas ruht somit allein die wirtschaftliche und zivilistatorische Bedeutung des Landes. Auch hier gibt es von Natur aus Passivräume oder solche von bisher äußerst extensiver Wirtschaftsführung. Dazu gehören im Süden Angolas (2) die halbtrockenen Zonen der Hirtenbauern mit Rinderzucht auf natürlichen

27   Die Zahlen sind die Kennzeichnung der einzelnen
      Wirtschaftsräume in der dazugehörenden Karte.

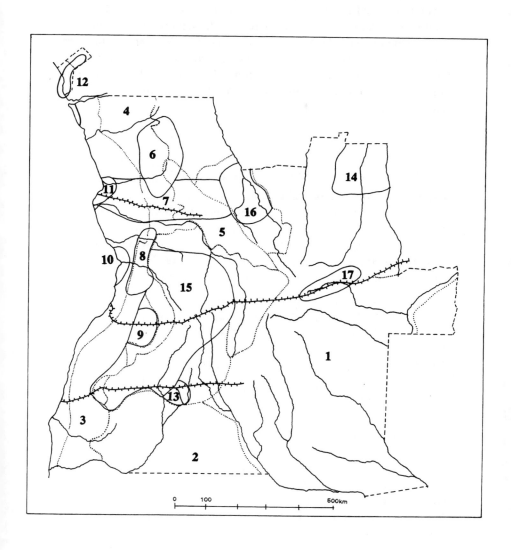

Aktive und inaktive Wirtschafträume

Weiden und zusätzlichem Feldbau, der sich meist auf die Selbstver-
sorgung beschränkt, und der äußerste Südwesten (3), die Wüste und
Halbwüste von Namibe (Moçamedes). Wirtschaftliche Passivräume
sind bisher auch die Gebiete an der Nordgrenze Angolas (4) im alten
Kongoreich nördlich der Kaffeezone, mit überwiegend Feldbau als
Subsistenzwirtschaft, kaum Viehhaltung bei dem feuchtwarmen Kli-
ma, und das Cuanzabecken zwischen den Planaltos von Bié und
Malange (5).

Weit weniger als die Hälfte Angolas ist bisher direkt in den Wirtschaftsprozeß einbezogen. Dabei muß die Gruppe der exportorientierten Wirtschaftsräume von denen unterschieden werden, die allein in
der Binnenwirtschaft Entwicklungsanreize und -bedeutung erhalten.
Die von der Exportwirtschaft abhängigen Räume beschränken sich auf
die nördliche und mittlere Randstufe (Kaffee, Sisal), auf einzelne
Striche des Küstenlandes (Fischereiprodukte, Erdöl, Holz, Palmöl und
Palmkerne, Baumwolle, Zucker, Salz, Zement) und die isolierten
Gebiete Cassinga (Eisenerz) und Nordost-Lunda (Diamanten). Das
sind kaum mehr als 8 % der Gesamtfläche Angolas.

Im nördlichen Bergland (6) der Randschwelle liegt das Hauptan-
baugebiet des Robustakaffees mit afrikanischen und früher mittel-
großen europäischen Pflanzungen. Den unteren Cuanza und den
Lucala entlang (7) erstreckt sich ein Gebiet gemischter Kulturen mit
Ölpalmbeständen, Mais, Baumwollanbau, Sisalpflanzungen, mit den
für den Export ausgebeuteten Erzlagern von Saia und im Einflußbereich der Städte Luanda und Malange den gewerblichen und industriellen Verarbeitungs- und Produktionsbetrieben mit der
Energieversorgung vom Cambambekraftwerk mit großen industriellen Entwicklungsplänen, wie im Gebiet von Dondo. Die südliche
Kaffeezone (8) in der Stufenlandschaft des mittleren Randgebirges
wurde beherrscht von der größten Pflanzungsgesellschaft Angolas
C.A.D.A. Dazu kamen ausschließlich europäische Sisalpflanzungen,
die an der Benguelabahn um Cubal (9) einen eigenen Exportwirt-
schaftsraum bildeten.

Der dem Randgebirge vorgelagerte schmalere und breitere Küstenstreifen (10) wird unterschiedlich genutzt, mit punktuell starker wirtschaftlicher Bedeutung. Zuckerrohrpflanzungen und Ölpalmen
nördlich und südlich Benguelas und am unteren Cuanza, Baumwolle

im nördlichen Küstenstreifen bis Ambrizette und bei Sumbe (Novo Redondo) und Porto Amboim; auf die großen Städte ausgerichtete, marktorientierte Agrarproduktion und Rinderzucht im Mündungsgebiet des Cuanza; Fischerei mit Schwerpunkten und Verarbeitungsbetrieben an der mittleren und südlichen Küste, ebenfalls Salzgewinnung; Erdöl um und nördlich Luanda; gewerbliche und Industriegebiete vor allem in den größeren Hafenstädten mit früher starker weißer Bevölkerung, bei einem Übergewicht Luandas. Somit ist die Hauptstadt (11) als Verwaltungs- und Kulturzentrum des Landes mit Überseehafen, Industriekonzentration und ihr näheres Hinterland als besonderer Wirtschaftsraum auszuscheiden. Das Gebiet von Cabinda (12) hat als Exklave nördlich der Kongomündung mit seinen beiden Landschaften, dem feuchtwarmen Bergland der Randschwelle und dem trockeneren Küstenstreifen, eigenen Charakter. Als Holzlieferant für den Export und den Binnenmarkt und vor allem durch die Erdölausfuhr ist das Gebiet ein wichtiger Wirtschaftsraum geworden.

Zu dieser Gruppe der mehr oder minder exportorientierten Wirtschaftsräume gehört auch das isolierte, allein durch die Erzförderung bedeutsame, kleine Gebiet von Cassinga (13) im Süden und das durch seine wirtschaftliche, kulturelle und soziale Pointierung interessante und wichtige, inselartig abgeschlossene Diamantengebiet (14) im Nordosten.

Demgegenüber stehen als größte und bedeutendste Wirtschaftsräume, deren Aktivität sich fast ausschließlich auf den Binnenmarkt erstreckt, die Gebiete des zentralen Planalto (15) mit Huambo (Nova Lisboa) als Mittelpunkt und die Übergangsregion nach Malange im Norden, zum östlichen Bié und das nördliche Huila im Bereich der Moçamedesbahn. Durch die vielseitig betriebene Landwirtschaft bei mittlerer und geringer Bodenfruchtbarkeit und ausreichen der Bewässerungsmöglichkeit und durch die in Angola größte ländliche Bevölkerungsdichte und die bei gesundem Höhenklima immer stärker gewordene weiße Besiedlung werden diese Wirtschaftsräume das wichtigste Erzeugungsgebiet von Nahrungsmitteln für den Binnenmarkt, vor allem von Mais, Maniok, Hirse und Hülsenfrüchten sowie den höheren Nahrungsmitteln Weizen, Erdnüsse, Gemüse, Kartoffeln, Reis, Arabicakaffee, Fleisch, Milch und außerdem Tabak. Die für Angola dichte Besiedlung hatte ein enges Handelsnetz entstehen lassen mit gewerblichen und industriellen Verarbeitungsbetrieben für die Landwirtschaft und Viehzucht, mit vielseitiger Konsumgüterindustrie und dem großen Zellulosewerk Alto Catumbela am Westrand dieses Wirtschaftsraumes. Huambo (Nova Lisboa) ist sein wirtschaftlicher, kultureller und Verwaltungsmittelpunkt. Die Region stellte auch die immer benötigten Arbeitskräfte für die exportwirtschaftlich führenden Gebiete als Wanderarbeiter oder als Abwanderer in die Städte. Kleinere besondere Wirtschaftsräume bilden das Gebiet der Baixa de Cassanje (16) mit starkem Baumwollanbau und das am weitesten östlich vorgeschobene Gebiet um Luena (Luso) (17) und die Benguelabahn.

Das Verkehrsnetz, vor allem die für den Massentransport billigeren Eisenbahnen, war ausschlaggebend für die Ausdehnung der überregionalen und exportorientierten Produktionsräume. Diese fanden daher mit zunehmender Entfernung vom Hafen ihre Grenzen und dehnten sich fingerartig nur entlang der drei Eisenbahnlinien von den Häfen Luanda, Lobito und Namibe (Moçamedes) weiter ins Innere aus. Die Produktionsräume der zehn zur portugiesischen Zeit im Vordergrund stehenden Ausfuhrgüter Angolas (Kaffee, Diamanten, Eisenerz, Erdöl, Fischmehl, Mais, Baumwolle, Zucker, Tabak, Sisal) waren zugleich die wirtschaftlichen Kernräume des Landes. Zu ihnen muß auch der zentrale Planalto als für die Zukunft wichtigste Binnenmarktregion hinzugerechnet werden.

Der Anteil der einzelnen Wirtschaftsräume am Gesamtausfuhrwert Angolas war sehr unterschiedlich. Die beiden Kaffeezonen allein lieferten wertmäßig etwa die Hälfte des Exportes. Es folgten die Diamentenregion mit etwa einem Siebentel und einzelne Küstenpunkte mit ihrem unmittelbaren Hinterland, vor allem Cabinda mit der damals noch jungen Erdölproduktion. Die seinerzeit drei wichtigsten Exportgüter Kaffee, Diamanten und Eisenerz machten um 1970 $^2/_3$ des Gesamtexportwertes aus.

9.2 Charakteristische Grundlagen der angolanischen Wirtschaft in portugiesischer Zeit

Die Wirtschaftsstruktur Angolas stand in dem dualistischen Spannungsverhältnis zwischen der traditionellen Bedarfsdeckungswirtschaft, in der noch ein Großteil der einheimischen Bevölkerung lebte, und der Markt- und Geldwirtschaft, in die ein immer größerer Teil einbezogen war, neben den Weißen auch Mischlinge und „Assimilierte", den Portugiesen gleichgestellte schwarze „Zivilisierte". Diese Gruppe produzierte die wichtigen Exportgüter. Auf den Schultern der schwarzen Bauern lag vorzugsweise die Erzeugung der Nahrungsmittel im Lande, an denen Angola autark war und den Überschuß exportieren konnte. Dazu kam ihr Anteil an den landwirtschaftlichen Exportgütern wie Kaffee zu 30 %, Baumwolle zu 20 %, Palmöl und Palmkerne zu 50 %. Hemmend war das Fehlen einer ausreichend breiten Unternehmerschicht sowohl unter der schwarzen wie der weißen Bevölkerung, und bis 1961 auch die Absicht, der portugiesischen Industrie gegenüber keine größere Konkurrenz entstehen zu lassen. Eine Folge war die oftmals gehemmte Entwicklung der wirtschaftlichen Produktivität und sehr hohe Einkommensunterschiede. Dabei war ein bedeutender staatswirtschaftlicher Sektor entstanden, neben privaten Unternehmungen und freier Initiative.

Für die Wirtschaft Angolas gegen Ende der portugiesischen Zeit waren charakteristisch die noch nicht genügend erforschten natürlichen Hilfsquellen, die durch weitere Erschließung von Bodenschätzen gesteigert werden können; eine geringe Bevölkerungsdichte, wobei die Osthälfte des Landes fast menschenleer ist; die starke Abhängigkeit von der Ausfuhr und die Anfälligkeit gegenüber den schwankenden oder sinkenden Rohstoffpreisen infolge der Exportkonzentration auf vier oder fünf Ausfuhrgüter von Bedeutung, von denen die Befriedigung Angolas mit Investitionsgütern und einigen anderen notwendigen Importwaren abhing. Hingegen stehen für die Bezahlung der Einfuhren keine anderen Einnahmen von beträchtlichem Ausmaß wie in anderen Ländern aus Dienstleistungen, Rücküberweisungen von Auswanderern oder dem Tourismus zur Verfügung. Auch die in der Vergangenheit ungenügende Investitionsbereitschaft in die eigene Wirtschaft von privater portugiesischer Seite hinderte die Entwicklung. Erst in letzter Zeit trat ihr eine starke ausländische Investition zur Seite.

9.3 Entwicklungstendenzen

Seit 1967 hat das Entwicklungstempo Angolas sehr zugenommen. wie die Außenhandelsbilanz mit dem Ansteigen der Einfuhren um 32 % deutlich macht, vor allem durch das große Investitionsengagement des Auslands, insbesondere der EG-Länder. Ihre Einfuhr nach Angola erhöhte sich um 71,3 % bis auf 2,2 Mrd. Esc. (1967/68/69) und lag damit nur wenig hinter Portugal (1967 2,8 Mrd. Esc., 1968 3,2 Mrd. Esc., 1969 3,4 Mrd. Esc.), das seine mehr traditionellen Einfuhren nach Angola um die Hälfte steigerte. Während die marktwirtschaftlichen Sektoren früher stark exportorientiert waren, ist die für den inneren Markt arbeitende Industrie in den letzten zehn Jahren der portugiesischen Zeit stark angewachsen, und die industrielle Weiterverarbeitung von einheimischen Rohstoffen für den Export hatte verstärkt eingesetzt.

Für afrikanische Verhältnisse erscheint die Entwicklung der Wirtschaft Angolas im letzten portugiesischen Jahrzehnt als spektakulär. Bezogen auf 1960 ergaben sich für 1970 Steigerungen für die Ausfuhrwerte um 341 %, den Produktionswert des Bergbaus 617 %, den Bruttoproduktionswert der verarbeitenden Industrie 518 %, die Stromerzeugung 520 %, den Hafenumschlag 510 %, die Länge der Asphaltstraße 787 %. Angola erreichte mit seinem wenn auch sehr ungleich verteilten Pro-Kopf-Einkommen den zweiten Platz nach der Republik Südafrika. Das BIP stieg zwischen 1960 und 1974 jährlich um 7,8 %. Das bedeutete jedoch nicht eine Hebung des Lebensstandards für alle Angolaner. In einigen Regionen war der Boden von den Afrikanern auf Farmsiedler übergegangen, oder durch den infolge Produktionsaufschwungs steigenden Bedarf an Ackerflächen so verkleinert worden, daß die notwendigen Brachejahre nicht mehr eingehalten und die Bodenfruchtbarkeit verringert wurde.[28] Das geschah vor allem in den Kaffeeanbaugebieten im Nordwesten, aber auch in Zentralangola, wodurch viele Bauern von dort als Wanderarbeiter in die Kaffeegebiete gingen. Auch im äußersten Süden gingen den afrikanischen Hirtenbauern Grasflächen in der Nähe der Wasserstellen verloren. Die Ansiedlung vieler afrikanischer Bauern in geschlossenen Dörfern (aldeamentos) als Schutzmaßnahme brach mit der traditionel-

---

28 Pössinger, Hermann: Angola – ein Neuanfang? In: Peter Meyns (Hrsg.): Demokratie und Strukturreformen im portugiesischsprachigen Afrika. Arnold-Bergstraesser-Institut Freiburg 1992. S 98.

len afrikanischen Landwirtschaft. In Angola leben etwa 65-75 % der Bevölkerung von der Landwirtschaft. Etwa die Hälfte der landwirtschaftlichen Gesamterzeugung entfiel auf die Subsistenzwirtschaft, im Süden als Ergänzung der Viehwirtschaft.[29]

Die zukünftige Entwicklung Angolas wird in größerem Maße auf den Bergbau und die industrielle Verarbeitung der Landesprodukte ausgerichtet sein und somit eine stärkere Industrialisierung bringen. Dadurch wird die Wirtschaft des Landes zunehmend ein besseres Gleichgewicht erhalten und den bisher überwiegend agrarischen Charakter abschwächen. Andererseits soll die Landwirtschaft weiter ausgebaut werden, um eine tiefgreifende sektorale Verzerrung der Wirtschaftsstrukturen durch ein Übergewicht von Bergbau und Industrie zu verhindern, mit Rücksicht auf eine gleichmäßig kontinuierliche Weiterentwicklung der noch stark im bäuerlichen Leben verwurzelten angolanischen Bevölkerung. Dem dienen auch die Bemühungen um eine bessere soziale Infrastruktur durch Wohnungsbau, Gesundheitsdienste, Bildungswesen usw.

Neben den nachgewiesenen und in geringem Maße abgebauten Bodenschätzen (Kupfer, Mangan, Zinn, Zinkerze, Phosphate) läßt die geologische Vielfalt des Landes weitere Vorkommen erwarten. Damit gehört Angola zu den potentiell reichsten Ländern Afrikas, da es neben zahlreichen Bodenschätzen und Energiequellen auch gute Voraussetzungen für die Eigenversorgung wie für den Export besitzt. Allerdings ist nur für einige Spitzenprodukte der Absatz auf dem Weltmarkt gesichert. Für die Versorgung im Lande wichtige agrarische Güter wie Zucker, Mais, Bohnen, Reis, Maniok, auch manche Kaffeesorten und Fisch sind nur von geringerer Qualität und wurden allein von Portugal und anderen Gebieten des portugiesischen Imperiums abgenommen.

9.4 Entwicklungsachsen

Für die weitere Entwicklung Angolas stehen drei Regionen im Vordergrund:

Die Entwicklungsachse Luanda-Dondo-Malange mit dem wirtschaftlichen Kernraum Luanda, von dem die Entwicklungsimpulse

---

29 Pössinger, a.a.O. S. 99

ausgehen. ist ausgestattet mit den drei Elektrizitätswerken Cambambe, Mabubas und dem neuen Capanda, mit Zementwerk, Ölraffinerie, Ölfeldern bei Luanda, Seehafen und Eisenbahn nach Malange, guter Verkehrserschließung, Bodenschätzen und reichen Böden. Dieses Gebiet ist bisher am stärksten industriell entwickelt. Diese Entwicklungsregion gibt Impulse im Süden bis Gabela und auf den Planalto.

Die Achse Lobito-Benguela-Alto Catumbela-Huambo (Nova Lisboa) Bié, entspricht dem Einflußbereich der Benguelaeisenbahn, mit einer verhältnismäßig großen Bevölkerung von 2,8 Millionen. Die Achse umfaßt bei ausreichender Energieversorgung durch die beiden Elektrizitätswerke Biópio und Lomaúm Industrien und landwirtschaftliche Bezirke, den großen Überseehafen Lobito mit Industrieanlagen und das Fischerei- und Verwaltungszentrum Benguela, die in 30 km Entfernung voneinander mit den zwischen ihnen liegenden Zuckerplantagen und Salzgärten ein geschlossenes Entwicklungsgebiet bilden. Ins Innere führend gehört zu dieser Entwicklungsachse die Sisalzone um Cubal, die Zellulosefabrik in Alto Catumbela mit ihren Eukalyptus- und Pinienwäldern und Huambo (Nova Lisboa), die zweitgrößte Stadt Angolas inmitten des dichtbevölkerten, landwirtschaftlich reichen, klimatisch günstigen zentralen Planalto. Diese Entwicklungsregion reicht bis Cuito (Silva Porto). Isoliert am östlichen Teil der Benguelabahn ist Luena (Luso) Ausgangspunkt eines eigenen kleinen Entwicklungsgebiets geworden.

Die Achse Namibe (Moçamedes)-Lubango-Cunene wird nur durch die Moçamedesbahn zusammengefaßt, da das hier besonders schroffe Randgebirge die Hafenstadt Namibe (Moçamedes) mit Fischereibetrieben und dem großen Erzhafen Saco von dem Planalto von Huila trennt. Das Hochland wird landwirtschaftlich genutzt mit Maisanbau entlang der Bahn. Die Elektrizitätswerke von Matala und Gove, die wasserwirtschaftlichen Projekte im oberen Cunenebecken und die wegen des Höhenklimas starke Bevölkerung bilden die Grundlage für eine größere Entwicklung. Durch die Erschließung des mittleren Cunenebeckens wird die Entwicklungsachse Südangolas zu ihrer bisherigen West-Ost-Richtung dem meridionalen Lauf des Cunene entsprechend eine zusätzlich südliche Komponente erhalten, so daß von einer Entwicklungsregion der Trockengebiete in Südwestangola und Nordnamibia gesprochen werden kann.

Neben diesen drei Hauptentwicklungsgebieten gibt es Ansätze kleineren Ausmaßes in Cabinda durch die Erdölförderung, im Diamantengebiet und im nördlichen Randstufenbereich der Provinz Uige mit den Kaffeepflanzungen.

9.5. Der Lobito-Korridor

Der Lobito-Korridor mit der Benguelabahn hat eine besondere Bedeutung für die SADC[30] als ihr einziger Verkehrsweg zum Atlantischen Ozean bei einer Gesamtlänge vom Hafen Lobito bis zur Grenze mit Zaire bei Luau mit 1.348 km und bis Lubumbashi 2.106 km. Dabei dient die Benguelabahn vordringlich auch dem Nichtmitglied Zaire. Die Bahn von Lobito/Angola über Zaire und Sambia hat Anschluß nach Zimbabwe und zum Indischen Ozean. Sie bedient die Shaba-Bergwerksregion und den Kupfergürtel, das Herz der sambischen Wirtschaft. Sie ist zugleich der kürzeste Weg nach Westeuropa und Amerika. Während der Seeweg vom Hafen Lobito nach London, einem der wichtigsten Zielhäfen für die meisten Exporte der Region, 5.063 naut. Meilen (9.392 km) beträgt, ist der Seeweg von Beira in Moçambique aus 7.042 Meilen (13.013 km) lang und vom Kap Südafrika 6.127 Meilen (11.366 km). Für Sambia, dessen Exporte zu 90 % Kupfer sind, und Zaire mit den Kupfer-, Diamanten und Goldexporten ist die Benguelabahn die wichtigste, billigste und leistungsfähigste Route zum Seehafen. Langfristig ist sie auch für Zimbabwe und Botswana eine alternative Verkehrslinie.

Die Bahn wurde in den Jahren 1903-1931 hauptsächlich zum Transport der im südlichen Zaire geförderten Erze gebaut. Diesen Transitcharakter hat sie bis zur Einstellung während des angolanischen Bürgerkriegs behalten. Vom Gesamttransportaufkommen entfielen in der portugiesischen Zeit etwa ein Drittel auf den Transitverkehr, mehr als ein Drittel auf den angolanischen Binnenverkehr und der Rest auf betriebliche Transporte des Bahnmaterials. Bei Verrechnung der Tonnen-km entfielen zwei Drittel auf die Erztransporte aus den Nachbarländern. Hierin zeigt sich die große Bedeutung der Transitbahn als wirtschaftlich wichtigstes Bindeglied zwischen Angola und den anderen Mitgliedsländern der SADC. Diese wurden durch die Störung der

30 Entwicklungsgemeinschaft im südlichen Afrika

Benguelabahn sehr betroffen.

Für das zentrale Angola bildet die Benguelabahn die große Entwicklungsachse mit starken sozio-ökonomischen Anstößen in den Stadtregionen Benguela, Lobito, Huambo, Cuito und Luena als Märkten der landwirtschaftlichen Produktion dieser Zone. Die große Holzproduktion entlang der Bahn, vor allem die Eukalyptuswälder für die ursprüngliche Befeuerung der Lokomotiven im Bereich der Planaltostrecke und jetzt für die Zelluloseherstellung und die Ausbeutung von Bodenschätzen erhalten größere Möglichkeiten. Die Entwicklung des jährlichen Güterverkehrs wird wie folgt geschätzt:

1972/74: 3,04 Mill. t

1995: 2,23 – 2,98 Mill. t

2.000: 2,52 – 3,37 Mill. t

Die niedrigeren Zahlen ergeben sich, wenn nur 20 % der sambischen Transporte über die Benguelabahn gehen, die höheren Zahlen gelten für alle sambischen Transporte. Allerdings werden diese normalerweise auf mehrere Transportwege aufgeteilt werden, einschließlich nach Daressalam, Beira und Maputo. (Quelle: SATCC 1987.)

Man schätzt, daß die Unterbrechung der Benguelabahn durch die kriegerischen Ereignisse der privaten, mit 90 % beteiligten belgisch-französichen Eigentümerin Société Générale von 1976-1987 einen Verlust von 609 Mill. US$ brachte. Die Verluste für Angola wie für Sambia und Zaire durch ausfallende Verkehrseinnahmen oder höhere Transportkosten zu südafrikanischen Häfen sind beträchtlich.

Die Wiedereinbringung der Bahn, die zu den Hauptprojekten der SADC gehört, wird auch bei friedlichen Voraussetzungen einige Jahre brauchen. Die Entwicklungs- und Wiederaufbauprojekte für die Bahn und den ganzen Lobitokorridor sehen bis 1997 die Kosten von rund 60 Mill US$ vor. Die EG ist an der Finanzierung beteiligt. Zu den Aufbauprojekten gehören Unterbau und Gleisanlagen der Bahn, neue Lokomotiven und Waggons, Ausrüstungen und Reparaturwerkstätten in Huambo, Lobito und Luena, auch die Schiffswerft, das Zementwerk und das Ausbildungszentrum in Lobito, wie Staudämme, das teilzerstörte Elektrizitätswerk von Lumaúm und das öffentliche Verkehrsnetz der Provinz Benguela. Für diese und die große Zahl der damit einhergehenden weiteren Projekte wurde 1988 die Lobitokorridor-Behörde gegründet.

9.6 Das Cunene-Flußsystem

Für die Region Südangola-Nordnamibia ist der Cunenefluß von größter Bedeutung und Kern aller Planungen, nicht nur für die wirtschaftliche Entwicklung, sondern auch für das tägliche Leben der dortigen Bevölkerung. Der Fluß liefert das nötige Wasser in diesen Trockengebieten für die Menschen, zur Bewässerung der Felder, für die wichtige Viehzucht und schließlich zur Erzeugung der notwendigen elektrischen Energie.

Der Fluß entspringt auf dem angolanischen Zentralplateau südlich der Stadt Huambo und fließt 700 km nach Süden bis zur Grenze Namibias und den Rucaná-Wasserfällen. Von hier aus fließt er 300 km nach Westen, bildet damit die Grenze zwischen den beiden Ländern und mündet inmitten der Namibwüste. Mit seinen 1000 km Gesamtlänge beherrscht der Cunene eine Einzugsgebiet von 128.000 km^2, von denen 94.210 kml oder rund 73 % in Angola liegen, der Rest in Namibia.

Dieses goße Flußsystem hat zwei unterschiedliche Zonen, die von der Moçamedesbahn getrennt werden, die den Cunene bei Matala auf einer 1125 m langen Brücke quert. Sie ist zuleich Staudamm des dort seit 1959 arbeitenden Elektrizitätswerkes. In der nördlichen Zone, die die Abdachung des Zentralplateaus nach Süden bildet, hat der Cunene aufgrund der zahlreichen und regelmäßigen Niederschläge viele Zuflüsse, während er in der südlichen Zone bei dem viel trockeneren Klima nur wenig Wasser aufnimmt und weithin als Fremdlingsfluß dieser Region gilt. Die Höhe und Regelmäßigkeit der Niederschläge nimmt nach Süden immer mehr ab. Der Unterlauf liegt schließlich im Wüstenklima der Namib. Die Höhenunterschiede des Cunenelaufs betragen 1700 m mit beträchtlichem Gefälle und Stromschnellen nördlich von Matala und im Grenzverlauf des Flusses zu Namibia. Der Cunene hat eine sehr unregelmäßige Wasserführung mit verschiede-

nen Hochfluten während des Jahres. Einige Nebenflüsse im südlichen
Teil des Flußlaufs versiegen in der Trockenzeit, so daß die Wasserführung allein von den Niederschlägen im oberen Flußsystem abhängt.
Hierin liegt die Bedeutung des Cunene für die südangolanische-nord-
namibische Region. Die Regulierung des nördlichen Wasserablaufs
durch eine Reihe von bestehenden oder projektierten Talsperren soll
genügende Wassermengen während des ganzen Jahres für Bewässerungsmaßnahmen und Stromerzeugung im ganzen Flußsystem sichern. Gute Böden können dann für die Landwirtschaft nutzbar
gemacht werden. 500 km oberhalb der Grenze mit Namibia wurde
daher die Talsperre von Gove gebaut. Weitere sechs Talsperren sind
vorgesehen, wofür die Pläne bereits in portugiesischer Zeit festgelegt
wurden.

Die betroffene Region hat in Angola etwa 1.213.000 Einwohner
und in Nordnamibia über 600 000. Ihr Leben hängt weitgehend von
den Wassern des Cuneneflusses ab. In dieser Region auf beiden Seiten
der Staatsgrenze hat die Wirtschaft Ackerbau und Viehzucht zur
Grundlage, wozu die Förderung von Bodenschätzen und der Fischfang
kommen, die ausreichend Wasser und Energie zu günstigen Preisen
erfordern. Die Grenzziehung beließ alle Wasserzuflüsse und Nieder-
schlagsgebiete auf angolanischer Seite.

Nachdem die Republik Südafrika 1926 ihr Interesse an einer
Nutzbarmachung des Grenzflusses Cunene betont hatte, wurden seit
1964 wissenschaftliche Untersuchungen und technische Planungen
für das ganze Cunenebecken auch in Hinsicht auf die südwestafrikanischen Belange durchgeführt. Es handelt sich dabei nicht nur um die
Versorgung der Grenzbevölkerung mit Wasser, sondern auch um die
Lieferung von Energie an das Minenzentrum Tsumeb mit einer Fern-
leitung von Angola nach Namibia. Außerdem wurden ein Elektrizitätswerk an den Rucanáfällen geplant und damit zusammenhängende
weitere Stauseen zur Regulierung des Wasserablaufs, insgesamt 28,
davon allein zehn von den Rucanáfällen bis zur Cunenemündung. Die
vorbereitenden Studien für diese Pläne wurden am mittleren Cunene
bis Kalueke, wo der internationale Flußlauf beginnt, von den Portugiesen und am Unterlauf von den Südafrikanern ausgeführt. Durch das
Abkommen von 1969 beteiligten sich beide Staaten an der Finanzierung der Projekte. Zur ersten Ausbauphase gehörten die Staudämme

von Gove und bei Kalueke und ein dortiges Pumpensystem, um Wasser ins Ovamboland zu leiten, und das Wasserkraftwerk an den Rucanáfällen.

Die Talsperre von Gove am Oberlauf des Cunene, die größte des ganzen Systems. wurde 1969-73 gebaut. Mit ihr verbunden ist ein Elektrizitätswerk. Der Stausee des Projekts Kalueke kurz vor der namibischen Grenze liefert durch Pumpen und einen 12 km langen Kanal auf angolanischem Boden die Wasser nach Namibia. Das Elektrizitätswerk bei den Rucanáfällen nutzt eine Fallhöhe von 140 m. Die in der portugiesischen Zeit begonnenen Arbeiten wurden 1977 abgeschlossen.

9.6.1 Bedeutung für die weitere Entwicklung der Region

Für Namibia bedeuten die Projekte am Unterlauf des Cunene größere Bewässerungsmaßnahmen im Ovamboland und ausreichende hydro-elektrische Energie. Davon hängt die zukünftige Entwicklung des nördlichen Namibia in Unabhängigkeit von der Wirtschaft Südafrikas ab. Außerdem wird die Aufnahmekapazität dieser Region für die Ansiedlung von Flüchtlingen und Vertriebenen erhöht. Über den Entwicklungsplan für Südangola und den nördlichen Teil des unabhängigen Namibia wird weiter verhandelt. Es geht dabei auch um die rurale Neuordnung innerhalb dieser Region, an der internationale Organisationen in Planung und Finanzierung beteiligt werden.

9.6.2 Konzentration auf den Hafen Namibe

Das Verkehrsnetz Namibias ist weitgehend auf Südafrika ausgerichtet. Daraus resultiert die Neigung Namibias wie auch Angolas, dem Hafen Namibe (Moçamedes) eine neue Aufgabe und Bedeutung zu geben. Er ist der südlichste der drei großen Häfen Angolas an einer geräumigen Bucht mit tiefem Wasser bis an die Kais, ausgedehnten Handels- und Lagerhallen, Erzverladeeinrichtungen, Fischereihafen und schließlich Endstation der Moçamedesbahn, die das südliche Angola von West nach Ost erschließt. Geplant ist, diesen Hafen auch für Transporte aus dem nördlichen Namibia zu nutzen.

Die Republik Angola verfolgt eine Reihe von Entwicklungs- und Aufbauplänen, die die Wirtschaft des Landes und das Leben der

Bevölkerung nach den chaotischen Zerstörungen wieder normalisieren sollen, vor allem auch im ländlichen Bereich mit der hohen Zahl von Flüchtlingen und Vertriebenen. Wichtige Planungen konzentrieren sich auf die Trockengebiete Südwestangolas und Nordnamibias. Damit wird eine zusammenhängende Wirtschaftsregion angestrebt, die für die Zukunft auch politische Interessen der beiden Staaten verbinden soll. Der Beitritt des unabhängigen Namibia zur Entwicklungsgemeinschaft SADC der Staaten im südlichen Afrika wurde 1990 vollzogen.

Die wirtschaftlichen Beziehungen Angolas zu Namibia und die zu Südafrika werden enger. Bilaterale Vereinbarungen über Handel, Energie, Fischerei und technische Zusammenarbeit mit Namibia wurden bereits unterzeichnet. Namibia bezieht aber rd. 90% seiner Konsumgüter aus Südafrika. Auch Angola wird daran teilhaben, während bisher die meisten Importe Angolas aus Europa und teilweise aus Brasilien und USA stammen. Südafrika wird aus Angola Erdöl beziehen und dort die Wasserkraftwerke wieder aufbauen, auch zur Stromlieferung an Namibia.

Neben diesen drei Hauptentwicklungsgebieten gibt es Ansätze in Cabinda durch die Erdölförderung, im Diamantengebiet und im nördlichen Randstufenbereich der Provinz Uige mit den Kaffeepflanzungen.

10. Wirtschaftlicher Niedergang nach der Unabhängigkeit

Die wirtschaftliche Produktion und Entwicklung nach der Unabhängigkeit steht in großem Kontrast zu dem in den letzten Jahren der portugiesischen Zeit erreichten Entwicklungsniveau. Die Gründe sind mannigfach. Im Vordergrund stehen zunächst der Mangel an ausgebildeten Arbeitskräften und Fachpersonal, einschließlich der Führungskräfte. Auch die zahlreichen ausländischen Berater und Fachleute aus Kuba, der DDR und anderen Ostblockstaaten konnten diesen Mangel nicht ausgleichen. Er entstand durch die Abwanderung oder Flucht der meisten Portugiesen, die die wirtschaftliche Leitung von den großen Unternehmen bis zu den kleinen Handwerks- und Dienstleistungsbetrieben in der Hand hatten. Entsprechend gab es zu wenige besser ausgebildete afrikanische Arbeitskräfte. Die von den Eigentümern,

Verwaltern und Fachleuten verlassenen Großbetriebe wurden verstaat-
licht und oft ausländischer Leitung im marxistischen Wirtschaftssystem übergeben. Darunter fielen auch viele mittlere und kleinere
Betriebe, soweit sie nicht schlossen oder zunächst mühsam ihre Arbeit
fortsetzten. Dem entsprach eine Überforderung der staatlichen marxistischen Wirtschaftsverwaltung, für die die afrikanischen Kräfte mit
Landeskenntnis nicht ausreichten und die ausländischen, auch sprachlich, nicht genügend vorbereitet waren.

Die stark abgefallene Produktion sowohl in der Landwirtschaft wie
im gewerblichen Bereich und der fast zum Erliegen gekommene
Export der meisten Ausfuhrgüter, z.T. auch durch den Ausfall der
bisherigen Absatzmärkte, außer Erdöl und Diamanten, führten zu
großem Devisenmangel und damit äußerster Beschränkung der für
Fortsetzung und Wiederaufbau der Produktion so notwendigen Einfuhr von Rohstoffen, Maschinen und vor allem Ersatzteilen. Ungefähr
2500 Unternehmen der produzierenden Wirtschaft standen nach der
Unabhängigkeit still, davon 78 % wegen Aufgabe durch die Eigentümer [31]. Damit hängt das zu einem schwerwiegenden Problem gewordene Transportwesen zusammen, das einmal unter dem dezimierten,
verrotteten und wegen der Einfuhrbegrenzung nicht zu ersetzenden
Material leidet, zum anderen aber auch unter den Zerstörungen und
der Unsicherheit durch die kriegerischen Auseinandersetzungen im
Lande. Durch die Zerstörung des Handels- und Transportnetzes insbesondere auf dem Land gibt es von 135.000 im Jahr 1973 existierenden Transportmitteln noch ungefähr 8000. 130 Straßen- und
Eisenbahnbrücken, die die Verbindungen zwischen den Provinzen
sicherten, wurden zerstört. Die Produktion litt aber auch in dem nicht
gefährdeten Wirtschaftszentrum Luanda unter ungenügender Energieversorgung und der häufigen Unterbrechung der Strom- und Wasser-
lieferungen. Die Problematik auf dem Energiesektor liegt weniger bei
fehlenden Produktionskapazitäten als vielmehr im Versorgungs- und
Transformationssystem. Die Gesamtsumme der ausgelieferten Energie verteilt sich zu 72,4 % auf die Provinzen Luanda und Bengo, zu 12
% auf Benguela, zu 3,5 % auf Huila. Diese Provinzen sind zu 88 % an
der gesamten Energieversorgung beteiligt[32].

---

31   VR Angola, Minist. für Industrie u. Handel, Luanda, 3.4.1990.
32   ebenda

Die Nahrungsmittelproduktion ist unter den krisenhaften Schwie-
rigkeiten ebenfalls stark zurückgegangen wegen der Unsicherheit der
Bauern auf ihren vom Dorf weiter entfernten Feldern, den fehlenden
Transportmöglichkeiten ihrer Verkaufsgüter und den ungewissen
Märkten. So ist die Bauernschaft vielerorts wieder zur früher traditio-
nellen Subsistenzwirtschaft zurückgekehrt.

Gegenwärtig werden schätzungsweise nur 2 % der Gesamtfläche
landwirtschaftlich genutzt. Kommerzielle Importe und Nahrungsmit-
telhilfslieferungen sind notwendig, während das Land früher ausreichend eigene Nahrungsmittel produzierte. Zudem wurde seit 1976
eine strikte Nationalisierung im Rahmen der sozialistischmarxisti-
schen Politik durchgeführt, bei völliger Vernachlässigung der Kleinbauern. Zu einer schweren Belastung während des Bürgerkrieges
wurden die 600.000 Obdachlosen und Flüchtlinge[33].

Die Wirtschaftsstruktur Angolas wurde durch die MPLAArbeiter-
partei nach östlichem Vorbild sozialistisch gestaltet. Es wurde ein
Staatshandelsland.

Sehr deutlich wirkte sich der Umschwung von der kapitalistischen
zur sozialistischen Wirtschaft nach der Unabhängigkeit im gewerblichen und industriellen Sektor aus. Er brach wie die Landwirtschaft fast
völlig zusammen. Hier wirkte sich der Mangel an Fachkräften, Maschinen und Ersatzteilen zum Aufbau aus, aber auch die ungenügende
staatliche Wirtschaftsverwaltung, verbreitete Korruption und mangelnde Disziplin am Arbeitsplatz. So waren von den 1973 etwa 200
modernen kleinen und mittleren Fabriken um Luanda im Jahr 1980 nur
noch fünf in Betrieb. In privater, meist europäischer Hand war ihre Zahl
1989 wieder auf 102 gestiegen[34]. Eine private Initiative gab es auf
diesem Sektor kaum. Dabei hatte Angola in der letzten portugiesischen
Zeit einen beachtlichen industriellen Aufschwung genommen, weitreichender als in anderen Ländern des tropischen Afrika.

Im Gegensatz zum Verfall fast aller Wirtschaftszweige Angolas hat
der Erdölsektor in den letzten Jahren an Bedeutung schnell zugenommen, sodaß Angola jetzt der zweitgrößte Ölproduzent Afrikas südlich

---

33   ebenda
34   Ashoff/Pössinger: Überlegungen zur entwicklungspolitischen
      Zusammenarbeit mit Angola, DIE, Berlin 1989, S. 49

der Sahara nach Nigeria ist. Allerdings ist Angola gegenwärtig mit diesem einzigen Exportgut (Erdöl und Derivate), das 96 % des gesamten Exports und damit fast der ausschließliche Devisenbringer des Landes ist, vom Weltmarkt und den dort erzielten schwankenden Preisen vollkommen abhängig.

Durch die Vertreibungen im Krieg und das Flüchtlingswesen ist der Zuzug in die großen Städte, vor allem an der Küste Luanda, Lobito, Benguela, aber auch im Innern Huambo, Lubango und im Norden Malanje, zu einer schweren Belastung geworden. So leben heute 40-50 % der Menschen auf nur 20-25 % der angolanischen Staatsfläche. Das sind 70 % der etwa 4,5 Millionen Menschen, die in den Kriegsjahren in den von der MPLA kontrollierten Gebieten lebten[35]. Seit 1986 hat die die Regierung stellende Einheitspartei MPLA-PT strikte Austerity-programme aufgestellt und durchgeführt. Das Programm für die Sanierung von Wirtschaft und Finanzen von 1987 öffnete einen Weg zur Liberalisierung und weitgehenden Privatisierung, wenn es auch in den Kriegszeiten nicht zur Ausführung kam, wie auch der Beitritt zum IWF 1989 sich nicht auswirken konnte.

Regionale Entwicklungspläne für einzelne Provinzen, die von der Europäischen Gemeinschaft als erfolgversprechend angesehen werden, werden unter dem III. und IV. Lomé-Abkommen gefördert.

Den Wiederaufbau wollen viele Länder unterstützen, einmal durch die zur Zeit wichtigen Nahrungsmittellieferungen, aber auch durch die Wiederingangsetzung der Infrastruktur und Industrie. Die politisch-kriegerischen Auseinandersetzungen der letzten Jahre verzögerten den Erfolg und erforderten zu viele Haushaltsmittel für den militärischen Einsatz in Angola.

Die mehrfach angesprochenen Grundstrukturen der größeren Städte in Angola, wie sie sich in der portugiesischen Zeit entwickelten, sind durch die Zuwanderungen während des Bürgerkrieges überlastet und kaum mehr funktionsfähig. Luanda z.B. beherbergte vor der Unabhängigkeit 600.000 Einwohner und war damals in der Bewohnbarkeit bereits ausgelastet. Durch den Zustrom der Flüchtlinge leben jetzt über zwei Millionen in der Stadt, wobei auch die einzelnen Wohnviertel ihre ursprünglichen Strukturen verloren haben und es keine abgrenzbaren Stadtteile gegenüber dem Umland mehr gibt. Die unzureichenden Infrastrukturen und Serviceleistungen der Stadt wie Frisch- und Abwasser, Abfallbeseitigung und vor allem auch der Zustand der Stadtstraßen ergeben ein Chaos. Der Wiederaufbau muß also von den einfachsten Voraussetzungen ausgehen. Wieviele derzeitige Einwohner in der Stadt bleiben werden oder wieder in das Innere des Landes zu ihren angestammten Wohngebieten zurückkehren, ist nicht abzusehen.

11. Die Makroökonomische Struktur Angolas (von Manuel Ennes Ferreira)

Die wirtschaftliche Entwicklung Angolas von der Unabhängigkeit (11.11.1975) bis heute zeigt deutlich den Einfluß einiger Faktoren, die sie bestimmten und ihr zugleich Grenzen setzten:

a) die Lage des Landes in einem geopolitischen Raum mit hohem Konfliktpotential (an der Südspitze Afrikas), wo einige Konflikte bereits ausgebrochen sind,

b) die direkten und indirekten wirtschaftlichen und sozialen Auswirkungen der militärischen Situation in Angola und

c) die zunehmende Abhängigkeit der Wirtschaft von den Preisen auf dem Erdölmarkt.

Außerdem leidet die wirtschaftliche Entwicklung Angolas:

– sowohl unter den zur Verteidigung erforderlichen großen finanziellen Anstrengungen (in- und ausländische Mittel) und unter dem Verlust von Arbeitskräften, weswegen die Investitionen sehr gering sind,

– als auch an einer zunehmenden Verschlechterung der wirtschaftlichen Verzerrungen, die inzwischen entstanden sind.

In dem Maße, wie das binnen- und außenwirtschaftliche Ungleichgewicht zunahm und das produzierende Gewerbe (besonders Industrie und Landwirtschaft) unter den Verknappungen in der Wirtschaft zu leiden begann, wurde die Erdölindustrie zum einzigen Wachstumsfaktor.

Eine Betrachtung der Entwicklung der Struktur des Bruttoinlandsprodukts (BIP) zeigt genau, wie die Bedeutung der Erdölindustrie in der angolanischen Wirtschaft gestiegen ist (siehe *Tabelle 1*):

Tabelle 1: Anteil der wichtigsten Wirtschaftssektoren (1987-1991) am Bruttoinlandsprodukt zu konstanten Preisen (1980)(in Millionen Kwanzas)

SEKTOR	JAHR 1987	%	1988	%	1989	%	1990	%	1991	%
1. Land- und Fostwirtschaft, Fischerei	29.264	12,6	28.681	10,9	27.843	10,5	27.250	9,9	28.558	10,3
2. Bergbau	118.210	51,0	148.305	56,5	149.347	56,3	156.068	56,9	160.750	58,2
3. Verarbeitendes Gewerbe	8.640	3,7	8.476	3,2	9.410	3,5	8.647	3,2	6.935	2,5
4. Energie und Wasser	620	0,3	633	0,2	659	0,2	681	0,2	818	0,3
5. Baugewerbe	5.780	2,5	5.795	2,2	5.803	2,2	5.936	2,2	5.235	1,9
6. Verkehr u. Nachrichtenübermittlung	6.351	2,7	6.500	2,5	6.653	2,5	6.187	2,3	6.255	2,3
7. Handel	16.777	7,2	16.777	6,4	16.777	6,3	18.961	6,9	16.803	6,1
8. Banken und Versicherungen	3.166	1,4	2.665	1,0	2.245	0,8	2.245	0,8	2.360	0,9
9. Dienstleistungen	42.759	18,5	44.584	17,0	46.530	17,5	48.391	17,6	48.391	17,5
Bruttoinlandsprodukt zu Faktorkosten	231.567	100	262.416	100	265.267	100	274.366	100	276.105	100
Bruttoinlandsprodukt zu Marktpreisen	228.727	100	261.625	100	265.977	100	275.170	100	276.815	

JÄHRLICHE WACHSTUMSRATE (%)				
— Bruttoinlandsprodukt zu Faktorkosten	13,3	1,1	3,4	0,6
— Bruttoinlandsprodukt zu Marktpreisen	14,4	1,7	3,5	0,6

Quelle: Ministerium für Planung, Gruppe für Haushaltsrechnung

Auf die Erdölindustrie entfielen 1982 etwa 22 % des Bruttoinlandsprodukts. Ihr Anteil stieg ständig, bis er 1987 51 % und 1991 58,2 % erreichte.

In Gegensatz dazu ging die Bedeutung der Landwirtschaft, die 1982 mit 24,2 % zum Bruttosozialprodukt beigetragen hatte, 1985 auf 20,3 %, 1987 auf 12,6 % und 1991 auf nur 10,3 % zurück. Diese Zahlen zeigen die Auswirkungen der militärischen Lage im Landesinneren, die eine landwirtschaftliche Tätigkeit unmöglich machte, vor allem den Anbau von Exportprodukten (Kaffee, Sisal, Baumwolle usw.), von Rohstoffen für die angolanische Industrie und von Nahrungsmitteln für die Bevölkerung.

Daneben ist auch auf die Entwicklung des verarbeitenden Gewerbes hinzuweisen, dessen Anteil am BIP von 11,3 % 1982 auf 8,5 % 1985 sank und von 1987 bis 1991 noch weiter zurückging, nämlich von 3,7 % auf nur 2,5 % des Bruttoinlandsprodukts. Der Niedergang der verarbeitenden Industrie ist nicht nur eine Folge der Situation in der Landwirtschaft sondern auch der Sparpolitik der Regierung, die wegen des Devisenmangels, an dem das Land besonders seit 1986/87 leidet, gezwungen war, die Einfuhr von Rohstoffen, Zwischenerzeugnissen und Investitionsgütern einzuschränken.

Mit Ausnahme des Erdölsektors hat also jeder Wirtschaftszweig seinen Anteil am Bruttoinlandsprodukt zwischen 1987 und 1991 verringert. Nur der Handel und die Dienstleistungen konnten ihre Ergebnisse wertmäßig (in Millionen Kwanzas zu konstanten Preisen von 1980) leicht steigern.

Das Wachstum der angolanischen Wirtschaft ist daher allein dem Erdölsektor zu verdanken. Im Zeitraum von 1980 bis 1987 sind zum Beispiel alle anderen Wirtschaftszweige wertmäßig im Durchschnitt um 5,2 % pro Jahr zurückgegangen.[36]

Industrie und Bergbau

Industrie

Dieser Wirtschaftssektor zeigt die verschiedenen Probleme, denen sich Angola gegenüber sieht, vielleicht am besten.

---

36   PRE (1989), S. 7

So fehlen Arbeitskräfte und effizientes Management. Rohstoffe, Ersatzteile, Investitionsgüter usw. sind kaum zu bekommen, da sich die Lage im Land verschärft hat, sodaß die Handelsverbindungen zwischen Landwirtschaft und Industrie abgerissen sind und außerdem keine Devisen erhältlich bzw. vorhanden sind. Die Produktionsanlagen sind veraltet oder beschädigt und können weder gewartet noch erneuert werden. Außerdem ist die Wasser- und Stromversorgung oft unterbrochen, und die Arbeitnehmer fehlen häufig.

Das Wachstum des Verarbeitenden Gewerbes von 1977 bis 1987 zeigt *Tabelle 2*:

Tabelle 2: Wachstum der verarbeitenden Industrie und des Bergbausektors 1977-1987 zu konstanten Preisen (1973 = 100)

	1977	1978	1979	1980	1981	1982	1983	1984	1985	1986	1987
Nahrungsmittel	37	30	31	30	32	29	48	41	37	48	42
Leichtindustrie	31	47	54	69	75	76	87	95	91	88	61
Schwerindustrie	24	30	32	36	32	34	45	29	35	52	36
Bergbau	10						28			13	17
Gesamt	28	36	39	44	47	46	57	56	54	56	43

Quelle: Ministerium für Industrie der Volksrepublik Angola (1986) UNDP/WB (1989)

In der Nahrungsmittelindustrie erreichte die Produktion 1987 nur 42, 3 % des Wertes von 1973, dem letzten Jahr, in dem die Wirtschaft Angolas, damals noch portugiesische Kolonie, „normal" funktionierte. Die Entwicklung innerhalb des Industriesektors verlief jedoch uneinheitlich: die dynamischsten Bereiche waren Mehle und Getränke und die schwächsten Fette, Konserven und Zucker.

In der Leichtindustrie ist die Schrumpfung im Vergleich zu 1973 offensichtlich (1987 wurde nur 61 % der Menge von 1973 produziert), obwohl der Rückgang geringer ist als in der Nahrungsmittelindustrie. Das beste Ergebnis erzielte hier die Textilindustrie, das Schlußlicht bildeten Hölzer, Häute und Erzeugnisse daraus sowie Tabak.

Die Entwicklung in der Schwerindustrie verlief sehr viel ungünstiger als in der Nahrungsmittelindustrie, wenn man sie mit 1973 vergleicht: 1987 erreichte sie lediglich 36 % der damaligen Werte. Der Produktionsrückgang ist sehr hoch und betrifft alle Bereiche (Autoreifen, Fahrräder, Motorräder, Batterien, Metall und Metallwaren, Ver-packungen, Papiermasse usw.).[37]

Eine Analyse der letzten Jahre (*Tabelle 3*) erlaubt den Schluß, daß sich die Situation keineswegs gebessert sondern noch weiter ver-schlechtert hat:

Tabelle 3: Verarbeitendes Gewerbe – Index der Produktions-menge (1988-1991) (1987 = 100)

	1987 Mio NKz	Anteile %	%	%	Index in % 1988	1989	1990	1991	Zuwachsrate in % 88/89	89/90	90/91
Verarbeit- endes Ge-werbe insgesamt	11.598	100			94,8	112,1	103,0	85,8	18,2	-8,1	-16,7
Erdölderivate	3.488	30			94,9	107,6	105,5	102,8	13,4	-2,0	-2,6
Sonstiges verarbeiten-des Gewerbe	8.110	70	100		94,8	114,1	101,9	78,5	20,4	-10,7	-23,0
Nahrungsmittel, Ge-tränke und Tabak	3.901		48		73,6	85,9	66,4	65,8	16,7	-22,7	-0,9
Chemie, Gummi, Pla-stik	573		7		133,0	177,3	178,6	125,3	33,3	0,7	-29,8
Textil, Konfektion und Leder	1.838		23		101,2	101,2	98,3	63,9	0,0	-2,9	-35,0
Metalle, Metaller-zeugnisse, Maschinen	1.086		13		127,5	215,1	199,0	117,0	68,7	-7,5	-41,2
Sonstiges verarbeiten-des Gewerbe	712		9	100	113,2	96,7	96,2	89,9	14,6	-0,5	-6,6
Baumaterial	413			58	142,9	127,0	131,2	114,4	11,1	-3,3	-12,8
Holz, Papier und Glas	299			42	72,0	55,0	47,8	56,0	23,6	-13,1	17,2

Quelle: Nationales Statistikinstitut von Angola, Abteilung für kurzfristige Indikatoren.

Der Index der Gesamtproduktion des Verarbeitenden Gewerbes sank von 1987 bis 1988 um 5,2 %. Dieser Wert gilt sowohl für die Erdölderivate als auch für die Produktion der sonstigen verarbeitenden Industrien.

37   Nach MIA (1986)

In den Folgejahren, d.h. von 1988 bis 1991, nahm die Produktion noch mehr ab (ausgenommen 89/90), und zwar 1989/90 um 8,1 % und 1990/91 um 16,7 %. Am stärksten war die jährliche Schrumpfung bei den sonstigen verarbeitenden Industrien, deren Erzeugung 1989/90 um 10,7 % und 1990/91 um 23 % zurückging.

Von 1989 bis 1991 nahm die Beeinträchtigung der „normalen" Tätigkeit der verarbeitenden Industrie noch zu. So erklärt sich, daß 1988/89 bereits drei ihrer Teilbereiche und 1990/1991 schließlich alle ihre Teilbereiche negative Wachstumsraten aufwiesen (mit Ausnahme der Holz-, Papier- und Glasindustrie).

Tabelle 4 bestätigt und verdeutlicht diese Feststellungen:

Tabelle 4: Jahresproduktion der wichtigsten Erzeugnisse nach Gewicht (1988 – 1991)

ERZEUGNISSE	Maß-einheit	1988	1989	1990	1991	88/89	89/90	90/91
ERDÖLDERIVATE								
Heizöl	1000 t	574	568	510	458	-1,0	-10,2	10,2
Gasöl	1000 t	368	416	389	416	13,0	-6,5	6,9
Benzin	1000 t	105	115	104	102	9,5	-9,6	1,9
Jet A 1	1000 t	138	215	241	255	55,8	12,1	5,8
SONSTIGE VERARBEITENDE INDUSTRIEN								
Speiseöl	1000 l	2.425	3.103	2.425	2.290	28,0	-21,8	5,6
Weizenmehl	t	44.000	21.000	22.000	18.754	-52,3	4,8	14,8
Maismehl	t	42.000	36.000	35.000	20.624	-14,3	-2,8	41,1
Brot	t	66.000	39.000	45.000	24.698	-40,9	15,4	45,1
Trockenfisch / teilweise verarbeitet	t	20.645	20.446	17.873	11.453	-1,0	-12,6	35,9
Bier	1000 l	39.000	45.000	41.000	44.179	15,4	-8,9	7,8
Tabak	t	1.000	2.000	800	1.250	100,0	-60,0	56,3
Farben	t	1.591	2.334	2.589	1.854	46,7	10,9	28,4
Seife	t	11.253	8.467	7.556	4.742	-24,8	-10,8	37,2
Autoreifen	St.	4.000	60.000	46.000	20.315	1.400	-23,3	55,8
Kleidung	1000 St.	1.433	2.786	2.280	2.034	94,4	-18,2	10,8

Die Spaltenüberschriften: JAHRE (1988, 1989, 1990, 1991) und Zuwachsrate in % (88/89, 89/90, 90/91).

ERZEUGNISSE	Maß-einheit	JAHRE				Zuwachsrate in %		
		1988	1989	1990	1991	88/89	89/90	90/91
Stoffe	m²	8.160	8.002	6.724	4.742	-1,9	-16,0	29,5
NE-Metalle	1000 t	253	295	314	–	16,6	6,4	100,0
Rundfunkgeräte	St.	10.000	95.000	78.000	35.409	850,0	-17,9	54,6
Fernsehgeräte	St.	3.000	16.000	11.000	8.661	433,3	-31,3	21,3
Zement	1000 t	331	298	305	269	-10,0	2,3	11,8
Faserzementplatten	m³	17.174	9.980	8.478	166.695	-41,9	-15,1	1866,2
Geschnittener Marmor	m²	650	450	668	–	-30,8	48,4	100,0

QUELLE: Ministerium für Erdöl, Industrie und Fischerei, Staatssekretariat für Baumaterialien

Betrachtet man die anderen verarbeitenden Industrien, d.h. 18 Teilbereiche der verarbeitenden Gewerbes, weisen 1988/89 neun negative Wachstumsraten auf. 1989/90 sind es schon 12 und 1990/91 15.

Bergbau

Der Bergbau zeigt ein ähnlich trostloses Bild.

Angola, das über so reiche Bodenschätze verfügt, hat die Eisengewinnung eingestellt, seit der Krieg im Abbaugebiet tobt. Quarz, Granit und Marmor sind praktisch bedeutungslos geworden, und für die Gewinnung von Phosphaten im Norden des Landes gibt es nur Pläne.

Deswegen beschränkt sich der Bergbausektor praktisch auf die Diamantengewinnung. Da die Diamantenproduktion unter den gleichen Problemen wie die Industrie leidet und außerdem Ziel punktueller Militäraktionen war, erreichte sie 1987 nur 34 % der Produktion von 1973.[38] In jüngster Zeit (*Tabelle 5*) ist die jährliche Produktion zwischen 1989 und 1990 gestiegen (+ 26,3 %) und dann 1989/90 und 1990/91 wieder um 3,1 % bzw. 24,9 % gesunken.

38   PRE (1989)

Tabelle 5: Jahresproduktion der wichtigsten Erzeugnisse
nach Gewicht (1988-1991)

PRODUKTE	Maßeinheit	JAHRE				Wachstumsrate (in %)		
		1988	1989	1990	1991	88/89	89/90	90/91
Erdöl	Mio Barrel	165.023	165.224	172.924	180.205	0,1	4,7	4,2
Erdgas	Mio Barrel	2.120	1.839	2.291	2.072	-13,3	24,6	-9,6
Diamanten	1000 Karat	1.044	1.319	1.278	960	26,3	-3,1	-24,9
Marmorblöcke	m^3	258	271	109	244	5,0	-59,8	123,9

Quelle: Ministerium für Erdöl, Staatssekretariat für Bergbau und Baumaterial

Erdöl

Angesichts des hohen strategischen Wertes, den dieser Wirtschaftsbe-
reich als Quelle für Devisen und Haushaltsmittel besitzt, hat er die
größtmögliche Unterstützung und Förderung durch die angolanische
Regierung erfahren. Wahrheitsgemäß soll auch bemerkt werden, daß
zu seiner Entwicklung nicht zuletzt die Tatsache beigetragen hat, daß
er nicht direkt von den Folgen der militärischen Situation im Lande
betroffen war.[39]

Die internationalen Gesellschaften, die dort Erdöl suchen und
fördern, sind zahlreich und kommen aus vielen Teilen der Erde. Zu
nennen sind u.a. Chevron und Texaco (USA), Elf und Total (Frankreich), BP (Großbritannien), Petrofina (Belgien), Braspetro (Brasili-
en), Petrogal (Portugal).

Abweichend von der allgemeinen rezessiven Tendenz in den meisten Wirtschaftsbereichen des Landes entwickelte sich der Sektor sehr
gut. Das zeigt sich nicht zuletzt darin, daß über 90% der ausländischen
Investitionen in Angola in diesen Bereich gegangen sind.[40]

So stiegen die Investitionen in diesem Bereich schnell von 43

---

39 Die einzige nennenswerte Ausnahme ist die Besetzung der Stadt
    Soyo durch die UNITA, wo auf dem Festland und vor der Küste
    Erdöl gefördert wird. Dadurch ging die Produktion von
    normalerweise 500.000 Barrels/Tag auf 25.000 Barrels/Tag
    zurück.
40 Diese Schlußfolgerung beruht auf der Auswertung der
    Zahlungsbilanz im UNDP/WB, Bd. II, S. 337

Millionen US$ im Jahre 1980 auf 143 Millionen US$ im Jahre 1981, blieben dann von 1982 und 1990[41] mit etwa 400 Millionen US$ ungefähr gleich, erreichten 1991 an die 1.000 Millionen US$ und dürften 1992 wieder auf 591 Millionen US$ sinken.

Die Investitionen führten zwar zu jährlichen Produktionssteigerungen, hatten jedoch nicht immer eine entsprechende Zunahme der Ausfuhreinnahmen zur Folge. Eine gewisse Instabilität auf dem Weltmarkt, wo der Erdölpreis stark schwankte, hat diese Entwicklung verursacht und damit das Wachstum der angolanischen Wirtschaft insgesamt bestimmt:

Tabelle 6: Erdöl– Produktion, Preise und Exporteinnahmen (1980 bis 1992)

	1980	1982	1983	1984	1985	1986	1987	1988	1989	1990	1991	1992
Gesamtproduktion (Millionen Barrel)	40,7	39,2	54,8	64,1	73,4	92,1	116,3	146,1	152,2	159,5	171,0	188,1
Durchschnittspreis/ Barrel	34,2	31,7	27,8	27,3	26,0	12,6	17,5	14,5	17,5	22,1	18,5	18,3
Exporteinnahmen (Millionen US$)	1391	1246	1525	1748	1906	1164	2036	2125	2657	3525	3161	3435

Quelle: UNDP/WN (1989) und Nationale Direktion für Internationale Wirtschaftsbeziehungen (1990)

Landwirtschaft

Unter den verschiedenen Wirtschaftszweigen hat die Landwirtschaft am stärksten und unmittelbarsten unter der Kriegssituation gelitten.

Die Auswirkungen des Krieges zeigen sich auf verschiedenen Ebenen: sie verhindern die Landarbeit als solche, zerstören die Vermarktungsund Verteilungseinrichtungen und erschweren den Transport von Produktionsmitteln, Kunstdünger usw. auf das Land.

So ist es nicht verwunderlich, wie destabilisierend die Kriegssitua-

41   In diesem Zeitraum wurde der höchste Wert von 755 Millionen US$ im Jahre 1986 und der niederigste von 389 Millionen US$ im Jahre 1990 erreicht.

tion gewirkt hat. Einerseits entstanden große Schwierigkeiten für die großräumigen Exportkulturen (Kaffee, Sisal, Bananen, Baumwolle usw.), und andererseits finden die Kleinerzeuger keine Absatzmöglichkeiten (Verkaufsmärkte oder andere Vermarktungs- und Verteilungsformen). Der Rückgang der Produktionsmengen und der Selbstverbrauch sind somit zwei unvermeidliche Folgen.

Nach Schätzungen der FAO hat sich die Landwirtschaftsproduktion seit 1975/75 ständig verringert. 1983 schrumpften die Ernten auf nur 77 % der Menge von 1973. In der Getreideproduktion ist dieselbe Tendenz zu beobachten – 1983 wurden nur noch 66 % der früheren Erträge erzielt.

Eine genauere Analyse dieses Wirtschaftssektors zeigt die schwierige Lage, in der er sich befindet:

Tabelle 7: Vergleich der landwirtschaftlichen Produktion von 1987 und 1973 (in %)

	1987/1973		1987/73
Baumwolle	0,35	Reis	1,34
Zucker	17,5	Bohnen	3,74
Erdnüsse	6,26	Maniok	22,0
Tabak	2,37	Mais	35,1
Kaffee	5,62	Weizen	0,93
Sonnenblumenkerne	10,57	Süßkartoffeln	40,0
Sisal	10,49	Hölzer	11,5
Bananen	32,0	Palmöl	2,80

QUELLE: UNDP/WB (1989)

Wie man sieht, sind die Produktionszahlen bei den wichtigsten landwirtschaftlichen Exporterzeugnissen stark rückläufig: Sisal, Tabak, Kaffee und Baumwolle erreichten nur 10 %, 2 %, 5 % bzw. 0,35 % ihrer Produktion von 1973.

Bei den agrarischen Nahrungsmitteln (rechte Seite der Tabelle) ist es nicht viel anders.

Die praktischen Folgen dieser Situation wurden schon 1980 treffend beschrieben: „...die vom Staat kontrollierte Produktion konnte nur etwa 12 % der Nahrungsbedarfs der Stadtbevölkerung und der Landarbeiter und ungefähr 15 % des Rohstoffbedarfs der Industrie decken".[42]

Der Rückgang der landwirtschaftlichen Produktion, die vor allem für den Binnenmarkt bestimmt war, veranlaßte Angola, in verstärktem Maße internationale Hilfe in Anspruch zu nehmen. Dadurch vergrößerte sich die Quote der Bitten um Nahrungsmittelhilfe aus dem Ausland im Vergleich mit den plangemäßen Einfuhren des Handels: betrug sie 1983/84 noch 26, stieg sie 1984/85 auf 34, im nächsten Jahr auf 57, 1986/87 auf 119 und 1987/88 auf 200.[43]

Die letzten Jahre (*Tabelle 8*) bestätigen den starken Rückgang der landwirtschaftlichen Produktion:

Tabelle 8: geschätzte Produktion der wichtigsten Landwirtschaftserzeugnisse (in 1000 t)

PRODUKTE	Jahr 1988	1989	1990	1991	Wachstumsrate 88/89	89/90	90/91
GETREIDE							
Reis	2	3	3	4	16,7	7,1	33,3
Mohnhirse	60	60	63	66	0,0	5,0	4,8
Mais	270	204	180	299	-24,4	-11,8	66,1
Weizen	2	2	2	3	0,0	4,2	20,0
KNOLLENFRÜCHTE							
Süßkartoffeln	56	56	54	56	0,0	-3,6	3,7
Kartoffeln	40	35	34	36	-12,5	-2,9	5,9
Maniok	1.500	1.600	1.600	1.640	6,7	0,0	2,5
HÜLSENFRÜCHTE							
Bohnen	36	36	33	36	0,0	-8,3	9,1
Erdnüsse	13	13	14	15	0,0	7,7	7,1
FASERPFLANZEN							
Baumwolle	2	3	–	3	25,0	-100,0	
Sisal	1	1	1	1	0,0	0,0	0,0

42   Nach MPLA/PT (1980)
43   UNDP/WB (1989), Bd. I, S. 59

PRODUKTE	Jahr 1988	1989	1990	1991	Wachstumsrate 88/89	89/90	90/91
ZUCKERPFLANZEN							
Zuckerrohr	110	110	110	110	0,0	0,0	0,0
KAFFEE	11	10	5	5	-9,1	-50,0	0,0
SONSTIGE							
Bananen	114	114	113	114	0,0	-0,9	0,9

Quelle: Ministerium für Landwirtschaft, Abteilung für Statistik

Die Ausfuhr nahm vor der Unabhängigkeit eine wichtige Stellung in der Handelsbilanz ein, aber heute beschränkt sie sich praktisch auf den Kaffee: 1987 erreichte der Export nur noch 7 % der Ausfuhrmenge vom Anfang der siebziger Jahre, 1991 fiel sie auf 2 % .

Außenhandel

Infolge der Stagnation in vielen Bereichen der angolanischen Wirtschaft erlangte der Außenhandel ein überaus großes Gewicht.

Einerseits wurde die Einfuhr für die Lieferung aller Produkte, die im Land nicht mehr oder in zu geringer Menge hergestellt wurden, sehr wichtig. Andererseits erlangte die Ausfuhr, die praktisch nur in Erdöl als einzigem Erzeugnis bestand, in der Wirtschaft des Landes große Bedeutung.

Nach Produkten geordnet zeigt die Ausfuhr folgende Struktur:

Tabelle 9
Struktur der Ausfuhr (in %)

	1978	1985	1988	1989	1990	1991
Rohöl, Raffinerieerzeugnisse und Erdgas	66,4	93,0	90,6	91,6	93,8	92,0
Diamanten	8,6	3,3	7,4	7,6	6,2	5,5
Pflanzliche Nahrungsmittel	23,3	3,5	0,8	0,4	0,1	0,1

QUELLE: DNREI (1990), MPA (1980 und 1986) und INE (1992)

Daraus ist die außerordentliche Rolle des Erdöls als Devisenbringer zu erkennen: sein Exportanteil von 66 % im Jahre 1978 stieg 1985 auf

93 % und lag danach bis heute immer über 90 %. Andererseits zeigt sich die Stagnation bei anderen traditionellen Exporterzeugnissen (Kaffee und Diamanten) deutlich in ihren geringen Exportanteilen.

Tabelle 10 zeigt die Bestimmungsländer der nach Produkten gegliederten Ausfuhr:

Tabelle 10
Mengen der wichtigsten Exportprodukte
nach Bestimmungsländern (1988 – 1991)

BESTIMMUNGSLAND	Jahr				Wachstumsrate (in %)		
	1988	1989	1990	1991	88/89	89/90	90/91
ERDÖL (Millionen Barrel)	155	153	160	169	-1,5	5,0	5,4
EG	42	23	48	40	-46,0	111,5	-16,7
Frankreich	9	3	14	17	-66,7	366,7	21,4
Niederlande	11	12	17	11	9,1	41,7	-35,3
Italien	9	1	5	3	-92,2	614,3	-40,0
Sonstige EG-Länder	13	7	12	9	-46,2	71,4	-25,0
NORDAMERIKA	87	116	100	115	33,3	-13,9	15,1
Kanada	3	4	1	2	33,3	-77,5	122,2
USA	84	112	99	113	33,3	-11,6	14,1
MITTEL- UND SÜDAMERIKA	19	8	9	10	-57,9	12,5	11,1
ASIEN	4	4	3	3	0,0	-25,0	0,0
AFRIKA	3	2	1	1	-33,3	-75,0	100,0
DIAMANTEN (1000 Karat)	1.013	1.276	1.245	955	26,0	-2,4	-23,5
Belgien	1.013	1.208	1.192	219	19,2	-1,3	-81,6
Großbritannien	0	68	53	736		-22,1	1.288,7
KAFFEE (1000 t)	11	7	5	4	-40,9	-30,8	0,0
Spanien	3	2	1	1	-33,3	-50,0	0,0
Niederlande	4	1	1	–	-87,5	0,0	-100,0
Portugal	3	3	3	3	0,0	0,0	0,0
Sonstige	1	1	0	–	0,0	-100,0	–

Quelle: Nationales Statistikinstitut von Angola,
Abteilung für kurzfristige Indikatoren

Die Ausfuhren gingen von 1992 auf 1993 um weitere 20 % zurück, was vor allem auf die politische Instabilität zurückzuführen ist. Beim Erdöl betrug der Rückgang 19 % und bei Diamanten 89,63 %, in beiden Fällen handelt es sich um Exporte von Regierungsseite.[44]

Während das Erdöl hauptsächlich in die USA und langfristig auch nach Frankreich und Holland geht, werden die Diamanten nach Belgien und Großbritannien ausgeführt. Ziel des Kaffeexports ist Portugal.

Was die Einfuhren betrifft (*Tabelle 11*), ist ihre Zusammensetzung von den Einwirkungen der Kriegssituation auf die Produktionsstruktur und von den Vorrechten bestimmt, die im Einfuhrhandel für einzelne Branchen bestehen.

Tabelle 11
Struktur der Importe Angolas nach Produktgruppen (1978/1991) (in %)

Produktgruppen	1978	1979	1980	1982	1983	1984	1985	1990	1991
1. Pflanzliche Nahrungsmittel	35,5	35,8	26,7	32,8	34,2	33,0	21,8	30,8	29,7
2. Mineralien	1,7	1,6	1,9	2,2	1,2	1,1	2,4	1,8	1,1
3. Chemische Erzeugnisse	14,6	12,1	9,7	11,3	10,7	11,0	11,3	7,5	7,0
4. Holz, Papier, Kork	1,5	2,3	3,6	2,0	1,5	2,0	1,1	0,7	1,3
5. Textilien und Kleidung	8,8	8,3	8,7	8,3	8,4	7,3	5,7	5,1	6,0
6. Leder und Schuhwaren	1,7	2,3	3,6	2,0	1,5	2,0	1,1	1,0	1,0
7. Metalle und Metallerzeugnisse	6,7	8,8	8,7	9,8	17,0	12,2	12,0	8,7	4,6
8. Maschinen	13,3	16,7	19,6	16,3	13,4	13,1	25,9	13,8	9,0
9. Sonstiges	2,3	2,6	2,3	1,8	1,7	3,3	2,8	20,1	32,8
10. Verkehrsmittel	13,7	10,4	17,1	14,2	10,5	16,0	16,1	10,5	7,5

Quelle: Berechnungen des Autors
Anmerkung: Die Rubrik „Sonstiges" umfaßt 1990 und 1991 Konsumgüter des täglichen Bedarfs, Rohstoffe, Zwischenerzeugnisse und Kapitalgüter.

44   Angola-Panorama/74/93

Die pflanzlichen Nahrungsmittel standen stets klar an der Spitze der Importwaren (etwa $^1/_3$ der gesamten Einfuhr), gefolgt von Maschinen und elektrischen Geräten, Verkehrsmitteln, Metallen und Metallwaren und chemischen Erzeugnissen.

Insgesamt entfielen 1990 34,9 % und 1991 50,2 % der Einfuhr auf Konsumgüter des täglichen Bedarfs.[45] Der Importanteil der Zwischenerzeugnisse in der gleichen Zeit betrug 22,6 % bzw. 18,9 %, der Anteil der Kapitalgüter 14,8 % bzw. 20,0 %.[46]

Allgemein könnte man also sagen, daß die Zusammensetzung der Importe bestimmt wird von der Notwendigkeit:

– den unmittelbaren Bedarf der Bevölkerung zu decken, wozu die wichtigsten Konsumgüter importiert werden müssen, und

– die nationale Produktionsstruktur auf einem Mindestniveau in Gang zu halten, was die Einfuhr von Produktionsmitteln und Zwischenerzeugnissen erfordert.

Die geographische Aufteilung des Außenhandels zeigt *Tabelle 12*:

Tabelle 12
Geographische Verteilung des Aussenhandels

AUSFUHR (in %)

WICHTIGSTE EINFUHRLÄNDER	1989	1990
USA	64,4	51,7
Frankreich	1,4	12,9
Belgien/Luxemburg	8,7	7,9
BRD	1,3	6,1
Jugoslawien	6,7	5,7
Niederlande	5,3	4,5
Brasilien	1,9	2,8
Portugal	1,7	2,1

45   1992, als im September die ersten Wahlen in Angola stattfanden, ist der Anteil der Konsumgüter, angestiegen, da in dieser Zeit eine wahlorientierte Wirtschaftspolitik verfolgt werden mußte.
46   INE (1992)

Spanien	0,5	1,6
Italien	1,9	1,4
EG	19,2	35,5
INSGESAMT (Millionen US$)[47]	2.989	3.940

EINFUHR (in %) WICHTIGSTE LIEFERLÄNDER	1989	1990
Portugal	23,4	26,2
Frankreich	11,5	11,1
USA	7,3	9,6
Brasilien	8,7	7,6
Spanien	5,1	6,8
Niederlande	6,7	6,2
BRD	6,7	5,4
Italien	5,7	5,1
Belgien/Luxemburg	3,4	4,5
Großbritannien	3,1	3,4
EG	68,2	68,7
INSGESAMT (Millionen US$)[48]	1.338	1.578

Quelle: „FMI – Direction of Trade Statistics Yearbook 1991"

Entgegen allen Vermutungen und obwohl sich die angolanische Regierung und die MPLA/PT ideologisch und politisch den sozialistischen Ländern angeschlossen hatten (bis Mitte 1991), bedeutete diese Staatengruppe doch sehr wenig für die Wirtschaft Angolas.

So sank die angolanische Gesamtausfuhr in die sozialistischen Länder 1981 bis 1989 von ehemals 3 % auf nur 1 %, während die Importe Angolas von dort 1981 8 % und 1989 4,3 % ausmachten (nachdem sie 1984 einen Höchstwert von 14,3 % erreicht hatten).

Im Gegensatz dazu nahmen die westlichen Länder (ohne USA) immer mehr Exporte Angolas auf: 1981 27 %, 1987 48 % und 1989 27,4 %. Die angolanischen Einfuhren aus diesen Staaten beliefen sich 1981 auf 60 % und 1989 auf 68,5 %.

---

47   Nationalbank von Angola
48   Nationalbank von Angola

In jüngster Zeit sind die USA das wichtigste Abnehmerland für angolanische Exporte (Erdöl) geblieben: 64,6 % 1989 und 51,7 % 1990. Bei den europäischen Ländern standen Frankreich (12,9 %), Belgien (7,9 %) und Deutschland (6,1 %) an vorderster Stelle.

Der größte Teil der angolanischen Einfuhr kam aus den EG-Staaten, und zwar 1990 und 1991 jeweils 68 %. Die wichtigsten Lieferländer waren 1990 Portugal (26,2 %), Frankreich (11,1 %), Spanien (6,8 %), Niederlande (6,2 % und Deutschland (5,4 %). Nicht zu vergessen sind die USA (9,6 %) und Brasilien (7,6 %).

Den wachsenden Schwierigkeiten, mit denen die Wirtschaft Angolas zu kämpfen hat – vor allem fehlen Devisen für die Einfuhr – ist das Land auf zwei Wegen begegnet:

– durch Verhandlungen mit den Lieferländern (Portugal, Frankreich, Spanien, Frankreich, Italien, Brasilien) über die Gewährung von Exportkreditlinien und

– durch den Abschluß von Gegengeschäften (so wird im Handel mit Brasilien und Portugal teilweise mit Erdöl und bei Geschäften mit der BRD mit Kaffee gezahlt).

Zahlungsbilanz

Eine Übersicht über den Leistungsverkehr Angolas mit dem Ausland nicht nur im Bereich des Handels sondern auch auf dem Gebiet der Dienst- und Faktorleistungen, Auslandsinvestitionen und ausländischen Kredite gibt seine Zahlungsbilanz (siehe *Tabelle* 13):

Vergleicht man *Tabelle* 13 mit den angolanischen Zahlungsbilanzen vor 1988, kommt man zu folgenden Ergebnissen:

– Die Handelsbilanz war immer positiv.

– Die Zu- und Abnahmen des Handelsbilanzüberschusses folgen den Preisschwankungen des Erdöls auf den internationalen Märkten. So stieg der positive Saldo der Handelsbilanz in den Jahren 1983, 1985, 1987, 1989 und 1990 an, während er 1986, 1988 und 1991 gegenüber dem jeweiligen Vorjahr zurückging.

– Der Saldo der Bilanz der Dienst- und Faktorleistungen war stets negativ. Es besteht weiterhin eine sinkende Tendenz, besonders in den

Bereichen Verkehr und Fremdenverkehr, Zinszahlungen und Überweisung von Dividenden und Gewinnen durch die Erdölunternehmen.

– Der Nettosaldo der einseitigen Übertragungen war immer positiv, so betrug er z.b. 1980 21 Millionen US$, 1984 26 Millionen US$ und 1986 139 Millionen US$. Er beruht hauptsächlich auf dem Zufluß staatlicher Entwicklungshilfe, die das Land erhalten konnte.

Tabelle 13
Zahlungsbilanz, Zusammenfassung (1988-1991) (in Millionen US$)

BESCHREIBUNG	ZEITRAUM 1988	1989	1990	1991
I. LEISTUNGSBILANZ	-469	-132	-253	-645
1. Handelsbilanz	1.120	1.676	2.306	2.080
Warenausfuhr FOB	2.492	3.014	3.884	3.427
Wareneinfuhr FOB	1.372	1.338	1.578	1.347
2. Bilanz der Dienst- und Faktorleistungen	-1.621	-1.804	-2.464	-2.753
3. Einseitige Übertragungen	32	-4	-77	28
II. DIREKTINVESTITIONEN UND SONSTIGES MITTEL- UND LANGFRISTIGES KAPITAL	-199	-120	-608	-689
4. Ausländische Nettodirektinvestitionen	131	200	-335	664
5. Sonstiges langfristiges Nettokapital	-330	-320	-273	-1.353
III. GRUNDBILANZ (I + II)	-668	-252	-843	-1.334
IV. SONSTIGES KURZFRISTIGES KAPITAL, FEHLER UND AUSLASSUNGEN	-225	-678	-407	-138
V. GESAMTBILANZ (III + IV)	-923	-930	-1.250	-1.473
		Jährliche Zuwachsraten (in %)		
Ausfuhr		20,9	28,9	-11,8
Einfuhr		-2,5	17,9	-14,6

QUELLE: NATIONALBANK VON ANGOLA, Nationale Direktion für Statistische Studien

Seit 1986 ist jedoch eine Umkehr der Tendenz festzustellen, denn der Nettosaldo beginnt zu fallen, wird 1989 und 1990 sogar negativ

(77 Millionen US$) und erholt sich erst 1991 wieder.

– Der Saldo der Leistungsbilanz war immer negativ (ausgenommen 1985 und 1987). Wie man sieht, wird seine Entwicklung von den Ergebnissen der Handelsbilanz und der Bilanz der Dienst- und Faktorleistungen beeinflußt. Diese beiden Bilanzen werden von strukturellen Gegebenheiten bestimmt, sodaß eine Verbesserung kurz- oder mittelfristig unmöglich erscheint.

– Der Ausgleich der Zahlungsbilanz erfolgte vor allem durch mittelund langfristige Kapitalbewegungen (Investitionen von Erdölunternehmen und Anleihen).

Ab 1982 begann der Überschuß der Zuflüsse abzunehmen, so daß der Saldo 1988 sogar negativ wurde. So war 1982 ein Saldo von 511 Millionen US$, 1985 von 441 Millionen US$ und 1987 von 41 Millionen US$ festzustellen. 1988 belief sich der Saldo auf -199 Millionen US$ und erhöhte sich dann jedes Jahr, bis er 1991 -689 Millionen US$ erreichte. Für 1992 erwartet man ein Defizit von 589 Millionen US$.

Dieses besorgniserregend hohe Defizit bei den mittel- und langfristigen Kapitalbewegungen wurde nicht so sehr durch ein Nachlassen des Kapitalzuflusses[49] verursacht, sondern durch den Kapitalabfluß aufgrund der Rückzahlungen für die Kredite und für die Investitionen im Erdölbereich.

– Wegen der hohen mittel- und langfristigen Kapitalbewegungen war der Saldo der Grundbilanz früher nur 1982 und 1986 negativ. Seit 1988 hat sich dieser Zustand jedoch verfestigt; der Saldo erreichte 1991 -1.334 US$ und wuchs 1992 auf -1.215 Millionen US$.

– Betrachtet man abschließend die Bewegung des kurzfristigen Kapitals und die Fehler und Auslassungen, ist die Gesamtbilanz seit 1985 negativ. Damals betrug der Saldo -10 Millionen Dollar US$, sank 1988 leicht auf -923 Millionen US$, erreichte 1991 -1.473 Millionen US$ und 1992 -1.244 Millionen US$.

---

49   Dieser Kapitalzufluß war durchaus stabil: von 1982 bis 1987 erreichte er Werte von 700-800 Millionen US$ (UNDP/WB, 1989). Später, d.h. von 1988 bis 1992, lag er im Durchschnitt bei 950-1.200 Millionen US$.

Auslandsschuld

Die logische Folge der schlechten Gesamtentwicklung der angolanischen Wirtschaft war die Vergrößerung der Auslandsschuld.

Die Belastung durch die Auslandsschuld machte sich schon in den achtziger Jahren nachteilig bemerkbar und verstärkte sich danach ständig.

Bei dem Rückgang des Erdölpreises 1986 wies der angolanische Präsident darauf hin, daß „die Verringerung der Devisen aus dem Ausland Angola dazu bringt, ausländische Kredite in Anspruch nehmen zu müssen, um die Einfuhren sicherzustellen, und die Auslandsschuld des Landes beträchtlich anwachsen läßt". Weiter erklärte er, das Problem liege darin, „daß die zeitliche Staffelung der Schuld wegen der Zunahme des kurzfristigen Handels im Zusammenhang mit dieser Schuld schlechter geworden sei".[50] Seitdem entspannte sich die Lage nicht mehr. Ganz im Gegenteil.

Das ist übrigens einer der Gründe für die Ausarbeitung des SEF 1987. Der Ausgleich des Zahlungsverkehrs mit dem Ausland, der Beitritt zum Internationalen Währungsfonds und zur Weltbank, die Möglichkeit zur Umschuldung im Pariser Club und die Suche nach leichterem Zugang zu langfristigen Krediten sind für Angola dringende Notwendigkeiten, die sich aus dem Zusammenbruch der angolanischen Wirtschaft ergeben.

Die Höhe der angolanischen Auslandsverbindlichkeiten und die Quoten, mit denen die Auswirkung der Schuld auf die Wirtschaft gemessen wird (*Tabelle 14*), zeigen die – im negativen Sinne – wachsende Bedeutung der Auslandsschuld:

50   EIU (1987), S.13

Tabelle 14
Auslandsschuld Angolas von 1982 – 1992 (in Millionen US$ und %)

	1982	1984	1986	1988	1989	1990	1991	1992
Gesamtschuld	2.346	2.445	3.071	5.952	6.501	7.148	6.971	7.253
Quote Auslandsschuld/ Bruttoinlandsprodukt	52,2	49,4	68,5	85,0	86,0	97,0		
% Auslandsschuld/ Ausfuhr von Gütern und Dienstleistungen	127,0	114,7	216,6	228	209	183	208	202
% Schuldendienst/ Ausfuhr von Gütern und Dienstleistungen	15,9	14,0	31,1	46,1	43,6	41,3	60,1	45,1

QUELLE: UNDP/WB (1989) und INE (1992)

Die Tabelle läßt die schwierige, sich ständig verschlechternde Finanzlage Angolas und ihre Auswirkung auf die angolanische Wirtschaft klar erkennen.

So verdreifachte sich die Auslandsschuld des Landes innerhalb von 10 Jahren, so daß sie 1992 die Höhe des Bruttoinlandsprodukts erreichte. Mußten andererseits 1982 nur 15 % der Deviseneinnahmen, die das Land für seine Ausfuhren erzielt hatte, für die Zahlung des Schuldendienstes (Zinsen und Rückzahlungen) aufgewendet werden, stieg die Summe ab 1988 auf fast 50 % der Exporterlöse und erhöhte sich 1991 noch weiter (60,1 %).

Indikatoren der angolanischen Wirtschaft und Sozialstruktur 1990 – 1991

ALLGEMEINE INDIKATOREN	1990	1991
BRUTTOINLANDSPRODUKT (in Mio Kwanzas zu Preisen von 1980)		
– Bruttoinlandsprodukt insgesamt	275.170	276.815
– Anteil des Bergbaus am Bruttoinlandsprodukt	156.068	160.750
– Anteil des Verarbeitenden Gewerbes am Bruttoinlandsprodukt	8.647	6.935
AUSSENWIRTSCHAFT (in Mio US$)		

ALLGEMEINE INDIKATOREN	1990	1991
– Leistungsbilanz	-235	-645
– Handelsbilanz	2.306	2.080
– Erdölexport	3.588	3.078
– Nettosaldo der Direktinvestitionen und von sonstigem lang- und mittelfristigem Kapital	-608	-689
– Auslandsschuld	8.046	
– Quote Auslandsschuld/ Bruttoinlandsprodukt	80.200	
– Quote Auslandsschuld/ Export	182.400	
FINANZINDIKATOREN		
– Geldmenge (in Mio Kwanzas)	260.771	475.800
– Wechselkurs Kwanzas pro US-Dollar		
Amtlicher Kurs (am Jahresende)		
– Kauf	29,60	177,80
– Verkauf	30,14	181,28
Paralleler Kurs (Jahresdurchschnitt)		
– Kauf	3.000,00	955,00
– Verkauf	3.500,00	1.080,00
ÖFFENTLICHE FINANZEN		
– Haushaltsdefizit (in Mio Kwanzas)	-55.768	-89.085
– Haushaltsdefizit/ Bruttoinlandsprodukt	–	–
BERGBAU UND VERARBEITENDES GEWERBE		
– Index der gesamten Industrieproduktion (1987 = 100)	127,7	128,5
– Index des Bergbaus	132,1	136,0
– Index des Verarbeitenden Gewerbes	103,0	85,8
STROM (in 1000 kWh)		
– Stromerzeugung	778.000	834.705
– Stromerzeugung aus Wasserkraft	489.000	772.064
BEVÖLKERUNG, GESCHÄTZT (in 1000 Einwohnern)		
– Gesamtbevölkerung	10.020	10.310
– Stadtbevölkerung	2.836	

ALLGEMEINE INDIKATOREN	1990	1991
– Landbevölkerung	7.184	
LÖHNE UND BESCHÄFTIGUNG		
– Mindestmonatslohn (in Neuen Kwanzas)		
– Führungskraft	39.000	263.000
– Technisches Hochschulstudium	28.300	183.000
– Technische Fachausbildung	18.000	86.800
– Verwaltung	6.000	15.000
– Ungelernter Arbeiter	5.000	12.000
– Zahl der Arbeitskräfte im Staatsdienst	131.118	
ERZIEHUNGSWESEN		
– Zahl der Grundschüler (in 1000)	1.314	
– Zahl der matrikulierten Studenten	6.534	
– Schulbesuch	37,4%	
GESUNDHEITSWESEN		
– Zahl der Ärzte	662	
– Zahl der Krankenhäuser	58	

12. Angolas Wirtschaftskontakte zum Ausland

Angolas Außenwirtschaft war neben einem beträchtlichen Binnenmarkt und einer aufstrebenden Industrie, für die ausreichende Energiequellen, vor allem hydroelektrischer Art, zur Verfügung standen,
vor der Unabhängigkeit wirtschaftlich kaum auf afrikanische Partnerländer ausgerichtet. Der große Reichtum an mineralischen wie agrarischen Ressourcen, ihre Förderung und Nutzbarmachung dienten
außerafrikanischen Märkten, wie es zum Teil auch in Zukunft der Fall
sein wird. Die Erdölförderung hat eine große Bedeutung erlangt und
ist zur staatstragenden Einnahmequelle geworden. Die anderen früher
wichtigen Exporte des Landes, an der Spitze Kaffee, Eisenerz, Diamanten und Sisal, treten dagegen zurück.

In welchem Grade sie bei der inzwischen veränderten Situation auf
dem Weltmarkt wieder eine führende Rolle übernehmen und ausreichende Investitionen erhalten können, wird sich erweisen. Die Han-
delskontakte zu Namibia und Südafrika werden wichtiger, und die
internationale Benguelabahn wird die Zusammenarbeit mit den anderen SADC Staaten vor allem auf dem Transport- und Energiesektor
stärken. Das Jahr 1973 wird für die angolanische Wirtschaft als letztes
„normales" Jahr angesehen. Alle Angaben der späteren Entwicklung
werden zu diesem Standard in Beziehung gesetzt.

Nach der portugiesischen Revolution und der Unabhängigkeit
Angolas konnte die wirtschaftliche Entwicklung nicht fortgesetzt
werden. Die relativ große Diversifizierung unter den Exportprodukten
in der letzten portugiesischen Zeit ging völlig verloren. Die agrarischen Ausfuhren hörten aufgrund fallender Produktion fast ganz auf.

Eine Diversifizierung der zur Zeit herrschenden wirtschaftlichen
Monokultur ist von größter Bedeutung und eine der Hauptforderun-
gen. Dabei soll der Landwirtschaft absolute Priorität gegeben werden.
Ferner sind die Reprivatisierung des Einzelhandels und der mittelständischen Betriebe vorgesehen. Außerdem soll eine strengere Haushalts-
disziplin eine realistische wirtschaftliche Grundlage schaffen.

Angola ist gegenwärtig von den beiden Ausfuhrgütern Erdöl und
Diamanten vom Weltmarkt und den dort erzielten schwankenden
Preisen vollkommen abhängig. Erdöl erbringt 92 % des gesamten
Exports und ist damit fast der ausschließliche Devisenbringer des

Landes.

Die Versorgung der Bevölkerung mit Lebensmitteln und Konsumgütern in den Städten mit ihrem großen Zuzug an Flüchtlingen vom
Lande war in den letzten Jahren nicht durch Zuteilungen der Regierung, sondern allein durch den Schwarzmarkt gesichert.

Beziehungen Angolas zu anderen Staaten wurden bald nach Übernahme der Regierung durch die MPLA am 11.11.75 aufgenommen.
Portugal gehört neben den ehemaligen „Ostblockstaaten" zu den
ersten, die die Regierung in Luanda anerkannten, im Februar 1976.
Jedoch blieben die Beziehungen zunächst schwierig aufgrund der
Belastung durch die portugiesischen Flüchtlinge aus Angola und die
Kontakte Lissabons zur Unita. Jedoch wurde bald eine engere Kooperation zwischen Luanda und Lissabon trotz der Nationalisierungswelle
in Angola, zum Beispiel der Diamantengesellschaft, ausgebaut. Für
den angolanischen Import gegen Ende der Kolonialzeit stand Portugal
mit 12,5 % an 2. Stelle. Im Jahr 1985 hatte Portugal als größter
Einzelimporteur auf dem sehr eingeschränkten angolanischen Markt
wieder einen wichtigen Anteil erhalten, wenn auch Angola nur die 9.
Stelle unter den portugiesischen Exportmärkten mit lediglich 2,7 %
des portugiesischen Gesamtexports einnahm.

Beziehungen zwischen Angola und vielen westeuropäischen Staaten wurden 1976 aufgenommen und mit Rücksicht auf Angolas Reichtum und die stark wachsende Erdölindustrie gefördert. 1985 wurde
Angola als letztes afrikanisches Land Mitglied der Lomé-Konvention
und erhielt daraufhin wachsende Entwicklungshilfen.

Brasilien hat gleichzeitig den Vorteil der gemeinsamen Sprache und
geographischen Nähe genutzt, um als einer der ersten Staaten die
Regierung in Luanda bereits im November 1975 anzuerkennen und
einen größeren Anteil auf dem angolanischen Markt zu erhalten. So
wurde Brasilien 1985 der viertgrößte Lieferant für Angola nach Portugal, Frankreich und USA. Das größte brasilianische Entwicklungsprojekt in Angola wurde die Beteiligung am Bau des
Kapanda-Staudamms.

Angola wird in Zukunft eine sehr viel stärkere Hinwendung zum
südlichen Afrika vollziehen, während es vor der Unabhängigkeit nur
geringe wirtschaftliche Kontakte zu den Nachbarländern pflegte. Ein

Grund dafür ist auch, daß die früher bestimmenden Ausfuhrgüter wie
Kaffee, Sisal und Eisenerz in ihrer Bedeutung für den angolanischen
Markt sehr zurückgefallen sind oder ganz aufgegeben wurden. In
Zukunft werden außer Erdöl und Diamanten wegen der Überfüllung
des Weltmarkts nur geringe Mengen an Kaffee (nach einer kritischen
Investitionsphase in neu anzulegende Pflanzungen), Eisen und anderen Erzen (bei denen die Förderung und Exportschwierigkeiten für die
notwendigen großen Investitionen Risiken darstellen) für den Export
in Frage kommen. Fischereierzeugnisse, vor allem auch Fischmehl,
werden bei dem großen Fischreichtum vor der angolanischen Küste
stärkere Bedeutung erlangen. Umso wichtiger wird die industrielle
Verarbeitung der landwirtschaftlichen Produkte wie auch der Bodenschätze im Lande nicht nur für Angola sondern auch für das südliche
Afrika sein und damit der große Ressourcenreichtum des Landes
genutzt werden können.

Damit wird die Kooperationsgemeinschaft des südlichen Afrika
auch für Angola wichtiger, vor allem auch wenn Südafrika ihr beitritt.
Die 1980 gegründete EntwicklungsKoordinationskonferenz im südlichen Afrika (SADCC) hatte ursprünglich zum Ziel, die Dominanz der
Republik Südafrika in dieser Region zu mindern und die zehn Mit-
gliedsstaaten (Namibia, Angola, Sambia, Botswana, Simbabwe, Tansania, Mosambik, Malawi, Swasiland, Lesotho) in wirtschaftlicher
und politischer Hinsicht unabhängiger von Südafrika zu machen. Die
meisten Mitglieder (außer Malawi, Namibia, Swasiland und Lesotho)
waren schon 1975 die Allianz der sogenannten Frontlinienstaaten
eingegangen, deren besonderes Ziel es war, die Apartheid in Südafrika
zu bekämpfen. Die SADCC wollte der Schaffung regionaler Infrastrukturen und der Mobilisierung von Ressourcen für Entwicklungs-
projekte dienen. Diese wurden zum größten Teil mit westlichen
Hilfsgeldern finanziert. Allerdings hatten der Aufbau guter Industrien
und die Ankurbelung des Handels unter den Mitgliedern und damit die
Verhinderung der Abwanderung von Fachkräften nur geringen Erfolg.
Bei einer gewissen Arbeitsteilung in Bezug auf die Wahrnehmung der
Interessen der SADCC war Angola für das Energiewesen zuständig.

Ende 1992 ist die SADCC von ihren Mitgliedern zu der neuen
Entwicklungsgemeinschaft im südlichen Afrika SADC umgewandelt
worden, die längerfristig einen gemeinsamen Markt anstrebt und in

deren Ziele auch die Republik Südafrika eingebunden werden soll. Angola wird nach Südafrika der zweitwichtigste Partner der Gemeinschaft sein, durch sein Verkehrsnetz mit der internationalen Benguelabahn und deren Entwicklungsachse nach Zaire und Sambia als Lobito-Korridor, durch die Entwicklungsachse der Kuneneregion in Richtung auf Namibia, vor allem aber auch durch seine Überschüsse an Nahrungsmitteln und anderen landwirtschaftlichen Produkten und deren Ausfuhr in die Nachbarländer und durch die industrielle Herstellung von Konsum- und Investitionsgütern und schließlich als wichtiger Erdöllieferant für die Region des südlichen Afrika.

13. Statistische Angaben zur Bevölkerung und Verwaltung

Die Zahlenangaben sind bei der gegenwärtigen Situation des Bürgerkriegs nur Schätzungen. Das gilt auch besonders für die Einwohnerzahlen der größeren Städte, die durch Flüchtlinge teilweise um das Mehrfache angewachsen sind. Vor allem die Küstenstädte sind aufgrund der leichteren Versorgung mit Lebensmitteln durch Hilfen aus Überseetransporten zu Fluchtinseln geworden.

Das Land Angola hat eine Fläche von 1.246.700 km^2. Die Länge der Küste beträgt 1650 km, die Landgrenze 4837 km. Von Norden nach Süden mißt das Land 1277 km, von Westen nach Osten sind es 1236 km.

Einer Schätzung der UNO zufolge belief sich die Einwohnerzahl Angolas 1990 auf ca. 10.002.000 Menschen, was angesichts der Größe des Landes eine relativ geringe Bevölkerungsdichte von durchschnittlich 8,8 E/km^2 bedeutet.

Gesamtbevölkerung, Anteil der Weißen an der urbanen Bevölkerung (1900 -1970)

Jahr	Einwohner	davon Weiße	in %	urbane Bevölkerung in Orten über 2000 E. in %
1900	2.716.000	9.198	0,34	
1910	2.921.500	13.800	0,47 (1913)	

1920	3.131.200	20.700	0,66	
1930	3.343.500	59.493	1,8 (1931)	
1940	3.738.010	44.083	1,18	3,4
1950	4.145.266	78.826	1,9	
1960	4.840.719	172.529	3,57	10,6
1970	5.793.559	500.000	8,63	14,9

Quellen: Kuder 1971, Kuder-Nohlen 1976

Stammesgruppen in % und Siedlungsräume (1960)

Stämme	%	Siedlungsgebiet
Umbundo	36	Zentrales Hochland
Quimbundo	27	Luanda, Malanje, Cuanza
Quicongo	12	NW und Cabinda
Lunda-Quioco	9	NO und östliche Mitte
Ganguela	8,2	O und SO
Nhaneka-Humbe	4,7	südwestliches Bergland
Ambo (Ovambo)	1,5	südliches Grenzland
kleinere Gruppen	1,6	

Quelle: Kuder 1971

Die Bevölkerungsdaten sind:

Lebenserwartung	46,5
Durchschnittsalter	18,6
Erwerbstätige Bevölkerung	40%
Ländliche Bevölkerung	75%
Kindersterblichkeit	247,0
Bevölkerungswachstum (1990-1995 geschätzt)	2,81

Bevölkerung nach Altersgruppen (1990 geschätzt)

Männer	0-14	2.240.000
	15-64	2.552.000
	65+	134.000
	Gesamt	4.926.000

Frauen	0-14	2.245.000
	15-64	2.662.000
	65+	169.000
	Gesamt	5.076.000

Von der Bevölkerung Angolas sind rund 55 % Angehörige von Naturreligionen, 34 % der katholischen Religion und 11 % protestantischer Konfessionen.

Sozialwesen

Erziehung

Anzahl der Schulen (1988/89):

Grundschulen	4.040
Mittelschulen	26
Oberschulen	14
Hochschulen	7

Anzahl der eingeschriebenen Schüler nach Schulart (1988/89):

Grundschule (normal)	1.515.000
Grundschule (Erwachsene)	226.000
Mittelschule	11.556
Oberschule	4.881
Hochschule	6.000
Anzahl der Lehrkräfte:	36.351

Gesundheit:

Ärzte	738
Medizinische Hilfskräfte und Krankenpfleger	7.039
Gesundheitserzieher	2.422
Traditionelle Hebammen	851
Staatliche Krankenhäuser	7
Regionale Krankenhäuser	2
Provinzkrankenhäuser	15
Bezirkskrankenhäuser	223

Ambulanzen	1.320
Krankenhausbetten	7.981
Einwohner pro Arzt	12.850
Krankenhausbetten pro 1000 Einwohner (Angaben von 1988)	0,8
Sport:	
Sportvereine	161
Sportzentren	87
aktive Sportler	19.284
Fürsorgeeinrichtungen:	
Kindergärten	130
Kinderheime	30
Heime für Körperbehinderte	17
Altersheime	10
Kulturelle Einrichtungen:	
Bibliotheken	37
Museen und Kunstgalerien	12
Denkmäler	100
Kinos (Angaben von 1989)	44

(alle Angaben aus Angola-Panorama der Botschaft von Angola in Bonn)

Durch die chaotischen Verhältnisse als Folge des Bürgerkriegs besonders im Jahr 1993 entsprechen diese Zahlenangaben nicht mehr den derzeitigen Zuständen.

Verwaltung

Das Land ist in 18 Provinzen und 156 Bezirke gegliedert, die wiederum in Gemeinden unterteilt sind. Die Amtssprache ist Portugiesisch. Für Maße und Gewichte gilt das metrische System. Die Ortszeit des Landes ist MEZ + 1 Stunde. Angola ist Mitglied von UNO, FAO, IWF, Weltbank, IAEA, ECA, ILO, ITU, OAU, SADC und AKP sowie der Bewegung der blockfreien Staaten.

A N G O L A
Verwaltungseinteilung

Das Wappen Angolas

Über einem aufgeschlagenen silbernen Buch geht eine strahlende rote
Sonne auf dem Hintergrund einer blauen Weltkugel auf; über der
Sonne gekreuzt braun gerifft ein Buschmesser und eine Hacke, darüber
ein schwebender fünfstrahliger goldener Stern; die Weltkugel ist vorn
von einer Mais-, Kaffee- und Baumwollpflanze in Naturfarbe und
hinten von einem halben schwarzen Zahnrad bekränzt; unter dem Buch
ein goldenes Band mit den Lettern: REPUBLICA DE ANGOLA.

Die Provinzen

Luanda	Hauptstadt: Luanda, Fläche 2.257 km^2, Einwohner 1 Mill., jetzt 2-3 Mill. Bezirke: Cazenga, Ingombota, Kilamba, Kiaxi, Maianga, Rangel, Samba, Sambizanga, Cacuaco, Viana.
Cabinda	Hauptstadt: Cabinda, Fläche 7.270 km^2, Einwohner ca. 100.000. Bezirke: Cabinda, Cacongo, Buco-Zau, Belize.
Zaire	Hauptstadt: M'Banza Kongo, Fläche 40.130 km^2, Einwohner ca. 47.000. Bezirke: M'Banza Kongo, Soio, N'Zeto, Cuimba, Noqui, Tomboco.
Uíge	Hauptstadt: Uíge, Fläche 58.698 km^2, Einwohner ca. 500.000. Bezirke: Zombo, Quimbele, Damba, Mucaba, Macocola, Bembe, Songo, Buengas, Sanza Pombo, Ambuíla, Uíge, Negage, Puri, Alto Cauale, Quitexe.
Bengo	Hauptstadt: Caxito, Fläche 33.016 km^2, Einwohner ca. 300.000. Bezirke: Dande, Abriz, Icolo e Bengo, Muxima, Nambuangongo.
Kuanza-Norte	Hauptstadt: N'Dalatando, Fläche 24.110 km^2, Einwohner ca. 400.000. Bezirke: Cazengo, Lucala, Ambaca, Golungo Alto, Dembos, Bula Atumba, Cambambe, Quiculungo, Bolongongo, Banga, Samba Cajú, Gonguembo, Pango Alúquem.

Malange	Hauptstadt: Malange, Fläche 97.602 km^2, Einwohner ca. 700.000. Bezirke: Massango, Marimba, Calandula, Caombo, Cunda-diaBaza, Cacuzo, Cuaba Nzogo, Quela, Malange, Mucari, Cangandala, Cambundi, Catembo, Luquembo, Quirima.
Lunda-Norte	Hauptstadt: Lucapa, Fläche 103.000 km^2, Einwohner ca. 250.000. Bezirke: Cambulo, Chitato, Cuilo, Caungula, Cuango, Lubalo, Capenda Camulemba, Xá-Muteba.
Lunda-Sul	Hauptstadt: Saurimo, Fläche 77.637 km^2, Einwohner ca. 250.000. Bezirke: Saurimo, Dala, Muconda, Cacolo.
Kuanza-Sul	Hauptstadt: Sumbe, Fläche 55.660 km^2, Einwohner ca. 580.000. Bezirke: Sumbe, Porto Amboim. Quibala, Libolo, Mussende, Amboim, Ebo, Quilenda, Conda, Waku Kungo, Seles, Cassongue.
Benguela	Hauptstadt: Benguela, Fläche 31.788 km^2, Einwohner ca. 600.000. Bezirke: Benguela, Lobito, Bocoio, Balombo, Baia Farta, Caimbambo, Cubal, Ganda, Chongoroi.
Huambo	Hauptstadt: Huambo, Fläche 34.270 km^2, Einwohner ca. 1.000.000. Bezirke: Huambo, Londuimbale, Bailundo, Mungo, Tchindjenje, Ucuma, Ekunha, Tchicala-Tcholoanga, Catchiungo, Longonjo, Caála.
Bié	Hauptstadt: Kuito, Fläche 70.314 km^2, Einwohner ca. 790.000. Bezirke: Kuito, Andulo, Nharea, Cuemba, Cunhinga, Catabola, Camacupa, Chinguar, Chitembo.
Moxico	Hauptstadt: Luena, Fläche 223.023 km^2, Einwohner ca. 230.000. Bezirke: Moxico, Camanongue, Léua, Cameia, Luau, Lucano, Alto Zambeze, Luchazes, Bundas.

Namibe   Hauptstadt: Namibe, Fläche 58.137 km^2,
                    Einwohner ca. 60.000. Bezirke: Namibe, Bibala,
                    Tombua, Virei, Camucuio.

Huila   Hauptstadt: Lubango, Fläche 75.002 km^2,
                    Einwohner ca. 680.000. Bezirke: Lubango,
                    Quilengues, Caluquembe, Caconda, Chipindo,
                    Cuvango, Humpata, Chibia, Quipungo,
                    Chicomba, Gambos, Matala, Jamba.

Cunene   Hauptstadt: Ondjiva, Fläche 87.342 km^2,
                    Einwohner ca. 200.000. Bezirke: Cuanhama,
                    Ombadja, Cuvelai, Curoca, Cahama, Namacunde.

Kuando-Kubango Hauptstadt: Menongue, Fläche 199.049 km^2,
                    Einwohner ca. 140.000. Bezirke: Menongue,
                    Cuito Cuanavale, Cuchi, Cuangar, Longa,
                    Mavinga, Calai, Dirico, Rivungo.

(Angola-Panorama der Botschaft der Republik Angola in Bonn 1993)

Kapitel VI

Überlegungen zu Sprache und Literatur in Angola

Manfred F. Prinz, Universität zu Köln

> Não admitia é que os
> europeus lhes viessem
> com lições. Tiveram uma
> guerra que até se chamou
> Guerra dos Trinta Anos.
> E uma outra dos Cem Anos..
> (*A Geração da Utopia*
> Pepetela)

1. Literatur und Kolonialismus

Die literarische Produktion eines afrikanischen Landes wie Angola muß -anders als bei den Literaturen Europas- in einem Kontext gesehen werden, der durch die spezifischen gesellschaftlichen, sprach-lich-kulturellen und politisch-historischen Voraussetzungen einer in die formale Unabhängigkeit entlassenen ehemaligen Kolonie gekenn-zeichnet ist. Die historisch-politischen Koordinaten sind durch die relativ späte Unabhängigkeit (10.11.1975) und die inzwischen über dreißig Jahre andauernden Kolonial- und Stellvertreterkriege zwi-schen anfangs drei und mittlerweile zwei rivalisierenden Parteien gekennzeichnet. Der Krieg hat alleine 1993 eine halbe Millionen Tote gefordert. Seit 1975 gab es wiederholt Vermittlungs- und Friedensbe-mühungen, die jedoch immer wieder gescheitert sind. Eines der ersten Verhandlungsergebnisse war das im Januar 1975 geschlossene Ab-kommen von Alvor, in dem Portugal mit den rivalisierenden Parteien FLNA, UNITA und MPLA[1] die Bildung einer Übergangsregierung, die Vorbereitung freier Wahlen und die Unabhängigkeit der Kolonie vereinbarte (Meyns 1993: 323). Für Joseph Ki-Zerbo sind das Schei-tern dieser Bemühungen und die anhaltenden kriegerischen Auseinan-

---

1   FLNA: Frente de Libertação Nacional de Angola (unter Holden
     Roberto); UNITA: União Nacional para a Independncia Total de
     Angola (unter Jonas Savimbi); MPLA: Movimento Popular de
     Libertação de Angola (damals unter Agostinho Neto);

dersetzungen u.a. auf die Stellung Angolas als Front- und Nachbarstaat im Umfeld Südafrikas und auf die besondere Form der Unabhängigkeit zurückzuführen, die mit dem Zusammenbruch einer langjährigen Diktatur in dem ehemaligen Mutterland Portugal zusammenfiel, das die Kolonie ohne Vorbereitung und Übergang auf die neue politische Realität den rivalisierenden Parteien als Beute überließ. Die Armseligkeit des portugiesischen Abzugs und die Entlassung in die Unabhängigkeit beschreibt Ki-Zerbo mit folgenden Worten:

„Kurz vor dem schicksalhaften Tag der Unabhängigkeit am 10. November 1975 kam der portugiesische Hochkommissar von Luanda, General Cardoso, den Verpflichtungen von Alvor nach. Er verkündete das Ende der portugiesischen Epoche und schiffte sich ziemlich erbärmlich mit den Truppen des Ex-Mutterlandes ein. Wem er die Macht überließ, verschwieg er!" (Ki-Zerbo 1981: 626)

Abgesehen von den Schwierigkeiten, vor die das intellektuell-geistige Leben eines Landes durch eine jahrzehntelange Kriegssituation gestellt ist, sind noch weitere Faktoren für die kulturelle Produktion ausschlaggebend, die sich aus dem sprachlich-kulturellen Erbe einer Jahrhunderte dauernden Kolonialgeschichte ergeben haben. Die Determinanten kulturellen Lebens sind exogener und endogener Natur: exogen repräsentiert in Kultur und Sprache einer der europäischen (Ex-)Kolonialmächte, endogen in Form zahlreicher nicht-europäischer afrikanischer Kulturen und Sprachen. Das konkurrierende Nebeneinander beider kultureller Felder war im Rahmen des Kolonialismus ebenso durch eindeutige Dominanz des europäischen Feldes bestimmt wie in der postkolonialen Zeit, nach der politischen Unabhängigkeit. Signifikantes Merkmal dieser Dominanz ist das Fortbestehen der europäischen Sprachen als offizielle Landessprachen, die das gesamte öffentliche Leben regeln und bestimmen. Die von Georges Balandier in Sociologie actuelle de l'Afrique noire 1955 vorgenommene Definition der „kolonialen Situation,[2] trifft insgesamt auch noch in der Gegenwart sowohl quantitativ als auch struktu-

---

2   Balandier definiert die „situation coloniale" so: „la domination imposée par une minorité étrangère, "racialement„ et culturellement différente, au nom d'une superiorité raciale (ou ethnique) et culturelle dogmatiquement affirmée, à une majorité autochtone matériellement inférieure;" (1955: 34 f)

rell weiterhin auf die meisten afrikanischen Länder zu. In der postkolonialen Zeit sind an die Stelle der Metropolen die Zentren der Industriestaaten und an die Stelle der Kolonialadministration in den meisten Fällen einheimische Regierungen getreten, die in ihrer Politik weiterhin die Interessen der Zentren verfolgen. Auf diesem Hintergrund bedarf es für eine Untersuchung des Feldes literarischer Produktion im afrikanischen Kontext sinnvollerweise zunächst der Analyse der Koordinaten sozialer Kommunikation und der politisch-ideologischen Determinanten, die die komplexe und konfliktreiche Situation zwischen neokolonialer Abhängigkeit und den legitimen Befreiungsversuchen aus der Bevormundung kennzeichnen.

Nach der Charakterisierung des sprachpolitischen und sprachsoziologischen Rahmens soll auf den angolanischen Weg eingegangen werden, den die Schriftsteller dieses Landes bei der "literarischen Reconquista" der eigenen, afrikanischen Identität -verkörpert im Begriff der „angolanidade" – beschritten haben.

2. Literatur auf der Suche nach den Lesern – oder: für wen schreiben die Autoren?

Ein Autor wählt die Sprache, in der er schreibt in Hinblick auf das Publikum, an das er sich richtet. Es ist von daher interessant, daß die meisten afrikanischen Schriftsteller ihre Texte in den ehemaligen Kolonialsprachen verfassen, Sprachen, die nach der Unabhängigkeit zwar zu offiziellen Landessprachen erklärt wurden, die aber in den wenigsten Fällen der Mehrheit der Bevölkerung als Mittel der Verständigung dienen können. Die sprachsoziologischen Gegebenheiten, d.h. der Verbreitungsgrad des Portugiesischen und anderer Sprachen, deren offizieller Status, der Grad der Beherrschung als Erst- oder Zweitsprache und die sekundären Funktionen, die mit der jeweiligen Sprache verbunden sind, sind in diesem Zusammenhang relevante Fragen.

Über den tatsächlichen Verbreitungsgrad der portugiesischen Sprache in Angola finden sich in der Literatur widersprüchliche und kaum gesicherte Aussagen. Von besonderem sprachsoziologischen Interesse in diesem Zusammenhang ist, daß die meisten afrikanischen Autoren in den ehemaligen Kolonialsprachen schreiben, die heute offizielle Landessprachen der unabhängigen Kolonien sind. Dies bedeutet nicht unbedingt, daß sie sich an Interessen und Werten der Metropolen

orientieren und sich an die europäischsprachigen Eliten ihrer Länder
richten. Obwohl ihre Botschaft meist von politischer Relevanz für die
benachteiligten Bevölkerungsschichten ist und diese das eigentliche
Publikum der Texte darstellen sollen, erreichen die Autoren ihre
Adressaten weder über die portugiesische oder eine der afrikanischen
Sprachen noch über das Medium der Schriftlichkeit, weil die Mehrheit
der Bevölkerung nicht alphabetisiert ist und die alphabetisierten Bevölkerungsgruppen in der Regel nur in der offiziellen Landessprache
Portugiesisch lesen und schreiben können. Es erklären sich von daher
kaum Verlage bereit, Texte in afrikanischen Sprachen zu drucken, weil
keine Nachfrage für diese Art Texte besteht. Als angemessene Wiedergabe der sprachsoziologischen Situation mag die Feststellung Alberto
Duarte Carvalhos über das Verhältnis zwischen afrikanischen Sprachen und dem Portugiesischen angeführt werden:

„Em relação a Angola, a Moçambique e à Guiné, o portugus era
sobretudo falado nas cidades, nos seus arredores e em aglomerados
populacionais do interior, mas sempre numa proporção bastante redu-
zida em relação à totalidade das línguas mãe." (Carvalho 1981: 91)

In Angola läßt sich die sprachsoziologische und -politische Situation als Nebeneinander der offiziellen Landessprache Portugiesisch
und von sechs verfassungsmäßig seit 1977 anerkannten Nationalsprachen Umbundu, Kimbundu, Kikongo, Chokwe, Mbunda,
Ochikwanyama (Huth 1990:88 und Endruschat 1990: 44f)[3] beschrei-
ben, die aus den etwa 100 in Angola existierenden Sprachgruppen als
größere Verkehrssprachen ausgewählt wurden. Hinsichtlich des Einflusses der einzelnen afrikanischen Sprachen lassen sich zudem Unterschiede ausmachen, die letztlich auf Machtkonstellationen

---

3   Die Angaben zu den Sprecherzahlen variieren je nach Zeitpunkt
    und Quelle: hier seien die beiden Zahlenreihen von UNESCO (Les
    langues communautaires africaines, 1985) und von Endruschat
    (1990) gegenübergestellt:

	UNESCO	Endruschat
Umbundu	1.500.000 / 2.812.000	1.500.000 (37,9%)
Kimbundu	1.700.000 / 1.988.000	1.000.000 (22,9%)
Kikongo	500.000 / 888.000	480.000 (13,5%)
Chokwe	– / 703.000	400.000 (8,6%)
Ngangela/Mbunda	350.000 / 607.000	330.000 (7,2%)
Kwanyama	392.000	62.000 (2,5%)

gesellschaftlich-politischer Gruppen zurückzuführen sind. Die effektive Dominanz des Kimbundu gegenüber dem zahlenmäßig verbreiteteren Umbundu deutet auf eine „diglossie enchassée,,[4] hin, hinter der sich ein Stadt-Land-Konflikt zwischen einer europäisierten Elite der Hauptstadt Luanda und den sozial benachteiligten Bewohnern des Landesinnern verbirgt. Literarisch äußert sich dieses Ungleichgewicht darin, daß dem Kimbundu bei weitem das größte Interesse der Oralltätsforscher und Linguisten gegolten hat und auch die zeitgenössische Literatursprache deutlich durch Kimbundueinflüsse geprägt ist.[5] Das 1979 gegründete Instituto Nacional das Línguas (INL) erhielt den Auftrag, durch wissenschaftlich-linguistische Vorarbeiten die Voraussetzungen dafür zu schaffen, daß den Nationalsprachen im öffentlichen Leben – v.a. in Schule und Alphabetisierung – endlich der ihnen angemessene Stellenwert eingeräumt werden kann.[6] Den Erfolg dieser

4   Die Zahlenreihe der UNESCO-Publikation enthält die Unterscheidung zwischen Sprechern als Muttersprachlern (Locuteurs 1ère langue, 1. Reihe) und Sprechern, die das Idiom als Verkehrssprache beherrschen (Locuteurs langue communautaire, 2. Reihe). Endruschat macht diese Unterscheidung nicht und benennt ihre Reihe mit „Bevölkerungszahl bzw. Anzahl der Sprecher" (1. Reihe) und „Prozentualer Anteil an der Gesamtbevölkerung" (2. Reihe). U.E. ist aber die Unterscheidung -wie sie die UNESCO macht- zwischen Sprechern, die der ethnischen Gruppe angehören und Muttersprachler sind und solchen, die Zweitsprachler sind von wesentlicher Bedeutung für den realen Stellenwert und den Einfluß der Sprache, z.B. für das Umbundu, dessen Sprecher sich aus nahezu 50% Nicht-Umbundu zusammensetzen.

5   Außerdem macht die UNESCO-Publikation Angaben über den überregionalen Stellenwert der Sprachen: so wird Kikongo außer in Angola noch in Zaïre und Congo als „langue communautaire" gesprochen.

6   An anderer Stelle spricht Louis-Jean Calvet auch von „glottophagie à étages" (2/1987: 16) oder von „diglossie imbriquées". Er versteht darunter die graduellen Konflikte zwischen Sprachen in mehrsprachigen Gesellschaften:„des diglossies imbriquées les unes dans les autres, que l'on rencontre fréquemment dans les pays récemment décolonisés. En Tanzanie par exemple, il y a dans un premier temps diglossie entre la langue héritée de colonialisme, l'anglais, et la langue nationale, le swahili, mais il y a aussi dans un second temps diglossie entre ce swahili, qui n'est la langue maternelle que

Arbeiten bewertet Endruschat 1990 so: "Angola verfügt über einen
Forschungsstand auf dem Gebiet der indigenen Sprachen wie kaum
ein anderes Land des subsaharischen Afrika" (45). Im Gegensatz dazu,
stellt Bonvini hinsichtlich der oralen Tradition und der Sprachen, die
für die afrikanischsprachige Bevölkerung relevant sind, noch einen
hohen Forschungsbedarf fest:

> „Premièrement, l'étude de la tradition orale en Angola souffre
> encore de nombreuses lacunes, aussi bien thématiques qu'ethnolingui-
> stiques: des domaines et des peuples entiers restent inconnus. Deu-
> xièmement, l'approche scientique de la tradition orale a été maintenue
> à l'écart des tentatives modernes." (Cf. Bonvini 1993: 16)

Die schädlichen Auswirkungen einer Sprachpolitik, die einzig auf
einer offiziellen europäischen Sprache für Unterricht, Verwaltung und
Medien beruht, hebt M.M.Ngalasso für die PALOP[7] hervor: eine
Entwicklung auf breiter partizipatorischer Basis kann nur erfolgen,
wenn der politisch-gesellschaftliche Diskurs nicht in einer Fremdsprache, sondern in den Muttersprachen des größten Teils der Bevölkerung
erfolgt:

> „A utilização exclusiva das línguas estrangeiras no ensino, admi-
> nistração e comunicação, mostrou todos os limites relativos aos ob-
> jectivos de desenvolvimento. (...) Ora a administração em língua
> estrangeira é frustrante para a maioria dos citadões (mais de 90%,
> ignorando a prática desta língua), e prejudicial a uma boa comunicação
> entre governantes e governados." (125)

Eine Schule, die ihre Inhalte vom ersten Schuljahr an über eine
Fremdsprache vermittelt, macht er für die „Unterentwicklung" verantwortlich, weil sie als Selektionsinstrument („meio poderoso de

---

d'une partie minoritaire de la population, et les autres langues
africaines." (Calvet 1/1987: 47) Übertragen auf Angola und den
Stellenwert der Verschriftlichung lassen sich für Angola
mindestens zwei Diglossien ausmachen: (a)
Portugiesisch/Kimbundu und (b) Kimbundu/andere afrikanische
Sprachen.

7   Im derzeitigen militärischen Konflikt gibt die UNITA unter Jonas
Savimbi vor, die Umbundu-Bevölkerung zu vertreten, während
Regierung und MPLA eher die städtische Kultur Luandas zu
repräsentieren scheinen.

selecção") lediglich auf die Ausbildung einer Elite abzielt. Ngalasso nennt schließlich noch den psycho-pädagogischen Begründungszusammenhang für eine auf den Muttersprachen basierenden Schule, die für europäische Verhältnisse als selbstverständlich gilt, für afrikanische Länder aber ein noch lange nicht erreichtes Desiderat bleibt:

„O ensino exclusivo em língua estrangeira não é só elitista; ele é também incompatível com os princípios mais elementares de pedagogia. Psicólogos e pedagogos são unânimes em afirmar que a melhor educaçâo para dar a uma criança é a praticada na língua que ela compreende melhor, a sua língua materna." (125)

Um langfristig eine Entwicklung auf breiterer Basis zu ermöglichen, müssen Sprach- und Schulpolitik eine bilinguale Kompetenz („bilinguismo afro-europeu") anstreben, die sich in allen Bereichen des öffentlichen Lebens durchsetzen müßte.

Außerdem richtet sich die Kritik Ngalassow auf die sprachliche Orientierung in der Alphabetisierung: Derzeit bietet das formale Schulwesen ausschließlich Unterricht in portugiesischer Sprache an, während nur im nicht-formalen Sektor der Erwachsenenalphabetisierung die afrikanischen Sprachen verwendet werden. Dies führt in dem rein portugiesischsprachig ausgerichteten öffentlichen Leben notwendig zu einer Marginalisierung der Neu-Alphabetisierten, die mit den erworbenen Kenntnissen nicht einmal die von der Alphabetisierung erwarteten besseren beruflichen und gesellschaftlichen Möglichkeiten erlangen:

„Ate ao presente, o único domínio da educação nacional que é exclusivamente reservado às línguas nacionais é o da alfabetização. (...) A alfabetização, não dando acesso a um emprego remunerado, não implica nem a promoção social nem a valorização pessoal nem o prestígio; estes são sòmente adquiridos através de um diploma obtido nume escola de ensino feito em língua estrangeira." (124)

Der Bilinguismus nationale Sprache/Portugiesisch war das erklärte Ziel der Sprachpolitik der MPLA (Neto, in Endruschat 1990: 46; 1978; Huth 1990: 87 f), allerdings setzt sich in den letzten Jahren wieder verstärkt eine „Portugiesierung" der Verhältnisse infolge der Urbanisierung des Lebens durch.[8] Prozent- und Zahlenangaben hinsichtlich der Sprecherzahlen und Sprachenverbreitung sind aus verschiedenen

Gründen schwer zu ermitteln, zum einen weil keine verläßlichen
Statistiken existieren, zum anderen weil die Angabe „Portugie-
sischsprecher" keinerlei Aussage über die Qualität und den Grad der
Beherrschung sowie keine Differenzierung nach mündlichem und
schriftlichem Gebrauch beinhaltet.

Realistisch und allein vertretbar erscheint mir die vorsichtige Aussage von Alan N. Baxter:

> „In Angola, while Portuguese is the official language, the country
> is officially multilingual speaking numerous indigenous languages,
> principally of the Bantu family. Official figures for 1978 gave a total
> population of 6,768,570 and it has been estimated that one third speaks
> Portuguese (Correia Mendes 1985: 46), although proportions of first
> and second language speakers are not known." (Baxter in: Clyne,
> 1992: 16)

Fest steht, daß die afrikanischen Sprachen proportional eine größere Rolle spielen als das Portugiesische und daß eine wesentliche
Alteration des metropolitanen Portugiesisch durch Sprachkontakte
mit Soziolekten („portugus dos musseques") afrikanischen Sprachen
(vor allem Kimbundu) erfolgt ist und weiter erfolgt. Die Notwendigkeit -und dies sei als Bilanz festgehalten- einer auf den Bilinguismus
(nationale Sprache/Portugiesisch) gerichteten Schul- und Sprachpolitik als Grundlage einer nationalen Entwicklung auf allen Ebenen
besteht nach wie vor. Dazu gehört die Fortsetzung einer Politik, die
den afrikanischen Sprachen den Nimbus der „língua de cão" nimmt
(Cf. weiter unten die Ausführungen zu Oscar Ribas), indem sie in ihren
sekundären Funktionenen aufgewertet und als gleichberechtigtes
Kommunikationsmittel neben dem Portugiesischen anerkannt und
gefördert werden.

3. Assimilation und sekundäre Funktionen der Sprache

Für den literarischen Diskurs sind insbesondere die „sekundären
Funktionen" von Sprache und Schriftlichkeit von Bedeutung (Glück

8   Mitte der 80er Jahre macht die UNESCO in Les Langues
     communautaires africaines zur Alphabetisierung in afrikanischen
     Sprachen folgende Angabe:

1987: 203 f): Mit der Wahl des Kommunikationsmediums werden zugleich „nichtsprachliche Zeichenrelationen" verbunden, d.h. soziale, mythische, religiöse u.a. Dimensionen. So kommen im assimilatorischen Ansatz der Kolonialpolitik den europäischen Sprachen und der Schriftlichkeit neben dem reinen Gebrauchswert wichtige sekundäre Funktionen zu: wer z.b. Portugiesisch lesen und schreiben kann, gilt als europäisiert, gebildet, zivilisiert und von höherem sozialen Rang und Einfluß. Gleichzeitig legte das Kolonialsystem im assimilatorischen Ansatz -wenn auch nur für eine kleine Elite- den Grundstein für eine mögliche „Wortergreifung" der Intellektuellen. Lüsebrink zeichnet diesen doppelten Aspekt der Assimilation für das frankophone Afrika nach:

„Die Vermittlung von Lese- und Schreibfähigkeit, von Schriftlichkeit und Buchlektüre (über die Kolonialschule) folgte (...) der Zielsetzung einer "Conqute morale,, der afrikanischen Bevölkerung, die zunächst zur Ausbildung einer schriftkundigen Gebildetenschicht afrikanischer "évolués,, führen sollte. Mit dem Zugang zum Schreiben verbanden sich (...) für die erste Generation afrikanischer Schulabgänger Träume des sozialen Aufstiegs innerhalb der kolonialen Gesellschaft, Bedürfnisse kultureller Legitimation und Formen einer begrenzten Beteiligung an der kolonialen Verwaltung." (Lüsebrink 1990: 262)

Die Assimilation stellte eine von der Metropole dekretierte Möglichkeit sozialer Promotion für die „indigene" Bevölkerung der Kolonien dar, die eine relative Durchlässigkeit der Hierarchisierung von metropolitaner und kolonialer Gesellschaft beinhaltete. Die Assimilation führte aber nicht zu dem Erfolg und sozialen Aufstieg, den sich die „assimilados" von ihr erhofften, sondern enttäuschten eher deren Erwartungen, wie Raul David aus eigener Erfahrung berichtet:

„A desvantagem do assimilado consiste no logro social. Porqu? Porque o assimilado, tendo a mesma instrução que o seu colega europeu, nunca ascendia a lugares de mando – era sempre subalterno. E então nunca tinha -dificilmente tinha- poder económico, enquanto que o indígena, que tinha a su lavra, que tinha a sua propriedade, que tinha o seu gado, vivia económicamente desafogado." (Laban 1991: I, 54)

In den 40er Jahren war die einzige Bedingung für die Assimilierung
das Erlernen der portugiesischen Sprache. Im Zuge der verstärkten
Einwanderung von Portugiesen (cf. Schema) infolge einer zur Besiedlung der Kolonie betriebenen Politik, die auf territorialer und biologi-
scher Expansion und ,,miscegnação", d.h. rassischer Durchmischung
beruhte, wurden die Bestimmungen für die Assimilation deutlich
restriktiver: Neben Kenntnissen im Portugiesischen waren ausserdem
vier Grundschuljahre Voraussetzung (Laban 1991: I, 56), bis in den
50er Jahren dann der schwieriger zu erwerbende ,,atestado de assimi-
lação" verlangt wurde. Raul David beschreibt, welche schikanösen
Formalitäten zur Abschreckung für den Erwerb des Assimiliertensta-
tus aufgebaut wurden:

,,Era preciso bilhete de identidade – mas para obter o bilhete de
identidade, era preciso obter a cidadania... E isso então foi escabroso...
Aí foi a humiliação total do negro: o indivíduo tinha que preparar uma
série de documentos, uma coisa doida... Certidão de idade, habilitações
literárias, isto é, a 4a classe, diploma, atestado de residncia, atestado
de comportamento moral e civil, documento militar – e para obter esse
documento militar, se era indígena, era preciso pagar X impostos,
segundo a idade que ele tinha, era o imposto indígena, e só depois é
que lhe passavam o documento militar. Depois, registo policial, registo
criminal. O registo policial é o controle de sanzala, para ver se ele na
sanzala era desordeiro ou não..." (56)

Schema (2) (Aus: Boavida 1981: 66)

	Periodo Pré-colonial	Periodo Colonial						
		Escravatura			Trabalho Forçado			
ANO	1450	1550	1700	1850	1900	1930	1950	1960
NEGROS	18 Mio.	8 Mio.			2 Mio.	3,3 Mio.	3 319 300	4 642 000
BRANCOS	–	–	800	1850	9000	30 000	78 000	250 000

Im Prozeß der Wortergreifung wird die portugiesische Sprache allerdings für die Assimilierten mehr und mehr zum Instrument und zur Zielscheibe der antikolonialen Kritik, der in verschiedenen Formen des Widerstandes gegen die Assmiliationspolitik ihren Ausdruck findet. So kommen in dem Maße, wie die portugiesische, metropolitane Kultur der Kritik unterzogen wird, die afrikanischen Sprachen und Kulturen in den Blick.[9]

Anhand von Aussagen dreier angolanischer Schriftsteller soll beispielhaft illustriert werden, inwiefern „sekundäre Funktionen" der Sprache, d.h. unterschiedliche Haltungen und Bewertungen Kriterien für die Wahl der Sprache sind, in der die Autoren ihre Texte verfassen. Dabei spielen häufig komplizierte Begründungszusammenhänge eine Rolle, die nicht auf einfachen Entsprechungen (z.B. kolonialkritischer Autor = Wahl einer afrikanischen Sprache oder assimilierter Autor = Wahl der Kolonialsprache) beruhen.

So nimmt Raul David, Verfasser von Colonizados e colonizadores (1984) und scharfer Kritiker des kolonialen Systems, für sich einen sprachlichen Stil in Anspruch, der sich an eine Elite richtet und nicht für die breite Masse bestimmt ist:

„Alguns dos meus leitores acusam-me de ter uma linguagem demasiado culta:" Se escreve para as massas, tem de escrever doutra maneira.,, Não, eu não tenho outra maneira de escrever. As pessoas tm que saber que quando eu entrego uma obra à publicação, eu analisei os prós e os contras todos, tenho a consciencia de que não fiz aquilo para ferir, que escrevi sem ódio. Agora gosto de escrever com verdade." (Laban 1991: I, 52-53)

In diesem Plädoyer für eine bestimmte Sprachform bezieht David allerdings nicht Stellung für einen rein portugiesischsprachigen Diskurs. So verwendet er in Colonizados e Colonizadores zahlreiche Kimbundu- und Umbunduausdrücke sowie regionale Varianten des

9   „Une alphabétisation des adultes dans les langues angolaises est signalée, de mme qu'une intense activité dans la production de matériel d'alphabétisation. Des activités d'alphabétisation en chokwe, kikongo, kimbundu, kwanyama, mbunda et umbundu sont rapportées. Elles seront bientôt étendues à quatre autres langues: le fiyote, le nyemba, le lumwila et le luvale." (53)

angolanischen Portugiesisch, die er in einem ausführlichen Glossar erläutert.

Uanhenga Xitu hat als Leser seiner Texte -wenn auch weitgehend fiktiv- den einfachen Angolaner der Elendsviertel vor Augen. In Überlegungen zur Sprache, in der er seine Literatur verfaßt, wird ihm bewußt, daß es eigentlich zunächst einer Antwort auf die Frage bedarf, für wen er eigentlich schreiben will:

„Eu vou aos musseques onde estou a escrever mesmo o próprio livro e é a mesma linguagem que estou utilizando aqui. Quando a lavadeira ou a senhora que está a vender o peixe diz: „voc me dá aquilo...," eu tenho que escrever mesmo isso, não encontro outra forma.(...) Eu teria muito a possibilidade de aperfeiçoar, mas verifico que perdia tempo, embora os leitores me ouvissem melhor. Mas qual leitor? neste portugus do chão – um portugus mal amanhado – que o povo compreende, não quero mais esforço nenhum." (Laban 1991: I, 130/131)

In seiner Entscheidung für das „unkultivierte" portugus dos musseques richtet sich Xitu zugleich an eine bestimmte Leserschaft, an die Bewohner der ärmsten Viertel von Luanda, die in dieser Sprache kommunizieren. Wenn überhaupt, so hält Xitu es nur über dieses rudimentäre „portugus do chão" für wahrscheinlich, von seinen Zielgruppe in den sozialen Brennpunkten verstanden zu werden.

Ein Plädoyer für die Verschriftlichung in den Nationalsprachen hält Oscar Ribas, selber Autor einer umfangreichen Sammlung oraler Traditionen der Kimbundu (Cf. Missosso). Durch die Übersetzung in eine europäische Sprache, so Ribas, würde das Original entscheidenede inhaltliche Elemente und an Schönheit und Qualität verlieren:

„Esses contos do Missosso I são contos tradicionais, (...) Se o informante me contasse em portugus, tirava muito da beleza, empregando termos não precisos, os correspondentes aos termos de quimbundo.(...) Ouvi-os todos em quimbundo e depois eu escrevi-os no portugus popular. Quer dizer, se a criatura fosse falar em portugus, deturparia a beleza da narrativa." (Laban 1991: I, 33 f)

Für Ribas beinhaltet die Entscheidung für die afrikanischen Sprachen neben dem Bemühen um adäquate Wiedergabe der oralen Tradition zugleich ein Engagement gegen die Verunglimpfung und Abwertung der Muttersprachen sowie für deren Gleichrangigkeit neben der offiziellen Landesprache. Dem Portugiesischen bleibt in seinen Werken allerdings die Funktion der Metakommunikation vorbehalten. Dem afrikanischsprachigen Korpus gebührt vor allem ein archivarisches, ethnographisches Interesse, während der analytisch-textkritische Kommentar in der europäischen Sprache verfaßt ist. Es bleibt zu fragen, inwieweit Ribas die von ihm im Folgenden entlarvten Vorurteile der Europäer gegenüber afrikanischen Sprachen nicht selber – wenn auch unbewußt – als Vorbehalte teilt:

„ conforme, falam o quimbundo ou falam o quimbundo e metem o portugus – sobretudo a classe popular –, nas novas gerações até tm vergonha de falar as línguas nacionais! O Governo agora está a fazer um esforço para se cultivar as línguas nacionais: é o quimbundo, o umbundo..., porque o Governo colonial as estava banindo – chamavalhes até a língua de cão! E até era feio um indivídio falar em quimbundo, já passava por atrasado..." (34)

Der Nimbus der „língua de cão", der „Hundesprache", beinhaltet als negative „sekundäre Funktion" ein seit langem tradiertes Stereotyp bezüglich der afrikanischen Sprachen: es findet sich wieder in der Behauptung, Afrikaner besäßen keine eigenständigen Sprachen, sondern lediglich „Dialekte". Ein weiteres Stereotpy sollte in diesem Zusammenhang die Behauptung angeführt werden, daß nur die europäischen Sprachen die Möglichkeit hätten, abstrakte und wissenschaftliche Inhalte zu vermitteln; diese Vorurteile, die sich in konkreten Sanktionen niederschlugen, so etwa in dem Verbot, die afrikanischen Sprachen in der Schule zu sprechen, haben ihre Spuren im Bewußtsein der Sprecher hinterlassen, die ihre eigenen Sprachen als minderwertig und als nicht gesellschaftsfähig ansahen.

Für die Vertreter einer neuen, postkolonialen Sprachpolitik ergab sich das Postulat „de descomplexar as metalidades dando às línguas nacionais uma função efectivamente maior".

Ngalasso fährt fort:

„ necessário destruir para sempre um certo número de mitos e de falsas evidncias que tendem a fazer crer que as línguas africanas são pobres e incapazes de veicular o ensino, a cincia e a tecnologia."

(Ngalasso 1987: 124f)

Eine in diesem Sinne verstandene Emanzipation fordert allerdings einen autonomen Diskurs in den afrikanischen Sprachen, und gint sich nicht damit zufrieden, nur soziolektale Varianten (wie das „portugus dos musseques") oder Texte von ethnographisch-archivarischem Interesse in den afrikanischen Sprachen aufzuarbeiten oder in die Literatur aufzunehmen.

4. Literaturgeschichte – Kolonialliteratur – Nationalliteratur

Sprechen wir von der Geschichte der angolanischen Literatur, so setzen wir bei dieser Bezeichnung voraus, daß die Schriftlichkeit – ähnlich wie in Europa – einen entscheidenden Faktor im gesellschaftlichen und kulturellen Leben innehat, daß die Literatur Entstehung und Existenz eines Nationalstaates ausdrückt und widerspiegelt, der sich als politische, gesellschaftliche, kulturelle und ökonomische Einheit aus einer eigenen Geschichte heraus versteht, als Resultat eines Prozesses politisch-sozialer und kulturell-sprachlicher Selbstfindung. Darüberhinaus beinhaltet der Begriff Literaturgeschichte – wenn es sich nicht um eine bloße willkürliche Auflistung zufälliger schriftlicher Produkte in Form „einer bloß annalistischen Aufreihung von Fakten" handeln soll-, daß eine eigene Geschichte der Produktion und Rezeption von Texten nachgewiesen werden kann, bei der sich Rezeption zugleich wieder auch als Bedingung und Voraussetzung für neue literarische Produktion versteht im Sinne eines jeweils neu formulierten Erwartungshorizontes, auf den neue Literatur wiederum zu reagieren sucht. Dazu bedarf es eines vielschichtigen literarischen und kulturellen Lebens, das neben einer breitgestreuten Leserschaft als conditio sine qua non auch eines möglichst differenzierten Systems von Konsekrationsinstanzen bedarf, bestehend aus Verlagen, Literaturpreisen, Kritikern, Theatern und anderen kulturvermittelnden Einrichtungen wie Schulen, Universitäten, Lesezirkeln u.a., die schließlich über den nationalen lokalen Rahmen hinaus auch international Ausstrahlung und Wirkung haben.

Diese Bedingungen diachroner und synchroner Natur bilden eine Art Minimalkatalog, um die Bezeichnungen „nationale Literatur und Literaturgeschichte" zu rechtfertigen, so daß es im folgenden schwerlich möglich ist, im Zusammenhang mit Angola unhinterfragt von „Literaturgeschichte angolanischer Literatur" zu sprechen, bevor nicht zunächst auf die Voraussetzungen für das Entstehen dieser Literatur und ihrer Geschichte eingegangen worden ist.

Dazu gehören die Besonderheiten einer „dominant mündlich organisierten" Gesellschaft (Glinga 1989), die diese Literatur hervorbringt ebenso wie die Abwesenheit der Leser, für die diese Literatur eigentlich geschrieben wird. Ferner das Bestehen einer für ehemalige Kolonien typischen bis heute fortbestehenden doppelten Konsekration, zunächst durch das ehemalige Mutterland, die Metropole, und schließlich durch die eigenen nationalen Konsekrationsinstanzen; diese Konsekrationen können hinsichtlich der Wert- und Normorientierung nach unterschiedlichen, häufig sich widersprechenden Kriterien erfolgen. So wird, um nur ein Beispiel zu nennen, allein durch die Wahl des Mediums Portugiesisch, Kimbundu oder Umbundu dem Opus eine wichtige Qualität beigegeben, die für seine Rezeption und Bewertung von weitreichender Bedeutung ist. Die Historizität, d.h. die weit zurückzuverfolgende Genese, gilt allgemein, und v.a. im europäischen Kontext als entscheidendes Kriterium für die Bestimmung literarisch-kulturellen Wertes. Die Abwesenheit einer historischen Linie oder deren nur sporadisch nachweisbare Existenz im afrikanischen Bereich ist aber weniger als Defizit oder Indiz für mangelndes historisches Bewußtsein zu deuten, sondern vielmehr als Folge oraler Kulturformen, die durchaus -und im höherem Maße als Europäer- ein historisches kollektives Bewußtsein besitzen. So nur ist die Spruchweisheit „Un vieillard qui meurt, c'est une bibliothèque qui brule" des Maliers Cheikh Ampaté Ba zu verstehen, die auf die Tragik einer auf vergänglichem „Material" als „Datenträger" aufbauenden gesellschaftlichen Organisation abhebt, die die mündlich organisierten in noch höherem Maße betrifft als die schriftlich organisierten Kulturen. Hegels These von der Kultur- und Geschichtslosigkeit des afrikanischen Kontinents beruht auf nichts anderem als auf dem Mißverstehen und Verkennen der afrikanischen Verhältnisse.[10]

10 Pays africains de langue officielle portugaise

5. Welche Paradigmen zur Periodisierung?

Eine weitverbreitete Periodisierung afrikanischer Literatur- und Kulturgeschichte ist die Einteilung in eine vorkoloniale, eine koloniale und die postkoloniale Epoche. Diese Dreiteilung ist an den Phasen der Inbesitznahme der Kolonien durch Europa und folglich den Koordinaten eines europäischen Geschichtsbildes orientiert, in dem die einzelnen Teile des afrikanischen Kontinents lediglich als Annexe der Kolonialmächte angesehen werden, denen keine eigene Entwicklung und geschichtlich-kulturelle Dynamik zukommt.

So nimmt Pepetela in seinem historischen Roman A Geração da Utopia eine Periodisierung der jüngsten und zeitgenössischen Geschichte Angolas vor, die sich einzig an den Ereignissen in seinem Land orientiert, die für den Prozeß der nationalen Selbstfindung relevant sind. Die Kapitelüberschriften geben die vom Autor intendierte Periodisierung vor:

A casa (1961)

A chana (1972)

O polvo (Abril 1982)

O templo (A partir de Julho de 1991)

Das Geschehen nimmt 1961 im ersten Kapitel mit dem Beginn des bewaffneten Widerstandes gegen den Kolonialismus seinen Anfang, und die folgenden drei Kapitel zeichnen in Zehnjahresabständen den Prozeß der vergeblichen Versuche eines nationalen Aufbaus nach:

„(Em A Geração da Utopia Pepetela) passa em revista 30 anos de História (de 1961 a 1991). O livro divide-se em quatro partes que se referem, respectivamente, a um tempo histórico determinado: a primeira focaliza a geração da utopia, dos jovens angolanos da Casa dos Estudantes, em Lisboa, os quais buscavam uma profissão e acabaram (...) iniciando-se, nos anos 60, na política e nas lutas contra o colonialismo; a segunda parte relembra os anos das guerrilhas, na década dos 70; a terceira retrata a reconstrução de Angola, nos anos 80, após a independncia; finalmente a quarta se ocupa de Angola de hoje, no início dos 90, sofrendo sérios riscos de retroceder e perder os avanços conquistados." (Tindo Ribeiro Secco 1993: 61)

Bezeichnend ist bei dieser Art afrikanischer Geschichtsschreibung, daß der Zeitpunkt der nationalen Unabhängigkeit keinen bedeutenden Einschnitt darstellt, sondern als ein für Afrika bedeutungsloser formaler Akt angesehen wird, der allenfalls für die europäische Geschichtsschreibung von Interesse ist.

Die Betrachtungsweise der Literatur aus inhärenten Entwicklungszusammenhängen und als Prozeß eines ständigen „Horizontwandels" aus dem Wechselspiel von Produktion und Rezeption, wie sie Hans Robert Jauss in seinem rezeptionsästhetischen Modell entwickelt hat, kann konsequenterweise nur für eine dominant schriftlich organisierte Gesellschaft greifen. Dennoch behält das Grundprinzip des kommunikativen Austauschs zwischen Sendern/Produzenten und Empfängern/Rezipienten auch für orale Gesellschaften seine Bedeutung, der rezeptionsästhetische Vorgang verläuft nur auf verschiedenen, nicht notwendig miteinander kommunizierenden schriftlichen und mündlichen Ebenen.

Statt in positivistischer Datentreue auf die Suche nach den ersten für Angola relevanten schriftlichen Zeugnisse zu gehen, die möglicherweise schon im 16. Jahrhundert angesiedelt sind (Schmalbruch 1990: 16 ff), müßte das Interesse eines auf afrikanische Verhältnisse übertragenen rezeptionsästhetischen Ansatzes vielmehr die Wechselbeziehungen zwischen oralen und schriftlichen Traditionssträngen sowie zwischen den nationalsprachigen und europäischsprachigen Kommunikationsfeldern in den Blick nehmen, weil hier Produzenten und Rezipienten kultureller und literarischer Produktion in ihrer ganzen Komplexität zum Vorschein kommen. Es wäre den inhärenten Kausalitätsbeziehungen, d.h. den Fragen nachzugehen, wie schriftliche und orale Kulturen miteinander kommunizieren und wie im schriftlichen Diskurs Elemente der mündlichen Kultur rezipiert, verarbeitet und als Träger einer Botschaft einbezogen werden. Um zur Bestimmung einer nationalen angolanischen Literatur zu gelangen, müßte nachgewiesen werden, ob und wann von der Entwicklung paralleler Referenz- und Konsekrationssysteme mit anti-assimilatorischem Ansatz gesprochen werden kann, und inwiefern es ihnen gelingt, zwischen den kolonial bedingten kommunikativen Diskongruenzen zu vermitteln und einen für die Mehrheit der nicht-europäischsprachigen Rezipienten verständlichen Gegendiskurs zu formulieren.

Das assimilatorische Konzept des Kolonialismus und seine Auswirkungen auf die authochtone Bevölkerung beschreibt Mario de
Andrade wie folgt:

„Le projet inhérent au système de domination coloniale ainsi que
les conditions matérielles, financières et sociologiques qui caractéri-
saient l'aventure lusitanienne, depuis le XVe siècle, eurent pour
résultat l'anéantissement des sociétés autochtones et leur déculturation." (1968: 52)

Die „déculturation" erfolgte über ein ausgebautes System sprach-
lich-kultureller Assimilation, deren Auswirkungen für die Betroffenen
einer Entpersönlichung, d.h. einem Verlust an kultureller, sprachlicher
und letztlich persönlicher Identität gleichkamen.[11] Alioune Tine ver-

11 Huth und Endruschat konstatieren eine weite Verbreitung des
    Portugiesischen auch als Muttersprache, wobei Endruschat sich
    auf Pepetela bezieht, der für Luanda 98% Portugiesischsprecher
    (davon die Hälfte Muttersprachler) angibt. Allerdings gehen die
    Ebenen sprachsoziologischer Betrachtungen in den
    Argumentationen ineinander über: es ist nachvollziehbar, daß die
    Urbanisierung (Huth, 1990:91) ein wesentlicher Faktor für das
    Ansteigen der Portugisischsprecher ist, jedoch ist nicht
    nachvollziehbar, daß eine Einsicht in die Rolle des
    Portugiesischen als „Faktor der nationalen Einheit" (Huth, 1990:
    73) und seine nicht-ethnische Basis die „Akzeptanz des
    Portugiesischen als angolanische Sprache erhöht". Während es
    sich bei der Urbanisierung um eine unfreiwillige
    sprachsoziologische Entwicklung „in vivo" handelt (Calvet
    1987:...), ist der zweite Grund Teil eines Arguments der
    Sprachpolitiker („in vitro"), die frühere ideologische Konzepte in
    Erinnerung rufen und eher deklamatorischen als
    sprachsoziologisch realen Charakter haben; auch aus dem
    Bereich der Frankophonie ist die Diskrepanz zwischen „realer"
    und „deklarierter Frankophonie" bekannt: von der vor Annahme
    von weltweit 200 Millionen frankophonen Sprechern, die vor noch
    zehn Jahren vertreten wurde, sind selbst die offiziellenb Stellen
    inzwischen abgerückt und sprechen nur noch von 120 oder gar
    nur von 100 Millionen (Cf. Prinz 1992: 62). Allerdings führen diese
    an der Realität vorbeigehenden Behauptungen auf der
    politischen Ebene dazu, dass vonseiten der der „decision
    makers" auf Regierungsebene nationalsprachigen Programmen

steht die literarische Arbeit afrikanischer (hier: französischsprachiger) Autoren als einen Versuch, die „déculturation" aufzuhalten und wieder rückgängig zu machen, indem sie gezielt eine Intertextualität schaffen, die Mündlichkeit und Schriftlichkeit sowie europäisch- und afrikanischsprachige Textelemente verbinden: auf diese Weise wird eine sprachlich-kulturelle „re-territorialisation" vollzogen:

„Ainsi dé-territorialisé par l'utilisation de la langue française comme langue de communication litteraire, il s'y re-territorialise par l'utilisation de l'interférence linguistique, "en parlant wolof, arabe, malgache, bantou,, en français." (103)

Für den portugiesischsprachigen Bereich hat Amilcar Cabral den Begriff der „re-africanização dos espíritos" geprägt (Carvalho 1990: 26), der als politisches Pendant zu dem von Tine für die Literatur geprägten Prozeß eine „reconversão dos espíritos" und eine „verdadeira integração no movimento de libertação" beinhaltet. Für die afrikanische Literatur beinhaltet die Suche an einer neuen Sprache zugleich die Suche nach einer neuen Identität und Widerstand gegen den kolonialen Assimilationsanspruch.

Nehmen wir die „Reafrikanisierung" als Indiz für genuin afrikanisches literarisches Schreiben, so ist die aus europäischer Sicht verfaßte Kolonialliteratur nur von sekundärer Bedeutung, weil afrikanische Realität für diese Autoren lediglich als Kolorit und interessante Kulisse relevant war. Ervedoso zitiert F. Morais Sarmento, der die in den 20er Jahren mit dem „Premio de Literatura Colonial" ausgezeichneten Werke[12] wegen ihrer Außenperspektive nicht zur angolanischen Lite-

---

        nicht mehr in der gleichen Weise wie bisher gefördert werden, was mit der Zeit de facto eine Veränderung der sprachsoziologischen Realität zuungunsten der afrikanischen Sprachen zur Folge hat.

12   Für das frankophone Westafrika stellt Lüsebrink fest, daß „die ‚Wortergreifung' afrikanischer Intellektueller sich nicht gegen den Widerstand der französischen Kolonialherren vollzog, sondern auf ihre ausdrückliche Anregung hin" (263). Diese innere Widersprüchlichkeit bzw. Dynamik des französischen Kolonialsystems trifft auf den portugiesischen Kolonialismus, der mit strenger Zensur und Verfolgung auf freie Meinungsäußerung und Kritik sowohl in Portugal wie auch in den Kolonien reagierte, nicht zu. Hier ist die „Wortergreifung" der Opposition -seien es

ratur zählt:

„O nosso caso literário (...) é essencialmente exterior. Os tipos e os motivos, os dramas e as gentes (...) movem e processam-se à europeia, são europeus nos gestos e no falar, mas nunca se podem situar exclusivamente em Angola, nos seus sertões e nas suas selvas, nos seus planaltos e nas suas montanhas, onde há problemas, plenos de ansiedade, na sua dor e sofrimento." (Ervedosa 1979: 67)

Die Reafrikanisierung läßt sich als literarische Bewegung definitiv Ende der 50er Jahre in der Schriftstellergeneration der Zeitschriften „Mensagem" festmachen, die in Portugal, in der Casa dos Estudantes do Império (CEI) erscheint. Vorher lassen sich bereits prozeßhaft und exemplarisch an Beiträgen zum Almanach de Lembranças luso-brasileiro Versuche, die afrikanische Realität aus einer empathischen, d.h. aus einer Innenperspektive heraus zu sehen und literarisch zu gestalten, nachzeichnen. (Cf. Moser: 1993[13]) Bei den Autoren handelt es sich in der Regel um sogenannte „filhos do país" bzw. „radicados", d.h. um schon lange in Angola ansässige oder dort geborene (daher „verwurzelte") Portugiesen oder um Angolaner mit afrikanischen oder z.T. afrikanischen Vorfahren. Die Heterogenität der angolanischen Schriftsteller in rassisch-ethnischer als auch kulturell-sprachlicher Hinsicht ist im Vergleich zu anderen afrikanischen Ländern des anglophonen oder frankophonen Einflussbereichs ein Charakteristikum, das auch für die gegenwärtige Situation zutrifft und die Einordnung ihrer Literatur in die Kategorie „schwarz- oder negroafrikanische" Literatur problematisch macht. Das angolanische Beispiel bestätigt hier die in einer bereits seit langem geführten Diskussion vorgenommene Problematisierung einer angemessenen Terminologie.[14] Im Falle An-

---

      Afrikaner oder ausgewanderte Europäer- eher ein unfreiwilliges und unerwünschtes Nebenprodukt der Assimilation.

13   Hegel schreibt in seinen Vorlesungen über die Philosophie der Geschichte u.a. zu Afrika: „Was wir eigentlich unter Afrika verstehen, das ist das Geschichtslose und Unaufgeschlossene, das noch ganz im natrlichen Geiste befangen ist, und das hier bloß an der Schwelle der Weltgeschichte vorgeführt werden mußte." (163)

14   Arnaldo Santos hat u.a. in A Menina Vitória das Thema der Vereinsamung und Entpersönlichung durch die Schule, einem wesentlichen Assimilationsinstrument des Kolonialismus,

golas kann allenfalls eine geographische Determinierung wie „Literatur des südlichen (oder subsaharischen) Afrika" (cf. Gérard), aber keine rassische oder ethnische Zurodnung adäquat sein.

6. Von der Ethnographie zur Formulierung der „angolanidade"

Das immer wieder als erstes angolanisches Buch gerühmte Werk Espontaneidades da minha alma von José da Silva Maia Ferreira aus dem Jahre 1848 ist im Sinne eines emanzipatorisch verstandenen Literaturbegriffs nur mit Einschränkung als originär angolanisch zu bezeichnen. Obwohl Gerald Moser (Cf. Einleitung zu Espontaneidas da minha Alma) den Nachweis zu erbringen sucht, daß der Autor aus Benguela wohl ein Afrikaner mit dunkler Hautfarbe war, so kann nichts darüber hinwegtäuschen, daß es sich bei ihm um einen Epigonen der brasilianischen und europäischen Romantik handelt, der zudem aufgrund seiner eindeutigen Sozialisation als „assimilado" Portugal stets als positives Beispiel neben die negativ konnotierte „afrikanische Heimat" stellt (Cf. sein Gedicht „A Minha Terra"). Im übrigen bildet Angola, so z.B. im Gedicht „Benguelinha" lediglich die Kulisse für seine lyrische Inspiration, und der Auto wahrt insgesamt hinsichtlich der afrikanischen Welt eine distanzierte Beobachterperspektive.[15]

Wirkliche Ansätze zur Aufwertung der afrikanischen Realität und ihrer Kulturen finden sich hingegen in den Beiträgen von Afrikanern in dem berühmten Almanaque de Lembranças luso-brasileiro, der von 1851 an jährlich erscheint. Er enthält eine Sammlung kurzweiliger Texte zur Erbauung und Unterhaltung seiner portugiesischsprachigen Leser in Portugal, Brasilien und in den Überseekolonien.

Einer der ersten Autoren, die die afrikanische Welt aus einer Innenperspektive wahrzunehmen versuchen und der hier exemplarisch

eindrucksvoll literarisch gestaltet.
15   Ervedosa führt die folgenden von der Agncia Geral das Colónias 1926 prämierten Titel der Kolonialliteratur an: Africa Portentosa von Gastão de Sousa Dias sowie Pretos e Brancos von Brito Camacho. In den folgenden Jahren erscheinen Ana a Kalunga (Os Filhos do Mar) von Hipolíto Raposo, Africa Misteriosa, Oiro africano und Terras do Sol e da Febre von Julião Quintinha. (Ervedosa: 1979, 64 f; cf. auch Trigo: 1979, 13 f).

genannte werden soll, ist z.B. der 1857 in Icolo-e-Bengo geborene
Cordeiro da Matta. In sein Gedicht „Kicóla" (siehe Anhang) nimmt
er Redeteile in Kimbundu auf, wenn er die umworbene Geliebte
sprechen läßt, um einerseits ihren sozialen Standort zu bestimmen,
zum andern aber auch um eine authentische Wiedergabe der Realität
zu erzielen. 1895 findet sich im Almanach von Da Matta die Übersetzung des „Conto angolense" „O Leão e o Fogo", das ein weiteres
Beispiel für seine eingehende Beschäftigung mit Sprache und Kultur
der Kimbundu widerspiegelt. 1880 schreibt da Matta Philosophia
Popular em Provérbios Angolenses, eine Sammlung von Kimbun-
dusprichwörtern, die er als Ausdruck einer nationalen oralen Kultur
ansieht. In der Einleitung zu diesem Werk stellt da Matta unter
Bezugnahme auf die zu seiner Zeit vorliegende wissenschaftliche
Literatur interessante Überlegungen zur Funktion der Oralliteratur und
der Schwierigkeit der Europäer an, genuin orale afrikanische Gat-
tungsbezeichnungen zu übersetzen. Die schriftliche Fixierung der
oralen Überlieferung ist entscheidend für die kulturelle Selbstbesin-
nung und die Entstehung einer künftigen Literatur. Das Bemühen um
die gemeinsame, afrikanische Kultur und Tradition ist für da Matta
Voraussetzung zur Überwindung von ethnischen u.a. Divergenzen und
trägt entscheidend zur Bildung der Nation bei. Unter Berufung auf Héli
Chatelain (1859-1908), einen zeitgenössischen Schweizer Mis-
sionarskollegen, der Angola bereist und wegweisende linguistische
und ethnographische Forschungsarbeiten ausgeführt hat, wendet er
sich an seine Leser:

„Terminando esta nota, pedimos aos nossos compatriotas que
dediquem algumas horas d'ocio ao estudo do que Angola tiver de
interessante, para termos uma litteratura nossa. Um distincto estran-
geiro, Héli Chatelain, excellente caracter, que ha dedicado a sua vida
e intelligencia ao bem d'este continente, preferindo padecer mil
incommodidades na Africa a viver com honras e riquezas, no luxo da
Europa e America (...) eis o que nos escreveu sobre tão importante
assumpto: "E preciso que os proprios filhos do paiz, cheios de santo
zelo pelas cousas patrias, desenvolvam a litteratura nascente; e como
a união faz a força, é mister que se reunam os poucos que sentem na
sua alma o fogo sagrado; é mister que este fogo queime e consuma as
mesquinhas rivalidades e vaidades pessoaes, do modo que cada um se
regosije da prosperidade do collega. (...),,

Als Autor zahlreicher Werke zu Sprache und Kultur der Kimbundu, geht Héli Chatelain allerdings noch einen Schritt weiter als Cordeiro da Matta: auch er sammelt die orale Tradition, übersetzt das Evangelium und schreibt eine Grammatik; vor allem aber hebt er die sprach- und sozialpolitische Bedeutung der afrikanischen Sprachen hervor. So sieht sieht er die Notwendigkeit, einer afrikanischen Verkehrssprache im öffentlichen Leben und in der Schule größere Bedeutung zu geben, um den Erfolg der zivilisatorischen Arbeit -heute würden wir sagen den Ausbildungserfolg- zu sichern und empfiehlt mit Blick auf das Bildungswesen, Kimbundu als offizielle Amtssprache einzuführen: dies nur ermögliche ein " vernünftiges System der Grundbildung sowie der industriellen und höheren Ausbildung („a rational system of elementary, industrial, and higher education"), denn:

„Nor can the primary school be a success so long as teacher and pupil are expected to read and write a language which neither understands." (Schmalbruch 1990: 77)

Chatelain stieß mit seinen Vorstellungen auf taube Ohren, denn Bildung war in dem auf die Heranbildung einer Elite angelegten System nicht für alle ereichbar, sondern nur für einige wenige bestimmt.

Die von da Matta und Chatelain eingeleitete Aufwertung und Erforschung afrikanischer Kulturen und Sprachen setzt sich über Autoren wie Castro de Soromenho (Lendas Negras 1936) bis hin zu Oscar Ribas (Missosso 1961-1964) fort. Kennzeichnend für diese Autoren ist die neue Form der Hermeneutik in der Wahrnehmung der afrikanischen Welt: aus dem zunächst ethnographischen, distanziert beobachtenden Forscherinteresse entwickelt sich eine Haltung der Identifikation und Empathie, in der die Elemente afrikanischer Kultur zunehmend die persönliche und nationale Identität begründen und schließlich zum Motor für den Widerstand gegen den Kolonialismus werden. Die Beschäftigung mit den afrikanischen Sprachen und den oralen Traditionen sind nicht nur -wie für die Autoren der Kolonialliteratur- von Interesse für die Forschung oder zur Inventarisierung in Archiven, sie werden nunmehr Material, das Voraussetzung bildet, für die Formulierung eines eigenen anti-kolonialen, anti-assimilatorischen Diskurses zur Bestimmung einer eigenen nationalen Identität. Die Arbeit am ethnographischen Corpus ist eine Form der bewußten

Indienstnahme kulturellen Kapitals im Prozeß einer nationalen Selbstfindung und bildet Teil einer auf nationale Emanzipation zielenden
Literatur.

7. Widerstand und nationale Identitätssuche – die Gruppe Mensagem – zum Beispiel Agostinho Neto (1922-1979)

„Vamos descobrir Angola" (Laßt uns Angola entdecken!) war das
Motto, das Viriato da Cruz für den 1950 gegründeten Movimento dos
Novos Intelectuais de Angola prägte. Die „Wiederentdeckung" entspricht einer Reterritorialisierung und beinhaltet eine Besinnung auf
eigene historische und kulturelle Werte, wobei nicht die Arbeit an der
oralen Tradition im Vordergrund steht.

Ende der vierziger und anfang der fünfziger Jahre formieren sich
gleichzeitig in Lissabon und Luanda jeweils junge Schriftsteller um
literarische Zeitschriften, die beide den Namen Mensagem tragen: In
Coimbra und Lissabon geht sie hervor aus der Casa dos Estudantes do
Império (CEI), die als „kulturelles Bindeglied zwischen den Studenten
aus den portugiesischen Kolonien und als Vorbereiter der Unabhän-
gigkeitsbewegungen" fungierte. Sie wurde 1944 gegründet und existierte bis zu ihrer Auflösung durch die PIDE im Jahre 1965. In dieser
Zeit sollen 60 Ausgaben von Mensagem publiziert worden sein.
Agostinho Neto gehörte der Gruppe in Lissabon neben Orlando de
Albuquerque, Viriato da Cruz u.a. an. Die Secção Angolana war die
aktivste und größte Gruppe innerhalb der CEI. (Cf. Müller, in Kuder
1990: 133ff). Die große Mehrheit der Studenten waren Söhne und
Töchter weißer Kolonialfamilien. (Müller, in: Kuder 1990: 137).

In der ersten Ausgabe von Mensagem formulierte die Gruppe in
Luanda Auftrag und Botschaft ihres Programms in der ersten in
Luanda veröffentlichten Ausgabe von Mensagem:

„Mensagem será, – nós o queremos! – o marco iniciador de uma
Cultura Nova, de Angola e por Angola, fundamentalmente angolana,
que os jovens da nossa Terra estão construindo. E a Cultura de Angola,
somatório dos nossos esforços; Cultura de Angola, forte como é forte
o nosso desejo de vencer; verdadeira, como a verdade do nosso Querer;
pujante, como a pujança da nossa Mocidade; humana como a huma-

nidade que lhe imprimirá a auscultação dos nossos problemas, a compreensão do nosso Povo e a vontade que todos nos irmanará, de nos compreendermos e sermos compreendidos, impor-se-á na amplidão de nossos horizontes." (Ferreira, 1988: II, 91 f)

Es führt ein direkter Weg von der literarisch-kulturellen Selbstfindung in den politischen Widerstand, die führenden Köpfe des MPLA (Movimento popular da libertação de Angola), die am 11.12.1956 gegründet wird, bildeten alle den Kreis der in Lissabon und Luanda um die Zeitschriften Mensagem und Cultura (II) formierten Intellektuellen. Unter anderem gehören zu ihnen Agostinho Neto, Marcelino dos Santos, Mário Pinto de Andrade et Amilcar Cabral Luandino Vieira, António Jacinto, António Cardoso, Henrique Guerra und Viriato da Cruz. Es ist im Rahmen dieses kurzen Abrisses nicht möglich, auf die jeweiligen Einzelschicksale einzugehen, allgemein läßt sich aber sagen, daß die Texte dieser Autoren durch den antikolonialen Widerstand geprägt sind und z.T. in Haftanstalten wie der in Tarrafal (auf der Insel Santiago der Kapverdischen Inseln) und anderswo entstanden sind. Gedichte wie „Noite de cárceres" von A. Neto oder „Fuga da Cela disciplinar" von A. Cardoso verraten schon im Titel, daß sie zu der zwischen 1961 und 1974 während des Kolonialkrieges entstandenen Gefängnisliteratur gehören. Die Gruppen der Mensagem in Lissabon und Luanda standen in engem Kontakt zur politischen Opposition und sie gründeten 1950/51 ein Centro de Estudos Africanos, das sich der Publikation afrikanischer Autoren widmete, so wurde hier z.B. 1951 der Band Linha do Horizonte von Aguinaldo Fonseca oder die Anthologie Poesia em Mozambique (herausgegeben von Orlando de Albuquerque und Victor Evaristo) veröffentlicht.

Als einen Vertreter dieser Literatur im Widerstand soll hier näher auf Agostinho Neto eingegangen werden, der seit 11.11.1975 erster Staatspräsident von Angola war. Er unterstrich nach der politischen Unabhängigkeit die Bedeutung des afrikanischen Kulturerbes durch die gezielte Förderung der sechs meistverbreiteten afrikanischen Sprachen und die Anregung, Literatur in diesen Sprachen zu verfassen. Dies entsprach der politischen Linie der MPLA-PdT, die die Erforschung und Förderung der Verkehrssprachen schon vor der Unabhängigkeit zu ihren Zielen erklärt hatte. Im „Programa Maior des MPLA-PdT" hieß es: „estimular o desenvolvimento do estudo das línguas nacio-

nais, como a inclusão do português como idioma veicular". Die
Absicht war, der hohen Analphabetenrate von 90% und und der
niedrigen Einschulungsquote (weniger als 8% in Grund- und 1% in
Sekundarschulen) (Endruschat 1990: 19) zu begegnen, denn nur über
die Erhöhung des Bildungsstandes in der Bevölkerung versprach sich
die Regierung einen nachhaltenigen Erfolg für eine Politik nationaler
Erneuerung. Da Portugiesisch zum Zeitpunkt der Unabhängigkeit nur
von den Europäern und den „assimilados" gesprochen wurde, die eine
kleine Gruppe privilegierter Afrikaner von knapp 2% darstellte (Endruschat 1990: 17), konnte eine erfolgreiche Verbesserung des Bildungsstandes nur über die Nationalsprachen erreicht werden. A. Neto
hat in seinen Gedichtsammlungen Sagrada Esperança (1974) und A
renúncia impossível (posthum 1982) die radikale Verweigerung der
Afrikaner als Möglichkeit der Befreiung aus der kolonialen Unterdrückung propagiert, so z.B. in dem Gedicht „Negação": erst im
Generalstreik, in der Sabotage wird die Leistung der schwarzen
Zwangsarbeiter offenkundig, ein Thema das sich auch in dem Gedicht
„Castigo pró comboio malandro" von A. Jacinto wiederfindet
(Schmalbruch 1990: 151 ff u. 164f). Netos Gedichte spiegeln die
verzweifelte Lage derjenigen wider, deren Leben durch die koloniale
Unterdrückung ohne Aussicht ist: Exil, Verdinglichung und Ent-
menschlichung machen den Selbstausdruck eines lyrischen Ich un-
möglich, die in einer apokalyptischen Vision kollektiver
Selbstverweigerung und Selbstvernichtung gipfelt. So ist der
„suicídio" in dem Gedicht „Negação" zugleich die „Auflösung der
Negation" und Voraussetzung für „einen positiven Ansatz" einer
neuen Stunde Null (Schmalbruch 1990: 154):

> Ah!
> o meu suicídio é uma novidade histórica
> é um sádico prazer
> de ver-vos bem instalados no vosso mundo
> sem necessidade de jogos falsos
>
> Eu elevado até o Zero
> eu transformado no Nada-histórico
> eu no início dos Tempos
> eu-Nada a confundir-me com vós-Tudo
> sou o verdadeiro Cristo da Humanidade!

Die Ambivalenz zwischen dem Funken Hoffnung auf eine in Aussicht stehende weltweite Befreiung aus Unterdrückung und Sklaverei und der Aussichtslosigkeit der gegenwärtigen Situation findet sich wieder in den gegensätzlichen Gedichten „Noite" und „Voz de sangue":

> Eu vivo
> nos bairros escuros do mundo
> sem luz nem vida
>
> São bairros de escravos
> mundos de miséria
> bairros escuros. („Noite")
>
> Palpitam-me
> o som do batuque
> e os ritmos melancólicos do blue
> O negro esfarrapado do Harlem
> ó negro dançarino de Chicago
> ó negro servidor do South
>
> O negro de Africa
> negros de todo o mundo
> eu junto ao vosso canto
> a minha pobre voz
> os humildes ritmos. („Voz do sangue")

Es seien kurz einige Lebensstationen Netos skizziert, die stellvertretend für die Höhen und Tiefen im Leben eines assimilierten angolanischen Intellektuellen stehen sollen, der sein Leben dem antikolonialen Kampf verschrieben hat:

Am 17.9.1922 in Kaxikane, in der Region Icolo-e-Bengo, 60 km von Luanda entfernt, als Sohn eines evangelischen Pastors und Ingenieurs und einer Lehrerin geboren, gehört Agostinho Neto zur gehobenen Schicht der Assimilierten. 1947 nimmt er das Medizinstudium in Coimbra auf und schließt sich 1950 der CEI und dem Movimento dos Novos Intelectuais de Angola an. 1951 wird er erstmals für drei Monate in Caxias wegen seiner politischen Aktivitäten und der Unterzeichnung des Stockholmer Friedensappels inhaftiert. Im gleichen Jahr wird er zum Vorsitzenden der Vereinigung der Jugendlichen aus den portugiesischen Kolonien (MUD juvenil) gewählt.

Von Februar 1955 bis Juni 1957 wird er erneut durch die PIDE wegen Teilnahme an politischen Demonstrationen zusammen mit Bauern und Arbeitern und Studenten verhaftet. Erst aufgrund internationaler Proteste und die Unterstützung durch Jean Paul Sartre, André Mauriac, Louis Aragon, Simone de Beauvoir, Nicolas Guillén, Diego Rivera wird er schliesslich befreit. 1955 veröffentlicht er seinen ersten Gedichtband, und am 10.12.1956 wird in Angola die MPLA gegründet. An dem ersten Internationalen Kongreß schwarzer Schriftsteller und Künstler vom 19.-22.9. 1956, organisiert von Présence Africaine in Paris , kann er wegen seiner Inhaftierung nicht teilnehmen. 1957 wird er durch Amnisty International zum politischen Gefangenen des Jahres erklärt. Nach seiner Promotion zum Doktor der Medizin 1958 begründet das Movimento Anticolonial. Im gleichen Jahre heiratet er Maria Eugnia, bevor er 1959 mit der Familie nach Angola zurückkehrt. Dort wird er Führer der MPLA und arbeitet als Arzt. Am 8.6.1960 wird er erneut, diesmal durch den Leiter der PIDE in Luanda, verhaftet. Auf den Protestaufstand der Bevölkerung gegen die Inhaftierung Netos in seinem Heimatdorf hin eröffnet die Polizei das Feuer, bei dem 30 Einwohner erschossen und 200 verletzt werden. Dieses Ereignis ist als „Massaker von Icolo e Bengo" in die Geschichte Angolas eingegangen. Neto wird in Lissabon und auf den Kapverden inhaftiert gehalten, während 1961 der Gedichtband Colectânea de poemas erscheint. 1962 flieht er aus Portugal und geht mit seiner Frau und den beiden Söhnen ins Exil nach Leopoldville (heute Kinshasa) in das Hauptquartier der MPLA. 1962 wird er zum Präsident der MPLA gewählt. 1963 erscheint die erste Ausgabe seines zukünftigen Gedichtbandes Sagrada Esperança auf Italienisch unter dem Titel Con Occhi Asciutti (deutsch:„Mit trockenen Augen").

1970 erhält er auf der 4. Afro-Asiatischen Schriftstellerkonferenz den Lotus-Preis, 1972 wird er Vizepräsident des Höchsten Befreiungsrates in Angola. Nach dem Ende des Kolonialkrieges und der Revolution in Portugal wird Angola am 11.11.1975 unabhängig und A. Netos durch die MPLA zum ersten Präsidenten der Volksrepublik Angola proklamiert. 1974 erscheint die portugiesische Fassung von Sagrada Esperança. 1977 erhält Neto den Lenin-Friedenspreis und wird 1977 als Präsident der angolanischen marxistisch-leninistischen Arbeiterpartei bestätigt. Am 10.9.1979 stirbt er in Moskau.

In dem Gedicht „Um Aniversário" (Anhang), verfaßt an seinem 29. Geburtstag, thematisiert Neto die Hoffnung, die er und seine Familie mit seinem persönlichen Lebensweg als Assimilierten und seiner Arztausbildung in Europa verbunden haben. Die Hoffnungen auf einen Neuanfang kontrastieren mit der desaströsen Lage Afrikas. Den Widerspruch, der zwischen der Hoffnung auf einen Neuanfang und der Verzweiflung am gegenwärtigen Zustand besteht, faßt der Autor in dem Paradoxon des „dia (...) duma inutilidade necessária", in dem die lyrische Rückbesinnung kulminiert:

Die Schwierigkeiten, mit denen afrikanische Autoren bei der Veröffentlichung ihrer Werke zu kämpfen hatten, illustriert die Odyssee, die Netos Gedichtband Sagrada Esperança zurückgelegt hat. Zunächst 1963 in Italien in italienischer und in anderen (so z.B. in serbokroatischer) Übersetzung erschienen, müssen zehn Jahre vergehen, bis das Buch in portugiesischer Sprache veröffentlicht werden darf.

8. Zum Beispiel Luandino Vieira

An dem Prosautor Luandino Vieira mit seinem ursprünglichen Namen José Vieira Mateus da Graça lassen sich einige der genannten Aspekte noch einmal exemplarisch verdeutlichen: Als Sohn portugiesischer Eltern 1935 in Lagoa do Furadoura in Portugal geboren, siedelt er im Alter von zwei Jahren mit der Familie nach Angola über, besucht dort die Schule, absolviert in Huambo seinen Militärdienst und kehrt 1957 als Vorsteher der Bibliothek des Hauptquartiers nach Luanda zurück. Dort lernt er die Literaten Agostinho Neto, António Cardoso und Henrique Guerra kennen, die in der Sociedade Cultural de Angola organisiert sind. Bereits aufgrund seines ersten Werkes, des Erzählbandes A Cidade e a Infância, gerät er in Schwierigkeiten mit der Staatssicherheit, die die gesamte Auflage von 500 Exemplaren beschlagnahmt und Vieira verhaftet. 1961, nach dem bewaffneten Gefangenenaufstand im Militärgefängnis von Luanda und dem Ausbruch des Widerstandes, wird er in Lissabon erneut festgenommen und zu vierzehn Jahren Sicherheitsverwahrung verurteilt. Mit zahlreichen anderen Anhängern der MPLA (Agostinho Neto, António Cardoso, António Jacinto) verbringt er Teile seiner Haft in Tarrafal auf den Kapverdischen Inseln. Dort verfaßt er die Erzählungen Luuanda, die

im Zeitungsverlag ABC in Luanda erscheinen. Am 25.5.1964 wird das
Buch mit dem „Prémio Mota Veiga" ausgezeichnet, einem von einer
der reichsten Unternehmerfamilien in Angola gestifteten Literaturpreis. Luandinos Frau nimmt die Auszeichnung anstelle ihres inhaftierten Mannes entgegen. Als dasselbe Werk wenig später auch den
Literaturpreis der Sociedade Portuguesa de Escritores erhalten soll,
kommt es zum politischen Skandal, weil bekannt wird, daß sich hinter
dem Namen Luandino Vieira der in Tarrafal inhaftierte „Terrorist"
José Mateus Vieira da Graça verbirgt (Schmalbruch, 1990: 299).

In dem dreiteiligen Erzählband thematisiert Vieira die Situation in
den Elendsvierteln Luandas, wo 60% der Einwohner der Hauptstadt
leben. Die Anlehnung an afrikanische Erzählformen durchwoben mit
Kimbundu-Elementen und afro-portugiesischem Soziolekt, die in
einem Glossar erklärt werden, machen aus den Erzählungen sowohl
inhaltlich als auch formal ein Beispiel spezifisch angolanischer Literatur:

De facto, com Luandino Vieira opera-se uma profunda remode-
lação, ultrapassando o convívio linguistico, ao optar pela fusão de trs
vertentes: portugus, quimbundu e portugus da área dos musseques,
onde o autor fora criado. (..) Luandino Vieira foi decisiva para a criação
de uma nova linguagem literária angolana. (Ferreira, 1992: 94 f)

Die „estória" „O ovo e a galinha", die dritte Erzählung des Bandes
Luuanda, illustriert augenfällig, wie europäische und afrikanische
Werte- und Referenzsysteme miteinander in Widerstreit stehen, wobei
jedem Bereich eine eigene Logik zueigen ist und der Autor seine
Präferenz für eine Ordnung afrikanischer Provenienz nicht verbirgt.
Die Erzählung ist der traditionellen oralen Gattung „maka" nachemp-
funden (Schmalbruch, 1990: 302), die Vieira im Glossário zu Luuanda
mit „confusão palavrosa, discussão acesa,,[16] erklärt. Diese Erklärung
entspricht der im Text dargestellten Situation, in der ein Rechtsstreit
um den Besitz eines Hühnereies lautstark von der Bevölkerung des

16   Die von G. Moser herausgegebene Textauswahl zum Almanach
      de Lembranças luso-brasileiro ist aufgrund eines editorischen
      Mißgeschicks in der ersten Auflage für den Leser nur mit
      Schwierigkeiten zu handhaben. So sind sämtliche im Index (S.
      201 ff) verzeichneten Seitenzahlen unbrauchbar, weil sie nicht mit
      den Seitenzahlen dieser Ausgabe korrespondieren.

Viertels Sambizanga, einer "musseque,,[17] von Luanda, ausgetragen wird. Nga Zefa, die Besitzerin eines Huhnes, bezichtigt ihre schwangere Nachbarin Bina des Diebstahls, weil sie das Ei, das Zefas Huhn in ihrem Hof gelegt hat, ihr eigen nennt. Außerdem war sie diejenige, die in der Vergangenheit dafür gesorgt hatte, daß das Huhn ausreichend Futter bekam. Um den Streit zu schlichten, treten mehrere Vermittler, die als Autoritäten für verschiedene Gesellschafts- und Wertsysteme stehen: u.a. die Alte Vavó Bebeca beruft sich auf eine Spruchweisheit, die die Ausweglosigkeit der Lage beschreibt, und verweist sogleich auf einen Europäer als Autoritätsperson:

„A cobra enrolou no muringue! Se pego o muringue, cobra morde; se mato a cobra, o muringue parte! Voc, Zefa, tem razão: galinha é sua, ovo da barriga dela é seu! Mas bina também tem razão dela: o ovo foi posto no quintal dela, galinha comia milho dela...O melhor perguntamos ainda no sô Zé...Ele é branco!" (132)

Doch Sô Zé, ein Geschäftsmann, bringt noch mehr Konfusion in die Lage, als er behauptet, Bina habe die Hirse, die sie dem Huhn verfüttert habe, bei ihm zwar erworben, aber noch nicht bezahlt. Folglich gehöre ihm das Huhn. Der Seminarist Azulinho, der aufgrund seiner europäischen Bildung ein "grande nos musseques" ist, muß kläglich vor der Situation kapitulieren, weil er vergeblich auf dem Ei einen Prägestempel sucht, der einen Besitzer bezeichnet, und er somit den Bibelspruch „Gebt dem Kaiser, was des Kaisers ist, und Gott, was Gottes ist!" nicht anzuwenden vermag. Der Grundstücksbesitzer Vitalino um Rat gefragt, meldet sein Recht auf das Ei an, weil das Ei auf seinem Grundstück gelegt worden ist. Der alte ehemalige Notariatsgehilfe Artur Lemos, Vertreter der europäischen Rechtsauffassung, fordert schriftliche Unterlagen, die den Besitz des Huhnes und den Kauf des Futters belegen, die natürlich keiner vorweisen kann. Schließlich, als die Verwirrung ihren Höhepunkt erreicht, kommen Soldaten, die die Gruppe wegen unerlaubter Versammlung auseinandertreiben und das Huhn beschlagnahmen wollen:

„Vocs estavam a alterar a ordem pública, neste quintal, desordeiras!

---

17   Eine Bilanz ziehende Zusammenfassung zu dieser Fragestellung nimmt Salvato Trigo in der Einleitung zu Luandino Vieiro – o logoteta unter dem Titel „Que literatura?" vor. (Trigo, 1981: 7-38).

Estavam reunidas mais de duas pessoas, isso é proibido! (...) A galinha vai comigo appreendida, e vocs toca a dispersar! Vamos! Circulem, circulem para casa!" (150)

Ein fingierter Hahnenschrei, den zwei Kinder aus einem Versteck austoßen, bringt endlich die Lösung: die Gruppe erschrickt, als der gelle Schrei ertönt, das Huhn kann sich befreien und flieht, Nga Zefa tritt das Ei an Bina ab, indem sie der Alten Bebeca folgende Begründung abgibt:,,, sim, vavó! a gravidez. Essas fomes, eu sei...E depois o mona na barriga reclama..." (152) Die Schwangerschaft Binas, der Säugling und die Bedürftigkeit sind Anlaß genug, menschlich zu sein und Ansprüche abzutreten. Doch zu dieser Erkenntnis kommt Nga Zefa erst, nachdem sie erfahren hat, daß bis auf die Alte Bebeca die Schlichter nur ihren eigenen Vorteil gesucht haben. Die Kritik an jeder Form der Fremdbestimmung steht als Moral am Ende neben der Zuversicht in die Zuverlässigkeit der eigenen Werte. Die Unvereinbarkeit des oralen und schriftlichen ,,Organisationsmodus" (Cf. Glinga 1989: 93) steht ebenso als Botschaft am Ende wie die Inkompatibilität einer privatkapitalistischen und einer humanistischen Werteordnung, einem mythischen und einem christlich-rationalen Weltbild. Die Musseques sind der soziokulturelle Brennpunkt, in dem sich diese Werteordnungen kreuzen und ein konfliktuelles, explosives Feld bilden. Allerdings kann hier – so der Autor – afrikanische Tradition sozial regulierend wirksam sein. Der Rückgriff auf die ,,maka" und traditionelle Erzählformen mit ihren charakteristischen Topoi in den Einleitungs- und Abschlußformeln im Rahmen einer an die Kurzgeschichte erinnernden Gattung bringt diese Symbiose traditioneller und moderner afrikanischer Welten zu Ausdruck.

Neto und Vieira haben wie zahlreiche andere angolanische Schriftsteller einen großen Teil ihres Werkes in politischer Haft geschrieben[18]. Die wenigsten allerdings thematisieren in ihren Texten die

---

18   Kontrovers wird die Stellung der Espontaneïdades in der Literaturkritik dikustiert. Während Salvato Trigo die angolanische Literatur mit der Geração da Mensagem einsetzen läßt (1977), heben andere Autoren wie C. Ervedosa und G. Moser das Buch von José da Silva Maia Ferreira als ,,primeiro livro de poemas de um escritor angolano" hervor (Ervedosa, 1979: 20). Zuletzt hat Carlos Pacheco unter Heranziehung noch unveröffentlichter

unmittelbaren Lebensumstände im Gefängnis, sondern setzen im Schreiben den Kampf gegen die sozialen und politischen Mißstände in den Kolonien, in ihrer Heimat, fort. Uanhenga Xitu äußert sich in einem Interview über den Aufenthalt in Tarrafal. Er tut dies wie die meisten inhaftierten Autoren mit großer Distanz und Würde. Die Gefängnisrealität erscheint fast verklärt, weil dem Gefangenen bewußt ist, daß er für eine gerechte Sache einsitzt, die er niemals zu verraten bereit gewesen wäre:

„Quanto ao Tarrafal, ajudou-me muito. Ajudou-me porque eu vivia num mundo só da prisão, um lugar pequenino, um circuito onde idealizei o meu mundo. A unica perturbação era o polícia...Ajudou-me a reflectir sobre o homem e suas ambições por uma Africa e por uma Angola. E também estávamos juntos, tinha o calor de alguns amigos que me pudessem encorajar – isso sob o ponto de vista literário. Quanto à prisão do Tarrafal, daria um romance de tristezas. Não tenho a reclamar quando se é preso por um objective digno, obter a liberdade." (Laban I:130 f)

9. Zusammenfassung

Bei der Sichtung der literarischen Zeugnisse angolanischer Autoren portugiesischer Sprache erscheinen vor allem diejenigen für die Entstehung einer angolanischen Nationalliteratur von Interesse, die im Sinne einer Rezeptionsgeschichte Literatur in den literatur- und sprachsoziologischen Zusammenhang einer Gesellschaft stellen, deren Kultur nicht primär durch einen schriftlich-portugiesischsprachigen Diskurs bestimmt ist, sondern in dem das orale und afrikanischsprachige Feld den wesentlichen Teil sozialer und ästhetischer Kommunikation bilden. Voraussetzung einer diese soziokulturellen Komponenten in Rechnung stellende Literatur bildet die empathische Perspektive der Autoren, die ausgehend von einer Problematisierung der (neo-)kolonialen Situation zur Identifizierung in der „angolaninade" und „africanidade" finden, die eine Bedingung für die „Reafrikanisierung" und eine „Reterritorialisierung" darstellt. So lassen sich zwei Gruppen von Autoren ausmachen, die ihr Werk in

Texte (O Exilado) die These bekräftigt, daß Maia Ferreira als früher Vertreter der „africanidade" mit einem „forte sentimento nativista" anzusehen sei. (Pacheco, 1994: 73)

unterschiedlicher Weise der Formulierung der „angolanidade" ver-
schreiben:

Eine erste Gruppe widmet sich der Repertorisierung oraler Überlieferungen als Bezugsrahmen für eine afrikanische Identität als Voraussetzung für einen konstruktiven Widerstand in der
Auseinandersetzung mit den konkurrierenden Wertesystemen innerhalb der (post-)kolonialen Welt.

Die zweite Gruppe hat primär die Darstellung der historischen,
politischen und soziokulturellen Lebensverhältnisse im Blick, um
unter Bezug auf die afrikanische Welt und die konkurrierenden Refe-
renz- und Wertsysteme eine sozial- und kolonialismuskritische Botschaft zu formulieren. Sie leisten dies über eine neue Form der
Sprache, sei es über die „linguagem dos musseques", sei es über die
zahlreichen Kimbundu- und auch Umbunduelemente, die in kaum
einem dieser Werke fehlen und in angefügten Glossaren erläutert
werden.

Für die Autoren ist die multiethnische und multikulturelle Zusammensetzung kennzeichnend, die einerseits zu einer Vielfalt der Perspektiven führt und die andererseits den Begriff „schwarzafrikanische
Literatur und Kultur" als problematisch und wenig angemessen erscheinen läßt.

Obwohl sich im Unterschied zu anderen afrikanischen Ländern in
Angola schon seit dem 19. Jahrhundert ein differenziertes System an
Konsekrations- und Reproduktionsinstanzen (Verlage, Zeitschriften,
Literaturpreise, Schulen u.a.m.) für den kulturellen Bereich nachwei-
sen läßt (cf. Literaturübersicht im Anhang), befinden sich die Autoren
bis heute in dem Dilemma, daß sie über die von ihnen gewählte
Kommunikationsform, die Literatur in portugiesischer Sprache, ihr
eigentliches Publikum nicht erreichen konnten und nur bedingt die von
ihnen propagierte Reterritorialisierung verwirklichen konnten.

Literaturauswahl:

Andrade, Mario de. „La poésie Africaine d'expression portugaise:
   évolution et tendances actuelles". Présence Africaine 65, 1968:
   51-68.

Assis Junior, A. de. Dicionário Kimbundu-Portugus. (24 Fasc.) Luanda (Argente, Santos & Ca) 1942-1947.

Balandier, Georges. Sociologie actuelle de l'Afrique noire. Paris (Quadrige/PUF) 1955, 41982.

Baxter, Alan N.. „Portuguese as a pluricentric language". Clyne, Michael loc.cit.: 11-43.

Boavida, Américo. Angola, cinco séculos de exploração portuguesa. Lisboa (Ed. 79) 1981.

Bonvini, Emilio. „Tradition orale en Angola: des mots pour le dire". Notre Librairie 115/octobre-décembre 1993: 8-17.

Calvet, Louis-Jean. La guerre des langues et les politiques linguistiques. Paris (Payot) 1/1987.

idem. „Relever le défi de Babel". Afrique Nouvelle 1965/18, mars 2/1987: 14-17.

Carvalho, Alberto Duarte. „Entwicklungshistorische Betrachtungen der angolanischen Literatur in Angola". Manfred Kuder (Hg.). Betrachtungen zur Sprache und Literatur in Angola. loc.cit.: 25-41.

idem. „Colóquio sobre literaturas africanas de língua portuguesa". Africa III/Nr.11, jan.-jun. 1981:

Clyne, Michael (Hg.). Pluricentric Languages. Berlin/New York (Mouton de Gruyter) 1992.

Da Costa, Artur. „Aperçu de l'histoire de la littérature angolaise". 5 Ans Déjà (Informationsbroschüre zu der Vereinigung AIPEA/ACP) 1992.

Endruschat, Annette. Studien zur portugiesischen Sprache in Angola (unter besonderer Berücksichtigung lexikalischer und soziolinguistischer Aspekte). Beihefte zu Lusorama 3/I. Franfurt (Teo Ferrer de Mesquita) 1990.

idem. „Sprachsituation und Sprachpolitik als Katalysatoren für
Sprachwandlungsprozesse im angolanischen Portugiesisch".
Kuder, Manfred (Hg.) Betrachtungen zur Literatur und Sprache
in Angola. loc.cit. 69-82.

Ervedosa, Carlos. Roteiro da Literatura Angolana. Lisboa (Edições
70) 1979.

Ferreira, Manuel. No reino de Caliban. Vol I-III. Lisboa (Platáno
Editora) 1975/76.

idem. „Da colonidade à nacionalidade literária e politica".
Lusorama-Zeitschrift für Lusitanistik/Revista de Estudos sobre
os Países de Língua Portuguesa Nr. 18 (Juni 1992):84-88.

idem. „Sobre o modo como as línguas maternas foram interferindo
no texto literário africano em língua portuguesa". Lusorama Nr.
18, Juni 1992: 89-98.

Gérard, Albert S. (Hg.). European-Language Writing in Subsaharan
Africa. (2 Bände). Budapest (Akadémiai Kiadó) 1986.

Glinga, Werner. Der Unabhängigkeitskampf im afrikanischen
Gegenwartsroman französischer Sprache (mit einem Ausblick
auf den afrikanischen Gegenwartsroman englischer und
protugiesischer Sprache). Bonn (Bouvier) 1979. (berücksichtigte
Autoren: Castro Soromenho).

idem. „Mündlichkeit in Afrika und Schriftlichkeit in Europa – Zur
Theorie eines gesellschaftlichen Organisationsmodus".
Zeitschrift für Soziologie Jg. 18, Heft 2, April 1989: 89-99.

Glück, Helmut. Schrift und Schriftlichkeit. Stuttgart (Metzler) 1987.

Hamilton, Russel G.. Literatura Africana – Literatura Necessária. I:
Angola. Lisboa 1975.

Hegel, Vorlesungen über die Philosophie der Geschichte. Stuttgart
(Reclam) 1961.

Huth, Karin. „Zur gegenwärtigen Situationder Sprachen
afrikanischen Ursprungs". Kuder, Manfred (Hg.). Betrachtungen
zur Sprache und Literatur in Angola. loc.cit.: 83-86.

Jauß, Hans Robert. Literaturgeschichte als Provokation. Frankfurt (Suhrkamp) 1973.

Kasak, Sebastian. „Die Musseques von Luanda – Probleme der Stadtentwicklung". Kuder, Manfred (Hg.). Betrachtungen zur Sprache und Literatur in Angola. loc.cit.: 151-174.

Ki-Zerbo, Joseph. Die Geschichte Schwarz-Afrikas. Frankfurt (Fischer) 1981.

Kuder, Manfred (Hg.). Betrachtungen zur Sprache und Literatur in Angola – Kultur- und sozialpolitische Fragen. (Referate des 3. DASP-Symposiums in der Universität zu Köln). Bonn (DASP) 1990.

Laban, Michel. Angola – Encontro com escritores. (2 Vol.). Porto (Fundação Eng. António de Almeida) 1991.

Lüsebrink, Hans-Jürgen. Schrift, Buch und Lektüre in der französischsprachigen Literatur Afrikas – Zur Wahrnehmung und Funktion von Schriftlichkeit und Buchlektüre in einem kulturellen Epochenumbruch der Neuzeit. Tübingen (Niemeyer) 1990.

Meyns, Peter. „Angola". In: Nohlen, Dieter u. Franz Nuscheler. Handbuch der Dritten Welt 5 (Ostafrika und Südafrika). Bonn (Dietz) (3. Auflage) 1993: 320-338.

Moser, Gerald. „The Portuguese in Africa". Gérard, A.S. (Hg.). European-Language Writing... loc.cit. Band I: 43-48.

idem. „Angola". Gérard, A.S. (Hg.). European-Language Writing ... loc.cit. Bd. I: 290-304.

idem. Introdução zu Espontaneidades da minha alma von José da Silva Maia Ferreira. Lisboa (Ed. 70) 1980: XI-XXXIV.

idem (ed.). Almanach de Lembranças Luso-Brasileiro 1854-1932. Textos africanos seleccionados por G. Moser. Lisboa (ALAC) 1993.

Ngalasso, Mwatha Musanji. „As línguas nacionais na educação nacional". Présence africaine 142, 1987: 119-129.

Oliveira, Mário António Fernandes de. „Colaborações Angolanas no Almanach de Lembranças, 1851-1900". Boletim do Instituto de Investigação cientifica de Angola 3, 1966 (1): 75-85.

Pacheco, Carlos. „O nativismos na poesia de José da Silva Maia Ferreira". In: Nacionalismo e Regionalismo, II Simpósio Luso-Afro-Brasileiro de Literatura (4-8 de abril 1994). Organização e programa, resumos das comunicações. Lisboa (Ed. Cosmos) 1994: 73.

Preto-Rodas, Richard A.. Negritude as a theme in the poetry of the portuguese-speaking world. Gainesville (University of Florida Press) 1970.

Prinz, Manfred. „Agostinho Neto, homme politique et homme de lettres". Notre Librairie 115/Oct.-Déc. 1993: 46-51.

idem. „Francophonie et littératures africaines en langues portugaise". Notre Librairie 115/Oct.-Déc. 1993: 108-114.

idem. Die kulturtragenden Institutionen Senegals. Zwischen kolonialem Erbe und Unabhängigkeit. Sozialwissenschaftliche Studien zu internationalen Problemen. Saarbrücken/Fort Lauderdale (Breitenbach) 1992.

Riesz, János. Koloniale Mythen – Afrikanische Antworten. (Europäisch-Afrikanische Literaturbeziehungen I). Frankfurt (IKO) 1993.

Tenreiro, Francisco u. Mário Pinto de Andrade. Poesia negra de expressão portuguesa. Lisboa (Ed. Africa) 1982.

Tindo Ribeiro Secco, Carmen Lúcia. „De utópias, crises e denencantos...(Uma leitura do último romance de PEPETELA)". In: Letras & Letras, nx 102, novembro 1993: 61-63.

Tine, Alioune.„Pour une théorie de la littérature africaine écrite". Présence africaine 133/134, 1985: 99-121.

Trigo, Salvato. Introdução à literatura angolana de expressão portuguesa. Porto (Brasília Editora) 1977.

idem. A poética da „geração da Mensagem". Porto (Brasília Editora) 1979.

idem. Luandino Vieira – o logoteta. Porto (Brasília Editora) 1981.

UNESCO/BREDA. Les langues communautaires africaines et leur utilisation dans l'enseignement et l'alphabétisation. Dakar (BREDA) 1985.

Ausgewählte Autoren und Werke der angolanischen Literatur

17. Jahrhundert

História Geral das Guerras Angolanas von António de Oliveira de Cadornega (Chronik)

Descrição Histórica dos Trs Reinos do Congo, Matamba e Angola von João António Cavazzi de Montecúccolo (Reisebeschreibung)

18. Jahrhundert

História de Angola von Elías Alexandre da Silva Corra

19. Jahrhundert

zahlreiche Periodika: A Civilização da Africa Portugusa, O Futuro d'Angola, O Arauto Africano, o Muen'exi, O Comércio de Luanda, O Mercantil, O Cruzeiro do Sul, o Meteoro, Correspondncia de Angola, Jornal de Loanda, A Gazeta de Angola, O Eco de Angola, A Verdade, O Correio de Loanda, Propaganda Angolense... (cf. Mário António. Luanda, ilha crioula. Lisboa 1968.

1849: Espontaneidades da Minha Alma. As Senhoras Africanas von José da Silva Maia Ferreira (Gedichtsammlung)

seit 1851-1900 Almanaque de Lembranças Luzo-Brasileiro

1880: Scenas d'Africa von Pedro Feliz Machado

1882: Nga Muturi. Cenas de Luanda von Alfredo Troni (Fortsetzungsnovelle im Diário da Manhã)

1888-1889: O Njimbu iambote, etc (O Evangélio segundo S. João em Kimbundu)

Kimbundu Grammar. Grammatica Elementar do Kimbundu ou Lingua de Angola von Héli Chatelain

20. Jahrhundert

1901: Voz d'Angola clamando no deserto. Offericida aos amigos de verdade pelos naturaes. (Polemik gegen die Gazeta de Loanda)

1902-1903: Luz e Crenza (Zeitschrift in zwei Nummern erschienen)

1935: O Segredo da Morta von António de Assis Júnior (ab 1929 als Fortsetzungsroman in der Zeitung A Vanguardia, Luanda)

1938: Nhári. O Drama da Gente

1939: Noite de Angústia

1942: Homens sem Caminho von Castro Soromenho (Prosa)

1949: Terra Morta von Castro Soromenho

1950: Antologia dos novos poetas de Angola (Lyrik)

1951: Uanga von Oscar Ribas (Prosa)

1951/52: Mensagem. A voz dos naturais de Angola hg. vom Movimento dos Novos Intelectuais de Angola, Luanda (Zeitschrift, Nr 1 bis 4)

1949-1964: Mensagem, hg. von der Casa dos Estudantes do Império (CEI), Lisboa u. Coimbra (Zeitschrift): Autoren: Agostinho Neto, Mário Pinto de Andrade, António Jacinto, Viriato da Cruz, Antéro de Abreu, António Cardoso)

1952: Ecos da minha terra. Dramas Angolanos von Oscar Ribas

1953: Poesia Negra de Expressão Portuguesa von Mário Pinto de Andrade und Francisco José Tenreiro (Lyrikanthologie)

1957: Viragem von C. Soromenho (Prosa)

1957-61: Cultura (II) (Zeitschrift)

1960: Contistas Angolanos, hg. von der Casa dos Estudantes do Império (Prosatexte von Luandino Vieira, Costa Andrade, Mário Guerra, Arnaldo Santos und Helder Neto)

1960: Gründung der Colecção Imbondeiro

1960 A Cidade e a Infância von Luandino Vieira

1961-1964: Missosso (3 Bände) von Oscar Ribas

1964: Luuanda von José Luandino Vieira (José Mateus Vieira da Graça) (Prosa), ausgezeichnet mit dem Literaturpreis Mota Veiga

1966: Poemas von Alda Ferreira Pires Barreto de Lara (Lyrik)

1970: A Chaga von Castro Soromenho (entstanden 1964, posthum erschienen) (Prosa)

1970/71: Gründung von Convivium, literarische Gruppe und Zeitschrift in Benguela

1971/72: Gründung von Vector-Cadernos de Poesia, Zeitschrift und lit. Gruppe in Nova Lisboa (Huambo)

1972-1974: Cadernos Capricórnio, lit. Gruppe und Zeitschreift in Lobito

1974: Sagrada Esperança von Agostinho Neto (Lyrik)

1974: Gentes do Mato von Manuel Pedro Pacavira (Prosa)

1974: Bola com Feitiço von Uanhenga Xitu (Prosa)

1974: Nós, os do Makulusu von Luandino Vieira

1974: A vida verdadeira de Domingos Xavier von L. Vieira

1975: Poesia com Arma von Costa Andrade (Lyrik)

1975: Gründung der União dos Escritores Angolanos

1975: Nzinga Mbandi von Manuel Pedro Pacavira (Prosa)

1976: Angola, Angol, Angolema von Arlindo Barbeitos (Lyrik)

1976: Vozes na Sanzala (Kahitu) von Uanhenga Xitu (Prosa)

1976: Estórias do musseque von Jofre Rocha

1977: ‚Mestre' Tamoda von Uanhenga Xitu

1979: Economía Política Poética von António Cardoso (Lyrik)

1979: Maka na Sanzala (Mafuta) von Uanhenga Xitu (Prosa)

1980: Baixa e Musseques von António Cardoso (Erzählungen)

1980: Mayombe von Pepetela (Prosa)

1981: Prosas von Arnaldo Santos

1982: Quem me dera ser onda von Manuel Ruy (Prosa)

1982: A renúncia impossível von Agostinho Neto

1985: Yaka von Pepetela (Prosa)

1985: Sobreviver em Tarrafal de Santiago von António Jacinto

1989: A Conjura von José Eduardo Agualusa (Prosa)

1992: A Geração da Utopia von Pepetela (Prosa)

Anhang

KICÔLA!

Imitação d'uns versos de João E. da C. Toulson

Nesta pequena cidade,
vi uma certa donzella
que muito tinha de bella,
de fada, huri e deidade –

a quem disse: – «Minha q'rida,
peço um beijo por favor;
bem sabes, oh meu amor,
q'eu por ti daria a vida!»

– *Nquàmi-âmi, ngna – iame*
«não quero, caro senhor»
disse sem mudar de côr;
– *Macûto, quangandall'ami.*
«não creio no seu amor».
Eu querendo-a convencer,
– *muámôno*!? – «querem ver!?»
exclamou a minha flôr.
– «O que t'assombra donzella
n'esta minha confissão?»

tornei com muita paixão.

Olhando sério p'ra ella –
– «Não é dado» – continuei –
«O que se sente dizer?!...
Sem ti não posso viver;
Só contigo f'liz serei.»
– *Kiri Ki amonequê,*
«ninguem a verdade falla»
°Osso a kua-macuto – âla!
«toda a gente falsa é!»
Emé, ngana, nguixicána,
«aceitar não sou capaz»
o mâca mé ma dilage,
«a sua falla que engana!»
– Oh! q'rida não há motivo
para descrêres de todos;
cada qual tem seus modos,
eu a enganar não vovo»
– «*Eie ngana úarimûca,*
«o senhor é muito esperto»
queria dizer, decerto;
uzuêla câlá úa cûca!

«Falla como homem d'edade!
Não sabes que o deus do amor
é um grande inspirador,
minha formosa beldade?!» –

....
Depois fallei-lhe ao ouvido
e me respondeu: – *Kicôla!* –
«não póde ser!» – «Ai! que tola!
por quem o foi prohibido?!»

(in Almanach de Lembranças, 1888)

UM ANIVERSÁRIO

Diziam cartas e telegramas
da família:

— Muitos parabéns muitas felicidades
E um irmão doente
a mãe cheia de saudades
e a pobreza
calmamente consentida na existência religiosa.

E a glória de ter um filho formado em Medicina!

Fora do lar
um ex-virtuoso amigo que se embriaga
os nossos exportados para S. Tomé
a prostituição
a angústia geral
a vergonha

E a esperança de ter um dos nossos formado em
Medicina!

No mundo
a Coreia ensanguentada às mãos dos homens
fuzilamentos na Grécia e greves na Itália
o *apartheid* na *África*
e a azáfama nas Fábricas atómicas para matar
em massa matar cada vez mais homens

Eles espancando-nos
e pregando o terror.

Mas no mundo constrói-se
no mundo constrói-se.

E o nosso formado em Medicina
construirá tembém!

Nós com a certeza e com a incerteza dos instantes
com o direito e enveredando por caminhos
escabrosos
nós os fortes fugindo como gazelas débeis.

E no mundo constrói-se
no mundo constrói-se.

Este um dia do meu aniversário

um dos nossos dias
de vida sabendo a tamarindo
em que nada dizemos nada fazemos nada sofremos
como tributo à escravidão.

Um dia inútil como tantos outros até um dia
Mas duma inutilidade necessária.

Setembro de 1951
von Agostinho Neto

Einige Literaturhinweise

Bei Borchert 1963: Südostangola, ist ein sehr umfangreiches Literaturverzeichnis von 477 Nummern, auch besonders der älteren Literatur, beigegeben. Bei Kuder 1971: Angola, gibt es ein Literaturverzeichnis von 493 Nummern, hauptsächlich in portugiesischer Sprache. Deshalb werden hier nur einige neuere Publikationen angeführt.

Abel, H.: Die Landschaften Angolas. In: Geogr. Rundsch. 12, 1960. S. 108-118.

Abshire, D.M./Samuels, M.A.: Portuguese Africa. A Handbook, London 1969.

Amaral, I.: Aspectos de povoamento branco de Angola. In: Est. Ens. Doc. 74, 1960.

Amaral, I.: Ensaio de um estudo geográfico da rede urbana de Angola. In: Est. Ens. Doc. 97, 1962.

Amaral, I.: Luanda (Estudo de geografia urbana). In: Mem. J. Inv. Ult. 53, 1968.

Andrade, M. de/Ollivier, M.: La guerre en Angola. Etude socio-économique, Paris 1971.

Angola, Curso de extensão universitária 1963-1964. Lissabon 1964.

Araujo, A.C.: Aspectos de desenvolvimento económico e social de Angola. In: Est. Cienc. Pol. Soc. 75, 1964.

Ashoff, Guido, und Pössinger, Hermann: Überlegungen zur entwicklungspolitischen Zusammenarbeit mit Angola. Deutsches Institut für Entwicklungspolitik (DIE) Berlin 10, 1989.

Bender, G.: Angola under the Portuguese, The myth and the reality. Univ. of California Press 1978.

Bettencourt, J.S.: Subsídio para o estudo sociológico da população de Luanda. In: Bol. Inst. Inv. Cient. 1965, S. 90.

Boavida, A.: Angola, zur Geschichte des Kolonialismus. Frankfurt 1970.

Borchert, G.: Cela – Ein Entwicklungszentrum im Hochland von Angola. In: Erdkunde XV, 1961.

Borchert, G.: Südostangola, Landschaft, Landschaftshaushalt und Entwicklungsmöglichkeiten im Vergleich zum zentralen Hochland von Mittelangola. Hamburg 1963.

Borchert, G.: Die Wirtschaftsräume Angolas, Transportprobleme und Rentabilitätsgrenzen der Produktion. Hamburg 1967.

Brito, R.S.: Nôtula acerca dos povos pastores e agropastores do distrito de Moçâmedes. In: Finisterra 5, 1970, S. 71.

Carvalho, E.C.: Esboço da zonagem agrícola de Angola. In: Fomento 1, 1963. S. 67-72.

Castanheira, Diniz: Angola, o Meio Físico e Potencialidades Agrárias. ICE Lisboa 1991.

Castro, E.G.A.: Angola, portos e transportes. Luanda 1966, 1968 und 1970. 202 S.

Chilcote, R.H.: Portuguese Africa. New Jersey 1967.

Decke, B.: A terra é nossa. Koloniale Gesellschaft und Befreiungsbewegung in Angola. issa, Bonn 1981.

Dias, G.S.: A cidade de Sá de Bandeira. Sá de Bandeira 1957, 101 S.

Dias, G.S.: Os portugueses em Angola. Lissabon 1959.

Duffy, J.: Portugal in Africa. London 1962.

Estermann, C.: Etnografia do Sudoeste de Angola. 3 Bde. J. Inv. Ultram., Lissabon 1956-61.

Faria, A.V.S.: Temperaturas equivalentes de Luanda, Lobito e Dundo com vista ao estudo das habitações. In: Fomento 2, 1964. S. 29 ff.

Ferreira, Manuel Ennes: Angola – Da Política Económica às Relações Económicas com Portugal. Lissabon 1994.

Frade, A.J.N.: A Baixa de Cassange. In: Bol. Circ. Cult. de Malange 3, 1964, S. 7-25.

Freyre, G.: Le Portugais et les Tropiques. Lissabon 1961.

Guerreiro, M.V.: Boers de Angola. In: Garcia de Orta 6, 1958, S. 11-31.

Heimer, F.-W. (Hrsg.): Portugal und seine ehemaligen Kolonien in Afrika. Perspektiven der Entkolonialisierung. In: Blätter des Informationszentrums Dritte Welt, 41/42, 43/44, 1975.

Heimer, F.-W. (Hrsg.): Social Change in Angola. München 1973.

Heimer, F.-W. (Hrsg.): Der Entkolonialsierungskonflikt in Angola. ArnoldBergstraesser-Inst. Mat. Entw. und Pol. Bd. 16. München 1979.

Henderson. L.W.: Angola. Five Centuries of Conflict. Ithaca. New York 1979.

Hodges, Tony: Angola to the 1990s. EIU The Economomist Publications. London 1987.

Kaplan, J. (Hrsg.): Angola – a Country Study. Area Handbook Series. Washington 1979.

Kasack, Sebastian: Perspektiven für partizipatives Squatterupgrading in Luanda/Angola. Diplom-Hauptprüfung im Fach Geographie an der Universität Bonn, 353 S. Bonn 1992.

Kasack, Sebastian; ,,Wollt Ihr uns etwa aus dem Viertel vertreiben?!" Stadtentwicklung in den Armutsvierteln von Luanda/ Angola. Berlin FDCL 1992, 244 S.

Knoche, G.: Angola. Rohstoffwirtsch. Länderbericht. Bundesanstalt f. Geowiss. und Rohstoffe, 27. Stuttgart 1982.

Kuder, M.: Die Entwicklung Angolas im Zeichen der portugiesischen Eingeborenenpolitik. Dt. Geogr. Bl. 47, 1955, S. 201-215.

Kuder, M.: Angola, Geogr., soziale und wirtschaftl. Landeskunde. Wiss. Länderkunden Bd. 6. Darmstadt 1971.

Kuder, M. und Nohlen, D.: Angola. In: Handbuch der 3. Welt, Bd. 2, S. 99-112, Hamburg 1976.

Kuder, M.: Die Portugiesen in Angola. Die wechselvolle
Entwicklung des Landes vom Aschenbrödel des Imperiums zum
nationalen und wirtschaftlichen Kleinod Portugals.
Portugal-Schriften-Reihe 18. 1985.

Kuder, M.: Zur Landeswissenschaft der Volksrepublik Angola.
Deutsche Afrika-Stiftung 39. Bonn 1986.

Kuder, M.: Angolas Exportressourcen. DASP-Heft 12 (1987).

Kuder, M.: Die Beziehungen Angola-Brasilien in entscheidender
Zeit Anfang des 19. Jahrhunderts. DASP-Jahrbuch 1988.

Kuder, M.: Die Entwicklungsregion der Trockengebiete in
Südwestangola und Nordnamibia. DASP-Heft 18 (1989).

Kuder, M.: Kurzer Abriß der angolanischen Geschichte.
DASPJahrbuch 1990, Bd. 1.

Kuder, M.: Angola und Moçambique als Eckpfeiler der Kooperation
(SADCC) im südlichen Afrika. In: Afrika und Europa. IAFEF
Forschungsinstitut für Techn. und Wirtsch. Zusammenarbeit
(FIZ) der RWTH Aachen 1991.

Kuder, M.: Die Rolle von Angola und Moçambique in einem
künftigen gemeinsamen Markt. In: Internationales Afrikaforum
2/1991. Weltforum Verlag Köln.

Marques, W.: Problemas do desenvolvimento económico de Angola.
2 Bde. Junta Desenv. Ind. Luanda 1964/65. 789 S.

Matznetter, J.: Das Entstehen und der Ausbau zentraler Orte und ihrer
Netze an Beispielen aus Portugiesisch Guinea und Südwest-Angola.
Nürnb. Wirtsch. Sozialgeogr. Arb. 5, Nürnberg 1966.

Matznetter, J.: Portugiesische Kolonisationstypen am Beispiel
Südwestangola. In: Tagungsber. und wiss. Abh. Dt.
Geographentag Bochum. Wiesbaden 1966.

Matznetter, J.: Weiße und schwarze Neusiedlungen im
Cunene-Gebiet des Distrikts Huila. In: Festschr. L. Scheidl, Bd.
2, Wien 1967.

Meyns, Peter (Hrsg.): Demokratie und Strukturreformen im portugiesischsprachigen Afrika. Freiburger Beiträge zu Entwickl. u. Politik 9. Arnold-Bergstraesser-Inst. Freiburg (Breisg.) 1992.

Meyns, Peter: Angola – vom antikolonialen Befreiungskampf zur externen Destabilisierung und internem Bürgerkrieg. In: Hofmeier/Matthies (Hrsg.), Vergessene Kriege in Afrika. Göttingen, Lamuv-Verlag 1992.

Mineiro, A.J.C.: Obras de engenharia civil do projecto mineiro de Cassinga. In: Fomento 7, 1969, S. 3-51.

Moreira, A.: Portugals Überseepolitik – Reden, Essays, Vorträge. Baden-Baden 1963.

Neto, Ana Maria: Industrialização de Angola (1961-1975). Lissabon 1991.

Neto, J.P.: Angola, meio século de integração. I.S.C.S.P.U. Lissabon 1964, 332 S.

Niemeier, G.: Die moderne Bauernkoloniasation in Angola und Moçambique und das portugiesische Kolonialproblem. In: Geogr. Rsch. 18, 1966.

Offermann, Michael: Angola zwischen den Fronten. Reihe Politikwiss. Bd. 1, 510 S. Centaurus-Verlagsges. Pfaffenweiler 1988.

Pélissier, René: Les guerres grises, Résistance et revoltes en Angola (1845-1941). Pélissier, Orgeval, 630 S. 1977.

Pössinger, H.: Angola als Wirtschaftspartner. Köln 1966 und 1969.

Pössinger, H.: Landwirtschaftliche Entwicklung in Angola und Moçambique. München 1968.

Pössinger, H.: Angola – ein Neuanfang? In: Peter Meyns (Hrsg.): Demokratie und Strukturreformen im portugiesischsprachigen Afrika. Arnold-Bergstraesser-Institut Freiburg 1992.

Queiros, D.: Contribuição para o conhecimento do regime das chuvas em Angola. In: Fomento 8, 1970, S. 98.

Randles, W.C.L.: De la traite à la colonisation – les Portugais en Angola. In: Annal. Econ. Soc. Civil. 24. Paris 1969, S. 303.

Rebelo, M.A. da Silva: Relações entre Angola e Brasil 1808-1830. Lissabon 1952 und 1970.

Roque, Fatima u.a. : Economia de Angola, Lissabon 1991.

Schmalbruch, Gerhard: Angolanidade – Literatur und Nation in Angola. Neue Romania Nr. 11, 339 S. Berlin 1990.

Schümer, M.: Die Wirtschaft Angolas 1973-76. Ansätze einer Entwickl. Strategie der MPLA-Regierung. Arb. Inst. f. Afrika-Kunde 12, Hamburg 1977.

Sendler, G.: Angola und seine Seehäfen. Hamburg 1967.

Soares, A.C.: Esquema geral de aproveitamento hidráulico do Queve. In: Fomento 4, 1966, S. 211-260.

Spínola, António de: Portugal e o futuro. Lissabon 1974.

Valente, H.: Mão-de-obra do distrito do Bié. In: Trabalho 14, 1966.

Zeitschriften und Jahrbücher

Actividade Económica de Angola. Revista, Luanda.

Agronomia Angolana. Revista, Luanda.

Angola. Wirtschaftsdaten, Marktinform. Bundesstelle für Außenhandelsinformation. Köln.

Angola. Statist. Landeskunde. Statist. Bundesamt Wiesbaden.

Angola-Panorama, Botschaft der Republik Angola in Bonn.

Anuário Estatístico da Província de Angola. Luanda.

Banco de Angola. Relatório e Contas. Lissabon.

Boletim do Instituto de Investigação Científica de Angola. Luanda.

Estudos de Cincias Políticas e Sociais. Junta de Investigações do Ultramar. Lissabon.

Fomento. Técnica e Economia Ultramarinas. Revista, Lissabon.

Weitere Literaturangaben in den betreffenden Fußnoten im Text.

Index ethnischer Gruppen und Idiome (Sprachen, Dialektcluster und einzelne Dialekte)

Die folgende Liste von Ethnonymen und Sprachbezeichnungen soll dem speziell interessierten Leser ermöglichen, bestimmte Gruppen rasch aufzufinden und die zum Teil verwirrende begriffliche Vielfalt ein wenig übersichtlicher darzustellen, als dies bisher zumeist geschehen ist. Verschiedene Bezeichnungen und orthographische Varianten der Ethnien und Sprachen gehen auf typische Quellen für Mißverständnisse zurück:

Häufig wurden ethnische oder sprachliche Bezeichnungen nach einem orthographischen System wiedergegeben, das dem der jeweiligen Muttersaprache des Autors entspricht. Aus diesem Grund entsprechen einander häufig einige orthographische Zeichen, so zum Beispiel

ch ~ x ~ sh   (t)ch ~ (t)x ~ tsh ~ c

k ~ c [vor a; o; u]   bzw.   k ~ qu [vor e; i]

Die Schreibweise für Halbvokale bzw. Diphthonge variiert oft
(u ~ w; i ~ y)

Bestimmte dialektale Varianten kommen auf sehr kleinem Raum vor. So haben zum Beispiel ‚l' und ‚r' als Laute häufig keinen bedeutungsunterscheidenden Status und sind als orthographische Zeichen daher willkürlich (auch in Abhängigkeit der Muttersprache des jeweils Beschreibenden) gewählt worden.

In vielen Sprachen kommen stimmhafte Plosive nur pränasaliert vor. Dem wurde orthographisch nicht immer Rechnung getragen (b ~ mb; d ~ nd; g ~ ng). In vielen Fällen ist diesen Pränasalen, wenn sie im Anlaut stehen, ein Vokal präfigiert (Angola ~ Ngola; Ambuela ~ Mbwela).

Die Bantusprachen verfügen über ein differenziertes Präfix-System für Nominalstämme. Die Präfixe kennzeichnen neben der Singular-Plural-Unterscheidung häufig auch semantische Zuordnungen, z.B. (o)wa-, (o)va-, ba-, etc. als Präfixe für Ethnonyme und (o)shi-, (o)tyi-, ki- sowie (o)lu-, etc. für Sprachbezeichnungen. Bei der Verwendung bantusprachiger Begriffe in europäischen Sprachen werden diese Präfixe oft nicht genannt (vgl. Oshikwanyama ~ Kwanyama).

für weitere Angaben vgl. die Tabellen auf den Seiten 91 bzw. 121/22,
sowie die Karte auf Seite 96

Zu diesem Band trugen bei:

Carla Butz, Kartographin,Institut für Afrikanistik, Universität zu Köln.

Manuel Ennes Ferreira, Assistent für Volkswirtschaft am „Instituto Superior de Economia e Gestão" der Technischen Universität Lissabon. Arbeiten zur Wirtschaft im portugiesischsprachigen Afrika, Herausgeber der Zeitschrift „Africa mais" zur politischen und wirtschaftlichen Information.

Axel Fleisch, Afrikanist, Institut für Afrikanistik, Universität zu Köln.

Beatrix Heintze, Dr. phil., Frobenius-Institut in Frankfurt/M., Herausgeberin und Redakteurin der Institutszeitschrift „Paideuma" und der Reihe „Studien zur Kulturkunde". Wissenschaftliche Schwerpunkte: Geschichte (besonders des 16. und 17. Jahrhunderts) und Ethnologie Angolas, Quellenkritik, Methodologie.

Manfred Kuder, Prof. Dr. Dr. h.c., Direktor der Afrika-Abteilung im Zentrum Portugiesischsprachige Welt – Institut an der Universität zu Köln, Präsident der Deutschen Gesellschaft für die Afrikanischen Staaten Portugiesischer Sprache, Bonn/Köln.

Wilhelm J.G. Möhlig, Univ.-Professor Dr. phil., Geschäftsführender Direktor des Instituts für Afrikanistik der Universität zu Köln, Direktor der Afrika-Abteilung im Zentrum Portugiesischsprachige Welt – Institut an der Universität zu Köln.

Manfred Prinz, Dr. phil. habil., Privatdozent an der Universität zu Köln.